목민관, 수령이
지켜야 할 지침서

목민심서

다산(茶山)정약용 | 변진흥 엮음

"백성이 하늘이다"

"목민(牧民), 백성을 다스린다는 것은 백성을 기르는 일,
내 몸소 백성을 돌보고자 하여도 실행할 수가 없구나."

목민심서

초판 1쇄 펴낸날   2019년 10월 25일
2쇄 펴낸날   2021년 3월 15일

글쓴이   다산 정약용
엮은이   변진홍
펴낸이   박일용
펴낸곳   늘푸른소나무

등록일자   2018년 02월 21일
등록번호   제25100-2018-000017호
주소   서울시 노원구 동일로 208길 20
전화   02-3143-6763
팩스   02-3143-3762
E-mail   asokapa@naver.com

ISBN 979-11-963602-7-6 (03190)

선인들의 말과 행적을 익혀 덕을 기른다!

옛날에 중국의 순(舜)임금이 요(堯)임금의 뒤를 이었을 때 12목(牧, 12주의 제후)이라는 지방관을 두어 그들로 하여금 백성을 다스리게 하였다. 주(周)나라의 문왕(文王)이 제도를 정할 때에는 사목(司牧, 백성을 다스리는 사람)이라는 관리를 두어 목자(牧者)로 삼았다.

맹자(孟子)는 평륙(平陸)에 가서 목초(牧草)로 가축을 사육하는 것으로써 백성을 다스리는 것에 비유하였다. 그러니 백성을 양육하는 것을 목민(牧民)이라고 한 것은 성현들의 남긴 뜻이다.

성현의 가르침에는 원래 두 가지 길이 있다. 사도(司徒, 당우(唐虞) 때의 관명, 교화(敎化)를 맡음)는 만백성을 가르쳐서 각기 자신의 몸을 닦게 하였고, 태학(太學, 왕이 세운 최고학부의 학교)에서는 국자(國子, 공경대부(公卿大夫)의 자제)들을 가르쳐서 각기 자신의 몸을 수양하여 백성을 다스리게 하였다.

백성을 다스린다는 것은 백성을 기르는 것(牧民)이다. 그렇다면 군자(君子)의 배움은 자신의 수양이 반이고 목민이 반인 것이다.

성현이 돌아가신 지 오래되어 그 말씀은 희미해지고 그 도는 점점 쇠하여 어두워졌으니, 지금의 목민관들은 오직 사리(私利)를 취

(取)하기에만 급급하고 백성을 기를 줄은 모른다. 그렇게 되니 백성들은 피폐하고 곤궁하게 되었으며 병에 걸려 줄지어 쓰러져서 구렁을 메우는데, 목민관이라는 자들은 좋은 옷과 맛있는 음식으로 자신만 살찌우고 있다. 어찌 슬픈 일이 아니겠는가?

나의 선친(先親)이 착한 임금의 지우(知遇)를 얻어 두 고을의 현감(縣監), 한 고을의 군수(郡守), 한 고을의 도호부사(都護府使), 한 고을의 목사(牧使)를 역임(歷任)하였는데, 다 공적이 있었다.

비록 용(鏞)은 불초하나 부친을 따라다니면서 배우고 듣기도 하고 또 보기도 하여 조금은 깨달은 바가 있었다. 뒤에 수령이 되어 이를 시험도 하여 조금은 체득한 바가 있었다. 그러나 지금은 이미 타향에서 귀양살이하는 몸이 되었으니 이를 쓸 수조차 없게 되었다.

멀리 떨어진 변방에 궁하게 살아온 것이 18년이나 된다. 그 동안에 『오경(五經)』과 『사서(四書)』를 되풀이 연구하여 자기를 수양하는 학문을 닦았으니, 이미 수기지학(修己之學)을 다 배웠다 하지만 배운 것은 반밖에 되지 않는다.

이에 중국의 역사서 23사(史)와 우리나라의 여러 사기(史記)와 자집(子集)의 여러 서적을 가져다가 그 중에서 옛날의 사목(司牧)들이 목민한 사적을 뽑아서 위아래로 그 실마리를 찾고 종류별로 나누어 모아서 차례로 책을 만들었다.

그리고 여기는 남쪽의 변방, 멀리 떨어진 곳이어서 전답의 조세(租稅) 부과 징수에 있어서 간사하고 교활한 아전들의 행위로 인하여 폐단이 어지럽게 일어나고 있다. 이미 몸이 비천(卑賤)하기 때문에 듣는 것이 매우 상세하다. 따라서 그것도 또한 분류하여 대강 기록하였다.

이러한 피상적인 관찰을 가지고 저작(著作)한 것이 모두 12편으로 되었는데 1 부임(赴任), 2 율기(律己), 3 봉공(奉公), 4 애민(愛民)이다. 그 다음은 이전(吏典), 호전(戶典), 예전(禮典), 병전(兵典), 형전(刑典), 공전(工典)의 6(六典)으로 나누어 논술하였고, 11은 진황(賑荒), 12는 해관(解官)으로 되어 있다.

12편이 각기 6조(條)씩으로 나누어 있어 모두 72조이다. 그러나 어떤 것은 몇 조(條)를 합하여 한 권으로 하고, 어떤 것은 한 조를 나누어 두 권으로 하기도 하였으니, 합계 48권으로 한 질이 된다.

비록 시대에 따르고 풍속에 좇았기 때문에 위로 선왕(先王)의 헌장(憲章)에 부합되지는 못하였지만, 목민하는 일에 있어서 조례(條例)는 두루 갖추어졌다고 하겠다.

고려 말기에 처음으로 오사(五事, 수령의 치적을 평가하는 다섯 가지 기준)로서 수령의 공적을 평가하였고, 우리 조선에서도 그대로 계속하다가 뒤에 칠사(七事, 오사에 학교의 일어남과 군정이 포함됨)로 늘렸는데, 소위 수령이 해야 할 책무(責務)의 대강만을 가리켰을 뿐이다.

그러나 목민관의 직책이라는 것은 법전에 의거하지 않는 것이 없고 또 법전의 각 조문을 하나하나 열거하여 지시하여도 오히려 직책을 제대로 지키지 못할까 두려운데, 어찌 수령 스스로 법을 상고하여 스스로 시행하기를 바랄 것인가.

이 책은 첫머리의 부임과 말미(末尾)에 있는 해관 두 편을 제외한 나머지 10편에 열거한 것만도 60조나 된다. 진정 선량한 목민관이 있어서 자기의 직책을 다하기를 생각하여 이 책을 참고로 한다면 아마도 사리를 판단하지 못하는 일은 없을 것이다.

옛날에 부염(傅琰)은 『이현보(理縣譜)』를 지었고, 유이(劉彝)는 『법

범(法範)』을 지었으며, 왕소(王素)에게는 『독단(獨斷)』이, 장영(張詠)에게는 『계민집(戒民集)』이 있으며, 진덕수(眞德秀)는 『정경(政經)』을 짓고, 호태초(胡太初)는 『서언(緒言)』을 지었으며, 정한봉(鄭漢奉)은 『환택편(宦擇篇)』을 지었으니, 모두 다 이른바 목민을 위한 책이다.

그러나 지금은 그 서적들은 전하지 않는 것이 많고 오직 음란한 말과 기이한 글귀만이 온 세상에 횡행하니, 나의 이 저서인들 어찌 전해질 수 있겠는가.

비록 그러하나 『역경(易經)』에 말하기를,

'선인들의 말과 행적을 많이 익혀서 자기의 덕(德)을 기른다.' 라고 하였으니, 이는 본디 나의 덕을 쌓기 위한 것이지, 어찌 반드시 목민하는 데 필요해서 쓴 것이겠는가.

그 이름을 『목민심서(牧民心書)』라 하였는데, '심서(心書)' 라는 것은 무슨 뜻인가? 목민하고자 하는 마음은 있으나 몸소 실행할 수가 없기 때문에 이렇게 이름을 붙인 것이다.

순조(純祖) 21년 신사년(辛巳年, 1821) 늦봄에
열수(洌水) 정약용(丁若鏞)이 책머리를 쓰다.

차 례

목민관, 수령이 지켜야 할 지침서

목민심서

♠ 여러 제자들에게 준 글

♠ 목민심서(牧民心書)

부임이란 말은 '임지(任地)에 간다' 는 뜻이다. 이 장에서는 수령(守令)이 임명을 받고 임지에 가서 처음으로 사무를 처리하게 되기까지의 명심해야 할 일들을 여섯 가지 조항으로 나누어 설명하였다.

그 여섯 가지 조항으로 제배(除拜), 치장(治裝), 사조(辭朝), 계행(啓行), 상관(上官), 이사(莅事)를 들고 있다.

제배는 수령으로 임명되는 것, 치장은 임지로 가는 행장을 차리는 것, 사조는 수령으로서 부임길에 오르기 전에 조정에 나가 하직하는 절차, 계행은 길을 떠나는 것이니 여행 중의 태도, 상관은 처음 관청에 출근하는 것, 이사는 수령으로서 처음 일을 처리하는 것이다.

이 여섯 가지 조항에 잘못이 없다면 사전 준비에 최선을 다하였다고 말할 수 있을 것이다.

목민관은 스스로 구하면 안 된다

다른 벼슬은 스스로 원하여 구해도 좋으나 목민관(牧民官)은 스스로 구하여 얻어서는 안 된다.

他官可求 牧民之官 不可救也
타 관 가 구 　목 민 지 관 　불 가 구 야

❋ 除拜 : 임명받음. 추천을 받지 않고 임금이 바로 벼슬을 줌. 제수(除授). 牧民之官 : 백성을 돌보아 다스리는 관원이란 뜻이니 각 고을의 수령(守令), 즉 부윤(府尹), 목사(牧使), 부사(府使), 군수(郡守), 현감(縣監), 현령(縣令) 등을 총칭한 말이다.

▬ 윗사람을 섬기는 일을 본분으로 하는 사람들을 백성이라고 하고, 백성을 다스리는 사람들을 선비〔士〕라고 한다. 선비는 벼슬하는 사람이다. 벼슬에는 경관직(京官職)과 외관직(外官職)이 있는데 경관직은 중앙 관청에서 봉직하는 벼슬이고, 외관직은 지방 관청에서 봉직하는 벼슬이다. 수령은 지방의 고을을 맡아 다스리는 외관직이다. 수령이라는 벼슬은 하루에도 온갖 백성들에 관한 정무를 처리해야 한다. 그것은 천하와 국가를 다스리는 일에 비교하여 비록 크고 작은 차이는 있지만 그 처지는 꼭 같은 것이다. 그러니 어찌 함부로 목민하는 자리를 구하러 나서겠는가.

비록 덕망을 갖추었다 하더라도 위엄이 없으면 하기 어렵고, 하고 싶은 뜻이 있다하더라도 명철하지 못하면 하지 못한다. 능력이 없는 자가 수령이 되면 백성들은 그 해를 입어 곤궁하고 고통스러울 터이니, 이 어찌 구할 수 있는 것이겠는가?

재물을 함부로 뿌리면 안 된다

임명된 직후에 재물을 함부로 나누어 주어서는 안 된다.

除拜之初 財不可濫施也
제 배 지 초　재 불 가 남 시 야

주해 濫施 : 함부로 베풀어 주다.

해설 관직에 임명되었다 하여 그동안 신세진 사람이나 아랫사람들에게 선심을 쓰게 되면, 이는 결국 그 비용을 충당하기 위해 백성들의 주머니를 터는 결과를 초래하게 되므로 고을의 재물을 함부로 써서는 안 된다.

폐해가 되지 않도록 하라

경저(京邸)에서 통지문〔저보(邸報)〕을 내려보낼 때 폐해(弊害)가 될 만한 일은 될 수 있는 대로 생략하도록 지시해야 한다.

邸報下送之初 其可省弊者省之
저 보 하 송 지 초　기 가 생 폐 자 생 지

주해 邸報 : 수령으로 새로 임명된 것을 경저리(京邸吏)가 고을에 보내는 통지문. 지방의 각 고을마다 서울에 연락소가 있어서 그 고을의 모든 공무를 대행하는데 그곳을 경저라고 한다. 여기에 주재하는 주인을 경주인(京主人) 또는 경저리(京邸吏)라고 한다.

해설 수령이 새로 부임한다 하여 고을에서는 관사를 수리한다든가, 많은 비용과 인력을 들여 수령을 맞을 준비를 하는 법석 등을 단속하여 그 폐단을 줄여야 한다.

쇄마전을 거두면 안 된다

수령이 새로 부임할 때의 쇄마전(刷馬錢)은 이미 관에서 받도록
되어 있다. 그 외에 또 백성들에게서 거두어들인다면 이것은 임
금의 은혜를 숨기고 백성의 재물을 빼앗는 일이 되므로 그래서
는 안 된다.

新迎刷馬之錢 既受公賜 又收民賦
신 영 쇄 마 지 전　기 수 공 사　우 수 민 부

是匿君之惠 而掠民之財 不可爲也
시 닉 군 지 혜　이 략 지 민 재　불 가 위 야

🌸 新迎 : 새로 부임하는 수령을 맞이하는 일.

刷馬錢 : 쇄마는 지방에서 비치하였다가 관용에 제공하는 말. 쇄
마전은 말을 세내어 쓰는 데 필요한 돈이다. 즉, 부임 여비(赴任旅
費)를 뜻한다. 公賜 : 나라에서 하사함. 공비(公費).

🌸 수령이 부임할 때는 모든 경비를 나라에서 따로 지급하는데
도, 그걸 빙자해서 백성들에게 징수해 착복하는 일은 바람직하지
않다.

 제2조 치장(治裝) 임지로 떠나기 위해 차리는 준비

행장은 간소하게

행장(行裝)을 꾸릴 때, 의복과 안장(鞍裝)과 말 등은 모두 옛것을
그대로 쓰되 새로 마련하지 말아야 한다.

治裝 其衣服鞍馬 竝因其舊 不可新也
치 장   기 의 복 안 마   병 인 기 구   불 가 신 야

🔹 治裝 : 부임하기 위해 행장(行裝)을 차리는 준비.
　鞍馬 : 안장을 얹은 말. 말 안장과 장식. 안구마(鞍具馬).
　京官 : 중앙의 관청에서 복무하는 관료.

🔹 백성을 사랑하는 근본은 재물을 절약하는 데에 있고, 절약하는 근본은 검소함에 있다. 검소하여야 청렴할 수 있고, 청렴하여야 백성을 사랑할 수 있기 때문이다. 그러므로 검소야말로 목민하는데 가장 먼저 힘써야 할 일이다.

수령으로 나가는 사람은 반드시 경관(京官)을 거쳐서 나가게 마련이니 의복이라든지 안장이나 말 따위는 이미 준비되어 있을 것이다. 그것을 그대로 사용하여 부임하는 것이 좋지 않은가.

동행하는 사람은 적게

동행(同行)하는 사람을 많이 데리고 가서는 안 된다.

同行者不可多
동 행 자 불 가 다

🔹 同行者 : 함께 하는 사람.

🔹 수령은 임지(任地)에 많은 사람을 데리고 가서는 안 된다. 첫째, 그 사람들을 부양하는 데 많은 비용이 들 것이고, 또 많은 사람들이 수령의 측근에 있으면 부정과 부패가 침투할 빈틈이 생기기 쉽기 때문이다.

자제 한 사람은 마땅히 수행해야 한다. 노비도 데리고 가서는 안 되나, 다만 내행(內行, 부인 등 가족 일행의 행차) 때 계집종 한 명의 수

행은 허락한다.

책 한 수레를 싣고

이부자리와 솜옷 외에 책 한 수레를 싣고 부임한다면 청렴한
선비의 행장일 것이다.

衾枕袍襺之外 能載書一車 淸士之裝也
금 침 포 견 지 외 능 재 서 일 거 청 사 지 장 야

🔹 衾枕 : 이부자리와 베개. 袍襺 : 도포와 솜옷.

🔹 요즘 현령(縣令)으로 부임하는 사람들은 다만 책력(冊曆) 한 권
만 가져갈 뿐, 다른 서적은 한 권도 행장에 넣어 가지 않는다. 부임
만 하면 의당 많은 재물과 비단을 얻게 되어 돌아올 때에는 반드시
행장이 무거워질 것이니, 한 권의 책일망정 짐이 된다고 여기기 때
문이다. 그 마음가짐이 이토록 간특하니 어찌 수령으로서 법에 맞
게 다스릴 수 있겠는가.

 제3조 사조(辭朝) 조정에 나가 하직하는 절차

임지로 떠나는 인사

양사(兩司)의 서경(署經)이 끝나면 임금에게 임지로 떠나는 인사
를 드린다.

旣署兩司 乃辭朝也
기 서 양 사 내 사 조 야

🔹 兩司 : 임금의 잘못을 간하고 관원의 기강을 맡아보던 사헌부(司

憲府)와 사간원(司諫院). 辭朝 : 수령이 부임길을 떠나려 할 때, 조정에 나아가 임금에게 드리는 부임 인사. 署經 : 관원으로 임명된 자에 대하여 양사(兩司)가 자격을 심사하여 동의하는 일. 都事 : 중앙의 충훈부 등과 지방의 각 도(都)에 두었던 종5품직. 주로 관리의 불법을 규찰(糾察)하는 임무를 띠었음. 侍從 : 임금을 가까이 모시는 홍문관·사헌부·사간원·예문관·승정원 소속 관원의 통칭. 堂上官 : 관계(官階) 분류상 문관은 정3품 통정대부 이상, 무관은 정3품 절충장군 이상의 통칭.

해설 『속대전』에는 다음과 같이 규정하고 있다. 각 도의 도사(都事)나 수령으로서 처음 임명되면 먼저 서경을 받아야 한다. 다만, 일찍이 시종(侍從) 벼슬이나 당상관(堂上官)을 역임한 사람은 모두 서경을 받지 아니한다. 서경은 양사에서 관원 두 사람씩을 차출해서 거행한다. 임명된 후 50일이 지나도 서경을 받지 못하면 다시 임명한다.

부족함을 스스로 낮추어

두루 공경(公卿)과 대간(臺諫)에게 하직 인사를 할 때에는 마땅히 자신의 자격과 재능이 부족함을 스스로 낮추어 말할 것이요, 봉급의 많고 적음을 말하여서는 안 된다.

歷辭公卿臺諫 宜自引材器不稱 俸之厚薄不可言也
역 사 공 경 대 간　의 자 인 재 기 불 칭　봉 지 후 박 불 가 언 야

주해 歷辭 : 두루 찾아뵈며 하직인사를 하다. 公卿 : 삼공(三公), 구경(九卿). 대신과 재상을 총칭하는 말. 臺諫 : 대신, 즉 사헌부(司憲府)의 관원과 사간원(司諫院)의 관원.

해설 고을의 봉록(俸祿)이 비록 박(薄)할지라도 열 사람 정도는 굶주

리지 않고 살아갈 수 있을 것이다. 가는 사람이나 보내는 사람은 마땅히 그 고을의 폐단은 어떤 일이며, 백성의 고통이 되는 것은 무엇인가를 논의해야 할 것이요, 봉록이 후하니 박하니 하고 이야기하는 것을 부끄러워해야 할 일이다.

하직인사를 드릴 때에는

전관에게 들러 하직인사를 드릴 때에는 감사하다는 말을 해서는 안 된다.

歷辭銓官 不可作感謝語
역 사 전 관 불 가 작 감 사 어

🌺 銓官 : 문무관(文武官)을 추천하여 임명하는 지위에 있는 사람. 이조당상관(吏曹堂上官) 및 병조판서 등. 곧, 관리의 인사 담당관.

🌸 전관(銓官)은 국가를 위하여 사람을 뽑는 일이니, 여기에 사사로운 감정이 개입되어서는 안 된다. 곧, 수령은 자격에 따라서 관직을 얻은 것이니, 마음속으로 사사로운 은혜를 품어서는 아니된다. 비록 한자리에서 서로 만나는 일이 있더라도 말이 주의(注擬, 관원을 임명할 때 후보자를 정하여 임금에게 올리는 일)에 미쳐서는 안 될 것이다.

접대함에는 정중하게

신임수령(新任守令)을 맞이하기 위하여 고을의 아전과 하인이 이르거든 그들을 접대함에 마땅히 정중하고 온화하고 간결하며 과묵하게 해야 한다.

新迎吏隷至 其接之也 宜莊和簡默
신 영 이 예 지 기 접 지 야 의 장 화 간 묵

📖 新迎 : 새로 맞이함. 吏隷 : 아전과 하인. 簡默 : 말이 적고 침착함.

📖 수령을 맞이하러 온 수리(首吏)는 봉록의 쌀과 돈, 농간하여 남는 것을 사사로이 취할 수 있는 방법이 수록된 『읍총기(邑總記)』를 바치게 되어 있다. 그때 기쁜 빛을 띠거나 캐어묻지 말고 즉시 돌려주면서 묵묵히 다른 말이 없어야 할 것이요, 자제나 주변의 친인척 빈객들에게 단속하여 억지로 요구하여 보는 일이 없도록 해야 한다.

임금의 은혜에 보답하는 것을

임금을 하직하고 궐문 밖으로 나오면, 개연히 백성들의 여망(輿望, 여러 사람의 기대)에 부응하고 임금의 은혜에 보답할 것을 마음으로 다짐해야 한다.

辭陛出門 慨然以酬民望報 君恩說于乃心
사 폐 출 문 개 연 이 수 민 망 보 군 은 설 우 내 심

📖 辭陛 : 어전(御前), 즉 임금 앞을 물러나오는 일. 慨然 : 마음속에 느낌이 있어 서글퍼짐. 民望 : 백성들의 소망. 君恩 : 임금의 은혜

📖 임금을 하직할 때 수령이 지켜야 할 일곱 가지 일에 대하여 외우거나 강론하게 마련이니 미리 숙지하여 실수가 없어야 할 것이다.

이웃 고을로 관직이 옮기면

이웃 고을로 관직이 옮겨져 가까운 길로 부임하게 되는 경우에

는 임금께 사은숙배 인사하는 예가 없다.

移官隣州 便道赴任 則無辭朝之禮
이 관 린 주　편 도 부 임　즉 무 사 조 지 례

🌸 便道 : 조정에 들어와 사은숙배(謝恩肅拜)하지 않고 가까운 길로 곧장 가는 것. 辭朝 : 임금께 사은숙배 함. 謝恩肅拜 : 임금의 은혜에 감사하여 공손히 절함.

🌸 이는 조정에 나아가 새롭게 인사하는 절차의 수고를 덜고 부임한다는 것이니, 다만 번거로운 폐단을 줄인다는 뜻에서일 뿐이다.

 제4조 계행(啓行) 부임 행차

부임하는 길에서는

부임하는 길에 있어서는 오직 장중하고 화평하며, 간결하고 과묵하기를 마치 말 못하는 사람처럼 행하여야 한다.

啓行在路 亦唯莊和簡默 似不能言者
계 행 재 로　역 유 장 화 간 묵　사 불 능 언 자

🌸 啓行 : 부임의 행차. 길을 떠나 부임함.

🌸 부임하는 행차에는 반드시 아침 일찍 출발하고 저녁에도 반드시 일찍 쉬도록 한다. 말에 올라서 동이 트기 시작하고, 말에서 내리면 아직 해가 남아 있도록 하는 것이 좋다.
행차 중 매일 세 끼 반찬으로는 국 한 그릇, 김치 한 접시, 장 한 종지 등 네 접시를 초과해서는 안 된다.

간사함을 타파하고

지나가는 길에 미신으로 기피하고 꺼리는 것이 있어 아전이 제 길을 버리고 먼 길로 돌아가는 일이 있으면 반드시 정로를 지나가게 함으로써 간사하고도 괴이한 말을 타파해야 할 것이다.

> 道路所由 其有忌諱 舍正趨迂者
> 도 로 소 유 기 유 기 휘 사 정 추 우 자
>
> 宜由正路 以破邪怪之說
> 의 유 정 로 이 파 사 괴 지 설

주해 忌諱 : 미신 등에 의하여 기피하고 꺼리는 일. 舍正趨迂 : 정로(正路)를 피하고 돌아가는 먼 길을 택하는 일.

해설 행차 중 미신 따위의 괴이한 말을 믿고 먼 길로 돌아가서는 아니 된다.

현혹된 습속들을 진정해야

관청 건물에 귀신과 요괴(요망스러운 마귀)가 있다고 하거나 아전들이 기피하기를 고하더라도 마땅히 아울러 구애받지 않음으로써 현혹된 습속들을 진정시킬 것이다.

> 廨有鬼怪 吏告拘忌 宜並勿拘 以鎮煽動之俗
> 해 유 귀 괴 이 고 구 기 의 병 물 구 이 진 선 동 지 속

주해 廨有鬼怪 : 관청 건물에 귀신과 요괴가 있다. 拘忌 : 꺼리는 일.
宜並勿拘 : 마땅히 아울러 구애받지 아니함. 煽動 : 남의 감정을 부추기어 움직이게 함.

백성 다스리는 도리

지나가다 들르는 관부에서는 마땅히 선배 수령들을 좇아서 백성 다스리는 도리를 깊이 의론할 것이고, 농짓거리로 밤을 보내서는 안 된다.

歷入官府 宜從先至者 熟講治理 不可諧謔竟夕
역 입 관 부   의 종 선 지 자   숙 강 치 리   불 가 해 학 경 석

☸ 歷入 : 두루 들러서 찾아보다. 諧謔 : 익살스러우면서 풍자적인 말이나 짓.

☸ 부임할 도(道)에 들어서면, 여러 인근 고을의 수령은 동료로서의 우의가 있게 마련이다. 새로 부임하면서 그 지역의 풍속과 인정 등 견문을 넓혀야 한다.

부임 전 하룻밤

부임 전 하룻밤은 반드시 이웃 고을에서 자야 한다.

上官前一夕 宜宿隣縣
상 관 전 일 석   의 숙 린 현

☸ 『치현결(治縣訣)』 : 고을을 다스리는 요결. 작자 미상.

☸ 『치현결(治縣訣)』에, '부임하기 전 하룻밤은 이웃 고을에서 자야 하고, 임지인 고을의 경내에서 자서는 안 된다. 신관 행차에 수행하고 맞이하는 사람이 많아서 경내에서 자게 되면 관하 백성들이 피해를 입게 된다'고 수록되어 있다.

부임하는 날

부임할 때 날 받을 필요는 없다. 다만 그날 비가 온다면 날이 개기를 기다리는 것이 좋다.

上官不須擇日 雨則待晴可也
상 관 불 수 택 일   우 즉 대 청 가 야

🌸 上官 : 관청에 올라간다는 뜻이니, 처음 출근하는 일. 부임(赴任).
待晴 : 날이 개기를 기다림.

🌸 수령이 부임하는 날을 택일한다는 것은 웃음거리다. 부임 날을 택일하지 않은 이가 없건만 그중에는 봉고파직(封庫罷職, 암행어사나 감사가 지방 수령을 파직시키고 관의 창고를 봉해 잠그는 일)을 당하는 사람도 있고, 성적이 나쁘기 때문에 벼슬이 깎이어 파면되는 사람도 있으며, 사고를 만나 물러가는 사람도 있다.

앞에서 이미 한 일이 아무런 효과가 없었는데, 어찌하여 또 그 미신의 관습을 따른단 말인가.

고을의 지경 안에 들어가서는 말을 급히 몰지 말 것이며, 길가에 나와 구경하는 사람들을 금하지 말도록 한다. 읍에 들어가서는 더욱 말을 천천히 몰아서 백성들에게 무게 있게 보여야 한다.

관속들의 인사

곧 등청(登廳)하여 관속(官屬)들의 참알을 받는다.

乃上官 受官屬參謁
내 상 관   수 관 속 참 알

🔹 官屬 : 고을의 버슬아치들. 參謁 : 관속들이 상관에게 나아가 뵙는 일. 인사(人事).

🔹 좌수(座首, 향소의 어른)를 불러 앉히고 말한다.

"급하지 않은 공사(公事)는 내가 관에 나올 때까지 기다리도록 하고〔등청(登廳)한 지 사흘 만에 출관한다〕, 만일 시급한 공사가 있을 때에는 비록 오늘, 내일 시기에 구애받지 말고 결재를 받도록 하는 것이 좋다."

관청의 건물이 크고 아름다워도 좋다고 말하지 말며 퇴락하였더라도 누추하다고 말하지 말고, 좌우에 있는 온갖 기물에 대해서도 좋다거나 나쁘다거나 말하지 말고 일절 침묵한다. 수행한 아전과 하인에게 3일간의 휴가를 준다. 그러나 수리에게는 주지 않는다.

이른 아침에 조례(朝禮)를 거행하는 것은 예전부터의 예법이다. 단지 비나 눈이 와 진흙길로 수렁을 이룰 때에는 인사를 생략하도록 한다.

간결하고 치밀하게

인사가 끝나고 물러가면 조용히 단정하게 앉아서 백성을 다스릴 방도를 생각해야 할 것이다. 너그럽고 엄숙하고 간결하고 치밀하게 규모를 미리 짜되, 오직 시의(時宜)에 알맞도록 할 것이며 굳게 스스로 지켜 나가도록 해야 한다.

參謁既退 穆然端坐 思所以出治之方
참 알 기 퇴   목 연 단 좌   사 소 이 출 치 지 방

寬嚴簡密 豫定規模 唯適時宜 確然以自守
관 엄 간 밀　예 정 규 모　유 적 시 의　확 연 이 자 수

🔸 穆然端坐 : 단정히 앉아서 깊이 생각함. 思所以出治之方 : 백성을 다스리는 방도를 생각해 내는 일. 時宜 : 때에 알맞음.

🔹 『치현결(治縣訣)』에 말하기를, '군자가 백성을 대함에 마땅히 먼저 나의 성품의 편벽(한쪽으로 치우침)된 곳을 찾아 바로잡아야 한다. 유약(부드럽고 약함)한 것은 강하게 고치고, 게으른 것은 부지런하도록 고치고, 강한 데 치우친 것은 관대하도록 고치고, 완만한 데 치우친 것은 위맹(威猛, 위엄과 엄함)하도록 고쳐야 한다.' 라고 했다.

선성을 알현하고

그 이튿날 향교(鄕校)에 나아가 선성(先聖)을 알현하고, 이어 사직단(社稷壇)에 가서 삼가 봉심(奉審)하되, 공손히 행해야 할 것이다.

厥明謁聖于鄕校 遂適社稷壇 奉審唯謹
궐 명 알 성 우 향 교　수 적 사 직 단　봉 심 유 근

🔸 厥明 : 그 이튿날. 鄕校 : 각 군현마다 설치되어 있는 공자의 사당. 이곳에서 유생들이 공부를 했다. 謁聖 : 공자의 위패에 예를 갖추는 일. 社稷壇 : 토신(土神)인 社와 곡신(穀神)인 稷을 모시던 단. 서울과 각 지방 군현에 있음. 奉審 : 능(陵), 묘(廟) 등을 받들어 살핌.

🔹 이튿날은 먼동이 트기 전에 일어나 횃불을 들고 향교에 가서 촛불을 켜고 배례(拜禮)를 행한다. 배례를 마치면 전상(殿上)에 올라가서 보살핀다. 그리고 또 동무(東廡)와 서무〔西廡, 동무와 서무는 유

교의 선현들을 배향(配享)한 동쪽과 서쪽의 행랑)에 가서 보살핀다.

그리고 관아에 돌아와서 참알(인사)을 받는다.

 제6조 이사(莅事) 집무를 시작함

공사의 일처리

그 이튿날 새벽에 개좌(開坐)하고 공사를 처리한다.

厥明開坐 乃莅官事
궐 명 개 좌   내 이 관 사

- 莅事 : 莅는 臨(임)과 같으니 일에 임한다는 말. 관리가 부임하여 실무를 맡아보는 일. 厥明 : 그 이튿날 아침. 開坐 : 관원이 출근하여 사무를 봄. 官事 : 공사, 관청의 사무.

- 상사(上司)에 보고할 문서로서 예규(例規, 전례)에 따른 것은 즉시 성첩(成貼, 서명 날인하는 것)하고, 그 중에 사리(事理)를 논술해야 할 것은 아전들의 초안(草案)을 바탕으로 수정 보완하여 다시 쓰도록 한다. 민간에 내리는 명령은 글자 한 자, 말 한마디라도 소홀히 결재해서는 안 된다. 그중에 혹 의심나는 것이 있으면 부끄러워하지 말고 수리를 불러 자세히 묻는 것이 좋다. 알지도 못하면서 아는 체하다가 아전들의 농간하는 수법에 넘어가는 어리석음을 저지르지 말아야 한다.

진언을 요구한다

이 날 사림(士林)과 일반 백성들에게 명령을 내려 무엇이 이 고을의 고민인가를 묻고 진언(進言)을 요구한다.

是日 發令於士民 詢瘼求言
시 일 발 령 어 사 민 순 막 구 언

🔸 詢瘼 : 詢은 묻는 것, 瘼은 병이나 폐단. 즉 고통이나 폐단이 무
엇인가를 묻는 것. 求言 : 진언을 요구함. 進言 : 윗사람에게 자
기의 의견을 말함. 또는 그런 말.

판결문은 간결하게

이 날에 백성의 소장(訴狀)이 들어오면 그 판결문을 간결하게
해야 한다.

是日 有民訴之狀 其題批宜簡
시 일 유 민 소 지 장 기 제 비 의 간

🔸 訴狀 : 고소장, 또는 호소하는 글. 題批 : 소송에 대한 판결문.

🔹 『치현결』에서는 이렇게 되어 있다.

"백성들의 소장에서 아뢰는 바는 엄하게만 판결하지 말고 마땅히
양편을 대질시켜야 하며, 한편의 말로써 가볍게 논단(論斷, 의론하여
판단을 내림)해서는 안 된다. 싸우고 때린 일로 와서 고소하는 자는
더욱 그 말만 믿고 가볍게 체포해서는 안 될 것이다."

백성들과의 약속

이 날 명령을 내려서 몇 가지 일을 백성에게 약속하고, 관아 바
깥 기둥에 특별히 북(鼓) 한 개를 달아 놓는다.

是日 發令以數件事 與民約束
시 일 발 령 이 수 건 사 여 민 약 속

遂於外門之楔 特懸一鼓
수 어 외 문 지 설 특 현 일 고

楔 : 문설주. 懸 : 내걸다.

현령의 시행을 널리 알린다. 관과 민 사이에는 마땅히 약속이 있어야 할 것이다. 하나하나를 자세히 살펴서 그것에 의거하여 준수시행(遵守施行)하고 혹시나 위반하는 일이 없게 해야 한다. 만일 위반하는 자가 있을 때에는 엄중히 처벌하고 용서함이 없을 것임을 각별히 주의를 주어야 한다.

법령을 정한 기간에

관청의 일은 기한이 있는데, 기한을 지키지 않는 것은 백성들이 법령을 업수이 여기는 것이다. 기한은 지키게 하지 않을 수 없는 일이다.

官事有期 期之不信 民乃玩令 期不可不信也
관 사 유 기 기 지 불 신 민 내 완 령 기 불 가 불 신 야

玩令 : 명령을 우습게 여김. 不可不 : ~하지 않을 수 없음.

무릇 민중을 다스리는 방법으로는 반드시 약속을 분명히 하고, 세 번 알리고 다섯 번 일깨워 주며, 또 반드시 그 기한을 너그럽게 하여 주선할 수 있게 한 후에라야 이를 어기는 사람이 있을 때 약속대로 시행하여도 탓하지 못할 것이다.

사무의 비망록

이 날 책력에 맞추어서 작은 책자를 만들고, 모든 사무의 정해진 기한을 기록하여 비망(備忘)을 삼을 것이다.

是日 作適曆小册 開錄諸當之定限 以補遺忘
시 일 작 적 력 소 책 개 록 제 당 지 정 한 이 보 유 망

※ 作適曆小册 : 책력에 맞추어 일기장을 만든다. 開錄 : 기록함. 遺忘 : 잊어버림. 備忘 : 잊어버릴 경우에 대비함.

※ 주자(朱子)가 말하기를, '관청에는 마땅히 방통력(旁通曆, 관리들의 업무용 달력)이 있어서 날마다 공사의 진행 상황을 낱낱이 기록하되, 일이 완료되었으면 이를 표시하고, 완료되지 않았으면 완료되도록 하여야 공무가 폐해지는 일이 없을 것이다.' 라고 하였다.

본현의 4경도

다음 날 노련한 아전을 불러서 화공(畵工)을 모아 그 고을의 경내 지도를 그려 관아의 벽에 걸어 두도록 할 것이다.

厥明日 召老吏 令募畵工 作本縣四境圖 揭之壁上
궐 명 일 소 노 리 영 모 화 공 작 본 현 사 경 도 게 지 벽 상

※ 老吏 : 나이 많은 노련한 아전. 畵工 : 그림그리는 사람.
四境圖 : 관할 지역의 지도.

※ 『치현결』에 말하기를,
"지도 가운데 강줄기와 산맥은 실제와 꼭 같게 그리도록 하고, 동서남북과 네 간방(間方)의 방위를 각각 표시하여 나누고, 향명(鄕名)과 이명(里名)도 역시 각각 표시한다. 또한 사방 길의 이수와 여러

마을의 인구의 다소 및 큰길과 작은길, 다리·나루터·고개·정자·객점(客店)·사찰 등을 모두 밝혀 놓아야 할 것이다. 이로써 인정 풍속을 살필 수 있고 그곳 사정을 알 수 있으며, 또 아전과 백성들이 왕래하는 길을 알 수 있을 것이다."

도장의 글씨는 흐릿하지 않아야

도장의 글씨는 흐릿하지 않아야 하며, 화압(花押)은 조잡해서는 안 된다.

印文 不可漫滅 花押 不可草率
인 문 부 가 만 멸 화 압 불 가 초 솔

주해 印文 : 도장의 글씨. 漫滅 : 닳아서 작아지거나 없어짐. 漫 : 흩어지다. 함부로. 滅 : 없어지다. 花押 : 문서의 자기 이름이나 직함 밑에 자필로 도장 대신 서명하는 표지. 수결(手決). 草率 : 거칠고 엉성함.

해설 도장의 글자가 모호하면 아전들이 농간질하기 쉽다. 이 때문에 아전들은 말을 만들어서, '도장을 바꾸면 벼슬이 속히 바뀐다.'라고 하여, 어리석은 벼슬아치가 이 말을 깊이 믿어서 감히 도장을 고쳐 새기지 않고 글자가 뭉그러지고 획도 없는 것으로 난잡하게 찍어 문제를 일으켰다. 부임한 당초에 도장의 글이 분명하지 않음을 발견하면, 즉시 예조(禮曹)에 보고하여 다시 만들 것을 도모하고 달을 넘기지 않는 것이 옳을 것이다.

나무도장과 향회소

이 날에 나무도장을 여러 개 새겨서 각 향회소(鄕會所)에 나누어 주어야 할 것이다.

是日 刻木印幾顆 頒于諸鄕
시 일　각 목 인 기 과　반 우 제 향

木印 : 나무로 만든 도장. 幾顆 : 몇 개. 鄕會所 : 고을의 일을 처리하는 곳.

나무도장의 크기는 사방(四方) 두 치로 하고, 글자는 '某山坊鄕會所之私印(모산방향회소지사인)'이라 새긴다.

인장이 만들어진 뒤에는 나누어 주면서 '인장이 찍히지 않은 것은 시행하지 말라.'고 약속하여 둔다.

♠ 다산의 산수화

◆ 매조도(梅鳥圖)

율기는 '몸을 단속한다'는 뜻으로 자기 자신을 바르게 관리하라는 것이다. 곧, 정신 자세와 몸가짐을 바르게 하고 행동을 올바르게 하라는 것이다. 이는 자기의 몸을 바르게 관리하지 않고 남을 다스릴 수 없기 때문이다. 그러기에 율기는 곧 치민(治民)의 기본이 되는 전제 조건이다.

여기에서는 율기를 칙궁(飭躬), 청심(淸心), 제가(齊家), 병객(屛客), 절용(節用), 낙시(樂施)의 여섯 조항으로 나누어 설명하고 있다.

칙궁은 제 몸의 단속이고, 청심은 마음을 청렴하게 가지라는 것이며, 제가는 먼저 자기 집안을 정제(整除)하라는 것이고, 병객은 수령이 관아의 손〔客〕들을 불러들이지 말라는 것이며, 절용은 재물을 절약하라는 것이고, 낙시는 재물을 주어서 은혜를 베풀어야 할 자에게는 즐거이 혜시(惠施)하라는 것이다.

옛사람의 도

일상생활에는 절도가 있어야 하고, 갓(冠)과 띠(帶)의 차림은 단정해야 하며, 백성을 대할 때에는 의젓하고 정중해야 하는 것이 옛사람의 도이다.

興居有節 冠帶整飭 莅民以莊 古之道也
흥 거 유 절   관 대 정 칙   이 민 이 장   고 지 도 야

飭躬 : 자기의 몸가짐을 가다듬는 일. 飭 : 삼갈 칙. 躬 : 몸 궁. 興居 : 일상생활. 기거(起居)함을 말함. 冠帶 : 머리에 쓰는 관과 허리에 매는 띠. 복장을 뜻함. 또는 관을 쓰고 띠를 두르는 신분, 곧 관리. 莅民 : 백성을 대함. 莅 : 다다르다. 이르다. 맡아보다. 지위.

날이 밝기 전에 일어나서 촛불을 켜놓고 세수한 뒤에 옷을 정돈하여 입고 띠를 띠고 묵묵히 단정하게 앉아서 정신과 기운을 함양한다. 오늘 마땅히 해야 할 일을 찾아낸 후 일의 순서를 정한다. 동틀 무렵에는 촛불을 끄고 한결같이 단정하게 앉아 있다가, 이미 날이 밝아서 시노(侍奴)가 때가 되었다는 것을 알리면 곧 창문을 열고 이속(吏屬)들의 인사를 받는다.

백성을 편안히 할 방책을

공사에 여가가 있으면 반드시 정신을 모아 고요히 생각하며,

백성을 편안히 할 방책을 헤아려 지성으로 잘되기를 강구해야 할 것이다.

公事有暇 必凝神靜慮 思量安民之策 至誠求善
공 사 유 가 필 응 신 정 려 사 량 안 민 지 책 지 성 구 선

🔹 凝神 : 정신을 모아 가다듬음. 靜慮 : 조용히 생각함.

🔹 매번 한 가지 일을 접할 때마다 선례만 좇아서 시행할 것이 아니라, 반드시 법도의 범위 안에서 편의 변통할 것을 생각하여, 백성을 편안히 하고 이롭게 하기를 도모해야 할 것이다. 만약 그 법도가 국가의 기본 법률이 아니며 현저히 불합리한 것은 불가불 고쳐 바로잡아야 한다.

한 번 말하고 한 번 행동하는 것을

말을 많이 하지 말 것이며, 갑자기 성내지도 말아야 한다.

毌多言 毌暴怒
무 다 언 무 폭 노

🔹 暴怒 : 격렬하게 성냄. 갑자기 몹시 성냄.

🔹 『역경(易經)』에 말하기를, '군자가 집에서 살면서 그 말이 선하면 천리 밖에서도 이에 호응한다. 그런데 하물며 가까운 곳에 있어서랴! 집안에 살아도 그 말이 선하지 못하면 천리 밖에서도 이를 어기는 것이다. 그런데 하물며 가까운 곳에 있어서랴!' 하였다.

또, 『시경』에 이르기를, '근심하지 아니한 뜻밖의 일을 경계하여 너의 말하는 것을 삼가라.' 하였다. 백성의 위에 있는 자는 삼가지 않아서는 안 된다.

정선(鄭瑄)이 말하기를, '자신이 목민관이 되면 몸은 곧 모든 화살이 집중하는 과녁과 같은 존재가 되는 것이다. 그런 까닭에 한 번 말하고 한 번 행동하는 것을 근심하지 않을 수 없다.' 라고 하였다.

관대하면 여러 사람의 마음을 얻는다

아랫사람을 관대하게 다루면 백성이 순종하지 않음이 없을 것이다. 그런 까닭에 공자는 말하기를, '남의 위에 있어서 관대하지 아니하고 예를 차리되 공경하지 아니한다면 그에게서 무엇을 볼 것이 있겠는가.' 라고 하였으며, 또 말하기를, '관대하면 여러 사람의 마음을 얻는다.' 고 하였다.

御下以寬 民罔不順 故 孔子曰 居上不寬
어 하 이 관　민 망 불 순　고　공 자 왈　거 상 불 관

爲禮不敬 吾何以觀之 又曰 寬則得衆
위 례 불 경　오 하 이 관 지　우 왈　관 즉 득 중

🔅 御下 : 아랫사람을 거느림. 民罔不順 : 백성이 불순함이 없다. 居上不寬 : 윗자리에 있으면서 너그럽지 못함. 爲禮不敬 : 예를 차리기는 하되 공경하지 않음.

🔅 사람들이 항상 말하기를, '수령으로 있는 사람은 두렵게 하는 것이 제일이다.' 라고 한 것은 속된 말이다. 그의 가슴에 한번 '두렵게 한다'는 생각이 설정되면 그 마음속에 있는 것이 이미 호의(好意)는 아니다. 처음부터 악의를 품고 어찌 사리를 바르게 처리할 수 있겠는가. 죄 있는 자에게는 죄를 주는 것이다. 내가 형벌을 시행하는 것은 각각 그 죄에 알맞게 하면 그만이다. 어찌 반드시 두렵게 해야 한단 말인가.

목민관의 위치

관부의 체면과 위신은 엄숙하기를 힘써야 하는 법이니, 수령의 자리 곁에 다른 사람이 있어서는 안 된다.

官府體貌 務在嚴肅 坐側不可有他人
관 부 체 모 　 무 재 엄 숙 　 좌 측 불 가 유 타 인

주해 體貌 : 체면과 위신. 坐側 : 자리 옆. 옆자리.

해설 목민관의 위치는 존엄한 것이다. 여러 아전들은 엎드리고 일반 백성들은 뜰에 있어야 한다. 감히 다른 사람이 그 곁에 침범할 수 있겠는가. 비록 자제나 친한 손님일지라도 모두 마땅히 물리치고 우뚝하게 홀로 앉는 것이 예절에 맞는 것이다. 혹은 퇴근한 뒤의 낮이나 고요한 밤의 일 없을 때는 인견(引見)하고 접대하는 것이 좋다. 수령으로 어버이를 모신 자는 새벽에 일어나서 어버이의 숙소에 가서 문안드리고 나와서 아전들의 인사를 받는다.

백성의 위에 있는 사람은

군자가 무게 있는 행동을 하지 않으면 위엄이 없으니, 백성의 위에 있는 사람은 자신의 몸가짐을 신중히 하지 않으면 안 된다.

君子不重則不威 爲民上者 不可不持重
군 자 부 중 즉 불 위 　 위 민 상 자 　 불 가 부 지 중

주해 不重則不威 : 장중함이 없으면 위엄이 없음. 持重 : 무게를 지님.

해설 옛날 진(晉)나라의 사안(謝安)은 조카가 전쟁에 나가서 승리하였다는 보고를 받고도 두던 바둑을 그치지 않았으며, 한(漢)나라의 유관(劉寬)은 새로 지은 조복(朝服)에 국이 엎질러져도 놀라지 않았

다. 그들은 이미 평상시에 깊이 생각하고 헤아려 둔 바가 있었기 때문에 일에 임박하여 당황하지 않을 수 있었던 것이다.

술을 끊고 여색을 멀리하며

술을 끊고 여색을 멀리하며, 노랫소리와 악기의 음률을 물리치고 공손하고 단정하고 엄숙하기를 대제(大祭)를 받드는 것처럼 하여야 하며, 감히 놀고 즐김으로써 정사를 어지럽히고 시간을 헛되이 보내는 일이 있어서는 안 된다.

斷酒絕色 屛去聲樂 齊漱端嚴
단 주 절 색 병 거 성 악 제 속 단 엄

如承大祭 罔敢遊豫 以荒以逸
여 승 대 제 망 감 유 예 이 황 이 일

주해 絕色 : 여색(女色)을 멀리하는 것. 齊漱 : 정제(整齊)하고 공손하게 함. 大祭 : 국가의 큰 제사. 遊豫 : 놀고 즐김. 놀기를 즐겨함.

해설 정선이 말하기를, '사람의 총명은 한계가 있고 할 일은 무궁하게 많다. 한 사람의 정신으로 여러 사람의 간사함을 막아내는 것이 이미 쉬운 일이 아니다. 그런데, 술에 떨어지고 여색에 빠지며, 시 짓고 바둑 두고 하는 사이에 드디어 형옥(刑獄) 관계의 소송은 미결로 해를 넘기게 되고 옳고 그른 것이 서로 뒤바뀌게 된다면, 소송은 더욱 많아지고 일거리는 지나치게 불어날 것이다. 어찌 슬픈 일이 아니겠는가.

닭 울 때부터 정사를 처리하는 데 전심하여 집안의 사사로운 용무는 다 물리쳐 버릴 것이며, 주색으로 인하여 스스로 피곤하게 되는 일이 없고 절제 없는 환락에 빠져서 스스로 몸을 손상하는 일이 없게 한다. 어느 일은 꼭 결재해야 하고, 어느 통첩은 꼭 보고해야 하며, 어느 세금은 마땅히 시비를 가려 주어야 하고, 어느 죄수는 마땅히 석방해야 하는지 때때로 살펴보고 부지런히 처리하며, 잠깐 내일을 기다리자고 말하지 말라. 그렇게 하면 일은 해결되지 않는 것이 없고 마음도 또한 편안할 것이다.' 라고 하였다.

풍류로 세월을 보내는 일은

한가하게 놀면서 풍류(風流)로 세월을 보내는 일을 백성들은 좋아하지 않는다. 단정하게 앉아서 움직이지 않는 것만 같지 못하다.

燕遊般樂 匪民攸悅 莫如端居而不動也
연 유 반 락 　 비 민 유 열 　 막 여 단 거 이 부 동 야

주해 燕遊 : 한가하게 놀다. 般樂 : 크게 즐기다. 端居而不動 : 단정히 앉아서 움직이지 않음.

해설 한(漢)나라의 주박(朱博)은 세 번이나 현령을 지냈는데, 청렴하고 검소하여 주색과 연희를 열어 노는 것을 좋아하지 않았다. 그는 빈천하던 때부터 부귀하기에 이르기까지 음식의 맛을 중하게 여기지 않아서 상 위에는 음식이 세 그릇을 넘지 않았으며, 밤에는 늦게 자고 아침에는 일찍 일어나서 그의 아내가 그의 얼굴을 보는 일이 드물었다고 한다.

백성들과 함께 즐기는 것은

백성을 다스리는 일도 이미 치적을 이루고 뭇 사람들의 마음도

이미 즐겁게 된 뒤라면 크게 풍류를 꾸미어 백성들과 함께 즐기는 것도 또한 선배들이 하던 훌륭한 일이다.

治理旣成 衆心旣樂 風流賁飾
치 리 기 성   중 심 기 락   풍 류 비 식

與民偕樂 亦前輩之盛事也
여 민 해 락   역 전 배 지 성 사 야

주해 賁飾 : 곱게 꾸미다. 장식함. 偕樂 : 함께 즐김. 盛事 : 훌륭한 일. 성대한 일.

해설 수령이 정치를 잘하여 모든 백성들이 마음이 흐뭇하고 즐거워진 뒤라면 크게 놀이를 꾸며 가지고 백성들과 함께 즐기는 것이 얼마나 좋은 일이겠는가. 옛날 사람들은 그렇게 하였던 것이다. 그러나 모든 백성이 흐뭇해하고 즐거워하는 정치란 그다지 쉬운 것이 아니다. 백성의 실정은 알지도 못한 채 수령이 자기 혼자 정치가 잘되었다고 생각하고 풍류를 즐긴다면 그 폐해는 더욱 클 것이다.

안색을 부드럽게 하여

뒤따르는 하인배들을 줄이고 안색을 부드럽게 하여 백성들에게 묻고 알아보면 기뻐하지 아니할 자가 없을 것이다.

簡其騶卒 溫其顔色 以詢以訪 則民無不悅矣
간 기 추 졸   온 기 안 색   이 순 이 방   즉 민 무 불 열 의

주해 騶卒 : 고귀한 사람을 뒤따라다니는 하인배나 말몰이꾼.

해설 조선 영조 때 홍주목사 유의(柳誼)는 말 한 필에 종 둘을 데리고 야외로 순행하다가 들밥을 가지고 가는 아낙네를 만나면 밥보자기를 벗겨 보아 나물반찬에 보잘것없으면 그 게으름을 나무라고,

반찬이 많으면 그 지나침을 나무라니 백성들이 크게 기뻐했다.

청렴한 선비

정당(관아)에서 글 읽는 소리가 나면 그는 첨렴한 선비라 할 수 있을 것이다.

政堂有讀書聲 斯可謂之淸士也
정 당 유 독 서 성　사 가 위 지 청 사 야

해설 글만 읽고 정사를 돌보지 않는다면 본래부터 폄하(貶下)되어야 할 것이다. 그러나 내가 말하는 것은 때때로 성현(聖賢)의 서적을 한두 장(章)씩 읽어서 가슴에 스며들게 하고 감화되어 착한 마음을 유발하게 하고자 할 뿐이다.

아전에게 정사를 내맡긴다면

만약 시나 읊고 바둑이나 두면서 아래의 아전에게 정사를 내맡긴다면 그것은 매우 잘못된 일이다.

若夫哦詩賭棋 委政下吏者 大不可也
약 부 아 시 도 기　위 정 하 리 자　대 불 가 야

주해 若夫 : 그, 대저, 만약의 뜻. 哦詩 : 시를 읊음. 賭棋 : 도박이나 장기, 내기바둑을 둠. 委政 : 정사를 위임함.

자기의 지위가 높고 명망이 높은 자라야만

전례(前例)를 따라 일을 줄이고 대체(大體)를 힘써 지키는 것도 한 가지 방법이다. 그러나 오직 시대의 풍속이 맑고 순후하며 자기의 지위도 높고 명망이 높은 자라야만 그럴 수가 있는 것이다.

循例省事務 持大體 亦或一道 唯時淸俗淳
순 례 생 사 무　지 대 체　역 혹 일 도　유 시 청 속 순

位高名重者 乃可爲也
위 고 명 중 자　내 가 위 야

주해 循例 : 이전부터 해 오던 것을 따름. 大體 : 큰 일. 대강. 또는 사물의 전체에서 요점만 딴 줄거리. 時淸俗淳 : 그 시대의 풍속이 맑고 순박함. 位高名重 : 지위가 높고 이름이 알려짐.

해설 육가(陸賈)가 말하기를, '군자가 다스림에는 혼연히 일이 없고 적연히 소리가 없는 법이다. 곧, 관아에 사람이 없는 듯하고 촌락에는 아전이 없는 것 같다. 역에는 급한 일로 밤길을 달리는 역졸이 없고, 지방에는 밤중에 군사를 불러모으는 일이 없다. 노인들은 집에서 맛있는 음식을 먹고, 장정들은 들에서 밭갈이를 하게 된다.'라고 하였다.

살피건대 한(漢)나라 초기는 진(秦)나라의 가혹한 정치를 이었으므로 백성들과 더불어 휴식을 취하고자 하여 그 말이 대개 이와 같았던 것이다. 평범한 사람이 이를 흉내내어 손을 놓고 묵묵히 앉아만 있으면 만사가 다 잘못되고 말 것이다.

제2조 청심(淸心) 마음을 깨끗이 함

청렴하게 한다는 것은

청렴하게 한다는 것은 수령된 자의 본연의 의무로서, 온갖 선정의 원천이 되고 모든 덕행의 근본이 된다. 청렴하지 않고 목민

관 노릇을 제대로 한 사람은 아직 없다.

廉者 牧之本務 萬善之源 諸德之根
염자 목지본무 만선지원제덕지근

不廉而能牧者 未之有也
불렴이능목자 미지유야

🟤 淸心 : 맑은 마음가짐. 淸廉 : 마음이 깨끗하고 바름. 성품이 고
결하고 탐욕이 없음.

🟤 『상산록(象山錄)』에 이렇게 말했다.

청렴에는 세 등급이 있다. 최상으로 첨렴한 이는 자기의 봉록 이
외에는 아무것도 먹지 않으며, 먹다가 남는 것도 또한 가지고 돌아
가지 않고, 벼슬을 그만두고 집으로 돌아가는 날에는 다만 한 필의
말만 타고 가니, 이것을 청렴한 관리라고 말하였다.

그 다음은, 자기의 봉록 이외에도 그 명목이 정당한 것을 먹고 정
당하지 않은 것은 먹지 않으며, 먹다 남은 것은 자기 집으로 가지고
간다. 이것은 중급의 청렴한 관리라고 말하였다.

최하급의 자는, 이미 규례(規例)가 된 것은 그 명목이 비록 정당하
지 않은 것이라도 먹고, 규례로 돼 있지 않은 것을 제가 먼저 악례
(惡例)를 만들지는 않는다. 그리고 향직(鄕職)이니 무슨 임(任)이니
하는 벼슬을 팔아먹지 않으며, 재난으로 핑계하여 재물을 도적질하
거나 곡식을 농간하지 않으며, 송사와 형옥을 팔아먹지 않으며, 조
세나 공납(貢納)을 더 부과하여 가외것을 착복하지 않는다.

이것이 지금 세상에서 소위 첨렴한 관리라고 말하는 것이다.

천하의 큰 장사

청렴하다는 것은 천하의 큰 장사와 같기 때문에 크게 탐하는

사람은 반드시 청렴하려 한다. 청렴하지 못한 까닭은 그의 지혜가 모자라기 때문이다.

廉者 天下之大賈也 故 大貪必廉
염 자 천 하 지 대 고 야 　 고 　 대 탐 필 렴

人之所以不廉者 其智短也
인 지 소 이 불 렴 자 　 기 지 단 야

🔹 大賈 : 큰 상인(商人). 큰 장사.

🔹 재물이라는 것은 우리의 커다란 욕망의 대상이다. 그러나 우리의 욕망에는 재물보다 더 큰 것이 있다. 그런 까닭에 재물을 버리고 취하지 않기도 하는 것이다. 비록 재물을 얻는 데 뜻이 있다고 하더라도 마땅히 염리(廉吏)가 되어야 한다.

청렴을 교훈으로 삼고

그런 까닭에 옛날부터, 모든 지혜가 깊은 선비는 청렴을 교훈으로 삼고, 탐욕을 경계하지 않는 이가 없었다.

故 自古以來 凡智深之士 無不以廉爲訓 以貪爲戒
고 　 자 고 이 래 　 범 지 심 지 사 　 무 불 이 염 위 훈 　 이 탐 위 계

🔹 故 : 예. 옛일. 廉 : 청렴하다. 검소하다. 염치. 訓 : 가르치다. 교훈. 훈계. 戒 : 경계하다. 삼가다.

🔹 포효숙공(包孝肅公)이 가훈으로 말하기를, '후세에 자손으로서 벼슬하다가 부정한 뇌물죄를 범하는 자가 있을 때에는 석방되어도 본집에 돌아오지 못할 것이며, 죽은 뒤에는 선영(先塋)의 경내에 장사하지 못할 것이다. 나의 뜻을 좇지 않는 자는 나의 자손이 아니다.' 라 하고, 그 아래에 '앙공(仰珙)'이라고 서명하여 이것을 집 동

쪽 벽의 돌에 새겨서 후세를 교훈하였다.

더럽다고 욕하는 소리가

수령이 청렴하지 않으면 백성들은 그를 도둑으로 지목하여 마을을 지날 때는 더럽다고 욕하는 소리가 들끓어 떠들썩할 것이니, 이 또한 수치스러운 일이다.

牧之不淸 民指爲盜 閭里所過 醜罵以騰 亦足羞也
목 지 불 청 민 지 위 도 여 리 소 과 추 매 이 등 역 족 수 야

☞ 閭里 : 인가가 모여 있는 곳. 마을. 여염(閭閻). 醜罵 : 추잡한 욕설과 꾸짖음.

☞ 정선이 다음과 같이 말하였다.
"한 관리가 한 도둑을 심문하는데, '네가 도둑질하던 일을 말해 보라.' 하니, 도둑이 짐짓 모른 체하면서 '무엇을 도둑이라 합니까?' 한다. 관리가 말하기를, '네가 도둑인데 그것을 모르느냐! 궤짝을 열어 재물을 훔치는 자가 도둑이다.' 라고 하니, 도둑이 웃으면서 말하기를, '당신 말대로면 제가 어찌 도둑일 수 있겠습니까? 당신 같은 관리가 진짜 도둑입니다. 일찍이 고금(古今)을 상고하거나 천인(天人)의 이치를 연구하여 국토를 경영하고 백성들에게 혜택을 베풀 것은 생각하지 않고 밤낮으로 정치 권력을 잡아 일확천금할 것을 바랍니다. 벼슬은 이(利)를 따라 나오고 인사(人事)는 뇌물로써 이루어집니다. 큰 저택은 구름처럼 이어 있고 노래와 풍악 소리는 땅을 울리고, 종들은 벌떼 같고 계집들은 방에 가득하니, 이것이 천하에 큰 도둑입니다. 땅을 파고 지붕을 뚫어 남의 돈 한푼을 훔치면 곧 도둑으로 논죄하고, 관리들은 팔짱을 끼고 높이 앉아서

수만의 돈을 긁어 모으면서도 오히려 벼슬의 명예는 잃지 않으니, 큰 도둑은 불문하고 민간의 거지들과 좀도둑만 문죄하시는 것입니까?' 하니, 이에 그 관리가 즉시 이 도둑을 놓아주었다."

뇌물을 주고받는 것을

뇌물을 주고받는 것을 누가 비밀히 하지 않으리요마는, 한밤중에 한 것도 아침이면 드러난다.

貨賂之行 誰不秘密 中夜所行 朝已昌矣
화 뢰 지 행　수 불 비 밀　중 야 소 행　조 이 창 의

※ 貨賂 : 뇌물. 中夜 : 한밤중.

※ 후한 양진(楊震)이 형주자사(荊州刺史)가 되었을 때, 왕밀(王密)이 창읍(昌邑)의 원을 제수받고서 밤에 금 열 근을 품고 와서 내놓으면서 말하기를, "어두운 밤이라 아무도 모릅니다." 하자 양진이, "하늘(天)이 알고 신(神)이 알고 내가 알고 그대가 아는데 어찌 아무도 모른다고 하오. (사지(四知))" 하니, 왕밀이 부끄럽게 여기고 물러갔다.

사사로운 정(私情)

선물로 보내온 물건이 비록 아주 작은 것이라 하더라도 은정이 이미 맺어졌으니 사사로운 정(私情)이 이미 행하게 되는 것이다.

饋遺之物 雖若微小 恩情旣結 私已行矣
궤 유 지 물　수 약 미 소　은 정 기 결　사 이 행 의

※ 饋遺 : 선물로 보낸 물건. 恩情 : 사랑을 베푸는 마음. 은혜로운 마음.

※ 진(晉)나라 격(鬲) 고을의 수령 원의(袁毅)가 조신(朝臣)에게 뇌물을 보내어 명예를 사고자 일찍이 산도(山濤)에게 실 백 근을 보냈다.

산도가 남달리 하고 싶지 않아서 실을 받아 대들보 위에 얹어 두었다. 뒤에 원의의 일이 탄로되었는데, 산도가 대들보 위에서 실을 가져다가 아전에게 내주었다. 이미 몇 해가 지났기 때문에 실에 먼지가 끼고 누렇고 검게 되었는데, 봉인(封印)한 것은 처음 그대로였다.

청렴한 관리

청렴한 관리를 귀하게 여기는 까닭은, 그가 지나간 곳은 산림(山林)과 천석(泉石) 같은 자연까지도 모두 맑은 빛을 받게 되기 때문이다.

所貴乎廉吏者 其所過山林泉石 悉被情光
소 귀 호 렴 리 자　기 소 과 산 림 천 석　실 피 정 광

※ 廉吏 : 청렴한 관리. 泉石 : 샘물과 바위. 모든 자연을 뜻함.

※ 오은지(吳隱之)가 광주자사가 되었을 때에 산해군(山海郡)에서 20리쯤 되는 곳에 샘이 있었는데 탐천(貪泉)이라고 불렀다. 그 샘물을 마시면 반드시 탐욕스럽게 된다는 것이다. 은지(隱之)가 바로 가서 퍼 마시고 청렴한 절조(節操)에 더욱 힘쓰니, 돌아올 때에 남은 재물이라곤 없었다. 상서(尚書)가 되었다가 태복(太僕)으로 영전하였으나 대와 쑥대로 병풍을 만들었으며, 집안 사람들이 이틀에 한 번씩 밥을 먹게 되어도 태연했다.

지팡이 하나라도

무릇 본읍(本邑)에서 나오는 진귀한 물건은 반드시 그 고을에 폐해가 되는 것이니, 지팡이 하나도 가지고 돌아가지 않아야만 청렴한 사람이라고 말할 수 있을 것이다.

凡珍物産本邑者 必爲邑弊
범 진 물 산 본 읍 자　필 위 읍 폐

不以一杖歸 斯可曰廉者也
불 이 일 장 귀　사 가 왈 염 자 야

珍物 : 진기한 물건. 本邑 : 그 고을. 杖 : 지팡이. 짚다. 막대기.

가령 강계(江界)의 산삼이나 초피, 경북(鏡北)의 다리(여자들이 머리숱이 많아 보이게 하려고 덧넣어 딴 머리)와 베[布], 남평(南平)의 부채, 순창(淳昌)의 종이, 담양(潭陽)의 채색상자, 동래(東來)의 연구(煙具), 경주(慶州)의 수정, 해주(海州)의 먹, 남포(藍浦)의 벼루 같은 것은 수령이 돌아갈 때에 상자 안에 한 개도 휴대한 것이 없어야 청렴한 선비의 행동이라고 할 것이다.

번번이 진기한 물품을 가지고 돌아온 사람이 그 진기한 물품을 좌우에 늘어놓고 있는 것을 볼 때마다 탐욕하고 더러운 빛이 안에서부터 밖으로 뻗쳐 나와서 남이 대신 부끄러운 생각이 나게 한다.

군자가 버리는 바

교격(矯激)한 행동과 각박한 정사(政事)는 인정에 맞지 않아 군자가 버리는 바이니 취할 것이 아니다.

若夫矯激之行 刻薄之政 不近人情
약 부 교 격 지 행　각 박 지 정　불 근 인 정

君子所黜 非所取也
군 자 소 출 비 소 취 야

🔖 矯激之行 : 지나치게 성질이 괄괄하고 굳센 행동. 과격한 행동.
矯 : 바로잡다. 激 : 곽격하다. 심하다. 刻薄 : 지나치게 모질고
인정이 없다. 薄 : 엷다. 적다. 야박하다. 黜 : 내치다. 非 : 아니
다. 그르다. 取 : 취하다.

🔖 정선이 말하기를, '예전에 어른들의 말을 들으니, 상관이 탐욕
스러운 것은 백성들이 오히려 살 길이 있지만 상관이 청렴하고도
각박하면 백성들은 살 길이 끊어진다고 하였다. 고금을 통하여 청
백리의 자손이 떨치지 못하는 이가 많은 것은 바로 이 각박함에 연
유하는 것이다.' 라고 하였다.

그리고 '사대부가 덕을 손상하는 것은 명성을 올리고자 하는 마
음이 지나치게 급한 데서 생기는 경우가 많다.' 라고 하였다.

재물을 내어 쓰되

청렴하면서 치밀하지 못하거나 재물을 내어 쓰되 실효가 없으
면 또한 잘된 일이라 할 수 없다.

淸而不密 損而無實 亦不足稱也
청 이 불 밀 손 이 무 실 역 부 족 칭 야

🔖 수령이 청렴하면서도 치밀하지 못하여 오직 재물을 내놓는 것
에만 힘쓰며, 쓰는 방법을 몰라 혹 기생이나 광대에게 뿌리고, 혹은
절간에 시주하니 이는 본디 잘못이다.

물품을 사들일 때

모든 민간의 물품을 사들일 때, 관에서 정한 값이 지나치게 헐

하면 마땅히 시가대로 사들여야 한다.

凡買民物 其官式太輕者 宜以時直取之
범 매 민 물 기 관 식 태 경 자 의 이 시 치 취 지

❋ 官式 : 관에서 정한 가격. 관청의 격식. 時直 : 시가(時價). 현 시세의 가격. 直 : 곧을 직. 값 치.

❋ 상고하여 보니 종래부터 관가(官價)라는 것이 있었다. 그것이 지금 말하는 관정식(官定式)이라는 것이다.

관에서 정한 가격은 대체로 싸게 정하게 마련이다. 간혹 그중에 값을 시가보다 후하게 정한 것이 있으면 관에서는 그것을 사용하지 않고 시가대로 사들인다. 관에서는 시가보다 싼값인 관정가격(官定價格)으로 물화를 사들일 것을 강요하는 한편 시가보다 후한 가격은 관정가격을 시행하지 아니하니, 물품의 구입 사무를 맡은 아전이 견딜 수 있겠는가.

원래 물가라는 것은 때에 따라 변동하는 것인데, 관정가격이란 것은 한 번 정하면 백년을 가도 고치지 않으니 현시(現時)의 가격과 맞지 않을 것은 필연의 사세(事勢)이다. 관에서 내주는 값이 박하면 아전이 고통을 느끼고, 아전이 고통을 느끼게 되면 백성에게 값을 깎게 마련이니, 결국 손해는 아래 백성들에게 돌아간다.

모든 관용 물품의 매상가격(買上價格)은 마땅히 춘분과 추분 때 시가를 개정하고 시행한 지 반년 만에 고칠 것은 고치고 그냥 둘 것은 그냥 두어 시가에 따르고, 값이 너무 깎인 것이나 너무 높게 된 것이 없도록 한다면 좋지 않겠는가.

『예기(禮記)』에 이르기를, '낮과 밤이 같은 춘분, 추분이 되면 도량(度量)을 같게 하고 형석(衡石, 저울)을 균평하게 하며, 두용(斗甬, 말과 섬)을 비교하고 권개[權槪, 저울추와 평미레]를 바로잡는다.'라고 한

것도 또한 이러한 뜻일 것이다.

나만은 잘못을 범하지 말아야

무릇 잘못된 전례(前例)가 계속되고 있는 것은 애써 바로잡아 고쳐야 하고, 간혹 그 중에서 개혁하기 어려운 것이 있더라도 나만은 그 잘못을 범하지 말아야 한다.

凡謬例之沿襲者 刻意矯革 或其難革者 我則勿犯
범 유 례 지 연 습 자 각 의 교 혁 혹 기 난 혁 자 아 즉 물 범

🔹 謬例 : 잘못된 관례. 謬 : 잘못되다. 그릇되다. 沿襲 : 전례에 따름. 답습하거나 이어받음. 沿 : 따르다. 언저리. 襲 : 잇다. 계승하다. 엄습하다. 刻意 : 애써서. 矯革 : 바로잡음. 勿犯 : 범하지 않음.

물품을 사들일 때

모든 관용의 포백(布帛)을 사들일 경우에는 반드시 인첩(印帖)이 있어야 한다.

凡布帛貿入者 宜有印帖
범 포 백 무 입 자 의 유 인 첩

🔹 布帛 : 포목(베)과 비단. 貿入 : 사들임. 印帖 : 관인(官印)이 찍힌 수첩.

🔹 아전이나 관노가 물품을 사들일 때 관에서 산다고 핑계하고 베나 명주 따위를 강제로 싼값으로 사거나, 혹은 내사(內舍)나 책방

에서 사사로이 사들이고 몰래 값을 깎는 경우가 있어서 장사하는 사람에게 손해를 주는 일이 있다. 모두 원망을 듣게 되는 일이니 그런 폐단이 없게 해야 한다.

날마다 쓰는 지출 장부

날마다 쓰는 지출장부(支出帳簿)를 꼭 자세히 살펴볼 필요는 없으며, 빨리 말미에 수결(手決)하여야 한다.

凡日用之簿 不宜注目 署尾如流
범 일 용 지 부　불 의 주 목　서 미 여 류

🌸 署尾 : 장부의 말미에다 친서(親書)하는 것, 즉 서명하는 것.

🌸 향교나 여러 창고의 경비는 마땅히 자세히 살펴야 하지만, 주방(廚房)이나 푸줏간의 경비는 깊이 따지며 들여다보지 말고 속히 승인의 수결을 하는 것이 좋다. 비록 지나친 지출이 있더라도 절대로 깎아서는 아니 된다.

수령의 생일 아침

수령의 생일 아침, 아전이나 군교 등 여러 부서에서 혹 성찬(盛饌)을 올리는 일이 있더라도 받아서는 안 된다.

牧之生朝 吏校諸廳 或進殷饌 不可受也
목 지 생 조　이 교 제 청　혹 진 은 찬　불 가 수 야

🌸 生朝 : 생일날 아침. 殷饌 : 풍성한 음식. 성찬. 契房 : 공역(公役)
의 면제나 다른 혜택을 입으려고 미리 관아의 아전에게 돈이나
곡식을 주는 일. 保率 : 정군(正軍)의 가사를 돕기 위해 정한 사람.

해설 여러 부서에서 올리는 음식은 모두 백성들에게서 나오는 것이다. 계방(契房)의 돈을 걷기도 하고 보솔(保率)의 돈을 거두기도 하는데, 그것을 핑계삼아 가혹하게 거두어들인다. 어부의 물고기를 빼앗고, 촌민의 개를 때려잡으며, 국수와 참기름은 절에서 뺏어오고, 주발과 접시는 사기점에서 가져온다. 이것은 원한을 거두어들이는 물건이니 어떻게 그것을 받아먹을 수 있겠는가.

특히 아버지나 어머니의 생일에 바치는 것은 더욱 받아서는 안 된다.

덕을 생색내지 말며

그릇된 관습에 의거한 재물을 받지 않았거나 남에게 베푼 바가 있을지라도 드러내 말하지 말고, 덕(德)을 생색내지 말며 남에게 자랑하지도 말 것이다. 또한 전임자(前任者)의 잘못도 말하지 말 것이다.

> 凡有所捨 毋聲言 毋德色 毋以語人 毋說前人過失
> 범 유 소 사 무 성 언 무 덕 색 무 이 어 인 무 설 전 인 과 실

주해 所捨 : 베풀다. 德色 : 유덕(遺德)한 일을 하였다고 생각하는 얼굴빛. 前人 : 앞사람. 여기에서는 전임자(前任者)를 의미함.

해설 벼슬살이의 첫째 요건은 청렴이다. 남이 알아주기를 바라지 말라. 진실로 남이 알아주기를 바란다면 동료 중에 근신하지 않는 사람이 많으므로 반드시 참소하고, 윗사람이 또 자세히 살피지 않으면 화를 당하기에 알맞을 뿐이다. 오직 묵묵히 실행하고 마음에 부끄러움이 없게 하는 것이 좋다.

책임은 자신이 무겁게 지고

청렴한 자가 은혜스러운 마음이 적으면 남들이 이를 병으로 생각한다. 책임은 자신이 무겁게 지고 남에게는 가볍게 하여야 된다. 사사로운 청탁이 행해지지 않는다면 청렴하다고 말할 수 있을 것이다.

廉者寡恩 人則病之 躬自厚而薄責於人
염 자 과 은　인 즉 병 지　궁 자 후 이 박 책 어 인

斯可也 干囑不行焉 可謂廉矣
사 가 야　간 촉 불 행 언　가 위 염 의

寡恩 : 은혜로움이 적음. 干囑 : 사사로운 청탁.

아전이나 관노(官奴)의 무리들은 배우지 못하고 아는 것은 없어도 오직 욕심만 있고 천리(天理)를 모른다. 자신이 애써 힘쓸 것이지 어찌 남을 책망하겠는가. 예(禮)로써 나 자신을 다스리고, 남을 보통 사람으로 기대하는 것이 원망을 사지 않는 길이다. 아전이나 관노가 법 밖에서 백성을 학대하는 행위가 있다면 법은 마땅히 그러한 행위를 엄금해야 하겠지만, 그들이 잘못된 전례를 그대로 따라 떳떳한 봉록처럼 생각하게 된 것은 너그럽게 보아주는 것이 좋을 것이다.

인생의 지극한 영광

청렴한 소리가 사방에 퍼져서 좋은 소문이 날로 빛나면 이것 역시 인생의 지극한 영광이다.

淸聲四達 令聞日彰 亦人世之至榮也
청 성 사 달　영 문 일 창　역 인 세 지 지 영 야

* 達 : 통하다. 이르다. 미치다. 令 : 아름답다. 좋다. 명령.
  彰 : 드러나다. 밝히다.

제3조 제가(齊家) 집안을 먼저 바르게 다스리려라

집안을 바르게 다스려야

자기 몸을 바르게 가진 후에 집안을 바로 다스릴 수 있고, 집안을 바로 다스린 후에 나라를 다스릴 수 있다는 것은 천하에 공통된 원칙이다. 그러니, 그 고을을 잘 다스리고자 하는 자는 먼저 그 집안을 바르게 다스려야 할 것이다.

修身而後齊家 齊家而後治國 天下之通義也
수 신 이 후 제 가   제 가 이 후 치 국   천 하 지 통 의 야

欲治其邑者 先齊其家
욕 치 기 읍 자   선 제 기 가

* 修身 : 자신을 수양함. 齊家 : 집안을 바르게 다스리는 것. 지방 수령으로서 주의해야 할 가정에 관계된 제반 문제를 서술함.

* 한 고을을 다스리는 것은 한 나라를 다스리는 것과 같다. 자기 집을 잘 다스리지 못하고 어떻게 한 고을인들 다스릴 수 있을 것인가. 집안을 잘 다스리는 데는 몇 가지 요점이 있다. 첫째, 데리고 가는 사람의 수는 반드시 법대로 해야 하고, 둘째 치장은 반드시 검소해야 하고, 셋째 음식은 반드시 절약해야 하며, 넷째 규문(閨門, 부녀자가 거처하는 방)은 반드시 근엄해야 하고, 다섯째 청탁은 반드시 끊어 버리지 않으면 안 되고, 여섯째 물건을 사들이는 데는 반드시 청렴해야 하는 것이다.

이 여섯 가지의 법도를 세우지 못하면 수령으로서 정사를 가히 잘할 수 없다는 것을 알 수 있을 것이다.

어머니를 모시고 가서 봉양하면

국법에 어머니를 모시고 가서 봉양하면 나라에서 그 비용을 지급하고, 아버지의 봉양에는 그 비용을 회계해 주지 않는 것은 이유가 있는 일이다.

國法 母之就養 則有公賜 父之就養
국 법 모 지 취 양　즉 유 공 사　부 지 취 양

不會其費 意有在也
불 회 기 비　의 유 재 야

🔹 就養 : 따라가서 봉양을 받음. 公賜 : 공적으로 줌.

🔹 수령이 임지에 아버지를 모시고 가서 봉양하게 되면 수령의 친구들은 그를 춘부(椿府)라 부르고, 아전과 관노들은 그를 대감(大監)이라고 말한다. 대감의 나이가 60이 넘어서 노쇠하면 모시는 자들은 마땅히 봉양에 애써야겠지만, 그렇게 노쇠한 사람이 아니면 비록 효성이 있는 아들이 간청하더라도 가볍게 따라가서는 안 된다. 만약 부득이하여 임지에서 아버지를 모셔야 할 경우라면 마땅히 내사[內舍, 내아(內衙)]에서 따뜻한 방 하나를 골라 깊숙이 들어앉아 요양이나 하는 것이 좋을 것이며, 바깥 사람과 서로 접촉하지 않는 것이 예도(禮度)에 맞는 일이다.

수령으로 나갈 때에

청렴한 선비가 수령으로 나갈 때에 가족을 데리고 가지 않는다하였으니, 가족이란 처자를 두고 이른 말이다.

清士赴官 不以家累自隨 妻子之謂也
청 사 부 관 불 이 가 누 자 수 처 자 지 위 야

🔖 赴官 : 관직에 나아감. 家累 : 가족. 累 : 여러. 거듭하다.

📖 자녀가 어려서 따라오고자 하는 경우는 인정에 금하기 어려울 것이다. 이미 장성해서 결혼한 자녀들은 의당 서서히 와서 뵙게 할 것이요, 일시에 함께 따라오는 것은 좋지 않다.

옛사람이 말하기를, '수령으로 나가는 사람은 세 가지를 버리게 된다. 첫째는 가옥을 버린다. 대개 집을 비워 두면 허물어지게 마련이다. 둘째는 노복을 버린다. 대개 노복들은 놀려 두면 방자하게 되기 때문이다. 셋째는 아이들을 버린다. 대개 자제들이 호사한 분위기에 젖으면 방탕해지게 마련이다.' 라고 했다. 참으로 옳은 말이라 하겠다.

형제간에 우애가 돈독하더라도

형제간에 서로 그리우면 때로 내왕할 것이로되, 오래 머무르는 것은 좋지 않다.

昆弟相憶 以時往來 不可以久居也
곤 제 상 억 이 시 왕 래 불 가 이 구 거 야

🔖 昆弟 : 형제. 久居 : 오랫동안 머무름.

📖 형제간에 우애가 돈독하더라도 얼마 동안은 헤어져 있어야 할 것이다. 아우는 그래도 낫지만 형은 더욱 곤란하다. 내가 본 바 수령의 형이 아우를 따라 관부에 와 있는 경우, 이속이나 관리들이 그를 관백(官伯)이라 부른다. 일본에서 천황(天皇)은 자리만 지키고 관

백(關白, 실권을 가지고 국정을 총괄하던 벼슬)이 집정을 하고 있는 것처럼 현령은 자리나 지키고 관백이 일을 보는 것과 같다고 해서 이와 같이 헐뜯는 것이다.

사사로운 정에 이끌려서는

따라오려는 빈객들이 많더라도 다정한 말로 작별하고 떠날 것이요, 노복들이 많더라도 양순한 자만 뽑을 것이니, 사사로운 정에 이끌려서는 안 된다.

賓從雖多 溫言留別 臧獲雖多
빈 종 수 다 온 언 유 별 장 획 수 다

良順是選 不可以牽纏也
양 순 시 선 불 가 이 견 전 야

※ 賓從 : 손님이나 하인. 臧獲 : 노비. 하인. 牽纏 : 얽히어 끌려감.

※ 종족간에는 의당 화목하게 지내야겠지만 거느리고 가서는 안 되고, 빈객들에게 의당 후하게 대접해야겠지만 불러들여서는 안 되며, 하인들이 고생을 하였더라도 따라오게 해서는 안 된다. 관부에 친지들이 들끓으면 안 된다는 점을 인식시켜야 원망이 없을 것이다.

내행이 내려오는 날에는

내행(內行)이 내려오는 날에는 치장을 마땅히 검소, 간략하게 해야 할 것이다

內行下來之日 其治裝 宜十分儉約
내 행 하 래 지 일 기 치 장 의 십 분 검 약

🈀 內行 : 여행길에 나선 부녀자. 부인의 행차. 혹은 가정에서의 부
녀자의 행실. 儉約 : 낭비하지 않고 검소하며 절약함.

🈂 어머니가 타는 가마와 처가 타는 가마 외에 일행의 인마는 관노와 관마를 써서는 옳지 않고, 집의 하인과 집의 말을 쓰거나 사람을 사고 세마(貰馬, 세를 받고 빌려주는 말)를 얻는 것이 예에 맞는 일이다.

안식구가 떠나기 하루 전에 의당 술이나 떡과 같은 음식으로 수행하는 아전이나 관노를 대접해야 할 것이다.

수령 본인이 떠날 때는 음식을 대접할 필요는 없다. 수령은 엄해야 하고 또 공적인 행차이기 때문에 그럴 필요는 없는 것이다.

부인의 도리

의복을 사치스럽게 입으면 뭇 귀신도 미워하거나 질투하는 것이니, 복을 깎는 일이다.

衣服之奢 衆之所忌 鬼之所嫉 折福之道也
의 복 지 사 중 지 소 기   귀 지 소 질   절 복 지 도 야

🈀 奢 : 사치하다. 호사. 忌 : 꺼리다. 미워하다. 嫉 : 미워하다. 새
암. 질투.

🈂 부인의 도리를 아는 사람은 극히 적다. 대부분 소견이 천박해서, 남편이 수령으로 나간다는 말을 듣기만 해도 금방 한 보따리 부귀가 하늘로부터 내려오는 줄로 생각한다. 그 장식, 패물을 곱게 하는 데만 힘써서 함부로 경저(京邸, 지방 관아의 사무를 맡아보는 곳)의 돈을 토색해서 아파(牙婆, 방물장수)를 불러들여 진기한 비단, 나비 모양의 노리개 등으로 아이들을 요물처럼 꾸미고 여종들을 창기처

럼 만들어서, 그 어느 집보다도 뛰어나서 가는 길을 빛내고자 한다.

식자들은 그것을 보면 벌써 그 남편이 바르지 못함을 알 것이다. 재물을 낭비하고 복록을 해치면서 남편의 얼굴을 깎아내니 무슨 즐거움이 있을 것인가.

재앙을 부르는 길

음식을 사치하는 것은 재화를 소비하고 물자를 없애는 일이니, 재앙을 부르는 길이다.

飮食之侈 財之所靡 物之所殄 招災之術也
음 식 지 치　재 지 소 미　물 지 소 진　초 재 지 술 야

주해 靡 : 쓰러지다. 기울다. 없애다. 殄 : 다하다.

해설 후당(後唐) 유찬(劉贊)의 부친 비(玭)가 현령이 되었다. 그때 유찬이 비로소 입학을 하였는데, 청포 저고리와 바지를 입혔으며, 식사 때마다 자기는 고기 반찬을 먹으면서 따로 나물 반찬을 차려 상 아래서 먹게 하고는, "육식은 임금이 주는 녹이다. 너도 육식을 하고 싶으면 부지런히 글을 읽어 녹을 받도록 하여라. 내가 먹는 것을 너는 먹을 수 없느니라."라고 하였다. 이 때문에 유찬이 힘써 글을 읽어 진사(進士)에 급제하였다 한다.

법을 세워 금하되

규문(閨門)이 엄숙하지 않으면 가풍이 어지러워진다. 가정도 그러한데 하물며 관서(官署)에 있어서야 말할 것이 있겠는가. 법을 세워 금하되, 의당 우레와 같고 서리와 같이 해야 할 것이다.

閨門不嚴 家道亂矣 在家猶然
규 문 불 엄 가 도 난 의 재 가 유 연

況於官署乎 立法申禁 宜如雷如霜
황 어 관 서 호 입 법 신 금 의 여 뢰 여 상

주해 閨門 : 여자들이 거처하는 곳. 亂 : 어지럽다. 난리. 猶 : 같다.
비슷하다. 오히려.

해설 옛날에는 내아(內衙)의 문을 염석문(簾席門)이라 하였다. 옛날
에는 발로써 격리시키고 자리로 가리어 가노(家奴)들과 관노들이 서
로 대면하지 못하도록 하였으니, 내외의 구분을 엄하게 하려는 것
이었다. 근래에는 이 법이 문란하여져서 가노들이 제멋대로 이 문
을 나가고 관비들이 어지러이 이 문을 들어오니, 발이 걷히고 치워
져서 서로 귀에 입을 대고 무릎을 붙이고 명령이 여러 곳에서 나오
게 되니, 이로 말미암아 온갖 폐단이 생겨났다. 어찌 한심하지 않겠
는가.

집안을 바로잡는 일

청탁이 행해지지 않고 뇌물이 들어오지 못한다면, 이는 집안을
바로잡은 것이라 말할 수 있다.

干謁不行 苞苴不入 斯可謂正家矣
간 알 불 행 포 저 불 입 사 가 위 정 가 의

주해 干謁 : 사사로운 일로 뵈옵기를 청하는 일. 뵈옵고 청탁하는 일.
苞苴 : 뇌물.

해설 나의 지위가 이미 높게 되면 처자부터 나의 총명을 가리고 나
를 속이며 저버리는 사람이 된다. 남편을 존경하지 않는 아내가 없

으며 어버이를 사랑하지 않는 아들이 없거늘, 어째서 총명을 가리고 속이며 저버리려는 마음이 있겠는가. 그것은 사물의 도리를 아는 이가 드물기 때문이다. 혹은 안면이나 사사로운 정[私情]에 끌리고 혹은 뇌물에 유혹된다. 그렇게 되면 여기에서부터 청탁과 간알을 행하게 되는 것이다.

규문이 존경을 받아야

물건을 살 때 값을 따지지 말고 사람을 부릴 적에 위압으로 하지 않으면, 규문이 존경을 받게 될 것이다.

貿販不問其價 役使不以其威 則閨門尊矣
무 판 불 문 기 가 역 사 불 이 기 위 즉 규 문 존 의

※ 貿販 : 물건을 삼. 매매함. 役使 : 부리다. 閨門 : 안채. 규중(閨中).

※ 『상산록』에 이르기를, '식견 없는 부녀자들이 관비를 부리는 것을 집의 종 부리듯이 해서 매를 때리기도 하고 위세로 누르기도 한다. 기한을 촉박하게 주고 매질을 혹독하게 해서 원한이 한몸에 돌아오고 비방이 사방으로 번지게 하니, 어찌 이래서 될 것인가. 일어반구도 말이 안으로부터 나가게 해서는 안 된다.' 라고 하였다.

부정한 정욕을 끊고

애첩을 거느리면 부인이 질투하게 마련이고, 행동이 한 번 잘못되면 소문이 사방으로 퍼진다. 일찍이 부정한 정욕을 끊어 후회함이 없도록 할 것이다.

房之有嬖閨則嫉之 舉措一誤
방 지 유 폐 규 즉 질 지　거 조 일 오

聲聞四達 早絕邪慾 毋俾有悔
성 문 사 달　조 절 사 욕　무 비 유 회

🔹 嬖 : 사랑하다. 총애하다. 嫉 : 미워하다. 강새암. 邪 : 사악하다.
悔 : 뉘우치다.

🔹 질투 없는 부인은 드물다. 수령이 근신하지 않고 혹은 기생을
좋아하다가는 작게는 집안이 시끄러워지고 크게는 관부의 바깥까
지 떠들썩해져서 불행히도 감사에게 소문이 들리면, 고적(考績, 관리
의 성적을 상세히 검토함)에 쓰이기를, '뜻은 치정을 원했으나 사실인즉
해괴한 소문이 들린다.' 라고 할 것이다. 천하에 수치가 이보다 더
큰 것이 있겠는가. 수령은 마땅히 이 점을 생각해서 스스로 더럽힘
이 없도록 해야 할 것이다. 국법으로 금하는 일이라, 비단 가정의
재난으로만 두려워할 것이 아니다.

법도가 있는 집안

어머니의 가르침이 있고 처자들이 계율을 지키면 이러한 집안
을 법도가 있는 집이라 할 것이요, 백성들이 그를 본받을 것이
다.

慈母有敎 妻子守戒 斯之謂法家 而民法之矣
자 모 유 교　처 자 수 계　사 지 위 법 가　이 민 법 지 의

🔹 慈 : 사랑하다. 어머니. 인자. 자비롭다. 戒律 : 지켜야 할 행동
규범. 율법.

🔹 송나라 조찬(曹璨)이 절도사로 재직할 때 그의 어머니가 집안

창고를 둘러보다가 돈 수천 꿰미가 쌓여 있는 것을 보고 아들을 불러, "네 선친은 안팎의 여러 벼슬을 하였지만 이렇듯 많은 재물을 모은 적이 없었다. 너는 네 아버지만 못하구나!" 라고 하였다.

제4조 병객(屛客) 관아에 손님을 불러들이지 말라

관부의 회계와 출납 기록을

무릇 관부에 책객(冊客)을 두는 것은 좋지 않다. 오직 서기 한 사람이 내아(內衙)의 일도 겸하여 보살피도록 해야 한다.

凡官府 不宜有客 唯書記一人 兼察內事
범 관 부　부 의 유 객　유 서 기 일 인　겸 찰 내 사

주해 屛客 : 屛은 물리친다는 뜻이고, 客은 손이니, 여기에서는 객원을 의미한다. 객원은 직원 이외의 인원이다. 즉, 객원을 물리친다는 뜻이다.

해설 요즈음 풍속에 소위 책객(冊客)이라는 사람을 한 사람 두어서 회계를 맡기고 매일의 출납 기록(날마다 쓰는 쌀, 소금 등의 장부)을 보살피게 하는 것은 예도(禮度)가 아니다. 관부의 회계에는 모든 공용(公用)과 사용(私用) 등 포함되지 않는 것이 없다. 뭇 아전들이나 하인들이 여기에 관계되지 않는 자가 없다. 그런데 이제 직위도 없고 명목도 없는 사람을 시켜서 이 권한을 도맡아 다스리게 하여 날마다 아전이나 관노의 재물을 맡은 자와 많으니 적으니, 허위니 사실이니 하면서 따지게 하는 것이 어찌 사리에 맞겠는가. 이 사람이 간사한 것을 잘 적발하고 숨긴 것을 밝혀낸다면 원망은 수령 자신에게 돌아오게 될 것이고, 그 사람의 허물과 잘못을 말하지 않고 숨겨준다면 손해가 수령 자신에게 돌아오게 될 것이다.

관부는 엄숙하고 깨끗해야

무릇 본 고을 사람과 이웃 고을 사람들을 맞아들여 접견하여서는 안 된다. 대체로 관부 안은 마땅히 엄숙하고 깨끗하여야 한다.

凡邑人及隣邑之人 不可引接
범 읍 인 급 인 읍 지 인　불 가 인 접

大凡官府之中 宜肅肅淸淸
대 범 관 부 지 중　의 숙 숙 청 청

🔖 隣邑之人 : 이웃고을에 사는 사람. 引接 : 불러들여서 만나보고 접대하는 일. 肅肅 : 엄숙한 모양. 淸淸 : 깨끗하고 맑은 모양.

🔖 요즈음 풍속에 소위 존문(存問, 찾아보고 문안함)하는 법이 있다. 지방의 세력 있는 사람이나 간사한 민간인이 조정의 고관들과 결탁하고 있어서, 수령이 부임길에 오르기 전에 조정에 하직하러 가면, 조정의 고관이 수령에게 그를 존문하고 매사에 잘 두호(斗護, 비호)하여 줄 것을 부탁한다.

정조 때 참판 유의(柳誼)가 홍주목사(洪州牧使)로 갔을 때에 존문하라는 고관의 부탁을 하나도 시행하지 않으므로, 내가 그에게 "너무 융통성이 없다"고 말하였더니 유공(柳公)이 말하기를, "임금께서 이미 홍주의 백성 전체를 나 목신(牧臣)에게 맡겨서 그들을 불쌍히 여기게 하고 보살피게 하였다. 조정의 고관의 부탁이 비록 중하나 어찌 이러한 임금의 명령보다 더 할 수야 있겠는가. 만약 내가 치우치게 한 사람을 골라서 그 사람만을 문안하고 그 사람만을 보호한다면 이것은 임금의 명령을 어기고 사사로운 명령을 받는 것이 된다. 내 어찌 감히 그렇게 할 수 있겠는가."라고 하였다.

서로 좋은 우정을 보존해야

친척이나 친구가 관내(管內)에 많이 살면 거듭 단단히 단속하여 남이 의심하고 비방하는 일이 없게 하고, 서로 좋은 우정을 보존하도록 할 것이다.

> 親戚故舊 多居部內 宜申嚴約束 以絶疑謗 以保情好
> 친 척 고 구 다 거 부 내 의 신 엄 약 속   이 절 의 방   이 보 정 호

☆ 故舊 : 오래된 친구. 管內 : 맡아 다스리는 구역 안. 관하(管下).
申嚴 : 단단히 타일러 삼가게 함. 疑謗 : 의심과 비방. 情好 : 좋은 정분.

☆ 친척이나 친구가 본 고을이나 이웃 고을에 살면 한 번은 초청하여 보고 한 번은 가서 보며, 때때로 선물을 보내서 약속하기를, "비록 날마다 보고 싶지만 예에는 한계가 있으니 초청하기 전에는 절대로 오지 말기를 바란다. 편지 왕래도 역시 의심과 비방을 살 것이니, 만일 질병이나 우환이 있어서 서로 알려야 할 경우에는 몇 자의 편지를 풀로 봉하지 말고 직접 예리(禮吏)에게 주어서 공개리에 받아들이도록 할 것이다."라고 할 것이다.

권세 있는 사람에게 청탁하는 일

무릇 조정의 고관이 사사로이 편지하여 관절(關節)로서 청탁하는 것을 들어 시행해서는 안 된다.

> 凡朝貴私書 以關節相託者 不可聽施
> 범 조 귀 사 서   이 관 절 상 탁 자   불 가 청 시

☆ 朝貴 : 조정의 귀한 신하. 私書 : 사사로운 개인 편지. 關節 : 권

세 있는 사람에게 뇌물을 바치고 청탁하는 일. 또는 사사로이 교섭하는 일. 뇌물. 聽施 : 들어주어 시행함.

해설 한(漢)나라 질도(侄都)가 제남의 수령이 되었는데, 공평하고 청렴하여 사사로운 편지는 떼어보지 않고 선물도 받지 않았으며 청탁도 들어주지 않았다.

가난한 친구와 빈궁한 친족

가난한 친구와 빈궁한 친족이 먼 곳에서 찾아오는 경우에는 마땅히 즉시 맞아들여 접견하고 후하게 대우하여 보내야 한다.

貧交窮族 自遠方來者 宜卽延接 厚遇以遣之
빈 교 궁 족　자 원 방 래 자　의 즉 연 접　후 우 이 견 지

주해 貧交 : 가난할 때 사귄 친구. 窮族 : 가난한 일가. 延接 : 맞아들임.

해설 선인이 말하기를, '가난한 친구와 빈궁한 친족을 잘 대우하기란 매우 어려운 일이다.' 라고 하였다. 진실로 청빈한 선비와 지조 높은 벗이면 벗을 찾아, 혹은 친족을 찾아서 관청에 오지는 않는다. 나를 찾아오는 자는 대체로 구차하고 비루한 사람이 많다. 언어와 행동이 달갑지 않고 혹은 무리한 부탁을 하며 혹은 체면 없이 지나친 요구를 하는 경우가 있어서 미워할 만하다. 그러므로 그런 사람에게 부드럽고 원만하게 대하기란 지극히 어렵다. 그럴수록 잘 대우하는 것이 고수(高手)인 것이다. 그런 사람을 대할 때에는 반갑게 영접하여 즐거운 표정으로 담소하고 좋은 음식과 새 옷을 주며 여비를 풍족하게 주어서 보내야 한다.

백성을 잘 다스리는 일

잡인(雜人)의 출입은 엄중히 금지해야 한다.

閽禁 不得不嚴
혼 금　부 득 불 엄

🌸 閽禁 : 관청에서 잡인의 출입을 금하는 것.

🌸 지금의 수령들 중에 어떤 사람들은 관부의 모든 문을 활짝 열어 놓는 것을 덕행으로 생각하고 있다. 이것은 덕행이 될지 모르나 정치를 모르는 행동이다. 나의 직책은 백성을 잘 다스리는 것이고 손님을 대접하는 일은 아니다. 평생에 한 번 본 일도 없는 사람들을 어찌 다 만나봐야 한단 말인가.

 제5조 절용(節用) 재물을 절약하라

제일 먼저 힘써야 할 일

수령 노릇을 잘하는 자는 반드시 자애로워야 하고, 자애로우려면 반드시 청렴해야 하고, 청렴하고자 하는 자는 반드시 절약해야 한다. 그러니 절용한다는 것은 수령된 자가 제일 먼저 힘써야 할 일이다.

善爲牧者 必慈 欲慈者 必廉 欲廉者
선 위 목 자　필 자　욕 자 자　필 렴　욕 염 자

必約 節用者 牧之首務也
필 약　절 용 자　목 지 수 무 야

🌸 節用 : 씀씀이를 절약하는 일. 재물을 절약해서 씀. 牧 : 목민관, 즉 수령. 慈 : 자애(慈愛). 廉 : 청렴하다. 검소하다. 首務 : 제일

먼저 해야 할 일.

⊕ 배우지 못하고 무식한 자가 어쩌다가 한 고을의 수령이 되면 방자(放恣, 멋대로 행동함)하고 교만하고 사치하게 되어서 아무런 절제(節制, 알맞게 삼가는 것)도 없이 멋대로 돈을 남용한다. 그리하여 그 빚이 이미 많은 액수에 이르게 되면 사세가 반드시 탐욕하게 되고, 탐욕하게 되면 반드시 아전과 공모하여 이득을 나누어 먹게 된다. 그렇게 되면 백성의 고혈(膏血, 피땀 흘려 얻은 이익)을 빨아먹게 된다. 그러므로 절약해서 쓴다는 일은 백성을 사랑하기 위하여 제일 먼저 해야 할 일인 것이다.

법식을 지키는 것이

절(節)이란 말은 한계를 두어 억제하는 것이다. 한계를 두어 절제하는 데는 반드시 법식이 있어야 한다. 법식을 지키는 것이 절용의 근본이다.

節者限制也 限以制之 必有式焉 式也者 節用之本也
절 자 한 제 야　한 이 제 지　필 유 식 언　식 야 자　절 용 지 본 야

⊕ 節 : 절용, 절도. 節制 : 정도에 넘지 않도록 알맞게 삼가는 것.
式 : 법식, 일정한 예식(例式).

⊕ 『주례(周禮)』의 천관총재(天官冢宰, 모든 관원을 통괄함) 편에 보면 아홉 가지 법식으로 재용(財用, 제사와 손님 접대)을 규정하였다. 그는 천자(天子)의 부(富)를 가지고도 반드시 먼저 법식을 정하여 재용을 절약하였는데, 하물며 한 작은 고을의 수령에게 있어서랴. 법식을 정하지 않으면 안 된다.

검소함을 법식으로 삼아야

의복과 음식은 검소함을 법식으로 삼아야 하며, 조금이라도 법식을 넘어서면 그 씀씀이에 절도가 없어져 버린다.

衣服飮食 以儉爲式 輕踰其式 斯用無節矣
의 복 음 식 이 검 위 식 경 유 기 식 사 용 무 절 의

🔸 輕 : 가볍다. 적다. 모자라다. 踰 : 넘다. 이기다. 式 : 법. 표준. 본받다.

🔹 의복은 수수하고 검소한 것으로 차리는 것을 힘쓰도록 하여야 한다. 아침 저녁의 식사는 밥 한 그릇, 국 한 그릇, 김치 한 접시, 장 한 종지 외에는 마땅히 네 접시[四楪]를 넘지 않도록 해야 한다. 4첩 이란 소위 옛날의 2두(二豆), 2변(二籩)이라는 것이다. 즉, 구운 고기 한 접시, 어포(魚脯) 한 접시, 절인 나물 한 접시, 해[醢, 젓, 육장(肉醬)] 한 접시이다. 이보다 더해서는 안 된다.

마땅히 일정한 법식이

제사를 받들고 손님을 접대하는 것은 비록 사사로운 일인 경우일지라도 마땅히 일정한 법식이 있어야 한다. 피폐하고 작은 고을에서는 마땅히 법식을 감소해야 할 것이다.

祭祀賓客 雖係私事 宜有恒式 殘小之邑 視式宜減
제 사 빈 객 수 계 사 사 의 유 항 식 잔 소 지 읍 시 식 의 감

🔸 恒式 : 일정한 법식. 항상적인 정규. 殘小 : 가난하고 작음.

🔹 공적인 제사에는 일정한 공식의 법도가 있다[『오례의(五禮儀)』에 있다]. 사사로운 빈객의 접대는 마땅히 두 등급으로 구분하여, 존장

에게는 네 접시, 비유(卑幼)에게는 두 접시로 하고, 그 음식의 기름 짐과 맛의 박한 것은 그 고을의 형편에 따라서 할 일이다.

안채에 쓸 모든 물품은

무릇 안채에 보내는 모든 물품은 다 그 예식(例式, 법식)을 정하되, 한 달 쓸 것을 모두 매달 초하룻날에 납품하게 한다.

凡內饋之物 咸定闕式 一月之用 咸以朔納
범 내 궤 지 물 함 정 궐 식 일 월 지 용 함 이 삭 납

> 內饋之物 : 내아(內衙), 즉 관가의 안채에서 음식에 쓸 물건.
> 饋 : 보내다. 供饋 : 윗사람에게 음식을 드림. 朔納 : 초하루에 보냄.

안채에서 쓸 식료품은 반드시 일정한 한계를 정하여야 할 것이다. 그러므로 안식구가 이미 도착하면 관주(官廚, 고을 관아의 주방)에서 날마다 그 소용되는 물품을 바치게 한다. 그리하여 10일이 되거든 그 동안의 여러 가지 납입한 물품을 합계하여 그것을 세 배(培)로 한다(한 달은 30일이므로 세 배 한다). 그것을 한계로 예식(例式)을 정하고 매월 초하루에 한꺼번에 바치게 한다.

접대하고 남는 것이 있더라도

공적인 손님의 음식 접대도 또한 반드시 먼저 그 예식을 정하여 둔다. 기일에 앞서서 물품을 준비하여 예리(禮吏)에게 주고, 비록 접대하고 남는 것이 있더라도 도로 찾지 말아야 한다.

公賓之餼 亦先定厥式 先期辦物
공 빈 지 희 역 선 정 궐 식 선 기 판 물

以授禮吏 雖有贏餘 勿還追也
이 수 예 리 　 수 유 영 여 　 물 환 추 야

🔹 公賓 : 공식으로 접대해야 할 공적인 손님. 饋 : 음식 대접. 음식
을 보내다. 辦 : 갖추다. 준비하다. 힘쓰다. 禮吏 : 예방의 아전.
손님의 접대는 예리의 소관이다.

🔹 공빈을 대접하는 품급(品級)은 모두 예전(禮典, 예전육조 편)에 나
온다. 관찰사를 접대하는 음식은 마땅히 고례(古禮)에 따라야 한다. 혹
고례가 불편한 바 있으면 마땅히 고을의 관례에 따라야 할 것이다.

관부에서 사용하는 물품은

모든 아전이나 관노들이 바치는 물건으로서 회계에 포함되지
않는 것은 더욱 절약해야 한다.

凡吏奴所供 其無會計者 尤宜節用
범 이 노 소 공 　 기 무 회 계 자 　 우 의 절 용

🔹 吏 : 관리. 벼슬아치. 구실아치. 奴 : 종. 노예. 사내종.
供 : 바치다.

🔹 관청에서 사용하는 모든 물품은 결국 어느 것이나 다 백성의
부담이 아닌 것이 없지만, 그 중에서도 그 대가를 관청의 회계에서
지출하지 않는 것은 백성에게 폐해를 끼침이 더욱 심한 것이다. 그
물품은 하늘에서 쏟아지거나 땅에서 솟아나는 것이 아니고 다 백성
이 부담하는 것이니, 그것의 사용을 절약하고 그 폐해를 살펴서 백
성으로 하여금 피해가 조금이나마 적게 하여 주는 것이 좋다.

공물을 사물처럼 아껴야

사용(私用)을 절약하는 것은 많은 사람들이 능히 할 수 있으나, 공고(公庫)를 절약하는 것은 능히 할 수 있는 사람이 드물다. 공물을 사물처럼 아껴야 이것이 현명한 수령이다.

私用之節 凡人能之 公庫之節
사 용 지 절　범 인 능 지　공 고 지 절

鮮能之 視公如私 斯賢牧也
선 능 지　시 공 여 사　사 현 목 야

주해 私 : 사서로움. 개인. 庫 : 창고. 곳집. 곳간. 鮮 : 드물다. 적다. 없어짐.

해설 고을마다 반드시 공용의 재정이 있어 여러 고(庫)가 설립되어 있다. 처음에는 이름하여 공용이라고 하였으나, 설립한 지 오래 되면 점차 사용으로 지출되어 그릇된 관례가 겹겹이 생기고 절제 없이 낭비하게 된다. 본래 공용의 창고였기 때문에 수령은 끝내 살피지 못하고 감독하는 아전이나 고노(庫奴)는 갖가지로 속여서 오로지 몰래 훔쳐 먹으려고만 한다. 재물이 이미 떨어지면 또 거듭 이를 거두어들이는 바, 이는 여러 지방의 공통된 폐단이다.

회계일에 당할 때마다

자리가 바뀌어 돌아가는 날에는 반드시 기재한 장부가 있어야 한다. 기재할 액수는 마땅히 미리 준비해야 한다.

遞歸之日 必有記付 記付之數 宜豫備也
체 귀 지 일　필 유 기 부　기 부 지 수　의 예 비 야

註 遞 : 바뀌다. 遞歸 : 벼슬이 갈리어 돌아옴. 記付 : 장부에 기록
함. 자리가 바뀌어 돌아가게 될 때에는 쓰다 남은 것을 기록해
두는 것을 뜻한다. 備 : 갖추다.

解 관부에 전해 내려오는 돈과 곡식 등 여러 재물은 통틀어 장부
에 기록되는 바, 그 기록된 것을 중기(重記)라고 한다. 자리가 바뀌
어 돌아갈 때에는 쓰고 남은 것을 대략 중기에 기재하는 바, 이를
일러서 기부(記付)라고 한다. 평상시에 유의하지 않으면 어떻게 창
졸간에 마련하겠는가.

초하루 보름의 회계일에 당할 때마다 관부에서 쓰는 여러 물품의 나
머지를 대략 살펴 두었다가 갑작스러운 교체에 대비하는 것이 좋다.

한 가지의 물건이라도

천지가 만물을 낳은 것은 사람으로 하여금 누려 쓰게 한 것이
다. 한 가지의 물건이라도 버리는 것이 없게 한다면 재물을 잘
쓴다고 말할 수 있는 것이다.

天地生物 令人享用 能使一物無棄 斯可曰善用財也
천 지 생 물　영 인 향 용　능 사 일 물 무 기　사 가 왈 선 용 재 야

註 享 : 누리다. 받다. 드리다. 使 : 부리다. 시킴. ~하게 하다.
棄 : 버리다. 그만두다.

解 진(晉)나라 도간(陶侃)이 배를 다루는 선관(船官)을 시켜 톱밥을
모조리 챙겨두게 했다가 눈 녹은 진장을 막는데 썼고, 대나무의 두
터운 밑동을 산처럼 쌓아놓게 했다가 후에 촉(蜀)을 칠 적에 배를
수선하는 데 못으로 사용하였다.

베풀기를 즐겨하는 것은

절약만 하고 쓰지 않으면 친척이 멀어진다. 베풀기를 즐겨하는 것이 바로 덕을 심는 근본이다.

節而不散 親戚畔之 樂施者 樹德之本也
절 이 불 산   친 척 반 지   낙 시 자   수 덕 지 본 야

> 樂施 : 즐거이 희사(喜捨)함. 덕(德) 베풀기를 기꺼이 하는 일.
> 樹德 : 덕을 심음.

> 못에 물이 괴어 있는 것은 장차 흘러내려서 만물을 적셔 주기 위함이다. 그러므로 능히 절약하는 사람은 베풀 수 있게 마련이요, 능히 절약하지 못하는 사람은 베풀지 못하게 마련이다. 창기를 불러 가야금 뜯고 피리 불고 비단 옷 입고 높은 말에 좋은 안장을 타며, 상관에게 아첨하고 권귀(權貴, 권세가와 고귀한 사람)들에게 뇌물 바쳐 비용을 하루에 수만금도 더 쓰며 일 년에 소비하는 돈이 천억이나 되고서야 어찌 친척들에게 베풀 수 있겠는가. 아껴 쓰는 일은 즐거이 베푸는 근본이다. 내가 귀양살이하면서 매양 수령들을 보면, 나를 동정하고 도움을 주는 자의 그 의복을 보면 반드시 검소한 것을 입었고, 화려한 옷을 입고 얼굴에 기름기가 돌며 음탕한 것을 즐기는 수령은 나를 돌보지 않았다.

끼니를 잇지 못하는 사람이 있다면

가난한 친구나 빈궁한 친척들은 힘 자라는 대로 보살펴 주어야

한다.

貧交窮族 量力以周之
빈 교 궁 족 양 력 이 주 지

🔹 貧交 : 가난한 친구. 窮族 : 곤궁한 처지에 있는 친척. 量 : 자신
의 능력을 헤아림. 周之 : 구제함.

🔹 한집안 사람들을 임지로 데려올 수는 없더라도 그 중에 가난하
여 끼니를 잇지 못하는 사람이 있다면 그 식구를 계산하여 그들의
매월 생계를 돌봐주지 않을 수 없을 것이다. 소공지친(小功之親, 죽었
을 때 다섯 달 복을 입는 친척)으로서 가난하여 끼니를 잇지 못하는 자
가 있으면 마땅히 보름치의 생계비를 계속 지출하여 주지 않을 수
없을 것이다. 그 밖의 사람들은 급할 때만 구제하여 주면 된다.

관고를 탕진하게 되면

내 녹봉에 여유가 있어야 남에게 베풀 수 있다. 관청의 재물을
빼내어 사인(私人)을 도와주는 것은 예가 아니다.

我廩有餘 方可施人 竊公貨 以賙私人 非禮也
아 름 유 여 방 가 시 인 절 공 화 이 주 사 인 비 례 야

🔹 廩 : 녹봉. 창고. 餘 : 남다. 竊 : 훔치다. 公貨 : 관청의 재물.
賙 : 진휼하다. 베풀다. 私人 : 사사로운 관계에 있는 사람.

🔹 만약 공채(公債)가 많으면 마땅히 그 실정을 친척과 친구들에
게 두루 알려서, 그들로 하여금 여력이 생길 때까지 기다렸다가 와
서 요구하게 할 것이다. 객기(客氣)를 함부로 부려서 관고(官庫)를 탕
진하게 되어 아전들은 목을 매고 관노가 도망치고, 그 해독이 고을

전체에 미치게 되면, 은혜를 베푸는 일로 덕을 삼지 못할 것이다.

벼슬살이의 즐거움

자기의 녹봉을 절약하여 그 지방 백성들에게 돌아가게 하고, 자기 농토의 수입을 풀어서 친척들을 도와준다면 원망이 없을 것이다.

節其官俸 以還土民 散其家穡 以贍親戚 則無怨矣
절 기 관 봉　이 환 토 민　산 기 가 색　이 섬 친 척　즉 무 원 의

※ 官俸 : 관에서 받는 봉급. 土民 : 그 지방의 사람. 家穡 : 집안 농사. 穡 : 농사. 거두다. 수확하다.

※ 사람들이 항상 말하기를, '벼슬살이의 즐거움이 무엇인가, 남는 것은 집안 살림이다.' 라고 하는데, 벼슬살이하는 동안은 농토에서의 수확을 집에 가져다 쓰지 않고 저축하거나 팔아서 늘리고 그것으로 농토를 더욱 넓히는 것을 말한다.

일가들에게 골고루 나누어 주며, 관가의 재물을 소비하지 않는 것이 더욱 이치에 맞는 일이 아니겠는가.

어진 사람의 힘쓸 일

귀양살이하는 사람의 객지 생활이 곤궁하면 이에 동정하고 도와주는 것이 또한 어진 사람의 힘쓸 일이다.

謫徒之 人旅瑣困窮 憐而贍之 亦仁人之務也
적 도 지　인 여 쇄 곤 궁　연 이 섬 지　역 인 인 지 무 야

※ 謫徒 : 귀양. 유배하는 형벌. 旅 : 나그네. 憐 : 불쌍하다.

**** 박대하(朴大夏)가 나주목사(羅州牧使)가 되었을 때, 동계(桐溪) 정온(鄭蘊)이 곧은말을 하다가 제주도에 귀양가면서 나주를 지나가게 되었다. 박대하는 정온과 한 번의 사귐도 없었으나, 손을 잡고 눈물을 흘리며 노자를 후하게 주니 정은이 감탄하고 갔다.

의로운 사람의 할 일

전란(戰亂)을 당하여 몹시 어수선할 때 떠돌아다니며 더부살이 하는 사람을 구제하고 보호하는 것이 의로운 사람의 할 일이다.

干戈搶攘 流離寄寓 撫而存之 斯義人之行也
간 과 창 양 유 리 기 우 무 이 존 지 사 의 인 지 행 야

**** 干戈 : 방패와 창. 곧 전쟁을 뜻함. 전란. 搶攘 : 몹시 혼란하고 어수선함. 流離 : 떠돌아다님. 寄寓 : 임시로 붙어 삶. 撫而存之 : 돌보아 살려줌.

**** 강수곤(姜秀崑)이 고창현감(高敞縣監)이 되었는데, 마침 전란중이었고 크게 흉년이 들어서 사람이 사람을 잡아먹을 정도였다. 그는 계획을 잘 세우고 또 준비를 잘하여 굶주린 사람들을 구제하였다. 충청도·전라도 지방의 유랑민이 천여 명이나 되었고, 북방에서 온 친척과 친구로서 굶주린 식객이 하루 천여 명에 이르렀다. 그는 몸소 생활을 검소하게 함으로써 그들에게 도움을 주어 많은 사람을 구제했다.

권세 있는 집에 선물 보내는 것을

권문세가를 후하게 섬겨서는 안 된다.

權門勢家 不可以厚事也
권 문 세 가 불 가 이 후 사 야

🔹 權門勢家 : 권력과 세력이 있는 집. 厚事 : 후하게 잘 섬김

🔹 권세 있는 집에 선물을 보내는 것을 후하게 하여서는 안 된다. 내가 은혜를 입고 있으나 서로 잘 지내기를 의뢰하는 자에게 따로 선물을 보낼 경우에는 식품 두어 가지를 넘어서는 안 된다. 그 밖에 초피(貂皮)라든지 삼(蔘)이라든지 비단, 명주 같은 보배스러운 물건은 절대로 보내서는 안 된다. 재상이 청렴하고 사리에 밝은 사람이라면 그러한 귀중품은 받지 않을 뿐만 아니라 또한 나를 비루한 사람으로 여길 것이다.

♠ 다산의 생가에 세운 기념비

♠ 초의(草衣)

봉공은 '나라와 사회를 위하여 이바지한다'는 뜻이다. 여기에서는 수령의 직무수행상 가장 근본적인 복무 규율 여섯 조항을 들고 있다.

　그것은 선화(宣化), 수법(守法), 예제(禮際), 문보(文報), 공납(貢納), 왕역(往役)이다.

　선화는 임금의 덕화를 선포하는 예절, 수법은 국법의 준수, 예제는 예(禮)로 교제하는 것, 문보는 보고문서의 처리, 공납은 세금과 공물(貢物)을 받아 바치는 일, 왕역은 수령 고유의 직무 이외에 특별한 임무의 명령을 받았을 때의 복무 태도를 제시한 것이다.

수령이 어질지 못하면

군수와 현령은 본래 하는 일은 은택을 입히고 선화(宣化)하는 일인데, 지금에 와서는 오직 감사(監司)만이 책임이 있다고 하는 것은 잘못된 일이다.

郡守縣令 本所以承流宣化 今唯監可謂有是責 非也
군 수 현 령   본 소 이 승 류 선 화   금 유 감 가 위 유 시 책   비 야

주해 縣 : 고을. 행정단위의 하나. 承流 : 임금의 은덕을 받아 백성에게 내려줌. 宣 : 베풀다. 펴다. 밝히다. 宣化 : 덕화(德化)를 선포함. 임금의 덕화를 널리 폄.

해설 동중서(董仲舒)의 『현량대책(賢良對策)』에서는 이렇게 말했다. "오늘날의 군수, 현령은 백성의 스승이요 통솔자이며 승류·선화할 책무가 있다. 그런데 수령이 어질지 못하면 임금의 덕이 선양되지 못하고 그 은택이 흐르지 못한다. 오늘날 수령은 이미 아랫사람에게 교훈을 내리지 못하게 되었다. 그 중 혹자는 임금의 법을 받들지 못하게 되고 백성을 포악하게 하며 간사한 무리와 어울려 나쁜 짓을 많이 한다. 가난하고 궁하고 외롭고 약한 사람은 억울하고 고통스러워서 생업을 잃으니 심히 폐하(陛下)의 어진 뜻을 듣지 못하게 한다. 이 때문에 음양(陰陽)이 엉키고 막혀서 나쁜 기운이 꽉 차고 막히게 되어, 뭇 생령(생명)이 제대로 살아가지 못하게 하고 서민을 잘살지 못하게 하니, 이것이 모두 수령이 밝지 못하여 이런 지경에 이른 것이다."

생각하건대, 승류하는 일과 선화하는 일은 수령의 책임이거늘 오늘날은 오직 감사의 정청(政廳)에만 '선화당(宣化堂)'이란 현판을 써 붙이고, 수령들은 익히 이 현판을 보고도 마음속으로 승류·선화하는 것은 우리의 책임이 아니며 우리는 우선 부세(賦稅)를 독촉하여 상사(上司)의 꾸지람을 면하면 그만이라고 여기는 형편이니 딱한 일이로다.

※ 동중서(董仲舒) : 한무제 때 현량(賢良)으로서 천민삼책(天民三策)을 봉대(奉對)하고 강도상(江都相)이 됨.

※ 『현량대책(賢良對策)』 : 동중서가 무제의 책문(策問)에 대하여 답한 문장(文章)의 책이름.

임금의 은덕을 알게 하여야

윤음(綸音)이 고을에 이르면 마땅히 백성들을 불러모아 몸소 널리 공포하여 임금의 은덕을 알게 하여야 한다.

綸音到縣 宜聚集黎民 親口宣諭 俾知德意
윤 음 도 현　의 취 집 여 민　친 구 선 유　비 지 덕 의

주해 綸音 : 임금의 명령. 宣諭 : 임금의 명이나 가르침을 널리 알림.

해설 윤음이란 것은 백성의 어버이 된 임금이, 자녀들을 위로하고 타이르듯 백성을 타이르는 것이다. 윤음이 한 번 내릴 때마다 수령은 마땅히 패전(牌殿)의 문 밖에서 몸소 널리 공포하고, 조정의 은덕을 널리 알려 백성들로 하여금 은혜를 품게 하여야 한다. 매양 보면 윤음이 내려올 때 아전과 풍헌(風憲)·약정(約正)이 숨기고 선포하지 않으니, 세곡(稅穀) 징수의 기한을 늦추어 주고 환곡을 탕감하는 등의 일은 윤음이 열 번 내리면 감추는 것이 여덟·아홉 번은 된다.

수령의 여러 죄 중에서 이 죄가 제일 커서 죽임을 당해도 변명할 말이 없으니, 가히 범할 수 있겠는가.

※ 패전(牌殿) : '전(殿)'자를 새겨 세운 나무패인 전패(殿牌)를 모셔 둔 전각(殿閣).

※ 풍헌(風憲) : 조선시대 향소직의 하나. 면(面)이나 리(里)의 일을 맡아봄.

※ 약정(約正) : 조선시대 향약 단체의 임원.

나라에 큰 경사가 있으면

교문(敎文), 사문(赦文)이 고을에 도착하면 역시 그 사실을 요약하여 백성들에게 널리 공포하여 모든 백성이 소상히 알도록 해야 한다.

教文赦文到縣 亦宜撮其事實 宣諭下民 俾各知悉
교 문 사 문 도 현   역 의 촬 기 사 실   선 유 하 민   비 각 지 실

🔹 敎文 : 나라에 큰일이 있을 때 내리는 유시문(諭示文). 임금의 명령을 적은 글. 赦文 : 나라에 경사가 있을 때 죄인을 풀어 주고 죄를 감해 줄 적에 임금이 내리던 글.

🔹 나라에 큰 경사가 있으면 이에 교문을 반포한다. 임금의 건강이 회복된다든지, 세자(世子)가 태어났다든지, 임금이 특히 장수한다든지, 혹은 가례(嘉禮, 장가가고 시집가는 관례·혼례)가 거행된다든지 하면 이에 교문을 반포하고, 인하여 사면(赦免)을 선포한다. 다만 변려(駢儷, 한문체)로 수식한 글은 백성이 이해하지 못하므로 수령은 마땅히 알기 쉽게 내용을 서술하여 백성들에게 선포하고 더불어 같이 경하하도록 해야 한다.

임금에게 부끄러움이 없는가를

왕궁(王宮)을 향한 망하(望賀)의 예(禮)는 마땅히 엄숙하고 조용하게 경건을 다하며, 백성들로 하여금 조정의 존엄(尊嚴)함을 알게 하여야 한다.

凡望賀之禮 宜肅穆致敬 使百姓知朝廷之尊
범 망 하 지 예   의 숙 목 치 경   사 백 성 지 조 정 지 존

주해 望賀禮 : 나라에 경사가 있으면 수령이 일일이 상경하지 않고 전패(殿牌)에 나아가 배례하는 예식. 전패는 지방 객사에 전자(殿字)를 새겨 세운 나무패로서 임금의 상징이다. 출장간 관리나 고을 수령이 배례하였다.

해설 『예기(禮記)』에 말하기를, '변색(辨色)에 조하(朝賀)한다'고 하였다. 변색은 먼동 틀 때라는 뜻이다.

망하(望賀)하는 예(禮)가 끝나면 반드시 한참 동안 엎드려서, 지난 15일 동안에 한 일이 우리 임금에게 부끄러움이 없는가를 묵념하되, 진정 임금이 위에서 내려다보는 것처럼 한다. 만약 마음에 부끄러운 것이 있으면 마땅히 급히 고쳐서 나의 떳떳한 천성을 기를 것이다.

국상이 있을 때에는

망위(望慰)의 예(禮)는 오로지 의주(儀注)에 따라야 한다. 그러니 옛 예절을 강습하지 않을 수 없는 것이다.

望慰之禮 一遵儀注 而古禮不可以不講也
망 위 지 례   일 준 의 주   이 고 례 불 가 이 불 강 야

※ 望慰禮 : 국상(國喪)이 있을 때에 수령이 왕궁을 향하여 조위(弔慰)의 뜻을 표하는 예절. 儀注 : 국가의 전례 절차(典禮節次)를 주해(註解)한 책.

◈ 국상(國喪)이 있을 때에는 수령이 거행하는 망위례는 의주의 정한 바에 따라 고례(古禮)대로 가장 경건하고 신중하게 행하여야 한다.

법과 격식의 예대로

국기(國忌)에는 사무의 처리를 중지하며, 형벌을 집행하지 아니하고, 풍악을 울리지 아니하는 것을 다 법례(法例)대로 하여야 한다.

國忌 廢事不用刑 不用樂 皆如法例
국 기　폐 사 불 용 형　불 용 악　개 여 법 례

※ 國忌 : 나라의 기일(忌日), 즉 왕과 왕비의 제삿날. 나라의 제삿날. 忌 : 제사. 기일. 꺼리다. 廢 : 폐지하다. 그만두다. 法例 : 법과 격식의 예.

◈ 나라의 제사 하루 전에 앉아서 재계(齋戒)하고, 태형(笞刑)은 쓰되 장형(杖刑)은 쓰지 않는다. 문을 열고 닫을 때에도 군악을 쓰지 않으며, 이튿날 제사가 끝난 뒤에야 태형과 장형을 쓴다.

조정의 명령이 내려왔는데

조정의 명령이 내려왔는데 백성들이 즐거워하지 않아 받들어 시행할 수 없으면, 마땅히 병을 핑계대고 관직에서 물러나야 한다.

朝令所降 民心弗悅 不可以奉行者 宜移疾去官
조 령 소 강 민 심 불 렬 불 가 이 봉 행 자 의 이 질 거 관

🐢 朝令 : 조정의 명령. 弗悅 : 좋아하지 않음. 移疾 : 질병이라고 핑계댐.

수령의 영광과 두려움

옥새(玉璽)가 찍힌 문서가 멀리서 내려오는 것은 수령의 영광이요, 꾸짖는 유시(諭示)가 때때로 오는 것은 수령이 두려워해야 할 바이다.

璽書遠降 牧之榮也 責諭時至 牧之懼也
새 서 원 강 목 지 영 야 책 유 시 지 목 지 구 야

🐢 璽書 : 옥새가 찍힌 글. 칭찬하거나 장려하는 글. 또는 임금의 명을 적은 교서(敎書). 責諭 : 책망하는 글. 꾸짖는 유시(諭示). 榮 : 영화. 영광. 영예. 懼 : 두려워하다. 걱정.

🐢 조정이 조서(詔書)를 내려 칭찬하는 것은 나를 기리는 것이 아니요, 조정이 유시(諭示)를 내려 절실하게 꾸짖는 것은 나를 미워함이 아니다. 모두 이 백성을 위함이 아닌 것이 없으니 무릇 칭찬을 받든지 꾸짖음을 받든지 마땅히 모두 조정이 은덕을 베푸는 것이니, 그 뜻을 백성에게 알려야 할 것이며 숨겨서는 안 된다.

제2조 수법(守法) 법을 지킴

남의 신하된 자가

법이란 임금의 명령이니, 법을 지키지 않음은 임금의 명령을 좇지 않는 것이다. 신하된 자가 감히 그렇게 할 수 있겠는가.

法者 君命也 不守法 是不遵君命者也
법 자 군 명 야 불 수 법 시 부 준 군 명 자 야

爲人臣者 其敢爲是乎
위 인 신 자 기 감 위 시 호

주해 君命 : 임금의 명령. 守法 : 법을 지킴.

해설 책상 위에 『대명률(大明律)』 한 권과 『대전통편(大典通編)』 한 권을 비치하고 항상 펴서 법조문을 자세히 알아 두어야 한다. 그리하여 거기에 좇아 자신의 법을 지키고, 거기에 따라 법령을 시행하며, 거기에 의지하여 소송을 판결하고, 거기에 따라 모든 사무를 처리하여야 한다. 무릇 법의 조문에서 금하고 있는 것은 털끝만한 것일지라도 위범(違犯)하여서는 안 된다.

 ※ 대명률(大明律) : 명(明)나라의 기본 형법(刑法)을 적은 책.
 ※ 대전통편(大典通編) : 조선조의 기본 법전(法典).

하늘의 떳떳한 이치가

확연히 법을 굳게 지켜서 굽히지 않고 흔들리지도 않으면 무릇 사람의 사사로운 욕심이 물러나고 천리(天理)가 저절로 행하여질 것이다.

確然持守 不撓不奪 便是人慾退聽 天理之流行
확 연 지 수 불 요 불 탈 편 시 인 욕 퇴 청 천 리 지 류 행

🔹 確然 : 확실히. 不撓不奪 : 흔들리지도 않고 빼앗기지도 않음.
人慾 : 사람의 사사로운 욕심. 天理 : 하늘의 떳떳한 이치.

🔹 조선조 허조(許稠)가 전주판관으로 있을 적에 '법 아닌 것으로 일을
처리하면 하늘이 벌을 내린다' 는 글자를 써서 청사에 걸어 놓았다.

수령 자신이 먼저 법을 지켜야

모든 국법(國法)에서 금지한 것, 형률에 실려 있는 것은 마땅히
조심하고 두려워하여 감히 함부로 범하는 일이 없도록 해야 한다.

凡國法所禁 刑律所載 宜慄慄危懼 毋敢冒犯
범 국 법 소 금 형 률 소 재 의 율 율 위 구 무 감 모 범

🔹 刑律 : 형법(刑法). 범죄와 형벌의 내용을 규정한 법률.
慄慄危懼 : 벌벌 떨며 위태롭게 여기고 겁내는 것.
毋敢 : 감히 하지 않음. 冒犯 : 함부로 범함. 위반. 범법.

🔹 한 가지 일을 당할 때마다 반드시 나라의 법전을 살펴보아야
한다. 만약 조금이라도 법에 어긋나고 형률에 저촉되는 것이면 절
대로 시행해서는 안 된다. 수령 자신이 먼저 법을 지켜야 한다. 만
약 전임자가 범법하여 자신에게 넘어온 것이 있으면 마땅히 거듭
그에게 시정을 요구하고, 그래도 듣지 않으면 단연코 감사에게 보
고하여야 하되, 덮어 두어서는 안 된다.

수령의 도리

이(利, 이익)에 유혹되어는 안 되며, 위세에 굴해서도 안 되는 것

이 수령의 도리이다. 비록 상사가 독촉하더라도 받아들이지 않아야 할 것이다.

不爲利誘 不爲威屈 守之道也 雖上司督之 有所不受
불 위 이 유　불 위 위 굴　수 지 도 야　수 상 사 독 지　유 소 불 수

❀ 利誘 : 이익으로 유혹함. 威屈 : 위엄 앞에 굴복함. 督 : 독촉하다. 촉구하다.

❀ 조선조 이명준(李命俊)이 고산(高山) 찰방(察訪)이 되었을 때의 일이다. 그 역(驛)이 함경도의 요지에 있어서 역마를 타는 사람들이 법의 한도를 넘어서 많이 요구하였으므로 역졸들이 명령을 감당해 낼 수가 없었다. 그러나 이 찰방은 법률대로 집행하여 굴하지 않았다. 비록 감사가 이르러도 반드시 마패대로만 역마를 지급하니, 감사가 노하여 들으려고 하지 않거늘, 그가 다투어서 드디어 조정의 명을 청하니, 조정에서는 그를 옳다고 하고 감사를 그르다고 하였다. 이로써 오래된 폐단은 고쳐졌으나, 그는 마침내 벼슬을 버리고 돌아가 버렸다.

사리에 맞는 것을 좇아서

해를 끼치지 않는 법(法)은 지켜서 변경하지 말고, 관례로서 사리에 맞는 것은 좇아서 잃지 않도록 할 것이다.

法之無害者 守而無變 例之合理者 遵而勿失
법 지 무 해 자　수 이 무 변　예 지 합 리 자　준 이 물 실

❀ 害 : 해치다. 變 : 고치다. 理 : 이치. 다스리다. 처리하다.

❀ 무릇 일을 하는 데는 모름지기 점차로 다루어야 한다. 도임하자마자 일체의 폐단을 제거해 놓고 그 뒤에 제대로 계속하지 못한다면, 반드

시 처음만 있고 끝이 없는 결과를 가져오게 될 것이다.

이치에 맞지 않는 것은

읍례(邑例)라고 하는 것은 그 고을의 법이라고 할 수 있는 것이니, 그 중에 이치에 맞지 않는 것은 고쳐서 지켜야 한다.

邑例者 一邑之法也 其不中理者 修而守之
읍 례 자　일 읍 지 법 야　기 부 중 리 자　수 이 수 지

주해 邑例 : 그 고을에 내려오는 특별한 관례. 中理 : 이치에 맞음.
節目 : 정해놓은 법률이나 규정 따위의, 낱낱의 조항이나 항목.
조목(條目).

해설 사리에 맞지 않게 관가에만 이롭게 하는 것을 고쳐서 없애도록 하여야 하며, 법에 없는 것이 섞여서 나와 있는 것은 한계를 분명히 하여야 할 것이다.

 제3조 예제(禮際) 예의로 사귐

예의 절차를 지켜서

예를 바르게 하여 교제함은 군자가 신중히 여기는 바이니, 공손함이 예의에 들어맞으면 치욕(恥辱)을 멀리 할 수 있을 것이다.

禮際者 君子之所愼也 恭近於禮 遠恥辱也
예 제 자　군 자 지 소 신 야　공 근 어 례　원 치 욕 야

주해 禮際 : 예의를 갖추어 교제함. 예의 있게 상대함. 수령이 상관,
동료 및 전후임자, 관속들과 예의 있는 관계를 갖는 것을 다룬

다. 恥辱 : 부끄러움과 욕됨.

🔹 관원과 관원이 서로 접견하고 대우하는 데에는 일정한 예의 절차가 있다. 반드시 이 절차를 지켜서 관리의 질서를 바르게 해야 할 것이다. 관리, 특히 지방관인 수령이 다른 관원과 상대하는 예의 절차는 『경국대전(經國大典)』에 규정되어 있다.

나라의 법전에 따라

외관(外官)이 사신(使臣)과 서로 만나 볼 때는 예의를 갖추어야 하는데, 그 격식은 나라의 법전에 나와 있다.

外官之與使臣相見　具有禮儀　見於邦典
외 관 지 여 사 신 상 견　구 유 예 의　견 어 방 전

🔹 外官 : 조정 밖의 관원이란 뜻으로 수령을 일컬음. 지방관.
使臣 : 왕명을 받들고 온 관인. 감사·어사 등. 邦典 : 나라의 법전.

🔹 『경국대전』에 다음과 같이 규정하였다.

"외관 당상관(外官堂上官)은 당상관 사신[堂上官使臣, 감사(監司)·병수사(兵水使)·동지사(冬至使) 등]에 대해서는 서쪽 지게문으로 좇아 들어와서 앞에 나아가 재배(再拜)하면 사신이 답배(答拜)하며, 당하관 사신[堂下官使臣, 어사(御使)·경시관(京試官)·서장관(書狀官)]에 대해서는 손님은 동쪽에서 주인은 서쪽에서 서로 마주 재배한다. 당하관은 당상관 사신에 대하여 몸소 나아가 알현을 청하고(섬돌 위로 나아가 알현을 청한다), 당하관 사신에 대해서는 사람을 시켜 알현을 청하되, 두 경우 모두 서쪽 지게문으로 좇아 들어와서 앞에 나아가 재배하면, 사신이 수령보다 차등[差等, 가선(嘉善)과 통정(通政)은 차등이며 통정과 통훈(通訓)은 차등이다]이면 답배하고 격등[隔等, 2품과 4품

은 격차가 되고, 3품과 5품은 격차가 된다)이면 답배하지 않는다. 참하관(參下官, 7품 이하)은 참상관 사신(參上官使臣)에 대해서는 몸소 나아가 알현을 청하고, 참하관 사신(參下官使臣)에 대해서는 사람을 시켜 알현을 청하되, 두 경우 모두 앞으로 나아가 재배한다.”

선화하는 사신이 오면

연명(延命)의 예를 감영에 나아가서 행하는 것은 옛 관례가 아니다.

延命之赴營行禮 非古也
연 명 지 부 영 행 례 비 고 야

㈜해 延命 : 임금의 명령을 맞이하여 받아들임. 선화(宣化, 임금의 덕화(德化)를 널리 폄)하는 사신이 오면 수령이 그 앞에 나아가 공손히 조서(詔書)나 유고(諭告)를 받는 것. 赴 : 나아가다. 營 : 감영(監營), 즉 각 도의 감사가 직무를 보던 관아. 영문(營門).

해설 연명이란 지방관이 자기 경내에 있을 때 선화(宣化)의 임무를 띤 신하가 오면 교서를 공손히 받들어 맞이하는 예이다. 곧 패전(牌殿, 궐패(闕牌)를 모신 객사(客舍))의 뜰에서 공손히 교서를 받고, 첨하의 예를 행하는 것을 말한다. 대개 조정의 조칙(詔勅)이나 유고는 수령이 공손히 받들어야 한다. 그런 까닭에 순행하는 선화관이 본 읍에 오지 않으면 수령이 끝내 연명의 예를 행하지 않는 것이 옛날부터의 예도였다.

감사와 오랜 정분이 있더라도

감사는 법을 집행하는 관원이니, 수령이 비록 감사와 오랜 정분이 있다 하더라도 믿고 의지해서는 안 된다.

監司者 執法之官 雖有舊好 不可恃也
감사자 집법지관 수유구호 불가시야

執 : 잡다. 처리하다. 다스림. 舊好 : 전부터 잘 지내는 사이. 옛
친구. 恃 : 믿다. 의뢰하다.

내가 실제로 죄를 범했으면 그가 의로써 처단하더라도 본래
원한이 없는 것이다. 요즘 감사 중에는 혹 친한 수령에게 유별나게
사단을 찾아내어 자기가 공정하다는 명성을 낚으려는 사람도 있으
니, 이러한 기미는 잘 살피지 않으면 안 된다.

예를 극진하게 하여야

영하판관(營下判官)은 상급 영(營)에 대하여 마땅히 공경하고 공
손하여 예를 극진하게 하여야 할 것이며, 소홀한 점이 있어서는
안 된다.

營下判官 於上營 宜恪恭盡禮 不可忽也
영하판관 어상영 의각공진례 불가홀야

營下判官 : 각 감영에 있는 판관. 판관은 종5품의 벼슬. 판관은
관찰부(觀察府), 유수영(留守營)과 주요 주부(州府)에 배치하였던
지방장관의 속관(屬官)이다. 上營 : 여기에서는 감영. 유수영의
상관이라는 뜻으로 쓰고 있다. 恪 : 삼가다. 공경하다.

조공(趙公) 석윤(錫胤)이 진주목사(晋州牧使)가 되었을 때, 매일
새벽에 병마사에게 문안하여 말하기를, "제가 이렇게 하는 것은 임
금의 명을 공경하기 때문입니다." 하고 끝까지 그만두지 않았다고
한다.

일이 사리에 어긋나더라도

상사(上司)가 아전과 군교들의 죄를 조사하여 다스릴 때에는, 비록 일이 사리에 어긋나더라도 수령은 순종해서 어기지 않는 것이 좋을 것이다.

上司推治吏校 雖事係非理 有順無違焉可也
상 사 추 치 이 교   수 사 계 비 리   유 순 무 위 언 가 야

推治 : 죄를 조사하여 다스림. 吏校 : 아전과 군교(軍校). 順 : 따르다. 좇다. 순하다. 違 : 어기다. 잘못. 과실.

내 고을의 이교에게 죄가 있어서 상사가 문책하는 것은 본래 논할 것이 없으나, 죄가 없는 것을 무리하게 추문하고 치죄하려고 하는 경우에도 그 명령에 순종할 수밖에 없다는 것이다. 다만 사정을 자세하게 간곡히 진술한 의견서 같은 것을 보내어 나의 아전과 군교가 억울한 형을 받지 않도록 하는 것이 좋을 것이다.

잘못은 수령에게 있는데

잘못은 수령인 자신에게 있는데, 상사가 그 수령으로 하여금 스스로 그의 이교를 치죄하게 할 경우에는, 마땅히 사건을 다른 고을 수령에게 옮겨서 치죄하기를 청하여야 한다.

所失在牧 而上司令牧 自治其吏校者 宜請移囚
소 실 재 목   이 상 사 령 목   자 치 기 이 교 자   의 청 이 수

所失在牧 : 잘못이 수령에게 있음. 牧 : 치다. 기르다. 다스리다. 이끌다. 宜 : 마땅하다. 옳다. 移囚 : 다른 고을 감옥으로 옮겨 가둠.

해설 이교의 잘못 원인이 수령 자신에게 있는 것을, 자신이 그 죄를 다스린다는 것은 공정한 처리를 기대하기 어렵다. 설사 공정한 처리를 시행하여도 남에게 의심을 받기 쉽다. 그런 경우에는 이웃 고을에 사건을 옮겨서 처리하도록 하되, 그 사건을 따져 보아 과오에서 나온 것이라면 수령끼리 서로 훈계할 뿐 깊이 인책까지 할 것은 없다.

확연히 자신을 지키도록

상사의 명령이 공법(公法)에 어긋나고 민생에 해를 끼치는 것이면, 마땅히 의연하게 굴하지 말고 확연히 자신을 지키도록 할 것이다.

唯上司所令 違於公法 害於民生
유 상 사 소 영   위 어 공 법   해 어 민 생

當毅然不屈 確然自守
당 의 연 불 굴   확 연 자 수

주해 毅 : 굳세다. 의지가 강하다. 屈 : 굽히다. 움츠리다. 確 : 굳다. 강하다. 분명하다.

해설 오불(吳芾)이 그 자제들을 가르치면서 말하기를, "너희들이 벼슬살이하게 되거든 관물(官物)을 마땅히 자기 물건처럼 아껴야 할 것이며, 공사(公事)도 마땅히 나의 일처럼 보아야 한다. 부득이한 경우에라도 백성에게 죄를 얻기보다는 차라리 상관에게 죄를 얻는 것이 낫다."고 하였다.

예와 의를 지키면

예를 지키면 공손하지 않을 수 없고, 의(義)를 지키면 결백하지 않을 수 없다. 그러므로 예와 의, 두 가지 다 완전하면 온화하고 예에 맞을 것이니, 이를 일러 군자라고 한다.

禮不可不恭 義不可不潔 禮義兩全
예 불 가 불 공　의 불 가 불 결　예 의 양 전

雍容中道 斯謂之君子也
옹 용 중 도　사 위 지 군 자 야

주해 義 : 사람이 지켜야 할 바른 도리. 禮義兩全 : 예와 의리를 다 온전하게 함. 雍容 : 온화한 모습. 中道 : 도리에 맞음.

해설 사대부의 벼슬살이하는 법은 마땅히 언제라도 벼슬을 버린다는 의미로 '棄(기)' 한 자를 벽에 써 붙이고 아침 저녁으로 눈여겨 보아야 한다. 만약 행동에 장애가 있으면 벼슬을 버리며, 마음에 우울함이 있으면 벼슬을 버리며, 상사가 무례하면 버리며, 내 뜻이 행해지지 않으면 버리며, 감사가 나를 언제든지 벼슬을 가벼이 버릴 수 있는 사람으로 알아, 항상 쉽게 건드릴 수 없는 사람으로 여긴 후에야, 비로소 수령 노릇을 할 수 있는 것이다.

서로 화목하고 예로써 대접하면

이웃 고을과는 서로 화목하고 예로써 대접하면 뉘우침이 적을 것이다. 이웃 고을의 수령과는 서로 형제의 의가 있으므로, 저쪽에서 비록 실수가 있더라도 서로 같은 실수가 없도록 할 것이다.

隣邑相睦 接之以禮 則寡悔矣
인 읍 상 목　접 지 이 례　즉 과 회 의

隣官有兄弟之誼 彼雖有失 無相猶矣
인 관 유 형 제 지 의　피 수 유 실　무 상 유 의

주해 寡悔 : 悔는 허물이라는 뜻이니, 허물이 적은 것. 隣官 : 이웃 고을의 수령. 誼 : 옳다. 정분. 교분. 相猶 : 猶는 병이라는 뜻으로, 서로 병 되게 여긴다는 말. 여기에서는 서로 반목(反目)하는 것.

해설 이웃 수령과 불목하게 되는 것은, 예컨대 송사(訟事)에 관계된 백성을 찾아 잡으려는데 이쪽에서 그 사람을 비호하여 보내 주지 않으면 불목하게 되며, 차역(差役, 노역을 시킴)으로 마땅히 가야 할 경우에 회피하기 위하여 서로 미루게 되면 화목을 잃게 된다.

전임자의 잘못을 비난하지 말아야

교대(交代)한 전임자와는 동료로서의 우의(友誼)가 있으니, 전임자가 후임자에게 잘못된 일이 있을지라도 후임자는 전임자의 잘못을 비난하지 말아야 원망이 적을 것이다.

交承有僚友之誼 所惡於後 無以從前 斯寡怨矣
교 승 유 요 우 지 의　소 악 어 후　무 이 종 전　사 과 원 의

주해 交承 : 교대해서 받음, 즉 전관(前官)과 신관(新官)이 서로 교체하는 일. 僚友 : 동료

해설 전임자와 후임자와는 같은 고을의 수령을 살게 된 동료로서의 우의(友誼)가 있는 것이다. 전임자에게 잘못된 일이 있더라도 후임자는 될 수 있는 대로 그를 덮어 주고 그의 치적을 칭찬해 주어야 한다. 후임자가 자기의 잘하는 것을 더욱 뚜렷이 드러내기 위하여

전임자를 비난 공격하는 일이 가끔 있다. 그러나 그것은 자신의 인격을 손상시키는 결과만 초래할 뿐이다.

전임자에게 흠이 있으면

전임자에게 흠이 있으면 덮어주어 나타나지 않도록 하고, 또 죄가 있으면 도와주어 죄가 되지 않도록 할 것이다.

前官有疵 掩之勿彰 前官有罪 補之勿成
전 관 유 자 　엄 지 물 창 　전 관 유 죄 　보 지 물 성

주해 疵 : 결점. 흠. 사람의 언행에 나타나는 결점. 掩 : 가리다. 彰 : 드러내다. 補 : 도와주다. 보충하다.

해설 만일 전임자가 공금(公金)에 손대고 창곡(倉穀)을 축내었거나, 혹 허류(虛留) 번작(反作, 허위 문서로 환곡을 부정하게 출납한 일)한 것이라도, 그것을 들추어내지 말고 일정한 기간을 정해 배상하여 채워 넣도록 하고, 기간이 지나도 보상하지 않을 경우에는 상사와 의논하도록 한다.

정사의 관대함과 가혹함

대체로 정사(政事)의 관대함과 가혹함, 정령(政令)의 득실은 서로 계승하기도 하고 변통하기도 하여 그 잘못된 점을 해결해 나가야 할 것이다.

若夫政之寬猛 令之得失 相承相變 以濟其過
약 부 정 지 관 맹 　영 지 득 실 　상 승 상 변 　이 제 기 과

주해 寬猛 : 너그러움과 사나움. 得失 : 잘하고 잘못함. 相承相變 : 이어받기도 하고 변경하기도 함. 濟 : 건너다. 구제하다. 돕다.

해설 한(漢)나라 한연수(韓延壽)가 영천태수(潁川太守)가 되었을 때 일이다. 조광한(趙廣漢)이 전임자로 있을 때 그 풍속에 너무 붕당(朋黨)이 심한 것을 우려하여, 아전들과 백성들을 얽어매 놓고, 백성으로 하여금 일체를 고발하도록 하여 민정(民政)에 밝은 것으로 자부하였다. 이 때문에 백성들은 서로 원수가 된 사람이 많았다. 그러나 한연수는 예의와 겸양으로 가르치되 백성들이 따르지 않을까 생각하여, 이에 군내의 장로(長老)로서 향리(鄕里)의 신망이 두터운 사람들 수십 명을 차례차례 불러서 술과 음식을 베풀어 친히 상대하여 예의 있게 접대하였다. 그러면서 사람들에게 일일이 풍속과 백성의 괴로움을 묻고, 화목하게 친애하며 원망과 허물을 씻어내는 방법을 이야기해 주었더니 장로들이 모두 당장 시행하자고 하였다.

 제4조 문보(文報) 보고 문서(공문서)

공적으로 보내는 문서

공적으로 보내는 문서는 마땅히 정밀하게 생각하여 수령 자신이 작성하여야 하고 아전의 손에 맡겨서는 안 된다.

公移文牒 宜精思自撰 不可委於吏手
공 이 문 첩 　 의 정 사 자 찬 　 불 가 위 어 이 수

주해 文報 : 문서로써 보고하는 것. 보고문. 公移文牒 : 공이는 공문, 문첩은 보고서. 발송하는 공문서. 보고 문서. 精思 : 자세히 생각함. 撰 : 글을 짓다. 委 : 맡기다.

해설 발송할 공문이 관례에 따라 기입하는 것이라면 아전에게 맡겨도 무방할 것이다. 그러나 백성을 위하여 폐단을 설명하고 그 개혁을 기도하는 경우나, 혹은 상사의 명령을 거역하여 그대로 봉행하지 않으려는 경우에는, 만약 아전의 손에 맡긴다면 반드시 사심을 끼고 간계를 품어 요긴한 말은 빼버리고 쓸데없는 말을 더 늘어놓아서 그 일을 실패하도록 만들 것이니 어찌 아전에게 맡길 수 있겠는가. 만약 무인이나 세상일에 익숙하지 않은 선비여서 이문(吏文)에 능통하지 못하다면 마땅히 충분히 의논하여 작성하는 것이 좋을 것이다.

처음 벼슬하는 사람은

공문 서식의 문구는 경사(經史)의 글과는 다르기 때문에 서생(書生)이 처음 부임하면 당황하는 일이 많다.

其格例文句 異乎經史 書生始到 多以爲惑
기 격 례 문 구   이 호 경 사   서 생 시 도   다 이 위 혹

주해 格例 : 격식이 되어 있는 관례. 經史 : 경서(사서·오경 등)와 역사 책. 到 : 이르다. 惑 : 미혹되다.

해설 대개 상사에 대한 보첩(報牒)은 관례상 서목(書目)이 있다. 서목이란 것은 원장(原狀)의 개요를 적은 것이다. 감사의 결재는 서목의 위에 하며 원장은 증거로 남겨 둔다(현감, 현령이 직위가 높은 부윤, 부사에 대해서는 또한 서목을 갖추어야 한다). 원장의 끝에 화서(花署, 서명), 화압(花押, 수결)을 함께 하며, 서목에는 화서만 하고 화압은 하지 않는다. 처음 벼슬하는 사람은 마땅히 알아 두어야 할 일이다.

전례에 따라 작성할 것

상납(上納)의 보장(報狀, 글), 기송(起訟)의 보장, 지회(知會)의 보장, 도부(到付)의 보장 등은 아전들이 스스로 전례에 따라서 작성할 것이니, 그들에게 맡기는 것이 좋다.

上納之狀 起送之狀 知會之狀
상 납 지 장　기 송 지 장　지 회 지 장

到付之狀 吏自循例付之可也
도 부 지 장　이 자 순 례 부 지 가 야

☞ 上納 : 공물이나 세포·군전·군포 등을 바치는 것. 報狀 : 상부 관아에 보고하는 문서. 起送 : 기술자·번군·죄수 등을 호송하는 것. 知會 : 조정의 조칙이나 유시를 선포하는 것. 到付 : 상사가 띄운 공문을 영수하는 것.

☞ 공물(貢物), 세포(稅布), 군전(軍錢), 군포(軍布) 등 기한에 맞추어 올리는 것을 상납이라 한다. 장인(匠人), 번군(番軍), 수도(囚徒), 원역(員役) 등 명을 받들어 보내는 것을 기송이라 한다. 조정의 조유(詔諭)를 즉시 반포하는 것을 지회(知會)라 한다. 상관의 공문[관자(關子)]을 모(某) 일 수령하였다고 하는 것을 도부(到付)라 한다. 대개 이와 같은 문서 등은 모두 이속의 손에 맡겨도 무방한 것이다.

오직 상납에 있어서 상사가 퇴짜를 놓을 우려가 있는 것은 이에 본장(本狀)의 끝에 그 농간하는 폐단을 적어서, 환히 알 수 있도록 하는 것이 좋다.

성의를 간절하게 보여야만

폐단을 보고하는 보장, 청구하는 보장, 방색(防塞)하는 보장, 변

송(辨訟)하는 보장 등은 반드시 문장이 조리가 있어야 하고, 성의를 간절하게 보여야만 사람의 마음을 움직일 수 있을 것이다.

說弊之狀 請求之狀 防塞之狀 辨訟之狀
설 폐 지 장　청 구 지 장　방 색 지 장　변 송 지 장

必其文詞條鬯 誠意惻怛 方可以動人
필 기 문 사 조 창　성 의 측 달　방 가 이 동 인

주해 防塞 : 상사의 지시 사항을 거부함을 뜻하는 말. 상부의 청을 받아들이지 않고 거절함. 辨訟 : 송사를 변론하는 것. 條鬯 : 조리가 있고 상세한 것. 惻怛 : 가엾게 여기어 슬퍼함. 간절하고 정성스러움.

해설 지방에 병폐가 있어서 고쳐야 할 경우에는 반드시 정경을 잘그려 내어 눈에 보는 듯해야 납득시킬 수 있을 것이다. 또 혹 식량을 이송해 줄 것을 청한다든지, 혹 재정의 원조를 청한다는지, 혹부세(賦稅)의 삭감이나 연기 내지 면제를 청한다든지 하는 경우에도 모름지기 조목조목 밝혀서 사리가 환하게 드러나야만 쉽게 납득할수 있을 것이다.

인명에 관한 문서는

인명에 관한 문서는 지우고 고치는 것을 조심하여야 하며, 도둑의 옥사(獄事)에 관한 문서는 봉함(封緘)을 엄중히 하여야 한다.

人命之狀 宜慮其擦改 盜獄之狀 宜秘其封緘
인 명 지 장　의 려 기 찰 개　도 옥 지 장　의 비 기 봉 함

주해 慮 : 생각하다. 擦 : 문지르다. 비비다. 擦改 : 지워서 고침.
秘 : 숨기다. 감추다. 封緘 : 문서를 넣어 봉함.

해설 살인 사건의 옥사에 대한 회답 판결문을 쓰는데 아전들이 만약 뇌물을 받아먹고 요긴한 자구(字句)를 지우고 고쳐서 바꿔 놓으면 수령들이 그것을 알 도리가 없다. 문서를 발송하는 날 형리(刑吏)를 불러서 타이르되, "후일 내가 감영(監營)에 가면 꼭 원장(原狀)을 찾아 상세히 살펴보아서 만일 일언반구라도 달라진 곳이나 빠진 글자가 있으면 네가 죄를 받을 줄 알아라."고 할 것이다.

농사의 형편에 대한 보고

농사의 형편에 대한 보고와 비가 온 데 대한 보고는 급한 경우와 급하지 않은 경우가 있는데, 이는 모두 기한에 맞추어야만 무사할 것이다.

農形之狀 雨澤之狀 有緩有急 要皆及期 乃無事也
농 형 지 장　우 택 지 장　유 완 유 급　요 개 급 기　 내 무 사 야

주해 農形之狀 : 농사 형편을 알리는 장계(狀啓). 雨澤之狀 : 여름 농사철에 비가 내리는 장마의 실정을 알리는 장계. 緩 : 느리다. 더디다. 늦추다. 急 : 급하다. 빠르다. 期 : 기한. 기일.

해설 크게 가물던 끝에 비가 내렸으면 그 보고는 반드시 시각을 다툴 것이다. 5일이나 10일마다 관례적으로 농사의 형편을 보고하는 것 같은 경우는 혹 형식을 갖추는 데 가깝고, 변방은 감영으로부터 먼 곳이니 이웃 고을 편에 붙여도 무방할 것이다.

부정의 사단을 잘 살펴야

마감(磨勘)의 보장(報狀)은 마땅히 잘못된 관례를 바로잡고, 연

분(年分)의 보장은 마땅히 부정의 사단을 잘 살펴야 할 것이다.

磨勘之狀 宜正謬例 年分之狀 宜察奸竇
마 감 지 장　의 정 요 례　연 분 지 장　의 찰 간 두

🔸 磨勘 : 회계 장부 등을 결산함. 謬例 : 잘못된 예. 年分 : 농사가 잘되고 못됨에 따라 해마다 정하던 농지세의 비율(아홉 등급). 곡식의 작황을 등급으로 나누는 것. 奸竇 : 간사한 짓을 하는 구멍. 耗穀 : 곡식을 받아들일 때 축날 것에 대비해서 얼마씩 더 받아들이는 곡식.

🔸 환곡(還穀)을 마감하는 서장은 그 지출하고 나머지의 숫자와 전년도 잔고와 신년도 모곡(耗穀)의 숫자를 나열해서 회계한 것이니, 모든 것을 종합해서 선명하지 못하면 마땅히 그 서식을 바로잡아 보는 이로 하여금 의혹을 품지 않도록 해야 할 것이다.

경위표를 작성해서 밝혀야

삭목(數目)이 많은 것은 장부에 나열을 하면 조목이 간단한 것은 후록(後錄)에 적어 둔다.

數目多者 開列于成冊 條段少者 疏理于後錄
삭 목 다 자　개 열 우 성 책　조 단 소 자　소 리 우 후 록

🔸 數目 : 하나하나의 수. 숫자의 항목. 數는 셈할 수. 자주 삭. 成冊 : 마감한 장부. 條段 : 조목의 항수. 條目 : 법률·규정 등 낱낱의 조항이나 항목. 일을 구성하고 있는 낱낱의 부분이나 갈래. 疏理 : 깨끗하게 정리함. 後錄 : 첨부한 문서. 앞의 기록에 덧붙여 적는 기록.

해설 성책, 후록 등은 아전들이 관례를 따라서 할 것이니 개의할 것이 없다. 오직 사단(事端)과 수목이 엇갈려 복잡한 경우는 모름지기 경위표(經緯表, 상하 좌우로 정리해서 일목요연하게 작성한 도표)를 작성해야 선명해질 것이다. 만약 환곡의 장부가 어지러우면 감영으로부터 문책을 당할 것이니 마땅히 경위표를 작성해서 밝혀야 한다.

월말의 보고문서

월말(月末)의 보고문서 가운데 생략해도 될 만한 것은 상사와 의논하여 없애도록 하는 것이 좋다.

月終之狀 其可刪者 議於上司 圖所以去之
월 종 지 장 기 가 산 자 의 어 상 사   도 소 이 거 지

주해 月終之狀 : 월말 보고서. 刪 : 깎다. 생략하다. 上司 : 상급 관청, 또는 상급자. 圖 : 꾀하다. 꾸미다. 그림. 그리다.

해설 생략해도 될 만한 것은 생략하여 사무의 간소화를 기도해야 할 것이다. 그러나 그것은 상사에 제출되는 것이며 이미 예규로 되어 있는 것이니, 마땅히 상사에게 의견을 말하여 그 허가를 얻어야 할 것이다.

모두 관례를 따라 하는 것

여러 영(營)으로 보내는 보고서나 아영(亞營), 즉 도사가 있는 곳으로 보내는 보고서, 경사(京司)로 보내는 보고서, 사관(史館)으로 보내는 보고서 등은 모두 관례를 따라 하는 것이니 특별히 마음을 쓸 필요는 없다.

諸營之狀 亞營之狀 京司之狀
제 영 지 장　아 영 지 장　경 사 지 장

史館之狀 竝皆循例 不足致意
사 관 지 장　병 개 순 례　부 족 치 의

주해 諸 : 여러. 모두. 亞營 : 각 도(道)의 도사(都事). 京司 : 서울의 각 관청. 史館 : 국사를 편찬하는 춘추관. 수령 중에 춘추관 기주관 (記注官, 역사 기록을 맡은 관원)을 겸한 사람이 있음. 循例 : 전례를 따름. 致意 : 마음을 씀.

해설 '제영'이란 병마영(兵馬營), 수군영(水軍營), 토포영(討捕營)〔곧 진영(鎭營)〕 등이고, '아영(亞營)'이란 각 도의 도사(都事)이며, '경사(京司)'란 서울에 있는 각 아문(衙門)으로서 상납을 받는 곳이며, '사관(史館)'이란 도내의 수령이 춘추관(春秋館), 기주관(記主官)을 겸한 자가 있어 매양 날씨의 맑고 흐림을 적은 일기를 그 수령에게 보고하는 곳이다.

이웃 고을에 보내는 문서

이웃 고을에 보내는 문서는 문장을 잘 만들어서 오해를 사지 않도록 해야 할 것이다.

隣邑移文 宜善其辭令 無俾生釁
인 읍 이 문　의 선 기 사 령　무 비 생 흔

주해 隣 : 이웃. 이웃하다. 俾 : ～로 하여금 ～하게 하다.
生釁 : 틈을 만들다.

해설 이웃과 사이좋게 지내라는 것은 옛사람의 훈계이다. 서로 양보하기를 싫어하는 경우에 매양 문제가 생기며, 서로 기운을 다투어 앞서고자 하기 때문에 반목하게 되고, 널리 알려져서 웃음을 사니 예의가 아니다. 공경하면서 예의가 있으면 자연히 공감하게 될 것이다.

봉공(奉公)하는 도리

공문이 지체되면 반드시 상사의 독촉과 문책을 받게 되므로 이는 봉공(奉公)하는 도리가 아니다.

文牒稽滯 必遭上司督責 非所以奉公之道也
문 첩 계 체　필 조 상 사 독 책　비 소 이 봉 공 지 도 야

※ 文牒 : 서류, 문서, 보고. 稽滯 : 지체됨. 督責 : 독촉과 책망.
奉公 : 공무를 수행함.

해설 보고서와 공문을 담당한 아전이 여비로 책정한 쌀을 미리 소비하고 여름, 가을 이래로 식량이 심하게 모자라면 으레 문서를 모아서 한꺼번에 발송한다거나, 혹은 이웃 고을에 부탁해서 함께 보내려고 한다. 이 때문에 문서가 지체되어 기한을 맞추지 못하게 되는데 이는 봉공하는 도리가 아니다.

공문서들은 마땅히 기록해서

무릇 위로 올리고 아래로 내려 보내는 공문서들은 마땅히 기록해서 책자를 만들어 후일에 참고하도록 하며, 기한이 정해진 것은 따로 작은 책자를 만들어야 할 것이다.

凡上下文牒 宜錄之爲册 以備考檢
범 상 하 문 첩　의 록 지 위 책　이 비 고 검

其設期限者 別爲小册
기 설 기 한 자 별 위 소 책

🔹 凡 : 무릇. 錄 : 적다. 기록하다. 備 : 갖추다. 考 : 살피다. 檢 : 조
사하다. 設 : 베풀다.

🔹 상사에게 보고한 것들은 한 책자를 만들고, 백성들에게 전령
하는 것도 한 책자를 만들되, 글자를 정하게 써서 항상 책상 위에
비치해 둘 것이다. 월례 보고서 및 긴요치 않은 문서들은 반드시 수
록할 것은 없다.

직접 장계를 올릴 경우

만약 변방 관문(關門)의 열쇠를 맡아 보면서 직접 장계(狀啓)를
올릴 경우는 더욱 격식을 익혀서 정신 차려 신중을 기해야 할 것이
다.

若邊門掌鑰 直達狀啓者 尤宜明習格例 兢然致愼
약 변 문 장 약 직 달 장 계 자 우 의 명 습 격 례 긍 연 치 신

🔹 關門 : 국경상에서 외국과의 출입을 통제하는 곳. 동래(東萊), 의
주(義州) 등이 중요한 관문임. 掌鑰 : 열쇠를 관장함. 狀啓 : 왕명
이나 감사의 명을 받고 지방으로 출장간 관원이 서면으로 임금
에게 보고하는 것. 또는 그 보고. 兢 : 조심하다. 삼가다. 떨리다.
愼 : 삼가다. 조심하다.

🔹 장계의 서두에 체면화두(體面話頭, 가령 '재주가 졸렬한 신이 부임
한 이래 주야로 삼가 두려워하오매'와 같이 상소문의 투식처럼 하는 것)를
쓰지 말고 바로 본건으로 들어가서 자세한 사리를 논해야 할 것이
다. 대체로 장계의 문체는 항상 육선공(陸宣公)의 주의(奏議)를 읽어

서 표현의 명백·간절함을 본받고, 아울러 왕양명(王陽明)의 소의(疏議)를 취하여 문장의 정연·유창함을 본뜨되〔두 분의 문체는 모두 대(對)를 맞추어서 병려문(騈儷文)과 같다〕, 절실하고 충실한 마음에 근본을 두어야만 감동시킬 수 있을 것이다.

※ 주의(奏議) : 신하가 임금에게 올리는 글.

※ 소의(疏議) : 네 글자, 또는 여섯 글자로 대(對)를 이루는 문체의
    하나.

제5조 공납(貢納) 세금과 공물을 받아 바침

재물은 백성으로부터

재물은 백성으로부터 나오고, 이것을 받아서 바치는 자는 수령이다. 아전의 부정을 잘 살피면 백성들에게서 받아들이는 것을 비록 너그럽게 하여도 폐해가 없지만, 아전의 부정을 살필 줄 모르면 비록 엄하게 하더라도 아무런 이익이 없다.

財出於民 受而納之者牧也 察吏奸則雖寬無害
재 출 어 민 수 이 납 지 자 목 야 찰 리 간 즉 수 관 무 해

不察吏奸則雖急無益
불 찰 리 간 즉 수 급 무 익

🔸 貢納 : 지방의 특산물을 현물로 바치는 세제(稅制). 공물(貢物)을
    바침. 공물은 나라에 바치는 물건. 財 : 재물을 말한다. 受 : 받
    다. 納 : 받아들이다. 바치다. 察 : 살피다. 吏 : 아전. 관리.
    雖 : 비록. 寬 : 너그럽다

🔸 조세와 공물을 나라에 바치는 것은 백성의 본분이다. 그들 자
신들도 그것을 인정하고 있다. 이유 없이 그것을 바치기를 거부한

다면 그것은 용납될 수 없는, 사리에 맞지 않는 행위이다.

수령이 진실로 현명하여 아전들의 부정을 막아 백성들이 생업에 안정할 수 있게 한다면 독촉을 하지 않고 너그럽게 하여도 백성들은 기한을 어기지 않게 될 것이지만, 아전들의 부정을 살피지 못하여 온갖 수단으로 백성을 못살게 만들어 놓으면 아무리 엄하게 독촉하여도 소용없을 것이다. 그들에게 부담 능력이 없기 때문이다.

국가 재정에 필요한 것

전조(田租)와 전포(田布)는 국가 재정에 반드시 필요한 것이다. 넉넉한 민호(民戶, 민가)에 먼저 징수하여 아전이 횡령하는 것을 없게 해야만 상납 기한에 맞출 수 있다.

田租田布 國用之所急須也 先執饒戶
전 조 전 포 국 용 지 소 급 수 야 선 집 요 호

無爲吏攘 斯可以及期矣
무 위 이 양 사 가 이 급 기 의

주해 田租·田布 : 농지에 대한 조세로 쌀을 내는 전세(田稅)가 전조이고, 무명(베)으로 대신 내는 전세가 전포이다. 租 : 구실. 세금. 布 : 베. 피륙. 널리 알리다. 饒 : 넉넉하다. 풍족하다. 攘 : 훔치다. 빼앗다. 물리치다.

해설 오늘날 국가 재정은 날로 줄어 백관의 봉록과 공인(貢人)에의 대가 지불에 있어서 항상 부족함을 걱정하고 있다. 그런데도 넉넉한 민호와 기름진 토지를 가진 자의 부세는 모두 아전의 전대속으로 들어가고 조선(漕船)에 세곡을 실어 보내는 데 해마다 기한을 어겨 체포되어 문초당하고, 파면되어 내몰리는 자가 연이어 뒤를 잇고 있으나 아직도 깨닫지 못하는 사람이 있으니 애석한 일이다.

※ 공인(貢人) : 나라에 물품을 먼저 납품하고, 나중에 돈을 받아내는 사람.

원망이 없는 군전과 군포

군전(軍錢)과 군포(軍布)는 경영(京營)에서 항상 독촉하는 것들이다. 거듭 징수하는가를 잘 살피고, 퇴짜놓는 일이 없도록 금하여야만 백성의 원망이 없을 것이다.

軍錢軍布 京營之所恒督也 察其疊徵
군 전 군 포　경 영 지 소 항 독 야　찰 기 첩 징

禁其斥退 斯可以無怨矣
금 기 척 퇴　사 가 이 무 원 의

❀ 疊徵 : 이중으로 거듭 징수함. 斥退 : 물건을 퇴짜놓아 받아들이지 않음.

❀ 무릇 상납물에 있어서는 돈이 가장 폐단이 없고, 쌀도 역시 살피기는 쉽지만 무명베와 삼베는 올이 굵고 가는 등급이 많고, 폭이 넓은 것과 좁은 것으로 구분하여 다 값이 다르다. 그 길이에는 본래 소정의 척수(尺數)가 있지만 경척(京尺)·관척(官尺)·이척(吏尺)·민척(民尺)이 만 가지로 다르기 때문에 아전은 쉽사리 속일 수 있고 수령은 살피기가 어렵다.

공물을 바치는 토산물

공물을 바치는 토산물은 상사(上司)에서 배정하는 것이다. 기존의 법식을 각별히 이행하여 새롭게 요구하는 것을 막아야만 폐단이 없어질 것이다.

貢物土物 上司之所配定也 恪修其故
공 물 토 물　상 사 지 소 배 정 야　각 수 기 고

捍其新求 斯可以無弊矣
한 기 신 구　사 가 이 무 폐 의

貢物 : 나라에 진상하는 물건. 土物 : 그 지방의 토산품.
上司 : 위 등급의 관청이나 기관. 상부(上府). 恪 : 삼가다. 조심하
다. 捍 : 막다. 斯 : 이. 이것.

양성(陽城)이 도주자사(道州刺史)가 되었는데, 그 주에서 난쟁이가 많
이 나서 해마다 설날이면 난쟁이를 바쳤다. 양성은 그들의 생이별을 불쌍
히 여겨 '고을 백성이 모두 난쟁이라서 누구를 바쳐야 할지 모르겠습니
다.' 하였더니 이로부터 그만두게 되었다. 그 고을 백성이 감복하여 양(陽)
자를 따서 아들의 이름을 지었다.

가난한 백성들이 여기는 고통

잡세(雜稅)와 잡물(雜物)은 가난한 백성들이 심히 고통으로 여기
는 것이므로, 쉽게 마련할 수 있는 것만 나라에 납부토록 하고
마련하기 어려운 것은 거절해야 허물이 없을 것이다.

雜稅雜物 下民之所甚苦也 輸其易獲
잡 세 잡 물　하 민 지 소 심 고 야　수 기 이 획

辭其難辦 斯可以无二無咎矣
사 기 난 판　사 가 이 무 이 무 구 의

雜 : 여러. 잗달다. 번거롭다. 섞다. 易 : 쉬울 이, 바꿀 역.
獲 : 얻다. 辦 : 갖추다. 힘쓰다. 처리하다. 无 : 없다. 咎 : 허물.

비록 파직을 당할지라도

상사의 명령이 이치에 맞지 않거나 혹은 백성의 정상(情狀)으로 보아 강행할 수 없는 것이 있으면, 마땅히 그 불가함을 설명하여 봉행하지 않기를 기해야 한다.

上司以非理之事 强配郡縣 牧宜敷陳利害 期不奉行
상 사 이 비 리 지 사 강 배 군 현 목 의 부 진 이 해 기 불 봉 행

주해 强 : 강제하다. 억지를 쓰다. 敷 : 펴다. 베풀다. 陳 : 진술하다. 설명하다. 利害 : 이익과 손해. 득실.

해설 강제로 배정하는 영은 거의 다 따르기 곤란한 것이다. 혹은 고르지 못한 요역을 징발하고, 혹은 마련하기 어려운 물건을 요구하고, 혹은 납부물을 퇴짜놓고는 다른 물건을 파는데 싼 것을 비싸게 받고, 혹은 백성을 뽑아 잡역을 시킴에 있어, 먼 지방에 배정하는 등 가지가지로 이치에 맞지 않아 받들어 행할 수 없는 것이면 사리를 낱낱이 보고하되, 그래도 들어주지 않으면 그 때문에 파직을 당할지라도 굴해서는 안 된다.

상납을 기일에 맞추지 못하면

내수사(內需司)와 여러 궁방(宮房)에의 상납을 기일에 맞추지 못하면 또한 사단(事端)이 생기게 되니 소홀히 해서는 안 된다.

內司諸宮 其上納愆期 亦且生事 不可忽也
내 사 제 궁 기 상 납 건 기 역 차 생 사 불 가 홀 야

주해 內需司 : 궁중의 쌀·포목·잡화·노비 등을 관리하던 곳. 愆 : 어기다. 허물. 愆期 : 기일을 어김. 忽 : 소홀히 하다. 잊다.

제6조 왕역(往役) 출장 근무

상사가 출장을 보내면 마땅히 순종을

상사가 출장을 보낼 때에는 마땅히 언제나 정성껏 순종하여야 한다. 사고를 핑계하거나 병을 칭탁하여 스스로 편하기를 꾀하는 것은 군자의 도리가 아니다.

上司差遣 竝宜承順 託故稱病
상 사 차 견   병 의 승 순   탁 고 칭 병

以圖自便 非君子之義也
이 도 자 편   비 군 자 지 의 야

주해 往役 : 일상의 업무 이외 다른 일에 차출되는 것. 출장.
差遣 : 차츨해서 보냄. 출장을 명령함. 承順 : 정성껏 순종함.
託故稱病 : 사고가 있다거나 병이 났다고 핑계댐.

해설 제관(祭官), 시관(試官), 사관(査官), 추관(推官), 기타 수령 고유의 직무 이외의 일로 상사가 나에게 출장을 명령한다면 순순히 명령을 받아들여 성의껏 직무를 이행하여야 한다. 상사는 명령할 권한이 있고 수령은 그것을 순종할 의무가 있는 것이다. 그리고 그것은 다 나라를 위하는 일이기 때문이다.

상사의 봉해진 공문서

상사의 봉해진 공문서를 가지고 서울에 가는 인원으로 차출되었을 때는 사양하면 안 된다.

上司封箋 差員赴京 不可辭也
상 사 봉 전 차 원 부 경 불 가 사 야

주해 封 : 편지. 箋 : 문서. 赴 : 이르다. 辭 : 사양하다.

해설 만약 고을에 포곡〔逋穀, 체납된 세곡(稅穀) 또는 환상곡(還上穀)〕거두는 일과 진전〔陳田, 황폐전(荒廢田) 또는 새로 개간한 전(田)〕을 측량하는 일 같은 중요한 정사(政事)가 있거나 다른 요긴한 사정이 있어서 잠시도 고을을 떠날 수 없으면 마땅히 그 실제 사정을 아뢰어 관대히 면제해 줄 것을 진정해야 한다.

종묘(宗廟)의 향관이 되면

궁묘(宮廟, 종묘)의 제사 때 차출되어 향관(享官)이 되면 마땅히 재계(齋戒)하고 정성들여 지내고 이를 행해야 할 것이다.

宮廟之祭 差爲享官 宜齋宿 以行事也
궁 묘 지 제 차 위 향 관 의 재 숙 이 행 사 야

주해 宗廟 : 조선조 역대 제왕의 위패를 모시던 제왕가의 사당.
享官 : 제사를 받드는 관원. 齋宿 : 제사지내기 전에 경건한 마음으로 밤을 새는 일. 곧, 재소(齋所)에서 재계하고 하룻밤을 지냄.

해설 오늘날의 향관〔享官, 제관(祭官)〕은 제단이나 사당 곁에서 기생을 끼고 즐기기도 하고 술을 싣고 다니며 행락을 하기도 하는데, 이것은 예가 아니다. 목욕 재계하고 경건하고 청결하게 하는 것을 소홀히 하지 않아야 하며, 봉사시에 오르내리고 구부리고 엎드리는 일을 함부로 해서는 안 되며, 불결하거나 이지러진 변두〔籩豆, 제구(祭具)〕를 써서도 안 되며, 고기가 상하거나 술이 신 것을 그대로 써서도 안 된다. 군자의 마음가짐이 어느 곳에 간들 진정(眞情)을 다하지 않을 수 있겠는가.

고시관으로 차출되어 과장에 나가면

시원(試院)에 경관(京官)과 함께 고시관으로 차출되어 과장(科場)
에 나가게 되면 마땅히 한결같은 마음으로 공정하게 할 것이며,
만약 경관이 사사로운 일을 하려고 하면 마땅히 불가함을 고집
하여야 할 것이다.

試院 同考差官赴場 宜一心秉公
시 원 동 고 차 관 부 장 의 일 심 병 공

若京官行私 宜執不可
약 경 관 행 사 의 집 불 가

🔷 試院 : 과거의 시험을 맡아보는 곳. 一心秉公 : 한결같이 공평한
마음을 지님. 執 : 잡다. 맡아보다.

🔷 수령으로서 시험관이 되면 반드시 자기 고을 유생들과 서로
뇌물을 통하여 사사로운 일을 하려 도모하는 일이 있게 되는데, 이
렇게 되면 몇 사람이 그 은혜를 입어 잊지 않겠지만 그 반면에 온
고을의 많은 사람이 원한을 품게 되는 것이니, 지혜로운 자는 그런
일을 하지 않을 것이다.

국가의 일정한 법률에 따라

사람의 생명과 관계되는 옥사(獄舍)에 검시관(檢屍官)이 되기를
피하려는 경우, 국가에는 그것을 다스리는 일정한 법률이 있으
니, 이를 범해서는 안 될 것이다.

人命之獄 謀避檢官 國有恒律 不可犯也
인 명 지 옥 모 피 검 관 국 유 항 률 불 가 범 야

주해 獄 : 감옥. 謀避 : 피하기를 도모함. 恒 : 일정하다. 늘. 변함없다.

해설 『무원록(無冤錄)』의 주(註)에, '검시하는 데는 정해진 기한이 있으니 조금이라도 늦추어서는 안 된다. 혹 이웃 고을에 사고가 있었는데 다른 고을의 수령(같은 도내의 먼 고을 수령)이 경내를 지나가면 사고가 난 고을의 수령이 공문을 보내어 복검(覆檢, 시체를 두 번째 검증하는 일)해 달라고 청한다.' 고 하였다.

문서를 거짓으로 꾸며서

추관(推官)이 편의를 취하여 문서를 거짓 꾸며서 상사에게 보고하는 일은 옛 도리가 아니다.

推官取便 僞飾文書 以報上司 非古也
추 관 취 편 위 식 문 서 이 보 상 사 비 고 야

주해 推官 : 죄를 조사하는 관원. 僞飾 : 거짓으로 꾸밈. 僞 : 속이다. 거짓. 飾 : 꾸미다. 치장하다.

해설 옛날에는 옥사를 판결하고 형을 집행하는 것이 감히 해를 넘기는 일이 없었다. 그러므로 한 달에 세 번, 이웃 고을의 수령과 함께 심문하여 그 실정을 속히 파악하게 하였던 것이다. 지금에는 모든 일이 해이해져서, 살인을 한 범인도 죽지 않고 해를 넘기며 세월이 흘러 옥중에서 늙어 버리고, 이웃 고을 수령과 함께 심문하는 법도 따라서 폐지되었다. 한 번 모여서 심문한 후에는 한 달에 세 번씩 다만 문서만 꾸며서 상사에게 보고하며, 상사도 그것을 알고도 또한 이를 용서하며, 여러 해가 되어도 다시 거행하는 일이 없는 수

가 있다. 이것이 어찌 법을 제정한 본뜻이겠는가.

아전들의 침탈을 금지해야

수령이 조운(漕運)의 출발을 감독하는 차사(差使)가 되어 조창(漕倉)에 가서 그 잡비를 제거하고, 아전들의 침탈을 금지하면 칭송하는 소리가 길거리를 메울 것이다.

漕運督發差員 赴倉 能蠲其雜費
조 운 독 발 차 원　부 창　능 견 기 잡 비

禁其橫侵 頌聲載路矣
금 기 횡 침　송 성 재 로 의

※ 漕運 : 배로 물건을 실어 나르는 일. 差使 : 중요한 임무를 위해 파견하던 임시 벼슬. 또는 그런 벼슬아치. 차사원. 漕倉 : 조운할 곡식을 쌓아두던 곳집. 조운창(漕運倉). 漕船 : 물건을 실어나르는 배. 조운선(漕運船). 蠲 : 덜다. 버리다. 橫 : 제멋대로하다. 사납다. 頌聲 : 칭송하는 소리. 載路 : 길에 가득함.

解 조창이 있는 곳은, 영남지방은 창원(昌原)에 마산창(馬山倉)이 있고, 진주(晋州)에 가산창(架山倉)이 있고, 밀양(密陽)에 삼랑창(三浪倉)이 있으며, 호남지방은 나주(羅州)에 영산창(榮山倉)이 있고, 영광(靈光)에 법성창(法聖倉)이 있고, 함열(咸悅)에 덕성창(德成倉)이 있으며, 호서지방은 아산(牙山)에 공세창(貢稅倉)이 있다.

강을 이용하는 조창은, 충주(忠州)에 가흥창(嘉興倉)이 있고 원주(原州)에 흥원창(興元倉)이 있다.

내지에서 조세(租稅)를 운반하는 백성들은 지게로 지거나 수레에 싣고, 산을 넘고 계곡을 건너 조창에 도착하면, 사나운 창고의 종과 교활한 아전들이 뱃사공과 결탁하여 말질을 함부로 속이며, 관리의 침해는 더욱 악독하여 등을 때리고 볼기를 쳐서 울부짖는 소리가 거리에 가득한데도 차사(差使)는 기생을 끼고 노래를 들으면서 귀머거리인 체하니 그래도 그 직책을 다한다고 할 수 있겠는가?

떠나는 날에 먼저 영리한 책객(冊客) 한 사람을 조창 있는 곳으로 몰래 보내어 백성들의 말을 염탐하게 하면 간사하고 사나운 무리를 억제하고, 지치고 빈궁한 백성들을 구제할 수가 있을 것이니 즉시 시행하여야 할 것이다.

언제나 보면 조선(漕船)이 장차 출발하려는 때는 창졸(倉卒)과 진장(津長)이 민간의 장삿배를 억지로 붙들어 조선을 호송하게 한다는 핑계로 키와 노를 빼앗아 며칠씩 배를 묶어 두므로, 장삿배 한 척이 이를 면하려고 바치는 뇌물이 걸핏하면 수백 문에 이르게 된다. 차관(差官)은 마땅히 이런 일들을 면밀히 살펴서 엄금하여야 할 것이다.

불타는 것을 구해내듯이

조선(漕船)이 자기 경내에서 침몰하면 증미(拯米)하는 일과 쇄미(晒米)하는 일은 마땅히 불타는 것을 구해내듯이 급히 하여야 한다.

漕船臭載 在於吾境 其拯米晒米 宜如救火
조 선 취 재　재 어 오 경　기 증 미 쇄 미　의 여 구 화

주해 臭載 : 짐을 실은 배가 침몰함. 拯米 : 물에서 건져낸 젖은 쌀. 배가 침몰하여 물에 빠진 쌀을 건져냄. 혹은 그러한 쌀. 拯 : 건지다. 晒 : 曬(볕 쬘 쇄)와 同字. 볕을 쬐다. 볕에 쬐어 말리다. 晒米 : 물에서 건져 햇볕에 말린 쌀. 쪄서 말린 쌀.

해설 배가 침몰한 곳의 백성들에게 그 물에 빠졌던 쌀을 나누어 주

는 것이 큰 폐단이 되고 있다. 대개 그 쌀로는 밥을 지을 수도 없고 죽을 쑬 수도 없고 술을 담글 수도 없으며 장을 담글 수도 없으니, 천하에 억지스럽고 은혜롭지 못한 일이 이것보다 심한 것이 없다.

물에 빠졌던 쌀은 한 섬에 6두 7승 5홉이 불어나고, 쪄서 말린 쌀은 한 섬에 5두 8승 8홉이 줄어든다. 말려서 줄어든 양의 쌀로 불어난 양의 쌀을 갚게 하니, 곧 한 섬마다 남은 양이 많게 되므로 이것이 백성들이 한숨 쉬며 원망하는 것이다.

칙사를 맞이하고 보낼 때

칙사(勅使)를 맞이하고 보낼 때 차사원(差使員)이 되어 동행하게 되면 역시 각별히 공경하여 그들이 트집잡는 일이 생기지 않도록 하여야 할 것이다.

勅使送迎 差員護行 宜亦恪恭 毋俾生事
칙 사 송 영   차 원 호 행   의 역 각 공   무 비 생 사

주해 勅使 : 중국 황제의 사신. 護行 : 보호하며 따라감. 恪恭 : 정성스럽고 공경함.

해설 칙사가 지나는 길가 여러 고을에서 아전과 군교들이 도로에 횃불을 밝히는 일을 빙자하여 가난한 백성들을 괴롭히는데, 이런 일은 엄하게 금지하여야 한다.

풍랑에 표류한 외국 선박

혹은 풍랑에 표류하여 우리나라의 해안에 도착한 외국 선박은 정상을 조사하라는 명령을 받았을 때에는 일의 기틀은 급하고

할 일은 어려운 것이니 더욱 조심하여야 한다.

漂船問情 機急而行艱 勿庸遲滯 爭時刻以赴
표 선 문 정　기 급 이 행 간　물 용 지 체　쟁 시 각 이 부

🔹 漂船 : 표류해 온 배. 問情 : 정상(情狀)을 물어 봄. 機 : 때. 기회. 기틀. 艱 : 어렵다. 遲 : 늦다. 滯 : 막히다. 엉기다. 머무르다.

🔹 표류하여 온 외국 선박의 정상을 조사할 때에는 유의하여야 할 것이 다섯 가지 있다. ① 외국 사람에게 상당한 예를 지켜야 한다. ②국법에 표류 선박 안에 있는 문서는 인쇄한 것이거나 사본(寫本)이거나를 막론하고 다 베껴서 보고하게 되어 있다. 그러나 서적이 몇 백 권, 몇 천 권 있을 경우에는 그 책의 명칭과 권수(卷數)를 기록하고, 방대하여 베끼지 못한다고 사유를 적어야 할 것이다. 모든 일은 사리에 맞도록 처리해야 할 것이다. ③ 표류선의 문정은 반드시 바다의 섬에서 하게 마련이다. 섬 백성이란 본래 호소할 곳 없는 잔약한 존재인데, 아전과 관노(官奴)로서 문정에 따라간 자들이 여러 가지 핑계로 도민(島民)의 재산을 빼앗는 예가 있다. 수령은 그런 일이 일어나지 않도록 경계하여야 할 것이다. ④ 지금 외국의 선박은 그 체제가 기묘한 것이 많아서 운항에 편리하다. 표류 선박을 문정할 때에는 배의 구조, 그 대소광협(大小廣狹)과 사용한 재목, 운전법, 속력, 기타의 장치와 계기 등을 자세히 묻고 자세히 기록하여 우리나라 조선 기술의 향상에 기여하기를 꾀하여야 할 것이다. ⑤ 조난(遭難)한 외국인들에 대해서는 마땅히 동정하는 빛을 보여야 하며, 음식, 의복 등 필요한 것은 힘써 선미(鮮美)한 것으로 주어야 할 것이다. 성의와 호의를 표시하여 그들이 호감을 품고 돌아가게 하여야 할 것이다.

백성들의 환심을 얻고

제방(堤防, 둑)을 수리하고 성을 쌓는 일에 차원(差員)으로 가서 감독하게 되면, 기쁘게 백성들을 위로하여 인심을 얻도록 힘써야 일이 성공할 것이다.

> 修提築城 差員往督 悅以營民 務得衆心 事功其集矣
> 수 제 축 성 차 원 왕 독 열 이 영 민 무 득 중 심 사 공 기 집 의

주해 提 : 방죽. 둑. 築 : 쌓다. 悅 : 기쁘다. 務 : 힘쓰다. 集 : 모이다.

해설 옛날에 하천을 준설하거나 성을 쌓는 일은 모두 군현(郡縣)의 백성을 부역시켰고, 우리나라에 있어서도 호수를 파거나 성을 쌓는 일은 각 고을에서 백성을 동원하여 이 일을 돕게 하였다. 이때 훌륭한 수령은 역시 백성들의 환심을 얻고 그들의 칭송하는 소리가 널리 퍼지게 할 수 있다. 늙고 여윈 사람은 부역을 면하여 돌아가게 하고, 굶주리고 넉넉한 사람을 구분하여 부담을 고르게 하며, 담배와 술을 주고 노래로써 일을 원하며 부지런하고 게으른 것으로써 경계한다면, 백성들이 분발하여 공사의 완성을 즐거워하지 않을 사람이 없을 것이다.

♠ 경세유표

♠ 다조(茶竈)　　　　♠ 약천(藥泉)

제4장
애민육조
愛民六條

　수령의 해야 할 일이 어찌 농사가 왕성하고 호구가 늘어나고 학교가 증설되고, 군정(軍政)이 정비되고 부역이 균형되고 사송(詞訟)이 간소하고 간활(姦猾)한 것이 그친다는, 이른바 칠사(七事, 일곱 가지 일)에만 그치겠는가. 요즘 위에서도 칠사로서 명령하고 아래서도 이로써 받들어서, 한결같이 칠사 외에는 다시 힘쓸 것이 없는 것처럼 생각한다.

　그러므로 신진기예(新進氣銳)한 수령이 있어서 비록 적극적으로 일을 하려고 하여도 이른바 칠사 이외에는 무엇을 해야 할 것인지 막연하기만 한 것이다.

　『주례(周禮)』 대사도(大司徒)의 보식육정(保息六政)은 참으로 수령이 첫째로 할 일이니, 여기에 그 뜻을 대략 옮겨서 애민육조(愛民六條)를 만든다.

　※ 보식육정 : 백성을 보호하여 편히 살게 하는 여섯 가지 정사. 곧 자유(慈幼)·양생(養生)·진궁(振窮)·휼빈(恤貧)·관질(寬疾)·안부(安富)임.

제1조 양로(養老) 노인을 공경함

백성의 목자가 된 수령은

양로의 예가 무너지면 백성들은 효심(孝心)을 일으키지 않게 될 것이다. 백성의 목자(牧者)가 된 수령은 양로의 예를 일으키지 않으면 안 된다.

養老之禮廢而民不興孝 爲民牧者 不可以不擧也
양 로 지 예 폐 이 민 불 흥 효　위 민 목 자　불 가 이 불 거 야

養老 : 노인을 공경하는 일. 수령이 노인들을 초청하여 경로의 잔치를 베풂. 廢 : 폐하다. 그만두다. 興 : 일으키다. 일어남. 번성하다. 擧 : 들다. 일으키다.

『예기(禮記)』에, '봄에는 고아들을 위한 잔치를 베풀고 가을에는 늙은이들을 먹인다.'고 하였으며, 월령(月令)에는 '봄에는 어린이들을 기르고 가을에는 늙은이들을 봉양한다.'고 하였으니, 마땅히 가을 추수를 한 후 추위가 오기 전에 이 예(禮)를 행하도록 해야 한다〔상강(霜降)날의 전후〕.

재력이 부족한 경우

재력(財力)이 부족한 경우 양로연(養老宴)의 범위를 너무 넓혀서는 안 된다. 80세 이상 되는 사람만 골라 초청하는 것이 마땅하다.

力詘而擧贏 不可廣也 宜選八十以上
역 굴 이 거 리　불 가 광 야　의 선 팔 십 이 상

※ 詘 : 굽히다. 덜다. 감하다. 羸 : 여위다. 지치다. 약하다. 廣 : 넓다. 넓히다. 選 : 뽑다. 가리다.

※ 남자 80세 이상을 선발하여 잔치에 참여시키되, 80세 이상에게는 그 찬(饌)을 네 접시로 하고(떡, 국 외에 네 접시), 90세 이상에게는 그 찬을 여섯 접시로 한다. 예에 의하면, '60세에는 세 접시, 70세에는 네 접시, 80세에는 다섯 접시, 90세에는 여섯 접시로 한다.'〔향음주(鄕飮酒)의 법〕고 되어 있다. 쇠약하고 병들어 올 수 없는 자에게는 찬을 그 집으로 보낸다. 1백 세가 된 분이 있으면 수령이 이 날 여덟 접시의 찬으로써 좌수(座首)를 보내어 몸소 그의 집에서 바치도록 한다.

양로의 예에는

양로(養老)의 예에는 반드시 의견을 듣는 절차가 있으니, 백성의 괴로움과 질병을 물어서 이 예(禮)에 맞도록 할 것이다.

養老之禮 必有乞言 詢瘼問疾 以當斯禮
양 로 지 예　필 유 걸 언　순 막 문 질　이 당 사 례

※ 乞言 : 노인에게 좋은 의견을 청함. 훌륭한 말을 구함. 乞 : 구하다. 詢 : 묻다. 瘼 : 병들다. 疾 : 병. 질병. 斯 : 이(이것). 강조의 뜻.

※ 장횡거(張橫渠)는 운암(雲巖) 현령으로 있을 때, 매월 초하루에 술과 음식을 갖추어 놓고, 고을의 연세 많은 분들을 불러 현청에 모아서 친히 술을 권하고 사람들로 하여금 양로(養老)와 어른 섬기는 뜻을 알게 하였다. 그리하여 백성들 간의 괴로운 사정을 묻기도 하고 자제들을 훈계하는 도리도 묻곤 하였다.

그 절차는 간략하게

예법에 의하되, 그 절차는 간략하게 하고 이를 향교(鄕校)에서
거행하도록 한다.

依於禮法 簡其文節 行之於學宮
의 어 예 법　간 기 문 절　행 지 어 학 궁

주해 依 : 의지하다. 따르다. 簡 : 줄이다. 간략하게 하다. 편지글.
文節 : 절차와 의식. 學宮 : 학교. 향교나 성균관.

해설 『대학(大學)』에 이르기를, '위에서 어른을 어른으로 섬겨야 백성
들도 우애를 일으킨다.'고 하였으니, 곧 태학(太學)에서 양로한다는
것을 말하는 것이다. 수령이 이 예를 거행하려고 한다면 마땅히 향교
에서 거행해야 한다.

옛날 훌륭한 사람들이

옛날 훌륭한 사람들이 이것을 닦아서 시행하여 이미 상례(常例)
가 되었으므로 아직 그 아름다운 여운(餘韻)이 있다.

前哲於此 修而行之 旣成故常 猶有遺徽
전 철 어 차　수 이 행 지　기 성 고 상　유 유 유 휘

주해 前哲 : 옛날의 훌륭한 사람. 旣 : 이미. 본디. 遺徽 : 아름다움이
남아 있다.

해설 장전(張戩)이 금당현(金堂縣)을 맡았을 때 성심으로 사람들을 사
랑하여 노인을 잘 대우하고 궁한 사람을 구휼하였다. 간혹 부로(父
老)들을 불러서 자제들을 독려하도록 하고, 백성 중에 조금이라도
좋은 일을 한 사람이 있으면 장부에 기록하고, 봉록에서 돈을 떼어

술과 음식을 마련하여 매월 초하루에 노인들을 불러 위로하였는데, 그 자손들로 하여금 모시게 하여 효도와 우애로써 권면하니 백성들은 그 덕을 입어, 옥사의 소송이 날로 줄어들었다고 한다.

노인을 우대하는 혜택을 베풀면

때때로 노인을 우대하는 혜택을 베풀면 백성들이 노인을 공경할 줄 알게 된다.

以時行優老之惠 斯民知敬老矣
이 시 행 우 노 지 혜　사 민 지 경 로 의

주해 　時 : 때. 때때로. 철. 優 : 넉넉하다. 후하다. 惠 : 은혜. 혜택.
敬 : 공경하다.

팔십 이상의 노인들에게

섣달 그믐 이틀 전에는 기로(耆老)들에게 음식물을 돌린다.

歲除前二日 以食物 歸耆老
세 제 전 이 일　이 식 물　귀 기 로

주해 　歲 : 해. 새해. 나이. 세월. 除 : 덜다. 歲除 : 섣달 그믐날 저녁.
歸 : 돌아가다. 耆 : 늙은이. 耆老 : 늙은이. 80세 이상의 늙은이.

해설 　80세 이상 된 남자 노인에게는 각각 쌀 한 말, 쇠고기 두 근을 예단(禮單)과 문안 편지를 갖추어 보내고(여자인 경우에는 조금 낮추어도 무방함), 90세 이상 된 노인에게는 특별한 진미(珍味) 두 그릇을 더 보낸다.

제2조 자유(慈幼) 어린이를 보살핌

어린이를 보살피는 일은

어린이를 보살피는 일은 선왕(先王)들의 큰 정사(政事)로서, 역대의 임금들이 잘 지켜서 법령으로 삼고 있다.

慈幼者 先王之大政也 歷代修之 以爲令典
자 유 자 선 왕 지 대 정 야 역 대 수 지 이 위 영 전

주해 慈 : 사랑하다. 자비롭다. 幼 : 어리다. 어린아이. 慈幼 : 어린이를 돌보아 양육함. 어린이를 사랑함. 先王 : 왕도(王道) 정치를 행한 옛 훌륭한 임금들. 修 : 닦다. 익히다. 典 : 법. 규정. 의식. 令典 : 국가의 법령.

해설 『주례(周禮)』 대사도(大司徒)에, 보식정책(保息政策)으로 만민을 기른다고 하였으니, 그 첫째가 어린이를 자애(慈愛. 자식에 대한 어버이의 사랑과 같은 깊은 사랑)하는 일이고, 둘째가 양로(養老)하는 일이고, 셋째가 곤궁한 사람이 떨치고 일어나게 하는 일이라고 하였다.

백성들이 곤궁하게 되면

백성들이 곤궁하면 자식을 낳아도 거두지 못하니, 그들을 타이르고 아이들을 길러서 우리 자녀들처럼 보살펴야 할 것이다.

民旣困窮 生子不擧 誘之育之 保我男女
민 기 곤 궁 생 자 불 거 유 지 육 지 보 아 남 녀

주해 困窮 : 가난하고 구차함. 誘 : 달래다. 가르치다. 育 : 기르다. 키

우다. 保 : 보살피다. 보전하다.

해설 후한(後漢) 가표(賈彪)가 신식장(新息長)이 되었는데 백성들이 가난하여 자식을 기르지 않는 자가 많았으므로, 그는 그 제도를 엄중히 하여 살인죄와 같이 다스렸다. 성의 남쪽에서는 강도가 사람을 죽였고, 북쪽에서는 부인이 자식을 죽였는데, 그가 나서서 조사하여 다스리려 하자 아전들이 남으로 인도하려 하였다.

그는 노하여 말하기를,

"도적이 사람을 해치는 것은 통상 있는 일이지만, 어미와 자식이 서로 죽이는 것은 하늘을 거역하고 도를 어기는 것이다."

하고 드디어 수레를 달려 북으로 가서 자식을 죽인 어미를 치죄하였는데, 도적도 제 손을 뒤로 묶고 자수하였다. 수년간에 자식을 기르는 자가 천 명이나 되었는데 그들은,

"이는 가부(家父)가 낳아 준 것이다."

하고 모두 이름을 가(賈)로 지었다.

백성의 부모 노릇을 해야

흉년인 해에는 자식 내버리기를 물건 버리듯하니, 거두어 주고 길러 주어 백성의 부모 노릇을 해야 할 것이다.

歲値荒儉 棄兒如遺 收之養之 作民父母
세 치 황 검　기 아 여 유　수 지 양 지　작 민 부 모

주해 荒 : 거칠다. 흉년들다. 儉 : 검소하다. 넉넉하지 않다. 결핍하여 적다. 荒儉 : 흉년. 棄 : 버리다. 내버림.

해설 후한(後漢) 때 방삼(龐參)이 한양태수(漢陽太守)로 있을 적에 고을에 임당(任棠)이란 이가 은거하여 학도를 가르쳤다. 방삼이 부임

하여 먼저 그를 찾았더니, 임당이 말은 하지 않고 다만 부추 한 뿌리와 물 한 그릇을 병풍 앞에 놓고 스스로 어린애를 안고 문 밖에 나가 엎드렸다. 방삼은 그 숨은 뜻을 짐작하고 말하기를,

"물은 내가 청렴하기를 바라는 바이요, 부추는 내가 강한 족속을 치라는 뜻이요, 어린애를 안고 문앞에 엎드린 것은 내가 문을 열어 놓고 불쌍한 어린애를 돌보아주라는 뜻이다."

하고 그대로 시행하니, 한양이 잘 다스려졌다.

거두어 기른 아이를

우리나라의 법에도 거두어 기른 아이를 자식으로 삼거나 노비로 삼는 것을 허락하였으니, 그 조례(條例)가 상세하고 치밀하다.

我朝立法 許其收養 爲子爲奴 條例詳密
아 조 입 법　허 기 수 양　위 자 위 노　조 례 상 밀

🔹 我朝 : 우리 조선. 우리나라. 收養 : 버려진 아이나 남의 자식을 맡아서 제 자식처럼 기름. 詳密 : 자상하고 세밀하다.

🔹 『국조보감(國朝寶鑑)』에, 중종(中宗) 6년에는 중앙과 지방에 명령을 내려 유기(遺棄)한 고아를 거두어 기르게 하였고, 명종(明宗) 3년에는 명령을 내려 굶주린 백성이 유기한 어린이를 수양(收養)한 경우에는 영구히 그 기른 사람에게 아이를 준다고 하여 거듭 옛법을 밝히었다.

만약 흉년이 아닌 해에

만약 흉년이 아닌 해에 어린아이를 유기한 경우에는 백성 중

에서 수양할 사람을 구하여 주고, 관에서 그 식량을 보조하여야
한다.

若非饑歲 而有遺棄者 募民收養 官助其糧
약 비 기 세　이 유 유 기 자　모 민 수 양　관 조 기 량

㈜ 饑歲 : 흉년. 기근이 든 해. 饑는 주리다, 굶주림, 흉년들다. 歲는
해, 나이, 세월. 遺棄 : 내버리다. 募 : 뽑다. 모으다. 助 : 돕다.
糧 : 식량

㈜ 진휼(賑恤)해야 할 때에는 마땅히 양식을 도와줄 것이다. 평년
에는 민간에서 거두어 기를 사람을 모집해야 한다. 마침 스스로 기
를 힘이 없는 가난한 부인이 응모하였을 경우에는 수령이 양식을
내어 도와주되, 한 달에 쌀 두 말씩 지급하고, 여름에는 매월 보리
네 말씩 지급하여 2년 동안 계속해야 한다.

 제3조 진궁(振窮) 가난한 자를 구제함

궁한 자를 구제함

홀아비(鰥), 과부(寡), 고아(孤), 늙어서 자식 없는 사람(獨)을 사
궁(四窮)이라고 하는데, 이들은 궁(窮)하여 스스로 떨치고 일어설
수 없어서 남이 일으켜 주기를 기다린다. 진(振)이란 일어서는 것
을 뜻한다.

鰥寡孤獨 謂之四窮 窮不自振 待人以起 振者 擧也
환 과 고 독　위 지 사 궁　궁 부 자 진　대 인 이 기　진 자　거 야

㈜ 振窮 : 홀아비, 홀어미, 고아, 늙어 자식 없는 빈궁한 사람들을
살아갈 수 있도록 구제하는 것. 궁한 자를 구제함. 鰥 : 홀아비.

고기 이름. 寡 : 과부. 홀어미. 적다. 임금. 孤 : 고아. 홀로. 외롭다. 獨 : 홀로. 혼자. 홀몸. 窮 : 궁구하다. 빈곤하다. 振 : 일어나다. 떨치다. 待 : 대우하다. 대접하다. 기다리다.

❋ 옛날 주(周)나라 문왕(文王)이 어진 정치를 베푸는 데 있어서 반드시 이 사궁을 먼저 걱정하였다. 대사도(大司徒)의 보식육정(保息六政)에도 셋째는 진궁(振窮)이라고 하였으니, 곧 이것을 말한 것이다. 『시경(詩經)』에 말하기를, '넉넉한 사람들이야 좋지만 시들고 외로운 사람들은 불쌍하구나.' 라고 하였다. 그러니 오직 가난하고 의지할 곳 없는 자만을 사궁(四窮)이라고 하는 것이다.

혼인하지 못한 자는

혼인해야 될 나이가 지났으나 혼취(婚娶, 혼인)하지 못한 자는 마땅히 관에서 성혼시켜야 한다.

過歲不婚娶者 官宜成之
과 세 불 혼 취 자 　 관 의 성 지

❋ 過 : 지나다. 歲 : 해. 세월. 婚 : 혼인하다. 娶 : 장가들다.

❋ 예전에 '30세가 되면 아내를 맞이하고 20세가 되면 시집간다.' 고 한 것은, 넘겨서는 안 되는 마지막 한계를 말한 것이다. 그러나 남자는 반드시 25세로 최후의 한계선을 삼아야 할 것이다. 반드시 예전 법에 구애될 것은 없다.

혼인을 권장하는 정책은

혼인을 권장하는 정책은 우리나라 역대 임금이 남긴 법이니,

수령된 자는 마땅히 정성껏 준수해야 할 것이다.

勸婚之政 是我列聖遺法 令長之所宜恪遵也
권 혼 지 정　시 아 열 성 유 법　영 장 지 소 의 각 준 야

주해 勸 : 권하다. 政 : 정사. 정치. 我 : 나. 恪 : 법. 표준. 삼가다.
遵 : 좇다. 순종하다. 따라 배우다.

해설 『경국대전』에 말하기를, '사족(士族)의 딸로서 나이가 30세에
가깝도록 가난하여 시집가지 못한 자는 담당 조(曹)에게 계문(啓聞)
하고 자재(資財)를 재량(裁量)해 주며, 그 가장(家長)은 무거운 죄로 처
단하라.'고 하였다.

혼인하지 못한 자를

매년 첫봄에, 혼인할 나이를 지나고도 혼인하지 못한 자를 골
라서 모두 중춘(仲春)에 성혼하게 하라.

每歲孟春 選過時未婚者 竝於仲春成之
매 세 맹 춘　선 과 시 미 혼 자　병 어 중 춘 성 지

주해 孟 : 맏. 처음. 孟春 : 봄의 첫달. 즉 음력 1월. 選 : 가리다. 뽑다.
仲 : 가운데. 仲春 : 봄의 가운데 달. 즉 음력 2월.

해설 고을 안의 남자 25세, 여자 20세 이상 된 자를 골라서 부모가
재산이 있는 자는 성혼을 독려하고, 의지할 곳도 없고 재산도 없는
자는 이웃의 유력한 자를 시켜 중매하게 하되 관에서 약간의 돈과
포목을 주어 돕는다.

홀로 된 사람을

홀로 된 사람들을 짝지어 주는 정사 또한 실행해야 할 일이다.

合獨之政 亦可行也
합 독 지 정   역 가 행 야

合獨 : 혼자 사는 홀아비와 과부를 합쳐 줌. 獨 : 홀로. 독신. 혼자.
政 : 정사. 법규. 정치.

관자(管子)가 말하기를, '모든 나라 수도(首都)에는 다 장매(掌
媒, 중매를 맡은 관리)가 있어서 홀아비와 과부를 중매하여 양쪽의 합
의로 짝을 짓게 한다. 이를 합독(合獨)이라고 한다.' 고 하였다.

제4조 애상(哀喪) 상사(喪事)를 애도함

부모상을 당한 모든 자에게는

상중(喪中)에 있는 자에게 요역(徭役)을 면제해 주는 것은 옛날
의 법이다. 요역뿐 아니라 수령 자신이 결정할 수 있는 것을 모
두 면제해 주는 것이 좋다.

有喪蠲徭 古之道也 其可自擅者 皆可蠲也
유 상 견 요   고 지 도 야   기 가 자 천 자   개 가 견 야

哀喪 : 상을 당한 사람을 동정해서 보살펴 줌. 蠲 : 덜어 주다. 면
제하다. 밝다. 徭 : 구실. 세금. 부역. 擅 : 멋대로 하다. 마음대로
하다. 皆 : 모두. 다.

일정한 법을 만들어 부모상을 당한 모든 자에게는 백 일 이내
에 일체의 잡역(雜役)을 면제해 주는 것이 좋을 것이다.

지극히 빈궁한 백성

지극히 빈궁한 백성이 있어 죽어도 염(殮)하지 못하고, 구렁에 버려질 형편인 자에게는 관에서 돈을 내어 장사지내도록 해야 한다.

民有至窮極貧 死不能殮 委之溝壑者 官出錢葬之
민 유 지 궁 극 빈 사 불 능 렴 위 지 구 학 자 관 출 전 장 지

주해 溝壑 : 개천이나 구렁. 窮 : 가난하다. 궁구하다.
殮 : 염하다. 염습하다. 溝 : 도랑. 壑 : 골짜기. 葬 : 장사지내다.

해설 『시경(詩經)』에, '길 가다가도 죽은 이가 있으면 묻어 준다.'고 하였다. 길 가는 사람도 그러한데 백성의 부모된 수령으로서랴.

사망자가 속출할 경우에는

혹은 흉년과 전염병으로 사망자가 속출할 경우에는 그 시체를 거두어 매장하여 주는 일을 진휼(賑恤)과 병행해야 한다.

其或饑饉癘疫 死亡相續 收瘞之政與賑恤偕作
기 혹 기 근 여 역 사 망 상 속 수 예 지 정 여 진 휼 해 작

주해 饑饉 : 굶주림. 癘疫 : 전염병. 유행병. 收瘞 : 거두어 매장함.
賑恤 : 구제해 돌봄. 흉년에 곤궁한 백성을 구제하여 주는 일.
偕 : 함께 하다. 다같이.

해설 『속대전』에 말하기를, '서울과 지방에 전염병이 퍼져서 온 집 안이 모두 죽어 거두어 매장하지 못하는 자가 있으면 휼전(恤典)으로 거행하여야 한다.'고 하였다. 휼전은 정부에서 이재민을 구제하는 은전(恩典)을 뜻한다.

마땅히 구휼(救恤)을 베풀고

혹시 비참한 일이 눈에 띄어 측은한 마음을 견딜 수 없거든 마땅히 즉시 구휼을 베풀고 다시 주저하지 말 것이다.

或有觸目生悲 不堪悽惻 卽宜施恤 勿復商度
혹 유 촉 목 생 비 불 감 처 측 즉 의 시 휼 물 부 상 탁

주해 恤 : 돌보다. 救恤 : 빈민이나 이재민 등을 돕고 보살핌.
觸 : 닿다. 부딪히다. 느끼다. 觸目 : 눈에 들어옴. 悽惻 : 불쌍함.
商度 : 헤아림. 생각함. 度 : 헤아릴 탁. 법 도.

해설 범중엄(范仲俺)이 빈주관찰사(份州觀察使)로 있을 때의 일이다. 한가한 어느 날, 관원들을 데리고 누각에 올라 술자리를 베풀고 아직 술잔을 들지 않았는데, 상복을 입은 몇 사람이 상구(喪具)를 마련하고 있는 것을 보았다. 공이 급히 명하여 그 사연을 물어보니, 그곳에 붙어 살고 있던 한 선비가 죽어 근교로 빈소를 옮기려 하는데 상구를 다 갖추지 못했다는 것이었다. 공은 곧 연석을 물리치고 부의(賻儀)를 후히 주어 장사를 끝내게 하니, 같이 앉았던 손님들도 감탄하였고 그 중에는 눈물을 흘리는 사람도 있었다.

먼 지방의 객지에서

혹은 먼 지방의 객지에서 벼슬 살던 이의 영구(靈柩)가 고을을 지나가면, 그 상행(喪行)을 도와주고 비용을 보조하여 성의껏 후하게 하도록 힘써야 한다.

或有客宦遠方 其旅櫬過邑 其助運助費 務要忠厚
혹 유 객 환 원 방 기 려 친 과 읍 기 조 운 조 비 무 요 충 후

주해 宦 : 벼슬살이. 客宦 : 객지에서 벼슬함. 櫬 : 널. 영구(靈柩).
　　旅櫬 : 객지에서 죽은 사람의 상여.

해설 범문정공(范文正公)이 월주(越州)를 맡게 되었을 때 속관(屬官)
손거중(孫居中)이 임지에서 죽었다. 그의 아들은 아직 어리고 집이
가난하였으므로 자기의 봉록에서 돈 백 꾸러미(緡)를 도와주고, 또
배(舟)도 마련하고 아교(牙校)까지 파견하여 호송해 주었다.

마땅히 부의와 조문을

향승(鄕丞)이나 아전과 군교가 상을 당했거나 본인이 죽었거나
했을 때는 마땅히 부의와 조문을 하여 은혜로운 뜻을 남기도록
할 것이다.

鄕丞吏校 有喪有死 宜致賻問 以存恩意
　향 승 이 교　유 상 유 사　의 치 부 문　이 존 은 의

주해 鄕丞 : 수령의 보좌역으로서 좌수(座首) 등을 가리킴.
　　鄕 : 시골. 고향. 고장. 丞 : 벼슬. 정승. 賻 : 부의하다. 恩 : 은혜.

해설 옛날에 조신(朝臣)이 상을 당했을 때에는 왕이 반드시 몸소 조
문하고, 그의 소렴(小殮)도 보고 그의 대렴(大殮)도 보며, 염(殮)하는
수의(壽衣)를 보내 주고 장사에는 폐백을 보내주었다. 그 일을 미루
어 보면 수령이 관속들을 위해서도 마땅히 그와 같은 은정이 있어
야 할 것이다.

불구자와 중환자에 대해서는

불구자와 중환자에 대해서는 조세와 부역하는 것을 면제해 주어야 하는데 이것을 관질이라 한다.

廢疾篤疾者 免其征役 此之謂寬疾也
폐 질 독 질 자　면 기 정 역　차 지 위 관 질 야

寬疾 : 질환이 있는 사람을 관대해서 중역(重役)을 시키지 않는다는 뜻. 또는 환자를 돌봄. 廢 : 폐하다. 篤 : 돈독하다. 篤疾 : 병이 위독함. 征役 : 부역을 면제함. 免 : 면하다. 征 : 세금. 구실. 寬 : 너그럽다.

『주례』 보식(保息)편 정사의 다섯째가 관질이다.

정현(鄭玄)은 이르기를, '지금의 곱사등이는 일할 수 없어서 군졸로 계산하지 않는 것과 같다.' 라고 하였는데, 관(寬)이란 신역을 너그럽게 면제해 준다는 뜻이다. 귀머거리나 고자는 자신의 노력으로 생계를 이어갈 수 있으며, 장님은 점을 치고, 절름발이는 그물을 떠서 또한 살아갈 수 있겠지만, 오직 중환자와 불구자는 돌보아 주어야 할 것이다.

의지할 곳과 살아갈 길을

곱사등이나 불치병자들처럼 스스로의 힘으로 먹고 살아갈 수 없는 자는 의지할 곳과 살아갈 길을 마련해 주어야 한다.

廢癃殘疾 力不能自食者 有寄有養
폐 륭 잔 질　역 불 능 자 식 자　유 기 유 양

🔸 廢癃 : 곱사등이. 廢 : 고질. 폐하다. 癃 : 곱사등이. 殘疾 : 질병이
많은 사람. 불치병자. 寄 : 맡기다. 養 : 기르다. 치다. 받들다.

🔹 장님이나 절름발이, 손발 병신, 나병환자 같은 자들은 사람들
이 싫어하는 천한 무리이다. 또 육친이 없어서 안착할 곳 없이 떠돌
아다니는 자들에게는 그의 종족(宗族)을 타이르고 관에서 그들에게
맡겨서 안착하게 하여야 한다.

추위와 굶주림으로

군졸들 중에 추위와 굶주림으로 쓰러지게 된 자에게는 의복과
음식을 주어 죽음을 면하도록 해주어야 한다.

軍卒羸病 因於凍餒者 贍其衣飯 裨無死也
군 졸 이 병　인 어 동 뢰 자　섬 기 의 반　비 무 사 야

🔸 羸 : 파리하다. 羸病 : 쇠약하고 병든 자. 凍 : 얼다. 餒 : 굶주리
다. 凍餒 : 춥고 배고픔. 贍 : 넉넉하다. 裨 : 돕다. 더하다.

🔹 진(晉)나라 유홍(劉弘)이 형주를 다스릴 때의 일이다. 한번은 밤중에
일어나니, 성 위에서 야경(夜更)을 맡은 자가 탄식하면서 매우 괴로워하는
소리가 들렸다. 그를 불러서 보니, 늙고 여위고 병이 든 그 병사가 저고리
조차 입지 않은 것을 보고는 의복과 모자를 지급하였다.

염병이 유행할 때

염병(전염병)이 유행할 때 민간 습속은 피하는 경우가 많다. 모

쪼록 위무하고 치료해 주어서 두려워하지 않도록 해야 할 것이다.

瘟疫流行 蚩俗多忌 撫之療之 裨無畏也
온 역 류 행　치 속 다 기　무 지 요 지　비 무 외 야

주해 瘟 : 염병. 전염병. 疫 : 염병. 전염병. 돌림병. 蚩 : 어리석다.
蚩俗 : 어리석은 풍속. 忌 : 꺼리다. 撫 : 어루만지다.
療 : 치료하다. 畏 : 두려워하다.

해설 신공의〔辛公義, 수문제(隋文帝) 때 사람〕가 민주자사(岷州刺史)가
되었는데, 그곳 풍속에 염병을 두려워하여 한 사람의 환자가 생기
면 온 가족이 피해버려서 그대로 죽은 자가 많았다. 신공의는 명령
을 내려 환자들을 모두 청사(廳舍)로 운반하도록 하였다. 여름날 청
사의 낭하가 환자로 가득 찼다. 신공의는 의자를 갖다놓고 밤낮 그
곳에 있으면서 녹봉으로 의약을 공급하고 몸소 문병을 하였다. 환
자들이 다 나은 후에 그들의 친척들을 불러놓고 깨우쳐 주기를,
"죽고 사는 것은 명에 달린 것이다. 만일 서로 전염하는 것이라면
나는 벌써 죽었을 것이다." 하니 모두 부끄럽게 여기고 감사하며 돌
아갔다.

천재(天災)가 유행할 때는

염병과 천연두 및 여러 백성이 병으로 죽거나 요사(夭死)하는
천재(天災)가 유행할 때는 마땅히 관에서 구조하여야 할 것이다.

瘟疫痲疹 及諸民病死亡夭札 天災流行 宜自官救助
온 역 마 진　급 제 민 병 사 망 요 찰　천 재 유 행　의 자 관 구 조

주해 痲疹 : 천연두. 疹 : 병. 夭 : 일찍 죽다. 札 : 일찍 죽다. 夭札 : 일

찍 죽음. 天災 : 자연현상으로 일어나는 재난. 지진 · 홍수 따위.

■해설■ 『경국대전』에 보면, '환자가 곤궁하여 약을 살 수 없는 경우에는 관에서 약을 지급하고 지방에서는 본 읍에서 의약을 지급해야 한다.'고 규정하고 있다.

공로에 따라 상을 주어야

유행병이 돌면 죽어 가는 사람이 아주 많이 생긴다. 구호 치료하고 매장해 주는 사람에게는 마땅히 포상하도록 조정에 청해야 한다.

流行之病 死亡過多 救療埋葬者 宜請賞典
류 행 지 병　사 망 과 다　구 료 매 장 자　의 청 상 전

■주해■ 救 : 구하다. 療 : 치료하다. 埋 : 묻다. 葬 : 장사지내다.
賞典 : 공로의 크고 작음에 따라 상을 주는 규정. 典 : 법

■해설■ 무오년(정조 22, 1798) 겨울에 독감이 갑자기 성하여 죽는 자가 셀 수 없었다. 조정에서 부자 백성들에게 치료하고 염하고 매장하게 하고, 그들에게 3품(品)이나 2품의 벼슬을 제수하도록 하였다.

돌림병에 대한 처방

근래 유행하였던 마각온(麻脚瘟, 돌림병) 병에는 연경(燕京, 북경)으로부터 들어온 새로운 처방이 있다.

近所行麻脚之瘟 亦有新方 自燕京來
근 소 행 마 각 지 온　역 유 신 방　자 연 경 래

麻 : 삼. 저리다. 마비되다. 脚 : 다리. 瘟 : 병. 燕 : 제비.

도광(道光) 원년 신사(辛巳)년 가을(백로·추분 무렵부터)에 이 마각온 병이 유행하였다. 10일 이내에 평양(平壤)에서만 죽은 자가 수만 명이요, 서울 성중의 오부(五部)에서 죽은 자가 13만 명이나 되었다〔상강(霜降) 이후부터 점차 나아졌다〕. 그 증상은 혹 교장사(攪腸痧) 같기도 하고 전근곽란(轉筋霍亂) 같기도 한데, 그 치료법은 알 수 없었다. 그 해 겨울에 엽동경(葉東卿)이 유리창(琉璃廠) 각본(刻本) 처방문을 보내왔기로 이에 기록한다.

제6조 구재(救災) 재난을 구제함

이재민을 구제하는 은전

수재와 화재에는 나라의 휼전(恤典)이 있으므로 오직 정성스럽게 시행해야 할 것이지만, 항전(恒典)에 없는 것은 마땅히 수령이 스스로 생각하여 구제하여야 할 것이다.

水火之災 國有恤典 行之惟謹 宜於恒典之外 牧自恤之
수 화 지 재　국 유 휼 전　행 지 유 근　의 어 항 전 지 외　목 자 휼 지

災 : 재앙. 恤 : 돌보다. 恤典 : 정부에서 이재민을 구제하는 은전(恩典). 구휼하는 은전. 謹 : 삼가다. 恒 : 항상. 恒典 : 항상 있는 일정한 규정.

『비국요람(備局要覽)』에 말하기를, ‘물에 유실(流失), 매몰(埋沒)되었거나 무너지고 눌려 쓰러졌거나 불에 타버린 인가(人家)가 백호 미만일 때는 전례를 상고하여 구제하되 대호(大戶)에는 쌀 7두, 중호(中戶)에는 쌀 6두, 소호(小戶)에는 쌀 5두씩을 준다. 백 호를 초

과했을 경우에는 각별히 구제하되 대호에는 쌀 9두, 중호에는 쌀 8두, 소호에는 쌀 7두를 주고, 범에게 물려 죽은 경우, 물에 빠져 죽은 경우의 휼전은 각각 피잡곡(皮雜穀, 찧지 않은 잡곡) 한 섬(15두)씩을 주어 구제한다.'고 하였다.

재앙으로 입은 화

모든 백성에게 재액(災厄)이 있을 때는 불에 타는 것을 구출하고 물에 빠진 자 건지기를, 마땅히 자신이 불에 타고 자신이 물에 빠진 것처럼 해야 하며 구제를 늦추어서는 안 된다.

凡有災厄 其救焚拯溺 宜如自焚自溺 不可緩也
범 유 재 액　기 구 분 증 닉　의 여 자 분 자 닉　불 가 완 야

災厄 : 재난과 액운. 재앙으로 입은 화(禍). 厄 : 화. 재앙. 焚 : 불 타다. 拯 : 건지다. 溺 : 빠지다. 緩 : 늦추다.

후한 유곤(劉昆)이 강릉령으로 있을 때였다. 고을에 화재가 일어났는데, 유곤이 불을 향하여 머리를 조아리니 바람이 반대 방향으로 불어서 불이 곧 꺼졌다.

환난을 미리 생각하여

장래의 환난을 미리 생각하여 사전에 예방하는 것은 재난이 일어난 뒤에 은전을 베푸는 것보다 낫다.

思患而豫防 又愈於旣災而施恩
사 환 이 예 방　우 유 어 기 재 이 시 은

思 : 생각. 患 : 근심. 걱정. 豫 : 미리. 防 : 막다. 愈 : 더욱.

施 : 베풀다.

화재가 발생하였을 때 급히 달려가서 머리를 태우고 이마를 데면서 구화(救火) 작업을 하는 것이, 미리 굴뚝을 돌리고 인화성(引火性)의 물건들을 불 가까이에서 옮겨 놓는 것만 못하다.

저수지의 이로운 점

둑을 쌓고 방죽을 만듦은 수재를 막고 수리를 일으키는 두 가지 이익이 있는 방법이다.

若夫築堤設堰 以捍水災 以興水利者 兩利之術也
약 부 축 제 설 언　이 한 수 재　이 흥 수 리 자　양 리 지 술 야

若 : 같다. 築 : 쌓다. 堤 : 언덕. 堰 : 둑. 보. 방죽. 捍 : 막다.

興 : 일으키다.

내 집이 한강(漢江) 가에 있어서 매년 여름과 가을, 홍수가 질 때에 집들이 떠내려오는 것을 보는데, 마치 성엣장과 같았다. 혹 지붕 위에서 닭이 울기도 하고, 혹 처마에 옷이 걸려 있기도 하였다. 금년이 이와 같고 명년에 다시 그러하니, 이는 모두 수령이 백성을 안주시키지 못한 잘못 때문인 것이다.

수령의 어진 정사

재해(災害)가 이미 제거되었을 때 백성들을 쓰다듬고 편안히 모여 살게 하여야 할 것이니, 이 또한 수령의 어진 정사인 것이다.

其害旣去 撫綏安集 是又民牧之仁政矣
기 해 기 거 무 수 안 집 시 우 민 목 지 인 정 의

撫 : 어루만지다. 綏 : 편안하다. 集 : 모으다.

조선 정조 때 교리(校吏) 김희채(金熙采)가 장련현(長連縣)을 다스렸는데, 그때 큰물이 져서 구월산(九月山)이 무너지고 매몰된 땅이 30리나 되어서 사람이 죽고 농사가 손상된 것이 이루 헤아릴 수가 없었다. 그가 나가 시찰하매 백성들이 맞이하여 통곡하거늘, 그는 말에서 내려 백성들의 손을 잡고 같이 통곡하니, 백성들이 감동되고 기뻐서 죽어도 한이 없다고 하였다.

백성의 재앙을 덜어 준다면

황충(蝗蟲)이 하늘 가득히 날아올 때 물러가도록 빌기도 하고 때려잡기도 하여 백성의 재앙을 덜어 준다면, 역시 인자하다는 말을 듣게 될 것이다.

飛蝗蔽天 禳之捕之 以省民災 亦可謂仁聞矣
비 황 폐 천 양 지 포 지 이 생 민 재 역 가 위 인 문 의

蝗蟲 : 누리. 메뚜깃과에 속하는 곤충. 누리가 이동할 때면 해를 가리고 순식간에 땅 위의 풀이 하나도 없게 된다 함. 농작물의 대해충. 蔽 : 가리다. 禳 : 빌다. 省 : 줄일 생, 살필 성.

후한 마원(馬援)이 무릉태수(武陵太守)로 있을 때에 군내에 황충의 재해가 연달아 생겼다. 마원이 불쌍한 사람을 도와주고 부역과 세금의 징수를 가볍게 해주니 황충들이 바다로 들어가서 새우가 되었다.

♠ 다산의 친필, 사언고시(四言古詩)

제5장
이전육조
吏典六條

옛 우리나라의 모든 정치제도는 국법에 여섯 가지로 나
누어 규정하고 있는데, 그것이 이른바 육전(六典)이다. 곧
이전(吏典), 호전(戶典), 예전(禮典), 병전(兵典), 형전(刑典),
공전(工典)이 그것이다.

그리하여 이 육전에 규정된 사항은 다시 이조(吏曹), 호
조(戶曹), 예조(禮曹), 병조(兵曹), 형조(刑曹), 공조(工曹) 등
여섯 가지 기구를 설치하여 나누어 관장하게 하였다. 이조
에서는 이전에 규정된 사항을 분담하여 문관(文官)의 인선
(人選), 훈봉(勳封), 고과(考課) 등 주로 인사(人事)에 관한
사무를 처리하였다.

지방의 고을에서도 이에 따라 이방(吏房), 호방, 예방, 병
방, 형방, 공방 등 육방을 설치하고, 육전에 규정된 사무
중 군현에서의 해당 사무를 분담시키고 있었다.

자기의 몸이 바르지 못하면

아전을 단속하는 근본은 수령 자신의 처신을 올바르게 하는데 있다. 자신의 몸이 바르면 명령하지 않아도 시행되지만 자기의 몸이 바르지 못하면 비록 명령하여도 시행되지 않을 것이다.

束吏之本 在於律己 其身正
속 리 지 본   재 어 율 기   기 신 정

不令而行 其身不正 雖令不行
불 령 이 행   기 신 부 정   수 령 불 행

주해 束 : 단속하다. 束吏 : 아전을 단속하는 것. 律 : 법. 규정.
律己 : 자신의 처신을 올바르게 함. 身 : 몸. 雖 : 비록.

해설 고을 백성을 괴롭히고 못살게 하는 온갖 폐단과 갖은 간사하고 악랄한 해민(害民) 행위는 다 아전들의 농간에서 생긴다. 아전의 이러한 악행과 간계를 단속하지 않고는 고을을 잘 다스릴 수 없다. 그러나 아전을 단속하려면 수령 자신이 먼저 공명정대하고 청렴결백한 바른 몸가짐을 한 뒤라야 가능한 것이다.

예로써 질서를 세우고

그들을 예로써 질서를 세우고 은혜로 대우한 뒤에 법으로 단속하여야 한다. 만약 그들을 업신여기고 억눌러서 혹사하며, 조리도 순서도 없이 임기응변으로, 마음내키는 대로 대우한다면 그들은 단속을 받지 않을 것이다.

齊之以禮 接之有恩然後 束之以法
제 지 이 례　접 지 유 은 연 후　속 지 이 법

若陵轢虐使 顚倒詭遇 不受束也
약 능 력 학 사　전 도 궤 우　불 수 속 야

🔸 齊之以禮 : 예법으로써 정연하게 함. 陵轢 : 업신여겨 억누르다. 능멸하고 짓밟음. 虐使 : 학대하다. 혹사(酷使). 顚倒詭遇 : 질서도 선후도 없이 마음내키는 대로 대우하는 것. 顚 : 넘어지다. 倒 : 거꾸로 매달리다. 詭 : 거짓말. 遇 : 만나다. 당하다. 대접하다.

🔸 수령이 예로써 아전들을 대우하면 아전들도 수령에게 예를 지키지 않을 수 없을 것이니, 질서는 정연하게 될 것이다. 수령이 은정을 가지고 그들을 대하면 그들은 수령에게 감사할 것이다. 감사한 마음은 곧 심복(心腹, 마음놓고 믿을 수 있음)을 의미한다. 질서가 정연하고 아전들이 수령에게 심복하면, 명령하지 아니하여도 저절로 단속될 것이다.

어질면서도 나약하지 않으면

윗자리에 있으면서 너그럽지 못한 것은 성인(聖人)이 경계한 바이다. 너그러우면서도 너무 지나치게 느슨하지 않고, 어질면서도 나약하지 않으면 또한 일을 그르치는 바가 없을 것이다.

居上不寬 聖人攸誡 寬而不弛
거 상 불 관　성 인 유 계　관 이 불 이

仁而不懦 亦無所廢事矣
인 이 불 나　역 무 소 폐 사 의

🔸 不寬 : 너그럽지 못함. 不弛 : 너무 느슨하지 않음. 不懦 : 너무

나약하지 않음. 廢事 : 일을 그르침.

※ 주자(朱子)가 말하기를, '수령 노릇을 하되, 만약 아전이 공무를 지체시키면서 백성으로부터 토색하는 것이 있으면 그 폐단이 말할 수 없을 것이다. 모름지기 기한을 엄히 세워서 반드시 기한 내에 처리하도록 하면, 그 기일이 이르매 자연히 토색(討索, 금품을 억지로 달라고 함)할 수가 없게 될 것이다.' 라고 하였다.

사람의 성품을 타고난지라

타이르고 감싸주며 가르치고 깨우치면, 아전들 역시 사람의 성품을 타고난지라 바로잡아지지 않을 자 없을 것이니, 위엄부터 먼저 베풀지는 말아야 한다.

誘之掖之 敎之誨之 彼亦人性
유 지 액 지   교 지 회 지   피 역 인 성

未有不格 威不可先施矣
미 유 불 격   위 불 가 선 시 의

※ 誘 : 꾀다. 달래다. 掖 : 부축하다. 돕다. 誨 : 가르치다. 格 : 깨닫다. 威 : 위세. 위엄. 施 : 베풀다.

※ 후한 때 종리의(鍾離意)가 하구령(瑕丘令)으로 있을 때 아전 중에 도둑질한 자가 있었는데 형벌하지 못하고, 그 직위한 파면시켜 놓아 보냈더니 그의 아버지가,
"이는 의(義)로 형벌을 준 것이다."
하고 아들을 독약을 먹고 죽게 하였다.

간악한 자는 형벌로써 임해야

타일러도 깨우치지 아니하고 가르쳐도 고치지 아니하며, 세력을 믿고 속여서 크게 간악한 자는 형벌로써 임해야 할 것이다.

誘之不牖 敎之不悛 怙終欺詐
유 지 불 유 교 지 부 전 호 종 기 사

爲元惡大奸者 刑以臨之
위 원 악 대 간 자 형 이 임 지

주해 不牖 : 인도되지 않음. 깨우치지 않음. 悛 : 뉘우치다. 怙 : 믿다.
欺 : 속이다. 臨 : 임하다.

해설 당(唐)나라 유공작(柳公綽)이 산동절도사(山東節度使)로 있을 때 한 고을을 지나게 되었는데, 두 아전 중 한 사람은 장물죄를 범하고 한 사람은 법조문을 농간한 일이 있었다. 사람들이 반드시 장물죄를 범한 자를 죽일 것으로 생각하였는데 유공작은,
"법을 범하면 법은 그대로 있지만, 법을 어지럽히면 법이 없어진다."
라고 판결한 후, 결국은 법조문을 농간한 자를 죽였다.

간악한 자들을 다스림에는

아주 간악한 무리들의 우두머리들은 모름지기 포정사(布政司) 밖에다 비(碑)를 세우고 이름을 새겨서 다시는 영구히 복직하지 못하게 할 것이다.

元惡大奸 須於布政司外 立碑鐫名 永勿復屬
원 악 대 간 수 어 포 정 사 외 입 비 전 명 영 물 복 속

주해 元惡大奸 : 악독하고 간활한 자의 우두머리. 아주 큰 악인과 간

사한 사람. 須 : 모름지기. 布政司 : 정사(政事)를 펴는 기관이란
뜻으로, 수령의 정당(政堂)을 말함. 감영. 鐫 : 새기다.

🔹 노환(盧奐)이 여러 차례 큰 고을을 맡아 다스려서 특별한 치적
(治積)을 세우니, 사람들이 두려워하기를 신(神)과 같이 하였다. 무
릇 간악한 자들을 다스림에는 먼저 그 죄를 다스리고, 또 그 범한
바를 돌에 새겨 문에 세우며, 다시 범하는 경우에는 반드시 사형수
의 명부에 올려 두고 그 비를 일컬어 '기악비(紀惡碑, 악행을 기록하
는 비)'라 하였다.

상대방의 비위를 맞추는 것

수령이 좋아하는 바를 아전이 영합하지 않는 것은 없다. 내가
재물을 좋아하는 줄 알면 반드시 이(利)로써 나를 유혹할 것이요,
한 번 유혹을 당하면 곧 그들과 함께 죄에 빠지고 말 것이다.

牧之所好 吏無不迎合 知我好財 必誘之以利
목 지 소 호　이 무 불 영 합　지 아 호 재　필 유 지 이 이

一爲所誘 則與之同陷矣
일 위 소 유　즉 여 지 동 함 의

🔹 迎合 : 상대방의 비위를 맞추는 것. 好財 : 재물을 좋아함.
陷 : 빠지다.

🔹 관장(官長)이 처음 도임해서는 명령을 내리고 하는 일이 제법
볼 만한 것이 많다가도 도임한 지 몇 달 되어 아전들의 꾐에 빠지면
아무 소리도 못하고 행여 벼슬자리를 잃을세라 조바심만 낸다.
　수령이 재(災) 10결(結)을 도둑질하면 아전이 1천 결을 도둑질하는
것을 금할 수가 없고, 수령이 1결을 방납(防納, 남은 결에서 쌀로 징수

함)하면 아전이 1백 결을 방납하는 것을 금할 수 없으며, 수령이 1백 석을 번곡(飜穀, 농간질로 곡식을 빼돌림)하면 아전이 1만 석 번곡하는 것을 금할 수 없다. 모든 일이 다 그러한데 어찌 애석하지 않겠는 가?

한쪽으로 치우쳐 있으면

수령의 성품에 편벽됨이 있으면 아전이 이를 엿보아서 그 편벽 된 곳을 따라 충동하여 농간을 부리게 되니, 이에 그 술수에 떨 어지기 쉽다.

性有偏僻 吏則窺之 因以激之
성 유 편 벽   이 즉 규 지   인 이 격 지

以濟其奸 於是乎墮陷矣
이 제 기 간   어 시 호 타 함 의

※ 偏僻 : 한쪽으로 치우쳐 있음. 공평하지 못하고 한쪽으로 치우치 기 쉬움. 窺 : 엿보다. 激 : 격렬하다. 墮 : 떨어지다. 陷 : 빠지다.

※ 송나라 포증(包拯)이 경조윤(京兆尹)으로 있을 때 밝게 살핀다고 소 문이 났었다. 백성 중에 법을 범하여 곤장을 맞는 형벌에 해당된 자가 있 었는데 아전이 그 백성에게서 뇌물을 받고는,

"경조윤이 반드시 나에게 죄를 조사하라고 할 것이니 너는 그저 큰 소 리로 부르짖으며 변명하라."

하고 약속하였다. 조금 후에 죄수를 끌어내어 심문하는데, 죄수가 아전 의 말대로 하자 아전이,

"곤장이나 받을 일이지 무슨 잔소리가 그리 많은가?"

하고 꾸짖었다. 그러자 포증은 아전이 권세를 부린다고 생각하여 아전을

곤장치고 죄수는 특별히 관대하게 처리하였다. 포증 같은 이도 아전에게 매수된 줄을 까맣게 몰랐으니 소인의 간계는 참으로 막기 어려운 것이다.

스스로 판단한 뒤에 처리해야

알지 못하면서 아는 체하여 물이 흐르는 것처럼 술술 결재(決裁)하는 것은, 수령이 스스로 아전의 계략 속에 떨어지는 까닭이 된다.

不知以爲知 酬應知流者 牧之所以墮於吏也
부 지 이 위 지 　 수 응 지 류 자 　 목 지 소 이 타 어 이 야

🔹 酬應 : 남의 요구에 응함. 酬 : 수작하다. 應 : 응하다. 流 : 흐르다.

🔹 수령으로서 하루아침에 천리의 먼 곳에 나가서 갑자기 여러 아전과 만민의 위에 높이 앉아서 일을 담당하게 되니, 일마다 생소하고 모르는 것은 당연한 것이다. 그런데 수령이 모른다고 하는 것은 수치라고 생각하여, 모르면서 아는 체하고 모든 명령도 지시도 내용도 이유도 묻지 않고 물 흐르듯 척척 결재의 수압(手押)을 해준다면, 이는 수령이 스스로 아전의 농간에 떨어지는 장본인 것이다. 마땅히 캐어묻고 따지고 들어가서 근거와 경로와 결말을 이해하고 생각하고 스스로 판단한 뒤에 처리하도록 해야 할 것이다.

아전들의 구걸을 금지해야

아전들의 구걸을 백성들은 괴로워한다. 이를 금지하고 단속하여 함부로 간악한 짓을 못하도록 해야 한다.

吏之求乞 民則病之 禁之束之 無碑縱惡
이 지 구 걸 민 즉 병 지 금 지 속 지 무 비 종 악

求 : 구하다. 乞 : 빌다. 禁 : 금하다. 縱 : 멋대로 하다. 세로 놓다.

『다산록(茶山錄)』에 말하였다.

"간활한 아전이 교만하고 사치스러우며 방탕하다가 쫓겨나게 될
때에는 촌리(村里)로 돌아다니면서 돈과 곡식을 구걸하거나, 혹은
그 동네의 환곡(還穀)을 제류(除留)하여 실제로는 자기의 포흠(逋欠)
한 것을 갚기도 하는데, 수령이 반드시 그러한 기미를 알아서 먼저
경계하되, '네가 이러한 죄를 범하면 반드시 벌주어 용서치 않으리
라.' 할 것이요, 그리고서도 살펴서 죄상을 알아냈거든 법에 비추
어 중벌을 주어 용서치 말아야 할 것이다."

아전의 인원수가 적으면

아전의 인원수가 적으면 한가로이 지내는 자가 적어서 백성을
혹독하게 거두어들이는 일이 심하지 않을 것이다.

員額少 則閑居者寡 而虐斂未甚矣
원 액 소 즉 한 거 자 과 이 학 렴 미 심 의

員額 : 관원 정원(定員)의 수(數). 閑 : 한가하다. 寡 : 적다.
斂 : 거두어들이다. 虐斂 : 혹독하게 거두어들임.

중앙과 지방의 아전의 정원은 혼란하지 않은 곳이 없다. 서울
의 관청에는 그런대로 오히려 정원이란 것이 있지만 지방의 고을에
는 아전의 정원이란 것이 전연 규정되어 있지 않다. 무제한 마음대
로 둔다. 그래서 많은 곳은 혹은 수백 명〔안동(安東), 나주(羅州) 등〕에
이르고 적은 곳이라도 60명 미만인 곳은 없다.

그 많은 아전들이 떼를 지어 살면서 파당을 만들어 가지고 서로 알력과 반목을 일삼는다. 그리하여 풍속을 손상시키면서 하는 짓이 란 음흉하고 간악한 일뿐이다.

훌륭한 수령의 도리

지금의 향리들은 재상들과 결탁하고, 감독 관청과 내통하여 위로는 관장(官長)을 가볍게 여기고 아래로는 백성을 침탈(侵奪)한다. 이러한 자들에게 굽히지 않는다면 그는 훌륭한 수령이다.

今之鄕吏 締交宰相 關通察司 上藐官長
금 지 향 리 　체 교 재 상 　관 통 찰 사 　상 모 관 장

下剝生民 能不爲是所屈者 賢藐也
하 박 생 민 　능 불 위 시 소 굴 자 　현 모 야

🌼 締交 : 체결하여 사귐. 關通 : 關과 通은 다 통한다, 서로 내통(內通)하고 있는 것. 뇌물로 통함. 察司 : 察은 감찰, 司는 관청이라 뜻으로 감독 관청을 일컫는다. 藐 : 무시하다. 剝 : 벗기다. 屈 : 굽히다.

🌸 임진왜란 이후, 사대부들의 봉록이 박해서 집안들은 가난한 데다가 나라의 모든 재물은 오군문(五軍門)에 집중 지출하여 군사를 양성하는 데 쓰게 되니, 여기에서 탐오(貪汚, 욕심이 많고 하는 짓이 더러움)한 풍습이 점점 늘고 따라서 아전들의 버릇은 무너지게 되었다. 그리하여 수십 년 동안에 하루하루 심해져서 지금은 극단에 이르게 되었다.

죄가 있으면 반드시 처벌하여

수리(首吏)는 권한이 커서 어떤 특정인에게만 장기간 맡겨서는 안 되고, 수리를 자주 불러들여 논의하지 말아야 한다. 죄가 있으면 반드시 처벌하여 백성으로 하여금 의혹하는 일이 없어야 한다.

首吏權重 不可偏任 不可數召 有罪必罰 使民無惑
수 리 권 중 불 가 편 임 불 가 삭 소 유 죄 필 벌 사 민 무 혹

🔹 偏任 : 치우치게 일을 맡김. 數召 : 자주 부름. 惑 : 미혹되다.

🔹 어리석은 수령은 반드시 수리(首吏)를 자신의 복심(腹心) 부하로 믿고 밤중에 불러들여 여러 가지 사무 처리를 의논한다. 아전이 수령에게 아첨하고 수령을 기쁘게 하는 수단은 세금을 속이고 창고의 양곡으로 농간을 부려서 그 부당 이득을 취득하게 하며, 소송과 형사사건을 미끼로 하여 그 뇌물을 받도록 교사(敎唆, 남을 부추기어 못된 짓을 하게 함)하는 것뿐이다. 수령이 하나를 먹으면 아전은 그것의 백 배를 훔쳐 먹는다. 그런데도 죽일 죄가 발각되면 오직 수령만이 죄를 입게 되니, 이 또한 슬픈 일이 아닌가.

참알을 받을 때에는

이속(吏屬)들이 참알(參謁)할 때에는 흰옷과 베띠〔布帶〕 차림을 하는 것을 금지하여야 한다.

吏屬參謁 宜禁白布衣帶
이 속 참 알 의 금 백 포 의 대

🔹 吏屬 : 아전들. 아전붙이. 參謁 : 아랫사람이 웃사람을 뵙는 일.

아래 관속이 상관을 뵘. 布 : 베. 帶 : 띠.

🔸 참알을 받을 때에는 수령은 조관[朝冠, 오사모(烏紗帽)]을 착용한다. 아전들이 어찌 흰옷과 베띠 차림으로 뜰에 들어올 수 있겠는가. 지금 서울의 각 관사(官司)에서는 참알할 때 서리(書吏)들은 다 홍단령(紅團領, 붉은색 깃을 둥글게 하여 만든 옷)을 입는다. 법이 본래 그러한 것이다. 다만 상중(喪中)에 있는 자가 명령을 받고 직무에 나오는 경우에만 검정 갓, 검정 띠의 사용을 허락할 것이다[기복출사(起復出仕)한 자는 뜰에 들어와 참알하지 못한다. 다만 부중(府中)을 드나들면서 사무에 대한 것을 품의(稟議)할 뿐이다.].

연회를 열고 즐기는 것은

아전들이 모여 연회를 열고 즐기는 것은 백성들의 마음을 상하게 한다. 엄중히 금지하고 거듭거듭 경계하여 감히 함부로 유흥(遊興)에 빠지는 일이 없도록 하여야 한다.

吏屬遊宴 民所傷也 嚴禁屢戒 毋敢戲豫
이 속 유 연 민 소 상 야 엄 금 누 계 무 감 희 예

🔹 遊宴 : 놀이와 연회. 傷 : 다치다. 屢 : 자주. 戒 : 경계하다.
戲豫 : 놀며 즐김. 유흥에 잠김.

🔸 관리가 창기를 데리고 모여 앉아 술을 마시는 것은 본래 형률에 저촉되는 행위이다.

사사로이 태형을 할 수 있겠는가

아전들의 집무소에서 매질하는 행위는 마땅히 금지하여야 한다.

吏廳用笞罰者 亦宜嚴禁
이 청 용 태 벌 자   역 의 엄 금

🔹 吏廳 : 아전들이 사무 보는 곳. 笞 : 매. 嚴 : 엄하다. 禁 : 금하다.

🔹 태형은 나라의 형벌의 일종이다. 수령도 법에 의거하지 않고는 집행할 수 없는 것인데 아전이 감히 사사로이 태형을 할 수 있겠는가. 일반 백성에게 대해서는 매 한 대 치는 일도 허락할 수 없는 것이다.

아전들의 업무 상황표

수령이 부임한 지 두어 달 되면 아전들의 이력표(履歷表)를 만들어 책상 위에 두어야 한다.

上官旣數月 作下吏履歷表 置之案上
상 관 기 수 월   작 하 이 이 력 표   치 지 안 상

🔹 履 : 밟다. 겪다. 歷 : 지내다. 겪다. 置 : 두다. 案 : 책상.

🔹 이력표는 아전들의 성명, 취임 연월일, 아전으로서의 사무 담임의 경력 등을 기록한다. 10년 혹은 20년간의 상황표를 만드는 것이 좋다. 그 이력표를 살펴보면 사람의 능력과 간교(奸巧), 우직(愚直)의 상태를 짐작할 수 있고, 사람을 쓰는 데 있어서 공평하고 기회 균등의 정책을 시도할 수도 있게 될 것이다.

아전들의 농간을 들추어내려면

아전들의 농간에는 대개 사(史)가 주모자(主謀者)가 되기 마련이다. 아전들의 간계(奸計)를 방지하려면 사를 혼내야 하고, 아전들

의 농간을 들추어내려면 그 사를 캐물어야 할 것이다.

吏之作奸 史爲謀主 欲防吏奸 怵其史
이 지 작 간　사 위 모 주　욕 방 이 간　출 기 사

欲發吏奸 鉤其史 史者書客也
욕 발 이 간　구 기 사　사 자 서 객 야

주해 作奸 : 간사한 일을 함. 史 : 문서의 기록을 맡은 사람. 서기(書記). 謀 : 꾀하다. 怵 : 두려워하다. 怵其史 : 사를 혼내주다.
鉤 : 갈고리. 끌어당기다. 鉤其史 : 사의 행실을 캐물어야 한다.

해설 사(史)라고 함은 기록을 담당하는 서기(書記)를 일컫는 말이다. 창고의 양곡이, 또는 조세가 얼마나 어떻게 빼돌려지고 착복되었음을 다 알고 있다. 그러므로 수령은 사를 조정하고 추궁하면 아전의 죄가를 적발할 수 있을 것이다.

제2조 어중(馭衆) 아랫사람 다스리기

부하를 통솔하는 데에는

부하를 통솔하는 방법은 위엄과 신의뿐이다. 위엄은 청렴함에서 생겨나고 신의는 충성에서 나오는 것이니, 충성스러우면서도 능히 청렴해야 이에 부하를 복종시킬 수 있는 것이다.

馭衆之道 威信而已 威生於廉 信生於忠
어 중 지 도　위 신 이 이　위 생 어 렴　신 생 어 충

忠而能廉 斯可以服衆矣
충 이 능 렴　사 가 이 복 중 의

주해 馭 : 말을 부리다. 다스리다. 馭衆 : 대중을 통솔함. 아랫사람 다스리기. 威信 : 위엄과 믿음. 服 : 복종하다.

蟹 송(宋)나라 사양좌(史良佐)가 응성지현(應城之縣)으로 있을 때 호안국(胡安國)이 그곳을 지나다가 찾아보기 위하여 그의 문에 들어가 보니, 이졸(吏卒)들이 뜰아래에 서 있는데 마치 흙이나 나무로 만든 사람과 같았다 하니, 아마 그 위엄과 신의가 평소 그들의 마음을 복종시켰기 때문에 그랬던 것이리라.

군교들의 횡포를 방지하는 일

군교(軍校)들은 무인으로 거칠고 호기 있는 자들이다. 그들의 횡포를 방지하는 일은 마땅히 엄중하게 해야 할 것이다.

軍校者 武人麤豪之類 其戢橫宜嚴
군 교 자 무 인 추 호 지 류 기 즙 횡 의 엄

주 軍校 : 장교. 麤豪 : 거칠고 호기(豪氣)를 부림. 戢橫 : 횡포한 것을 막아 못하게 함. 戢 : 거두다. 그치다.

해 무릇 읍내의 사람으로서 배우지 못하여 거칠고 사나우며 가르칠 수 없는 자는 반드시 군교에 투신하는데, 이들은 기생을 끼고 모여서 술 마시는 것을 직분처럼 알며, 남을 구타하여 돈을 겁탈하는 것을 살아가는 도리처럼 여긴다. 그 직종(職種)에 세 가지가 있으니, 첫째는 장관(將官)으로서 천총(千總), 파총(把總) 따위이고, 둘째는 군관(軍官), 즉 병방(兵房), 장무군관(掌務軍官) 따위이며, 셋째는 포교(捕校), 즉 토포도장(討捕都將)이 이에 속한다. 이들은 직권을 남용하여, 또는 직권을 기화로 하여 각기 특수한 방법으로 백성을 괴롭히고 재물을 침탈한다. 수령은 이 점을 특히 살펴서 그들의 횡포를 막아야 할 것이다. 그 횡포를 막는 방법은 엄중한 경계와 범법자에 대해서 엄벌을 써야 할 것이다.

관속들의 가르침

문졸(門卒)이란 옛날의 조예(皁隷)로서, 관속 중에서 가장 가르침을 따르지 않는 자들이다.

門卒者 古之所謂皁隷也 於官屬之中最不率敎
문 졸 자 고 지 소 위 조 례 야 어 관 속 지 중 최 불 솔 교

🔹 門卒 : 관의 하인들로서 일수(日守), 사령, 나장(羅將) 등을 일컬음.
皁隷 : 문졸의 옛 이름. 하인. 종. 率 : 따르다. 敎 : 가르치다.

🔹 이들은 본래 떠돌아다니는, 뿌리 없는, 가장 천하고 교화하기 어려운 하민(下民) 출신들이다. 이들이 잡고 있는 권한은 다섯 가지가 있다. 첫째 혼권(閻權)이니, 문에 지켜서서 사람을 들여보내고 금지하는 권한이다. 둘째는 장권(杖權)이니, 매를 실제로 치는 것은 이자들이 한다. 셋째는 옥권(獄權)이니, 죄수에게 나무칼이나 수갑, 족쇄(足鎖) 같은 것을 씌우고 벗기는 일을 맡아 한다. 넷째는 저권(邸權)이니, 외촌(外村)의 저인[邸人, 외딴 섬이나 마을]으로서 보수를 촌민에게서 받는다. 다섯째는 포권(捕權)이니, 범죄 혐의자를 체포하는 일을 한다.

이들은 이 다섯 가지 직권을 최대한 악용하여 갖은 악독한 방법으로 잔인하게 백성을 괴롭히고 재물을 침탈한다. 수령은 이것을 엄밀하게 살펴서 위법한 자는 엄중한 처단을 하여야 할 것이다.

관노들의 농간

관노(官奴)가 농간을 부리는 것은 오직 창고에 있다. 거기에는 담당한 아전이 있으니, 관노가 주는 피해가 그다지 심하지 않으

면 그들을 은정으로 어루만져 주되, 이따금 분수에 넘치는 행위가 없도록 하여야 할 것이다.

官奴作奸 惟在倉廐 有吏存焉
관 노 작 간　유 재 창 오　유 리 존 언

其害未甚 撫之以恩 時防其濫
기 해 미 심　무 지 이 은　시 방 기 람

㊀ 官奴 : 관청의 종. 倉廐 : 미곡 창고(米穀倉庫). 存 : 있다. 생존하다. 撫 : 어루만지다. 濫 : 넘치다.

㊐ 모든 관속 중에서 관노가 가장 고역(苦役)을 하고 있다. 시노(侍奴)는 계상(階上, 뜰 위)에 줄곧 서 있어서 잠시도 떠날 수 없다[급창(及唱)이라고 한다]. 수노(首奴)는 물건을 팔고 사는 일을 맡고, 공노(工奴)는 공장(工匠)으로 각종 기구를 만들거나 수리를 맡았다[공방 고지기(工房庫直)이다]. 구노(廐奴)는 말을 기르고 수령이 출입할 때 일산(日傘)을 잡는다[구종(驅從)이다]. 방노(房奴)는 온돌을 덥게 하고 변소를 관리한다[방자(房子)이다]. 수령이 외출할 때에는 여러 관노들이 다 따라가야 한다. 그들의 노고는 이러한데 그들의 노고에 보수가 있는 것은 포노(庖奴, 고깃간지기[肉直])와 주노(廚奴, 관청 고지기[官廳庫直]), 그리고 창고의 고지기에 불과할 뿐이며, 그 보수라는 것도 낙정미(落庭米) 몇 섬 뿐이니 어찌 가엾지 아니한가.

※ 낙정미(落庭米) : 되나 말 따위로 곡식을 될 때, 땅에 떨어진 곡식. 수고한 뜻에 조금이나마 얻어 차지하는 물건.

시동의 간사한 짓

시동(侍童)은 어리고 약한 자이니 수령은 마땅히 어루만져 길러

야 하고, 죄과가 있을 때에는 마땅히 가장 가벼운 법에 좇아 처리하여야 할 것이다. 그러나 골격이 이미 장년처럼 장대한 자는 아전과 같이 엄하게 단속하여야 할 것이다.

侍童幼弱 牧宜撫育 有罪宜從末減
시 동 유 약 목 의 무 육 유 죄 의 종 말 감

其骨格已壯者 束之如吏
기 골 격 이 장 자 속 지 여 리

🌼 侍童 : 통인(通引). 지인(知印). 잔심부름 등 시중을 드는 아이.
撫育 : 어루만져 기름. 末減 : 가장 가벼운 죄를 적용하도록 죄를 감경(減輕)하는 것. 骨格 : 뼈대. 壯 : 장성하다.

🌼 시동이 간사한 짓을 하는 사례는, 허위 문서에 관인(官印)을 훔쳐 찍어 주거나, 혹은 과강(課講, 과거 응시에 앞서 치르는 예비시험) 때에 공첩[空帖, 조흘첩(照訖帖)]을 훔쳐 내거나, 시험장에서 방권(房券, 시험 답안지)을 바꾸는 것 등이다. 이들은 대체로 수령의 동정을 엿보아 살펴서 바깥 사람에게 퍼뜨리며 근거 없는 말을 교묘하게 꾸며서 남을 참소하는 일을 하는 경우가 있다.

 제3조 용인(用人) 인사 관리

나라를 잘 다스림에는

나라를 잘 다스리는 일은 사람을 잘 등용하는 일에 달렸다. 군현이 비록 규모가 작기는 하나 인재를 등용해야 한다는 것은 나라의 경우와 다를 것이 없다.

爲邦在於用人 郡縣雖小 其用人 無以異也
위 방 재 어 용 인 군 현 수 소 기 용 인 무 이 이 야

주해 用人 : 사람을 골라 씀. 邦 : 나라. 도읍. 雖 : 비록. 異 : 다르다.

해설 무릇 국가를 다스리는 자는 반드시 어진 사람을 등용하는 것을 급선무로 삼아야 한다. 다스리는 도리에는 크고 작음이 없으니 소 잡는 칼로 닭을 잡을 수도 있는 것이다.

향승·군교(軍校) 등 여러 아전에서부터 풍헌(風憲)·약정(約定)에 이르기까지 하나같이 인재를 얻는 데 힘써야 하고 소홀히 해서는 안 된다.

현령을 보좌하는 직임

향승(鄕丞)이란 현령을 보좌하는 자이다. 반드시 한 고을 안에서 가장 착한 자를 선택하여 이 직책을 맡겨야 할 것이다.

鄕丞者 縣令之補佐也 必擇一鄕之善者 俾居是職
향 승 자 현 령 지 보 좌 야 필 택 일 향 지 선 자 비 거 시 직

주해 鄕丞 : 향소(鄕所)·향청(鄕廳)을 의미하는 경우도 있으나 향청의
요직인 좌수·별감을 가리킨다. 縣 : 고을. 補 : 돕다. 보태다.
佐 : 돕다. 보필하는 일, 또는 그 사람. 擇 : 가리다. 職 : 벼슬. 관
직. 직분.

해설 성호 선생이 말하기를, '요사이 현령을 보좌하는 직임으로 좌수, 별감이 있는데, 이를 향소(鄕所)라 한다. 처음 그 제도를 만들 때는 좋은 것이었다. 옛날에는 향소가 있고 또 경소(京所)도 있었는데, 그 고을 출신으로 서울에 사는 사람을 골라 고을의 일을 잘 돌보고 주선하게 하였다.' 라고 하였다.

진실로 마땅한 사람을

좌수는 빈석(賓席)의 우두머리이다. 진실로 마땅한 인재를 얻지 못하면 모든 일이 잘 다스려지지 않을 것이다.

座首者 賓席之首也 苟不得人 庶事不理
좌 수 자 빈 석 지 수 야 구 부 득 인 서 사 불 리

🌸 座首 : 주(州)·부(府)·군(郡)·현(縣)에 두었던 향청·향소의 우두머리. 座 : 앉다. 賓席 : 손님의 자리라는 뜻인데, 여기서는 향청(鄕廳)을 말함. 首 : 머리. 賓 : 손님. 席 : 자리.
苟 : 진실로. 庶 : 모두.

🌸 임치에 부임한 지 한 달이 지난 후 좌수를 그대로 둘 만하면 두고, 그대로 둘 만하지 못하면 향 중에서 신망이 높은 자로 여망에 따라 바꾸도록 해야 한다.

마땅히 쓸 만한 사람을

좌우별감은 수석의 다음 자리이다. 마땅히 쓸 만한 사람을 골라 모든 정사를 의논해야 한다.

左右別監 首席之亞也 亦宜得人 評議庶政
좌 우 별 감 수 석 지 아 야 역 의 득 인 평 의 서 정

🌸 別監 : 궁중의 액정서(掖庭署)에 속해 있던 관직. 亞 : 다음.
評 : 평론하다. 議 : 의논하다.

🌸 『임관정요(臨觀政要)』에 이르기를, '좌수는 이방과 병방의 사무를 관장하고 좌별감은 호방과 예방의 사무를 관장하고, 우별감은 형방과 공방의 사무를 관장한다.' 라고 하였다.

적임자를 얻지 못한다면

만일 향승에 적임자를 얻지 못한다면 자리나 갖추어 둘 뿐이요, 그들에게 여러 가지 정사를 맡겨서는 안 된다.

苟不得人 備位而已 不可委之以庶政
구 부 득 인   비 위 이 이   불 가 위 지 이 서 정

주해 苟 : 진실하다. 겨우. 단지. 혹은. 得 : 얻다. 備位 : 벼슬자리만 채움. 委 : 맡기다. 庶政 : 모든 정사.

해설 수령이 일에 밝지 못하여 스스로 처리하지 못하는 자는 정사를 향청(鄕廳)에 맡기어 모든 군정(軍政)과 부세(賦稅)에 관계되는 소송(訴訟)까지도 모두 향청으로 하여금 사품(査稟, 조사 보고)하게 한다. 여기에서 좌수는 아전과 결탁하여 혹은 뇌물을 받고 사를 부리며, 혹은 간사한 것을 숨겨 주고 곧은 것을 굽었다고 무고한다. 좌수의 권세가 온 고을에 떨치게 되는 것은 모두가 이 때문이다. '조사 보고하라.'는 말은 절대로 입 밖에 내서는 안 된다.

힘써 아첨을 물리치고

아첨 잘하는 자는 충성스럽지 못하고 간쟁(諫諍)하기 좋아하는 자는 배반하지 않는다. 이 점을 잘 살피면 실수하는 일이 적을 것이다.

善諛者 不忠 好諫者 不偝 察乎此則鮮有失矣
선 유 자   불 충   호 간 자   불 배   찰 호 차 즉 선 유 실 의

주해 諛 : 아첨하다. 諫 : 바른말하다. 偝 : 배반하다. 鮮 : 드물다.

해설 『다산필담』에는 다음과 같은 기록이 있다.

"현령의 지위는 비록 낮지만 군도(君道)가 있다. 힘써 아첨을 물리치고 간쟁을 흡족히 받아들이기를 스스로 노력하지 않을 수 없다. 그러나 아전과 노속(奴屬)들은 그 지위가 낮아서 감히 간쟁할 수도 없고 아첨하기도 불편하다. 오직 향승이나 수교(首校) 등이 수령의 안색을 살펴 제대로 말을 다할 수 있다. 어제까지 면전에서 아첨하던 자가 스스로 나서서 작은 잘못까지도 들추어 내지만 참고 덮어 주는 자는 전날 간쟁으로 귀찮게 여겨지던 사람이다.

적임자가 아닐 때에는

풍헌(風憲)과 약정(約正)은 모두 향승이 추천하는데, 추천된 사람이 적임자가 아닐 때에는 임명장을 도로 회수하여야 한다.

風憲約正 皆鄉丞薦之 薦非其人者 還收差帖
풍 헌 약 정　개 향 승 천 지　천 비 기 인 자　환 수 차 첩

주해 風憲 : 향직의 하나. 면·리의 일을 맡음. 約正 : 향약 단체의 임원. 鄉丞 : 향소·향청을 의미하는 경우도 있고 향청의 요직인 좌수·별감을 가리키는 경우도 있는데, 여기서는 후자의 경우임. 薦 : 천거하다. 還 : 다시. 收 : 거두다. 差帖 : 임명장.

해설 대체로 풍헌이나 약정을 임명할 때에 향승은 다만 그 뇌물만 비교하여 추천한다. 그 뇌물을 바치고 임명되기를 기도하는 자는 반드시 간악한 사람이다. 농사는 하지 않고 술 마시는 것을 일삼으며 성내(城內)와 관부에 드나들면서 다년간 간악한 짓만 하여서 백성을 좀먹는 자일 것이다. 매양 풍헌, 약정을 임명할 때에는 향승에게 거듭 계칙(戒飭, 경계하고 타이름)하여, '성의를 다하여 인선할 것

이며, 만약 적임자가 아닐 때에는 차첩(差帖)을 회수할 것이다.' 라고 해 둔다.

무반에 서는 자는

군관(軍官)이나 장관(將官)으로서 무반(武班)에 서게 되는 자는 모두 굳세고 용맹스러우며, 외적을 막아낼 만한 기색이 있으면 좋을 것이다.

軍官將官之立於武班者 皆桓桓赳赳
군 관 장 관 지 입 어 무 반 자 개 환 환 규 규

有禦侮之色 斯可矣
유 어 모 지 색 사 가 의

🌸 武班 : 무관의 반열. 皆 : 모두. 桓桓 : 굳센 모양. 赳赳 : 용맹스러운 모양. 禦 : 막다. 대적하다. 방어. 侮 : 업신여기다. 경멸하다.

🌸 수교(首校)가 뇌물을 받고 임명하는 따위는 수향(首鄕)의 경우와 같은 것이니, 거듭 경계하는 것이나 임명장을 회수하는 일을 다 위에서 말한 방법과 같게 하면 적임자를 얻을 수 있을 것이다. 모든 사람을 보는 것은 그 사람의 위의(威儀, 위엄이 있는 몸가짐이나 차림새)를 보게 되는 것이지만 무인인 경우에는 더욱 그러하다.

충성되고 신실함을 첫째로

비장(裨將)을 두는 수령은 마땅히 신중하게 인재를 고르되, 충성되고 진실함을 첫째로 삼고 재주와 슬기를 다음으로 할 것이다.

其有幕裨者 宜愼擇人材 忠信爲先 才諝次之
기 유 막 비 자　의 신 택 인 재　충 신 위 선　재 서 차 지

⟐ 幕裨 : 감사(監司), 유수(留守), 병사(兵使), 수사(水使) 등을 따라다
니는 보좌관. 비장(裨將). 忠信 : 충성심과 믿음성. 諝 : 재주.

⟐ 의주, 동래, 강계, 제주의 수령 및 방어사(防禦使) 등을 겸한 모
든 수령은 모두 비장 거느리기를 감사, 절도사와 같이 한다. 수령은
마땅히 반드시 깨끗한 바탕에서 충실하고 사무에 밝은 자를 선발하
여(중인도 또한 모름지기 세록(世祿)의 집안에서 취해야 한다) 비장으로
있게 할 것이다.

 제4조 거현(擧賢) 어진이를 천거함

어진 사람을 천거하는 일

어진 사람을 천거하는 일은 수령의 직책이다. 비록 예전과 지
금의 제도가 다르나 그렇다고 어진 사람을 천거하는 일을 잊어
서는 안 된다.

擧賢者 守令之職 雖古今殊制 而擧賢不可忘也
거 현 자　수 령 지 직　수 고 금 수 제　이 거 현 불 가 망 야

⟐ 擧賢 : 어진 사람을 천거하는 일. 殊制 : 제도가 다름. 忘 : 잊다.

⟐ 요순(堯舜) 삼왕(三王)의 법에 태학(太學)에서 국자(國子)를 교육
하여 세경(世卿)으로 삼고, 사도(司徒)는 일반 백성을 가르쳐서 빈흥
(賓興)의 바탕으로 하였는데, 이 두 가지 경로를 거쳐 인재를 얻거나
등용하였던 것이다.

한 고을의 훌륭한 인재도

경서에 밝고 행실이 탁월하여 행정 능력을 갖춘 인재의 천거에
는 나라에서 정한 법이 있으니, 한 고을의 훌륭한 인재도 덮어두
어서는 안 된다.

經行吏才之薦 國有恒典 一鄕之善 不可蔽也
경 행 이 재 지 천 국 유 항 전   일 향 지 선   불 가 폐 야

🈂 經行 : 경서에 밝고 행실이 뛰어남, 또는 그러한 사람. 吏才 : 행
정 능력, 또는 그것을 갖춘 사람. 恒典 : 일정한 법. 蔽 : 가리다.
숨기다.

🈂 우리나라에서는 원래 옛법을 모방하여 매번 식년(式年, 과거를
보는 해. 3년마다 실시함)이 올 때마다 군현으로 하여금 현사를 추천
하게 하였는데, 중세 이래로는 당론(黨論)이 점점 고질(痼疾)이 되어
서 자기네의 당이 아니면 군현에서 추천한 사람을 다시 뽑아 쓰지
않게 되었다. 그런 까닭에 이 법은 형식에 지나지 않는 공문(空文)이
되었다. 그러나 어진 이를 덮어 가리운 죄는 불상(不祥)한 데로 돌아
가는 것이다. 차라리 보내서 등용되지 않을지언정 어찌 천거하지
않을 수 있겠는가.

사람을 천거하는 일은

과거(科擧)는 과목(科目)으로 천거하는 것이다. 지금은 그 법이
잘 지켜지고 있지 않으나 그 폐단이 극에 다다르면 반드시 변할
것이니, 사람을 천거하는 일은 수령이 당연히 힘써야 할 일이다.

科擧者 科目之薦擧也 今法雖闕
과 거 자 과 목 지 천 거 야 금 법 수 궐

弊極必變 舉人之薦 牧之當務也
폐 극 필 변　거 인 지 천　목 지 당 무 야

주해 雖 : 비록. 闕 : 빠지다. 결원. 대궐. 變 : 변하다. 務 : 힘쓰다.

해설 우리나라의 과거에는 본래 과목의 분류가 없었고 천거하는 법
도 없었으니, 과거라 했지만 실은 과거가 아니다. 우리나라에 이름
만 함부로 붙인 것이 두 가지가 있다. 행적을 상신한 후에 그 행적
을 고찰하는 것이 법인데, 우리나라에서는 상신하지 않고 성적을
고찰하며, 어진 이를 천거한 후에 과거에 응시하는 것이 법인데, 우
리나라에서는 천거하지 않았는데도 응시하고 있으니, 이 두 가지가
천하의 웃음거리인 것이다.

중국의 과거법

중국의 과거법은 매우 상세하고 치밀하다. 이를 본받아 시행하
게 되면 그 천거하는 일은 수령의 직무인 것이다.

中國科擧之法　至詳至密
중 국 과 거 지 법　지 상 지 밀

效而行之則薦擧者　牧之職也
효 이 행 지 즉 천 거 자　목 지 직 야

주해 詳 : 자세하다. 密 : 빽빽하다. 效 : 본받다. 職 : 일. 직분.

해설 명·청나라의 제도에는 무릇 학정(學政)을 감독하는 제학(提學)
을 17성(省)에 각각 1명씩 두었는데 3년이면 임기가 만료된다. 이부
(吏部)에서는 학식이 높은 사람의 성명을 적어 황제에게 청해서 간
택해 쓰는데, 부승(府丞)이 겸리(兼理)하기도 하고, 순도(巡道)가 겸리
하기도 한다. 이들이 모두 임석하여 고시를 행하도록 하되, 금년에

세과(歲科)를 설치하면 명년에는 향시(鄉試)를 설치하고, 그 명년에는 회시(會試)를 설치한다.

과거에 응시하는 선비를

과거에 응시하는 선비를 수령이 추천하는 것은 비록 국법(國法)은 아니지만 마땅히 문학에 능한 선비를 천거장(薦擧狀)에 적어서 올려야 하며 구차스럽게 해서는 안 된다.

> 科擧鄕貢 雖非國法 宜以文學之士
> 과 거 향 공 수 비 국 법　의 이 문 학 지 사
>
> 錄之于擧狀 不可苟也
> 록 지 우 거 장　불 가 구 야

주해 鄕貢 : 고을의 수령이 인재를 조정에 천거함. 貢 : 바치다.
擧狀 : 천거하는 서장(書狀). 추천장(推薦狀). 狀 : 글·문서 장, 형상 상. 苟 : 구차하다. 진실하다.

해설 우리나라의 과거법은 고려 때 시작하였다. 광종(光宗) 때에 중국 시주(柴周) 사람 쌍기(雙冀)가 조서(詔書)를 갖고 오는 사신을 따라 우리나라에 나왔다가 병으로 본국에 돌아가지 못하였는데, 그가 우리나라에 과거법을 전해 주었다. 그런데 그는 당시에 어째서 향거(鄕擧, 고을에서 인재를 천거하는 법)의 제도를 자세히 밝혀서 전해 주지 않았는지 알 수 없다.

행실이 돈독한 선비가 있다면

관내에 경전에 밝고 행실을 돈독히 닦는 선비가 있으면, 마땅

히 몸소 나아가 그를 방문하고 명절에 문안을 드려 예의를 닦아
야 할 것이다.

部內 有經行篤修之士 宜躬駕以訪之
부 내 유 경 행 독 수 지 사   의 궁 가 이 방 지

時節存問 以修禮意
시 절 존 문   이 수 예 의

🌸 篤 : 돈독하다. 修 : 닦다. 익히다. 躬 : 몸소 행하다. 訪 : 찾다.

🌸 무릇 천하와 국가를 다스리는 데는 큰 원칙 네 가지가 있다.
첫째는 친족을 친애하는 것이고, 둘째는 어른을 받들어 대접하는
것이며, 셋째는 귀한 사람을 귀하게 여기는 것이고, 넷째는 어진 이
를 어진 이로 대우하는 것이다.

 제5조 찰물(察物) 회계 관리, 물정을 살핌

사방의 소리를 들을 수 있도록

수령은 혼자 고립되어 있어 자신이 앉은 자리 밖에 있는 자들
은 모두 나를 속이려는 자들이다. 사방을 살필 수 있도록 눈을
밝히고 사방의 소리를 들을 수 있도록 귀를 밝게 해야 하는 일은
오직 제왕만이 그러해야 하는 것이 아니다.

牧 子然孤立 一榻之外 皆欺我者也
목   혈 연 고 립   일 탑 지 외   개 기 아 자 야

明四目達四聰 不唯帝王然也
명 사 목 달 사 총   불 유 제 왕 연 야

🌸 察物 : 물정(物情)을 살핀다는 뜻으로, 지방관이 아전 등의 부정
과 작폐, 민간의 동태와 실정 등을 탐지하는 것을 가리킴.

子然 : 고독한 모양. 외롭게. 榻 : 의자. 임금의 의자.

明四目 : 사방을 다 살필 수 있는 밝은 눈, 즉 널리 살핌.

達四聰 : 사방의 소리를 다 들을 수 있도록 널리 민간의 여론을
듣는 것. 聰 : 귀가 밝다. 듣다. 총명하다. 帝 : 임금.

🔹 전체에 밝은 사람이 마음을 다하여 잘 다스리기를 바란다면
이 책의 대강령(大綱領)이 되는 제9장 형전 육조(刑典六條) 편을 자세
히 살피고 힘써 실행하라. 그렇게 한다면 군내의 잘 다스려지고 다
스려지지 않는 것은 반드시 묻지 않아도 좋을 것이다. 아전이 저절
로 농간을 부리지 못하고 큰 세력가인 백성은 저절로 함부로 날뛰
지 못하게 될 것이다.

비행을 고발하는 투서함

항통(缿筒)의 법은 백성들을 불안에 떨게 하니 절대로 행해서는
안 된다. 구거(鉤鉅)로 탐문하는 방법도 또한 속임수에 가까우니
군자의 행할 바가 아니다.

缿筒之法 使民重足側目 決不可行
항 통 지 법 사 민 중 족 측 목 결 불 가 행

鉤鉅之問 亦近譎詐 君子所不爲也
구 거 지 문 역 근 휼 사 군 자 소 불 위 야

🔹 缿筒 : 대나무 통으로 된 일종의 투서함. 비밀 문서를 넣는 통.
백성들이 억울한 사정이나 아전들의 비행(非行)을 고발하는 투서
함. 缿 : 항아리. 筒 : 대롱. 側 : 곁. 鉤 : 갈고리. 찾아내다.
鉅 : 크다. 강하다. 鉤鉅 : 함정을 파놓고 던지는 질문. 유도하여
심문하는 일. 譎詐 : 간사하게 속임.

해설 항통이란 자기로 된 병이나 혹은 죽통(竹筩)으로 만든 것으로, 그 아가리를 굳게 봉하고 단지 작은 구멍 하나만을 내어, 비벼 꼰 종잇쪽이나 겨우 집어넣을 수 있고 도로 꺼내지는 못하게 되어 있는 것이다.

수령의 정사에 혹은 잘못이 있으면 주저없이 고쳐 시행할 것이요, 민폐를 혹 고발해 오면 단연코 개혁할 것이요, 사사로운 원한으로 무고하는 것도 또한 모름지기 살펴야 할 것이다.

향교에 통첩을 내려

사계절(四季節)의 첫달 초하룻날에는 향교에 첩문(帖文)을 내려 백성들의 질고(疾苦)를 묻고, 각기 이로운 것과 해로운 것을 지적하여 진술(陳述)하게 하여야 한다.

每孟月朔日 下帖于鄕校 以問疾苦 使各指陳利害
매 맹 월 삭 일　하 첩 우 향 교　이 문 질 고　사 각 지 진 이 해

주해 孟月 : 사계절 중 매 계절마다의 첫 달. 朔日 : 초하루. 帖文 : 수령이 향교의 유생들에게 유시(諭示)하는 글. 鄕校 : 각 고을에 있는 교육기관. 공자의 제사를 지냄. 疾苦 : 질병과 고통. 陳 : 진술하다.

해설 향교라는 것은 정치를 논의하는 곳이다. 태학(太學)에는 정록청(正錄廳)이 있어서 옛날에는 밀통(密筒)이란 것을 걸어 두고 여러 생도들로 하여금 시정(時政)의 득실을 논평하게 하였다. 그러니 향교에 대하여 백성의 병이 되고 고통이 되는 일을 묻는 것은 근거가 있는 것이다.

민간의 사정을 살핀다

자제(子弟)나 친한 사람 가운데 그 마음가짐이 단정하고 결백하며, 겸하여 사무도 능숙하게 아는 사람이 있으면, 그로 하여금 몰래 민간의 사정을 살피게 하는 것이 좋다.

子弟親賓 有立心端潔 兼能識務者 宜令微察民間
자 제 친 빈　유 입 심 단 결　겸 능 식 무 자　의 령 미 찰 민 간

주해 親 : 친하다. 賓 : 손님. 立心 : 마음가짐. 端潔 : 단정하고 깨끗함. 微 : 작다.

해설 일가친척 및 문생(門生)이나 옛날 아전 중에 어찌 한 사람도 깨끗하고 정직한 사람이 없겠는가? 미리 약속하여 민간에 다니며 조목조목 염탐하여 고을의 사정을 알아본다.

수리의 실권이 막중하여

수리(首吏)의 실권이 막중하여서 수령의 총명을 가려 백성의 실정이 상달되지 못하므로, 별도로 염문(廉問)하지 않을 수 없다.

首吏權重 壅蔽弗達 別岐廉問 不可已也
수 리 권 중　옹 폐 부 달　별 기 염 문　불 가 이 야

주해 首吏 : 우두머리 아전. 壅蔽 : 막아 가림. 岐 : 갈림길. 갈래지다. 上達 : 윗사람에게 말이나 글로 여쭈어 알게 함. 廉問 : 염탐하여 물음.

해설 현임 이방(吏房)에게는 반드시 서로 좋아하지 않는 자가 함께 아전의 반열(班列)에 끼여 있게 마련이니, 부임해 가서 시일이 좀 오래 되면 이것은 저절로 알게 된다. 이방(吏房)의 간악함을 깊숙이 들

는 데는 이 사람만한 사람이 없다. 그러나 수령의 좌우에는 이방의 이목 아닌 사람이 없으므로 넌지시 수령에게 일깨워 주려고 해도 그럴 수가 없을 것이다.

한두 가지 숨은 과실을 듣고는

무릇 미세한 과실과 작은 흠은 마땅히 덮어두어야 한다. 자세하게 빈틈없이 밝혀내는 것이 밝은 것은 아니다. 모른 체하다가 이따금 간사한 것을 적발하되, 그 기미(幾微)를 살핌이 귀신과 같게 하여야 백성들은 이에 두려워할 것이다.

凡細過小疵 宜含垢藏疾 察察非明也
범 세 과 소 자　의 함 구 장 질　찰 찰 비 명 야

往往發奸 其機如神 民斯畏矣
왕 왕 발 간　기 기 여 신　민 사 외 의

含垢藏疾 : 잘못을 감추어 드러내지 않는 것. 疵 : 흠. 결점.
垢 : 때묻다. 부끄러움. 察察 : 밝고 썩 자세한 모양. 往 : 가다.
畏 : 두려워하다.

한 고을의 장(長)인 자가 아전이나 백성의 한두 가지 숨은 과실을 듣고는, 큰 기화(奇貨)나 얻은 것처럼 간사하고 숨긴 것을 적발하여 드러내 폭로하는 것으로 자신의 밝음을 자랑하는 것은 천하에 제일가는 박덕(薄德)한 행동이다.

큰 사건은 들추어내되 작은 것은 지나쳐 버리기도 하고, 혹은 속으로 짐작만 하기도 하며, 혹은 또 가만히 그 사람을 따로 불러 따뜻한 말로 타일러서 스스로 고쳐 뉘우치도록 하기도 하여 너그러우면서도 멋대로 하도록 내버려두지 않고, 엄하면서도 가혹하지 않으며 온후한 덕을 베풀어 그들로 하여금 기꺼이 감복하도록 하는 것

이 사람을 부리는 방법이다. 연못 속의 고기를 찾아내고, 경솔하게
가혹한 형벌을 가하는 것이 수령의 할 일이겠는가?

가까이 있는 사람들의 말을

좌우에 가까이 있는 사람들의 말을 그대로 믿어서는 안 된다.
비록 쓸데없이 지나가는 말 같지만, 그들의 말에는 다 사사로운
뜻이 포함되어 있는 것이다.

左右近習之言 不可信聽 雖若閑話 皆有私意
좌 우 근 습 지 언 불 가 신 청 수 약 한 화 개 유 사 의

🔹 近習 : 가깝고 친숙한 사람. 信聽 : 믿고 들음. 閑話 : 한가로운
이야기. 쓸데없는 말.

🔹 시기(侍妓), 시동(侍童), 시노(侍奴) 등이 저희끼리 사사로이 묻
고 대답하는 말 가운데는 실상 현령의 귀에 흘러들어가게 하는 것
이 많은 것이다. 간사하게 속이는 방법은 천 가지 만 가지의 형태로
나타난다. 어찌 유의하지 않을 수 있겠는가.

물정을 바로 살피기에는

미행(微行)하는 것은 물정을 바로 살피기에는 부족하고, 한갓
위신만 손상하게 되는 것이니 해서는 안 된다.

微行 不足以察物 徒以損其體貌 不可爲也
미 행 부 족 이 찰 물 도 이 손 기 체 모 불 가 위 야

🔹 微行 : 남이 모르도록 미복을 하고 슬그머니 다니는 것. 신분을
숨기고 다님. 徒 : 한갓. 헛되다. 무리. 損 : 덜다. 줄다. 貌 : 모

양. 體貌 : 체면. 모양.

해설 수령은 일거일동을 경솔히 해서는 안 된다. 설령 숨겨진 부정이 있어 미행을 하면 알아낼 수 있다 하더라도 해서는 안 된다. 밤중에 한 번 나갔다면 아침에는 벌써 성 안 가득히 소문이 났을 테니, 사사로이 주고받는 이야기나 몰래하는 의논을 얻어들을 수가 있겠는가?

감사가 염문할 경우

감사가 염문(廉問)할 경우 감영의 아전과 서리를 시켜서는 안 된다.

監司廉問 不可使營吏營胥
감 사 염 문 불 가 사 영 리 영 서

주해 廉問 : 염탐해서 알아내는 것. 使 : 부리다. 시킴. ~을 하게 하다.
營吏營胥 : 감영의 아전과 서리.

해설 『다산필담(茶山筆談)』에서는 이렇게 말했다.

"감사가 염문할 경우에는 마땅히 가까운 빈객으로 목숨을 아끼지 않고 헌신할 사람을 써서 몰래 촌락을 순행하게 해야 백성들의 숨은 고통을 파악할 수 있고 수령의 허물을 파악할 수 있다. 그런데 요즈음은 감영의 아전과 서리들을 심복으로 삼아, 염문하기 위해 이들을 보내는데, 이 무리들이 본래 각 고을의 크게 교활한 아전들과 내통 결탁하여 안팎으로 얽혀 있는 줄을 모른다.

물정을 살피는 데는

무릇 감사나 어사가 물정을 살피는 데는 오직 한(漢)나라의 자

사(刺史) 6조에 있는 조사 항목이 백성을 다스리는 데 가장 좋은 방법이다.

凡行臺察物 唯漢刺史六條之問 最爲牧民之良法
범 행 대 찰 물 유 한 자 사 육 조 지 문 최 위 목 민 지 량 법

🔹 行臺 : 지방을 순찰하는 관원. 감사 또는 어사. 刺史 : 한나라 때 지방관리의 하나.

🔹 한(漢)나라 무제(武帝) 때 처음으로 자사(刺史)를 두어 각각 13주 (州)를 맡아 다스리게 하였다. 추분(秋分)에 각 군국(郡國)을 두루 다니며 치민의 상태를 살펴 능한 이를 올리고 능하지 못한 이를 내쫓으며, 억울한 옥사를 판결해서 처리하되 여섯 가지 조목을 기준으로 사실을 조사하였다.

1조는 강성한 씨족과 토호들이 전택(田宅)을 제도에 넘치게 가졌으며, 강한 힘으로 약한 자를 능멸하고 다수의 힘으로 소수에 대해 횡포를 부리는 일이 있는가?

2조는 이천석(二千石, 군수의 품계)이 조서(詔書)를 받들지 않고, 공을 위하지 않고 사를 꾀하며, 부정한 행동을 하고 사리를 꾀하며 백성을 침탈하여 가렴주구하는 간악함을 행하는 일이 있는가?

3조는 이천석이 의옥(疑獄)을 돌보지 않고 사나운 기세로 사람을 죽이며, 성나면 멋대로 형벌을 가하고 기분좋으면 멋대로 상을 주며 번거롭고 가혹하게 하여 백성을 긁어대 백성들의 증오 대상이 되어 유언비어가 떠도는 일이 있는가?

4조는 이천석이 사람을 발탁하고 임용하기를 공평치 못하게 하고 자기를 좋아하는 이에게 영합하며 어진 사람을 막고 나쁜 사람을 총애하는 일이 있는가?

5조는 이천석 자제들이 세력을 믿고 각 직무 담당자들에게 청탁하는 일이 있는가?

6조는 이천석이 공도를 어기고 아랫사람과 한무리가 되어 간악한 짓을 하고, 강성한 토호에게 아부하며, 뇌물을 통하고 정령(政令)을 훼손하는 일이 있는가? 그리고 연말에 역마를 타고 중앙에 보고하게 하였다.

제6조 고공(考功) 성과 관리, 성적을 매김

공적을 고과하지 않으면

아전들의 한 일도 반드시 그 공적을 고과(考課)하여야 한다. 그 공적을 고과하지 아니하면 힘써 일하지 않는다.

吏事必考其功 不考其功 則民已勸矣
이 사 필 고 기 공 　 불 고 기 공 　 즉 민 이 권 의

　　考功 : 근무 성적 혹은 치적을 고과함. 考 : 조사하다.
　　功績 : 쌓은 공로. 功 : 공로. 일. 考課 : 관리의 성적을 따져 우열을 정하는 일. 勸勉 : 알아듣도록 타일러서 힘쓰게 하는 일.
　　勸 : 권하다. 힘쓰다.

　　대체로 사람을 다루는 방법은 다만 권(勸)과 징(懲) 두 글자가 있을 뿐이다. 공로가 있는데 상(賞)이 없으면 백성을 권면할 수 없고, 죄가 있어도 벌이 없으면 백성을 징계할 수 없다. 백성을 권면하지도 않고 징계하지도 않는다면 만민의 마음은 흩어지고 모든 일은 무너질 것이다.

공로와 과실을 고과해야

국법에 없는 일을 홀로 시행할 수는 없다. 그러나 그들의 공로

와 과실을 적어 두었다가 연말에 공을 고과하고 의논해서 상을 주는 일은 안하는 것보다는 좋은 것이다.

國法所無 不可獨行 然 書其功過 歲終考功
국 법 소 무 불 가 독 행 연 서 기 공 과 세 종 고 공

以議施賞 猶賢乎已也
이 의 시 상 유 현 호 이 야

獨 : 홀로. 獨行 : 혼자서 행함. 過 : 허물. 功過 : 공로와 과실.
終 : 마치다. 歲終 : 연말. 施 : 베풀다. 已 : 이미. 그치다.

한 책을 마련하여 두고 한 장에 한 사람씩의 이름을 적는다. 여러 향원과 여러 군관과 뭇 아전과 하예(下隸) 등 모든 사람의 공과를 다 기록한다. 죄과가 있을 때에는 그때그때 즉시 치죄하고, 공적이 있으면 연말에 고과하여 9등급(九等級)으로 나눈다.

신상필벌을 정확히 하여

한 임기를 6년으로 정하여 수령이 먼저 오래 재임(在任)한 뒤라야 고공(考功)을 논의할 수 있을 것이다. 만일 그렇지 못하면 오직 신상필벌(信賞必罰)을 정확히 하여 백성으로 하여금 명령을 믿게 하는 길이 있을 뿐이다.

六期爲斷 官先久任而後 可議考功
육 기 위 단 관 선 구 임 이 후 가 의 고 공

如其不然 唯信賞必罰 使民信令而已
여 기 불 연 유 신 상 필 벌 사 민 신 령 이 이

久 : 오래다. 久任 : 오래 재임시킴. 使 : 부리다. 信賞必罰 : 공이 있는 사람에게는 반드시 상을 주고, 죄 있는 자에게는 벌을 줌.

❧ 수령이 자주 바뀌어 2주년이고, 그 나머지는 1년만에 바뀐다. 이 상황에서 무슨 계획이 있으며 고공(考攷)의 방법을 말하는 자체가 웃음거리가 될 뿐이다.

감사가 수령을 고과하는 법

'附' 監司 考功之法(감사 고공지법)

감사가 고공하는 법은 말에 따라서 의논할 수 있다. 그 소략한 것을 이미 알았지만 그 실효를 기대할 수 없다. 임금께 아뢰어 그 방식을 고치도록 하는 것이 또한 옳을 것이다.

監司考功之法 因可議也 疏略既然
감 사 고 공 지 법　인 가 의 야　소 략 기 연

無以責實 奏改其式 抑所宜也
무 이 책 실　주 개 기 식　억 소 의 야

❧ 監司考功之法 : 감사가 수령의 성적을 고과하는 법. 疏略 : 꼼꼼하지 못하고 엉성하거나 간략함. 疏 : 성기다. 略 : 줄이다. 責 : 책임. 해야할 임무. 奏 : 아뢰다.

❧ 『고적의(考績議)』에 이렇게 말하였다.

"국가의 안위는 인심의 향배에 달려 있고 인심의 향배는 생민(生民)의 잘살고 못사는 데 달렸으며, 생민의 잘살고 못사는 것은 수령의 좋고 나쁜 데 달려 있고, 수령의 좋고 나쁜 것은 감사의 포폄(褒貶)에 달렸으니, 감사의 고과하는 법은 곧 천명(天命)과 인심의 향배의 기틀이 되는 것이요, 나라의 안위를 판가름하는 것이다."

※ 포폄(褒貶) : 칭찬함과 나무람. 시비선악을 평정(評定)함.

이 장에서는 호전(戶典)에 규정된 사항 중에서 군현에 관계되는 중요한 사항들을 논술하고 있다.

전정(田政), 세법(稅法), 곡부(穀簿), 호적(戶籍), 평부(平賦), 권농(勸農)의 6조로 구분되어 있다.

제1조 전정(田政) 토지 행정

우리나라의 토지법

수령의 직분 54조 중에서 전정이 가장 어려운 것인데, 그것은 우리나라의 토지법이 본래 잘 되어 있지 않기 때문이다.

牧之職五十四條 田政最難 以吾東田法 本自未善也
목 지 직 오 십 사 조 전 정 최 난 이 오 동 전 법 본 자 미 선 야

🔹 五十四條 : 수령이 행해야 할 54조 항목. 條 : 조목. 항목. 가지. 最 : 가장. 제일. 吾 : 나. 우리. 本 : 근본. 근원. 田政 : 전답과 토지, 곧 농지에 관한 모든 정치. 田法 : 전정에 관한 법. 토지법.

🔹 중국에서는 경(頃), 묘(畝) 등의 토지 면적의 단위로 전지(논밭)를 계산하고, 우리나라에서는 결(結), 부(負) 등으로 토성(土性)의 비척(肥瘠, 땅의 기름짐과 메마름)을 표준하여 전지를 계산한다. 길고 짧고 넓고 좁은 것은 그 형체가 있지만, 비옥하고 척박하며 기름지고 메마른 것은 토지의 성질이므로 그 형체가 없다. 그런데, 형체가 있는 것은 예전이나 지금이나 변함이 없지만 형체가 없는 토성(土性)은 때에 따라 다른 것이니(땅이 비옥하고 척박한 것은 사람의 공력에 달렸다) 결이나 부로 토지를 계산하는 것은 좋은 제도가 아니다.

토지의 계산법

현행 계산법에는 방전(方田), 직전(直田), 구전(句田), 제전(梯田), 규전(圭田), 사전(梭田), 요고전(腰鼓田) 등 여러 가지 이름이 있는데, 그것을 추산(推算)하고 측량하는 법식이 이미 죽은 법이기 때

문에, 다른 모양의 토지(전지)에 통용할 수는 없다.

時行田算之法 乃有方田直田句田梯田圭田梭田腰鼓
시 행 전 산 지 법　내 유 방 전 직 전 구 전 제 전 규 전 사 전 요 고

田諸名 其推算打量之式 仍是死法 不可通用於他田
전 제 명　기 추 산 타 량 지 식　잉 시 사 법　불 가 통 용 어 타 전

주해 方田 : 정사각형인 논밭. 네 모서리가 반듯한 전답. 直田 : 반듯
하면서 한쪽이 긴 직사각형인 논밭. 句田 : 굽은 모양을 한 논밭.
구고전(句股田). 梯田 : 위쪽은 넓고 아래는 좁은 전지. 圭田 : 위
는 뾰족하고 아래는 넓은 전지. 梭田 : 베 짜는 북처럼 양쪽 끝이
뾰족한 논밭. 腰鼓田 : 장구 모양과 같이 가운데가 잘록하게 생
긴 논밭. 打量 : 측량.

해설 위에 열거한 모양의 전지를 측량하는 법식이 이미 사장된 법
임을 모르는 사람이 없다. 그럼에도 불구하고, '모두 이 법으로 미
루어 측량할 것이다' 하니, 자신을 속이고 남을 속이는 일이다.

전지를 계산하는 법

개량(改量)은 전정(田政) 중의 중대한 일이다. 묵은 전답을 조사
하고 숨겨둔 결(結)을 밝혀내어 별일 없도록 해야만 한다. 만일
부득이하면 다시 측량하되, 그다지 큰 폐해가 없는 것은 모두 예
전대로 두고, 그 중에서 아주 심한 것만을 바로잡아서 원래의 액
수를 채워 줄 것이다.

改量者 田政之大擧也 査陳覈隱 以圖苟安 如不獲已
개 량 자　전 정 지 대 거 야　사 진 핵 은　이 도 구 안　여 불 획 이

黽勉改量 其無大害者 悉因其舊 釐其太甚 以充原額
민 면 개 량　기 무 대 해 자　실 인 기 구　이 기 태 심　이 충 원 액

주해 改量 : 다시 측량함. 토지의 양을 고침. 查陳覈隱 : 묵힌 전답과 숨긴 전답을 조사해 찾아냄. 陳田 : 경작하지 않은 전답.

隱結 : 일부러 양안(量案)에 올리지 않고 사사로이 경작하는 전답. 原額 : 원래의 정한 수. 고을에는 전안(田案), 즉 공부(公簿)에 등록된 원정(原定)의 논, 밭의 수가 있다. 結負 : 일정한 생산량을 내는 토지의 넓이. 소출에 대하여 조세를 부과하는 단위.

해설 토지의 비옥하고 메마름은 때에 따라 변한다. 결부(結負)로 전지를 계산하는 법은 본래부터 사리에 맞지 않는 것이니, 어찌 그것으로 세상을 다스리고 백성을 기를 수 있겠는가. 여기에서 고쳐 측량한다고 하는 것은 결부(結負)를 고쳐서 또 결부로 되게 하는 것이다. 법이 본래 좋지 않은데 어떻게 좋게 고칠 수 있겠는가?

토지 개량에 관한 규정

개량의 조례(條例)는 매양 조정에서 반포하는 바이니, 그 중의 중요한 것은 반드시 거듭 밝혀서 지키기로 약속해야 한다.

改量條例 每有朝廷所頒 其中要理 須申明約束
개 량 조 례 매 유 조 정 소 반 기 중 요 리 수 신 명 약 속

주해 條例 : 토지 개량에 관한 규정. 頒 : 반포하다. 要理 : 중요한 이치. 申明 : 거듭 밝힘.

전지를 측량하는 법

전지를 측량하는 법은 아래로 백성을 해치지 않고 위로 국가에 손해를 끼치지 않게 하며, 오직 공평하게 먼저 적임자인 인재를

얻은 뒤에야 이 일을 논의할 수 있는 것이다.

量田之法 下不害民 上不損國
량 전 지 법　하 불 해 민　상 불 손 국

唯其均也 唯先得人 乃可議也
유 기 균 야　유 선 득 인　내 가 의 야

⊛ 害 : 해치다. 損 : 손해. 均 : 고르다. 得 : 얻다. 議 : 의논. 논의.

⊛ 조선조 민여검(閔汝儉)이 울산부사가 되었는데 울산은 오래도록 전정을 방치하여 백성들이 억울함을 호소하였다. 그러자 그는 사사로이 양전을 행하되 단지 공평하게만 하고 본래의 결수가 불어나지 않도록 하니, 백성들이 매우 편하게 여겼다.

경기의 전지는

경기의 전지는 척박하기는 하나 본래 전세(田稅)를 가볍게 정하였고, 남쪽지방의 전지는 비옥하기는 하나 그 세를 본래 무겁게 정한 것이니, 모든 그 부속(負束)의 수는 예전대로 따라야 한다.

畿田雖瘠 本旣從輕 南田雖沃
기 전 수 척　본 기 종 경　남 전 수 옥

本旣從重 凡其負束 悉因其舊
본 기 종 중　범 기 부 속　실 인 기 구

⊛ 畿 : 경기. 도성 둘레 500리 안의 땅. 瘠 : 척박하다. 輕 : 가볍다. 적다. 沃 : 기름지다. 負束 : 負는 짐, 束은 뭇. 벼를 수확할 때의 단위도 되지만, 전지의 면적 단위도 됨. 悉 : 모두. 舊 : 옛날. 오래다.

해설 경기도와 남쪽지방의 토지 공급이 다르게 되어 있다. 곧 남쪽 지방 대부분이 1등과 2등에 속하고, 그 중에 척박한 것은 3등과 4등이 되었다. 그런데 경기의 전지는 기름진 것은 혹 5등에 드는 것도 있지만 그 나머지는 모두 6등이라는 것을 알 수 있다.

잘못된 연분(年分, 농사의 작황에 따라 해마다 정하던 전세의 세율) 보고서에 의해 해마다 국가가 쌀 수십만 섬을 잃게 된다.

묵정밭의 세액

묵정밭(陳田, 오래 묵혀 거칠어진 밭)으로서 아주 묵어 버린 전지는 그에 대한 세액(稅額)을 밝혀서 세(稅)가 과중하다면 전지의 등급을 낮추어 주지 않을 수 없을 것이다.

唯陳田之遂陳者 明其稅額過重 不可不降等也
유 진 전 지 수 진 자   명 기 세 액 과 중   불 가 불 강 등 야

주해 陳 : 묵다. 두가. 稅 : 세금. 구실. 重 : 무겁다. 降 : 내릴 강, 항복할 항. 降等 : 등급을 낮춤.

해설 전지(田地, 논밭)가 묵은 밭이 되는 것은 마을이 없어지거나 혹은 흉년이 들어서 그렇게 되는 경우도 있으니, 반드시 세금이 과중한 탓이라고 할 수는 없다. 그러나 그 세액이 진정 가볍다면 때로는 경작되기도 하고 때로는 묵기도 하겠지만 한결같이 묵기만 할 까닭은 없을 것이다. 무릇 개량 전과 개량 후에 묵은 것은 다 등급을 낮추어 주는 것이 마땅하다.

묵정밭의 등급을 낮추면

진전(묵정밭)의 등급을 낮추면 자호(字號)가 변경되므로 장차 백

성들의 소송이 많아질 것이니, 무릇 자호가 바뀐 것은 모두 패면
(牌面)을 지급해야 한다.

陳田降等 字號遷變 民將多訟 凡其變者 悉給牌面
진 전 강 등　자 호 천 변　민 장 다 송　범 기 변 자　실 급 패 면

🔹 字號 : 전답의 등급을 매겨 붙이는 부호. 양전할 때 각 토지에 천
　자문(千字文)의 글자 순서로 번호를 매긴다. 遷 : 옮기다. 變 : 변
　하다. 訟 : 소송하다. 給 : 주다. 牌面 : 전패(田牌). 토지의 소유권
　을 보장해 주는 관청의 증명서.

🔹 진전은 본래 3등으로서 70부(負)이던 것이 강등되어 5등이 되면
40부에 불과하게 되며, 6등이 되면 25부에 지나지 않게 된다. 만약
그렇게 되면 차례로 다음 자호에 속하는 전지를 당겨 올려서 한 결
이 되게 해야 하니, 차례차례로 자호가 모두 바뀌고 만다. 이러한
경우에는 증명서 한 장을 주어서 전지를 매매할 때에 차례로 전해
주어 증거로 삼게 해야 한다.

전지를 측량하는 법은

　총체적으로 전지(논밭)를 측량하는 법은 어린도(魚鱗圖)로써 방
전(方田)을 만드는 것보다 더 좋은 것은 없으나, 모름지기 조정의
명령이 있어야 시행할 수 있는 것이다.

總之量田之法 莫善於魚鱗爲圖
총 지 량 전 지 법　막 선 어 어 린 위 도

以作方田 須有朝令 乃可行也
이 작 방 전　수 유 조 령　내 가 행 야

🔹 魚鱗爲圖 : 관청에 있는 토지대장이다. 부역징세(賦役徵稅)의 기

초로 삼는다. 토지 경계가 물고기 비늘처럼 된 데서 비롯한다.

方田說 : 방전균세법(方田均勢稅法)은 본래 송(宋)나라 왕안석(王安石)이 제정한 법의 하나로서, 동서남북 각각 천 보를 1방전으로 하고 토지의 비옥도에 따라 조세를 5등으로 나누는 제도이다. 다산은 방전설은 장횡거(張橫渠)로부터 유래했다고 하니, 또 하나의 방전설이 있는 듯하다.

☞ 방전법으로 전지를 측량하는 설은 본래 장횡거(張橫渠)로부터 시작되었고, 주자는 어린도를 만들었으니 역시 방전법인 것이다. 명나라의 홍무(洪武) 초년에 칙령으로 이 법을 시행하였으며 지금은 더욱 완비되었으니, 이 법을 제외하고 다시 더 좋은 법이 없다. 그러나 한 고을의 수령이 홀로 이 법을 시행하려면 노력과 비용만 많이 들고 폐해를 바로잡는 데는 유익이 없으니, 반드시 온 나라 안이 모두 시행하게 된 뒤라야 비로소 좋은 법이 될 것이다.

묵정밭에 세를 부과하면

묵정밭〔陳田〕을 조사하는 것은 전정의 큰 항목이다. 묵정밭에 세를 부과하면 원망이 많을 것이니, 묵정밭을 조사하지 않으면 안 된다.

查陳者 田政之大目也 陳稅多寃者 不可不查陳也
사 진 자 전 정 지 대 목 야 진 세 다 원 자 불 가 불 사 진 야

☞ 查 : 조사하다. 陳 : 묵다. 오래다. 베풀다. 大目 : 큰 항목.
陳稅 : 묵정밭에 매기는 세금. 寃 : 원통하다. 원한.

☞ 묵정밭을 조사하는 데는 두 가지 목적이 있다. 하나는 거짓으로 묵정밭이라고 속이는 것을 찾아내는 일이고, 하나는 정말 묵정

밭인 것을 잘못하여 묵정밭 아닌 것으로 처리하고 있는 것을 찾는 일이다. 묵정밭 아닌 것을 묵정밭으로 하여 면세하는 것은 나라의 손해이고, 묵정밭인 것을 묵정밭 아닌 것으로 처리하고 과세하는 것은 백성에게 원통함이 있는 것이니, 어느 것이나 조사하지 않아서는 안 된다.

묵정밭의 개간

묵정밭의 개간은 백성들에게만 의지할 수 없으니, 수령은 마땅히 정성껏 경작하기를 권하고 또 뒤쫓아 그 힘을 도와 주어야 한다.

陳田起墾 不可恃民 牧宜至誠勸耕 又從而助其力
진 전 기 간 불 가 시 민 목 의 지 성 권 경 우 종 이 조 기 력

※ 起 : 일어나다. 墾 : 개간하다. 起墾 : 묵은 전답을 개간함.
恃 : 믿다. 勸耕 : 경작하기를 권장함. 助 : 돕다.

※ 옛날의 훌륭한 수령은 반드시 소를 빌려 주고 식량을 도와주어서 백성에게 진전(경작하지 않은 전답)의 경작을 권하였다. 하물며 이 어리석은 백성이 법의 뜻을 알지 못하고 오직 한 번 묵정밭을 경작하면 무거운 세금을 짊어지게 될 것만을 두려워하기 때문에 쉽게 개간하려 하지 않는다.

세액이 해마다 줄어드니

은결(隱結)과 여결(餘結)은 해마다 증가하고, 궁결(宮結)과 둔결(屯結)도 해마다 증가하여 국가에 납부되는 원전(原田)의 세액이 해

마다 줄어드니 장차 어떻게 할 것인가.

隱結餘結 歲增月衍 宮結屯結 歲增月衍
은 결 여 결　세 증 월 연　궁 결 둔 결　세 증 월 연

而原田之稅于公者 歲減月縮 將若之何也
이 원 전 지 세 우 공 자　세 감 월 축　장 약 지 하 야

隱結 : 숨겨서 양안(量案, 토지대장)에 올리지 않은 논밭. 結 : 토지
의 단위. 餘 : 남다. 餘結 : 토지대장에 기재되지 않은 논밭. 은결
과 같다. 이를 경작하여 탈세했다. 增 : 더하다. 衍 : 늘어나다.
宮結 : 각 궁과 관아(官衙)에 소속된 논밭. 궁장토(宮庄土). 세금이
면제됨. 屯結 : 둔토(屯土). 군사들이 여가에 농사짓는 토지. 지방
관청의 경비나 군량 충당을 위하여 하사한 둔전(屯田)의 토지.
原田 : 정당하게 세금을 내고 경작하는 논밭. 縮 : 줄어들다.

 제2조 세법(稅法) 조세의 부과와 징수

국가의 세입은

전지의 제도가 이미 엉망이어서 세법(稅法)도 따라서 문란하다.
연분(年分) 제도에서 손실을 보고 황두(黃豆, 콩)의 수납에서 손실
을 보니, 국가의 세입은 얼마 되지 않는다.

田制旣然 稅法隨紊 失之於年分
전 제 기 연　세 법 수 문　실 지 어 연 분

失之於黃豆 而國之歲入無幾矣
실 지 어 황 두　이 국 지 세 입 무 기 의

年分 : 농작(農作)의 흉풍(凶豊)에 따라 매년 정하는 전세(田稅)의
율(率). 制 : 제도. 旣 : 이미. 隨 : 따르다. 紊 : 문란하다.

黃豆 : 콩을 심은 밭과 기장, 피, 목화, 삼 따위를 심은 밭의 세는 황두로 받았다. 幾 : 몇. 거의.

🔸 처음에 전지를 측량할 때에 이미 비옥함과 척박함으로써 6등급으로 나누어, 척박한 땅을 측량하는 데 사용하는 자 길이를 더 길게 하였다. 그러므로 같은 단위로 표시된 것이지만 실제 면적은 아래 등급의 전지가 윗등급의 전지보다 넓다. 그러니 1등 전의 1결과 6등 전의 1결은 그 수확량에 있어서는 같고, 따라서 그 세액(稅額)도 당연히 같아야 할 것이다. 그런데 여기에 홀연히 또 연분9등법(年分九等法)이라는 세법을 실시하여 하하(下下)는 4두(斗), 하중(下中)은 6두, 하상(下上)은 8두, 이렇게 위로 거슬러 올라가서 상상(上上)은 20두를 수세(收稅)하는 것으로 세법을 세워서 피차가 모순되고 앞뒤가 서로 맞지 않아서 혼란하여 실마리를 잡을 수가 없다.

밭에 대한 세는 국법에 본래 황두(콩)로 받게 되어 있다. 위태(位太)와 세태(稅太)라는 것이 있으니, 위태란 기장, 피, 면화, 삼을 심은 밭에서 콩으로 대신 징수하는 것이고, 세태란 콩밭에서 그대로 콩을 받는 것이다. 지금의 법은 위태나 세태를 다 쌀로 환산하여 콩두 섬에 쌀 한 섬을 징수하여 서울의 당해 관사(官司)에 바치도록 되어 있다. 법제는 그러하지만 실제로는 밭 1결에서도 쌀 6두를 징수하고 있으니 논의 세미(稅米)와 다를 것이 없다.

재해 입은 논밭을 조사

집재(執災)와 표재(俵災)는 전정의 말단에 속한다. 큰 근본이 이미 흐트러지고 조리가 모두 문란하므로, 비록 마음과 힘을 다하여 할지라도 만족하게 될 수는 없다.

執災俵災者 田政之末務也 大本旣荒 條理皆亂
집 재 표 재 자 전 정 지 말 무 야 대 본 기 황 조 리 개 란

雖盡心力而爲之 無以快於心也
수 진 심 력 이 위 지 무 이 쾌 어 심 야

주해 執災 : 지방 수령이 관내의 재해 입은 논밭을 조사, 파악하는 것.
전답에 대한 세금 감면을 내려 주는 일. 俵災 : 흉년에 재해 입은
전지의 조세를 감해 주는 일.

해해 소위 수령의 전정이라는 것은 표재하는 일뿐이다. 전정에 있
어서 표재는 상례(喪禮)의 사소한 일처럼 말단에 지나지 않는 것이
지만, 그러나 역시 다루기 어려운 일이니 오직 자신의 몸을 규율하
고 아전들을 단속하여 평소에 위신이 현저하면 아전의 농간이 몹시
심한 데까지는 이르지 않을 것이다. 조금도 착오가 없게 하는 방법
은 없다.

재해 조사를 위하여 나갈 때에는

서원(書員)이 재해 조사를 위하여 나갈 때에는 면전에 불러 놓
고 온화한 말로 타이르기도 하고, 위엄 있는 말로 겁주기도 하면
서 진심으로 백성을 가엾게 여기고 슬퍼함에 족히 그를 감동시
킬 만하면 유익함이 없지 않을 것이다.

書員出野之日 召至面前 溫言以誘之 威言而怵之
서 원 출 야 지 일 소 지 면 전 온 언 이 유 지 위 언 이 출 지

至誠惻怛 有足感動 則不無益矣
지 성 측 달 유 족 감 동 즉 불 무 익 의

주해 書員 : 아전의 하나. 재해 현황을 조사하는 기록원. 野 : 들.

召 : 부르다. 怵 : 두려워하다. 惻怛 : 가엾게 여기어 슬퍼함.

큰 가뭄이 든 해에

큰 가뭄이 든 해에 모내기를 하지 못한 논을 답사(踏査)할 때에 는 마땅히 적임자를 골라 그 일을 맡겨야 한다.

大旱之年 其未移秧踏驗者 宜擇人任之
대 한 지 년　기 미 이 앙 답 험 자　의 택 인 임 지

주해 大旱 : 큰 가뭄. 移秧 : 모내기하다. 踏驗 : 논밭에 가서 농작의 상황을 실제로 답사하여 조사함. 擇 : 가리다.

해설 가뭄이 심하여 모내기를 제때 하지 못했을 경우에는 아전이나 향원에게 맡기지 말고 수령이 별도로 직접 적임자를 선택하여 조사 시키도록 한다. 그 인선 방법은, 여러 방리(方里)의 향로(鄕老)들에게 서한을 보내어 간곡히 부탁하고 청렴하고 근신하며 사리를 깨달아 뇌물을 탐내지 않는 인물을 각기 두 사람씩 추천하기를 청한다.

자연에 의한 재해를 보고할 때에는

재결(災結)을 상사에 보고할 때는 마땅히 실제의 숫자에 의해야 하고, 혹시 재결의 수가 많다고 하여 삭감을 당하는 일이 있을 경우에는 인책을 각오하고 다시 보고하여야 한다.

其報上司 宜一遵實數 如或見削 引咎再報
기 보 상 사　의 일 준 실 수　여 혹 견 삭　인 구 재 보

주해 災結 : 자연에 의한 재해를 입었거나 씨를 뿌리지 못한 논은 재 결로 인정, 부세(賦稅)를 면제하였음. 이는 밭에는 인정되지 않고

논에만 적용되었음. 報 : 보고하다. 遵 : 따르다. 削 : 깎이다.
咎 : 허물.

🟤 속리(俗吏)들이 상사에게 재결을 보고할 때에는 반드시 가외의
수를 더 적어 넣는다. 마치 거간꾼이 물건을 매매할 때에 미리 값을
더 얹어서 부르는 것처럼 하여 놓고 상사가 삭감하기를 기다리는
데, 이러한 것은 장사꾼의 술책이니 그런 일을 하여서는 안 된다.

재결에 대한 조세 감액

재결에 대하여 조세를 감액하여 주는 것 또한 어려운 일이다.
만약 상사로부터 인정받은 감세액이 고을에서 조사한 액수보다
적을 때에는 평균 비례하여 각각 얼마씩 삭감하여야 한다.

俵災亦難矣 若其所得 少於所執 平均比例各減幾何
표 재 역 난 의　약 기 소 득　소 어 소 집　평 균 비 례 각 감 기 하

🟤 俵 : 나누다. 所得 : 여기서는 감세액으로 상사의 인정을 받은 것
　을 가리킴. 所執 : 여기서는 감세 대상으로 조사한 액수를 가리
　킴. 均 : 고르다. 減 : 감하다.

🟤 상사로부터 재결로 인정받은 것이 고을에서 조사한 것과 일치
한다면 농민에게 감세하는 일은 어렵지 않다. 그러나 만약 신청한
액수에서 삭감을 당하였다면 그 삭감당한 액수를 농민에게 비례에
따라 평등하게 감세액을 줄이는 수밖에 없다.

세곡을 징수하는 장부

표재가 끝나면 곧 작부(作夫)로 하여금 이사오고 이사가는 것을

일체 엄금하게 한다. 그러나 세곡을 징수하는 장부는 편의에 좇아 작성하도록 허락한다.

俵災旣了 乃令作夫 其移來移去者
표 재 기 료　내 령 작 부　기 이 래 이 거 자

一切嚴禁 其徵米之簿 許令從便
일 체 엄 금　기 징 미 지 부　허 령 종 편

�� 作夫 : 결세(結稅)를 거두어들이는 한 방법. 또는, 그 징세 책임을 진 자. 了 : 마치다. 徵 : 거두다. 許 : 허락하다. 從便 : 편리한 데 따름.

�� 작부의 명부는 먼저 나누어 주고 이어 징미 장부를 반포하니, 백성에게 반포하는 장부가 두 가지다.

이사를 가고 오고 하는 것을 금지하는 것은, 그것이 여러 가지 협잡의 바탕이 되기 때문이다. 가령 동쪽 마을 백성이 밭을 서쪽 마을에 팔고 가 버리면, 밭은 동쪽 마을에 있는데 세결(稅結)은 서쪽 마을로 옮겨진다. 마을뿐 아니라 면의 경우, 군현의 경우에는 더욱 혼란하여진다. 이렇게 납세 의무자가 이동하는 사이에 행방을 알 수 없게 되기도 하고, 또 그 틈을 노려 아전이 중간에서 세미를 받아 착복하기도 한다. 그러니 세미의 징수가 끝날 때까지는 이사 다니는 것을 일체 엄금하여야 한다. 그 마을의 세미는 그 마을에서 징수하게 한다.

간사하고 교활한 아전이

간사하고 교활한 아전이 백성들의 전결을 몰래 취하여 제역촌(除役村)에 옮겨 기록한 것은 명백하게 조사하고 엄중히 금지하여야 한다.

奸吏猾吏 潛取民結 移錄於除役之村者 明査嚴禁
간 리 활 리　잠 취 민 결　이 록 어 제 역 지 촌 자　명 사 엄 금

🔹 猾 : 교활하다. 潛 : 몰래. 잠기다. 숨기다. 民結 : 백성의 농사짓
는 땅. 경작지. 錄 : 기록하다. 除 : 면제하다. 除役之村 : 납세의
의무를 면제받는 마을. 부역을 면제한 마을.

🔹 『속대전』에 말하기를, '민결을 겁탈하여 역가(役價)를 강징(强
徵)하는 자는[속칭 양호(養戶)라고 한다] 장죄(贓罪)의 경중을 헤아려
도형(徒刑)이나 유형(流刑)으로 논죄하여야 한다.'고 하였다. 이것이
지금의 소위 양호(養戶)라는 것이다[옛날에는 호세(豪勢)한 집에서 잔약
한 민호(民戶)를 몰래 숨겨 두고 사사로이 사역(使役)을 시키면서 공역(公
役)에 응(應)하지 않게 하는 것을 양호라고 하였다].

나라 세금을 충당하도록

장차 작부(作夫)하고자 할 때에는 먼저 충실한 민호를 골라서 따
로 한 장부를 작성하여 나라 세금을 충당하도록 한다.

將欲作夫 先取實戶 別爲一冊 以充王稅之額
장 욕 작 부　선 취 실 호　별 위 일 책　이 충 왕 세 지 액

🔹 作夫 : 전세를 받아들이는 한 방법. 欲 : 하고자 하다. 實戶 : 충
실한 민호. 부호(富戶). 넉넉한 집. 戶 : 집. 充 : 채우다.
王稅 : 나라에 바치는 세금.

작부 장부의 거짓 액수

작부 장부에는 거짓 액수가 있어서 그 속에 뒤섞여 있으므로

조사 확인하지 않으면 안 된다.

作夫之簿 厥有虛額 參錯其中 不可不査驗
작 부 지 부 궐 유 허 액 참 착 기 중 불 가 불 사 험

🔖 簿 : 장부. 문서. 厥 : 그것. 그. 虛 : 비다. 거짓. 헛되다. 虛額 :
부과할 실제의 대상이 없는 거짓으로 기록된 액수. 이것을 아전
들이 백성에게 추가 징수하여 착복한다. 錯 : 어긋나다.

🔖 『속대전』에 말하기를, '감관(監官), 서원(書員)의 무리 중 가공
의 세액, 즉 허액을 조작하여 백성들에게 나누어 추가로 징수한 자
는 장(杖) 1백 대, 유(流) 3천 리의 형에 처하고, 수령 중에 그것을 적
발하지 못한 자는 처벌한다.' 라고 규정하였다.

작부가 끝나면

작부가 끝나면 곧 계판(計版)을 작성한다. 계판의 내용을 세밀
히 살피고 엄중히 밝혀야 한다.

作夫旣畢 乃作計版 計版之實 密察嚴覈
작 부 기 필 내 작 계 판 계 판 지 실 밀 찰 엄 핵

🔖 畢 : 마치다. 計 : 계산하다. 計版 : 그 해에 징수할 세와 부과할
세액을 정한 명세표. 密 : **빽빽하다.** 자세하다. 覈 : 일의 실상을
조사하다. 嚴 : 엄하다.

🔖 계판이라는 것은 도리(都吏)와 여러 아전들이 의논하여 금년
세액의 비율을 산출한 것이니, 그 종류가 세 가지 있다. 첫째 국납
(國納, 관고에 바치는 것), 둘째 선급[先給, 배의 운임, 하역비(荷役費) 등
으로 지급하는 것], 셋째 읍징(邑徵, 고을에서 징수하는 것)이다. 이 세
가지에는 징수 방법으로 세 가지 예가 있으니, 첫째는 결렴(結斂,

결세에 덧붙여 돈이나 곡식을 거두어들이는 일)이고, 둘째는 쇄렴(碎斂)이며, 셋째는 석렴(石斂)이다.

※ 결세(結稅) : 토지의 결복(結卜, 토지세 징수의 기준이 되는 논밭의 면적에 매기던 단위)에 따라서 매기던 조세.

계판이 이미 완성되면

계판이 이미 완성되면 조목조목 열거하여 책을 만들어 여러 마을에 나누어 주어서 후일의 참고로 삼게 하여야 한다.

計販既成 條列成册 頒于諸鄕 俾資後考
계 판 기 성   조 렬 성 책   반 우 제 향   비 자 후 고

🌸 頒 : 반포하다. 諸 : 여러. 俾 : 하여금. 資 : 밑천. 바탕. 재물.

🌸 수령의 마음쓰는 것이 겉치레를 꾸며서 명예를 구하거나 눈앞의 책망이나 면할 짓을 생각하여서는 안 된다. 백성에게 영원한 은혜를 남길 것을 생각하여 튼튼한 법을 세워야 한다. 비록 내일 그 법이 도로 무너지는 일이 있을지라도 내가 마음쓰는 것은 마땅히 그렇게 해야 할 것이다.

계판 이외에도

계판에 기록된 세액 이외에도 전역(田役)은 아직 많다.

計販之外 凡田役尙多
계 판 지 외   범 전 역 상 다

🌸 田役 : 농지로 인하여 거두는 각종 세금. 전지(田地)에 따른 부담.
凡 : 무릇. 役 : 일. 부리다. 尙 : 오히려. 多 : 많다.

✿ 계판에 기재한 것 이외에 감영에 바치는 것으로 규장각 책지가(奎章閣冊紙價)라는 것을 매 1결에 3푼씩 받는다. 고을[官]에 바치는 것으로는 신관쇄마비(新官刷馬費, 즉 신관의 부임 여비) 3백여 냥(많으면 4백 냥)이다, 구관쇄마비(舊官刷馬費, 구관의 귀향 여비) 6백여 냥, 신관 부임 때의 관아 수리비(官衙修理費) 1백여 냥을 쇄렴(碎斂)한다.

아전이 받아먹는 것은 매 1결에 서원고급조(書員考給租) 4두씩, 방주인근수조(坊主人勤受租) 2두씩 결렴(結斂)한다.

1결의 전지에서 수확하는 곡식은 대개 6백 두 정도이다. 농부는 대개가 소작으로 지주가 반을 가져가면 남은 것은 3백 두뿐이다. 그것으로 종자를 제하고 꾸어먹은 것을 갚고 세전의 양식을 제하고 나면, 남은 것은 1백 두(斗)도 못된다. 그런데 부세로 긁어가고 빼앗아가는 것이 이와 같이 극도에 이르니, 슬프다! 백성들이 어떻게 살겠는가.

선결의 수

그런 까닭에 선결(羨結)의 수(數)를 정하지 않을 수 없다. 결총(結總)에서 이미 남음이 있으면 전부(田賦)는 약간 관대하게 하여야 할 것이다.

故 羨結之數 不可不定 桔總旣羨 田賦稍寬矣
고 선결지수 불가부정 길총기선 전부초관 의

✿ 羨 : 나머지. 남다. 羨結 : 토지대장에 기재된 것 이외의 전결, 은결, 여결, 위결(僞結) 따위. 왕세(王稅)를 채우고도 남은 결수.
結總 : 전답의 총 결수. 田賦 : 논밭에 대한 부세. 賦 : 세금.
稍 : 조금. 寬 : 너그럽다.

세미를 수납하는 날

정월에 창고를 열어 세미를 수납하는 날은 마땅히 수령이 친히 나가서 받아야 한다.

正月開倉 其輪米之日 牧宜親受
정 월 개 창   기 수 미 지 일   목 의 친 수

🔹 開 : 열다. 倉 : 창고. 輪 : 보내다. 宜 : 마땅히. 親 : 친히. 몸소. 受 : 받다.

🔹 세미를 받을 때의 마질은 너무 빠듯하게 하여서는 안 된다. 마땅히 옛 관례에 따를 뿐이다. 그러나 만약 그날 수령이 현장에 나가지 않으면 난잡하여져서 절도가 없고 민심이 해이해지며, 수납하는 자 또한 태만해질 것이니 수령은 마땅히 일정한 기일에 현장에 나가서 수납을 감독하여야 할 것이다. 수령이 수납 창고에 나갈 때에는 수행원과 하인을 최소한으로 줄여서 비용이 많이 나지 않게 해야 한다.

세미를 수납하기 위하여

장차 세미를 수납하기 위하여 창고를 열려고 할 때에는 창고가 있는 마을에 유시하는 방문을 붙여서 잡류(雜流)를 엄금한다.

將開倉 榜諭倉村 嚴禁雜流
장 개 창   방 유 창 촌   엄 금 잡 류

🔹 榜 : 게시(揭示). 방문을 붙이다. 諭 : 깨우치다. 타이르다. 村 : 마을. 雜 : 섞이다. 流 : 흐르다. 雜流 : 이리저리 헛되이 흘러 나감. 잡된 무리들.

해설 창고 마을에서 출입을 금지해야 할 자들은 첫째 우파[優婆, 사당(舍堂)], 둘째 창기(娼妓), 셋째 주파(酒婆, 소주나 약주 따위의 술을 팔고 있는 여자), 넷째 화랑(花郎, 무당의 지아비인데 방언에는 광대라 한다), 다섯째 악공(樂工, 거문고를 타고 피리를 부는 가객), 여섯째 뇌자(儡子, 초라니), 일곱째 마조[馬弔, 투전(鬪錢)], 여덟째 도사(屠肆, 소를 잡고 돼지를 잡는 일 따위)이다. 무릇 이들 잡된 무리는 성색(聲色)과 주육(酒肉)으로 갖은 유혹을 하여, 창리(倉吏)가 거기에 빠지고 뱃사공이 유혹에 넘어가 함부로 낭비하게 된다.

백성이 납기를 어기었더라도

비록 백성이 납기(納期)를 어기었더라도 아전을 내보내어 독촉하게 하는 것은 마치 범을 양의 우리에게 내놓음과 같으니, 결코 그렇게 해서는 안 된다.

雖民輸愆期 縱吏催科 是猶縱虎於羊欄 必不可爲也
수 민 수 건 기 종 리 최 과 시 유 종 호 어 양 란 필 불 가 위 야

주해 愆 : 어기다. 催 : 재촉하다. 催科 : 조세의 납입(納入)을 재촉함. 縱 : 놓다. 欄 : 우리(짐승의 집).

해설 세미를 징수하는 끝판에 가서 아전과 교졸(校卒)을 풀어 민가를 수색하는 것을 이름하여 검독(檢督)이라고 한다. 검독하는 자는 가난한 백성들에게는 호랑이와 같다.

물건을 실어 보내는 일

짐을 꾸려 발송하는 일과 배로 운송하는 일은 모두 모름지기

법조문을 자세히 검토하여 조심스럽게 지킬 것이며 위범(違犯)하는 일이 없어야 한다.

其裝發漕轉 竝須詳檢法條 恪守毋犯
기 장 발 조 전 병 수 상 검 법 조 각 수 무 범

🌸 裝發 : 물건을 실어 보냄. 여기서는 육지의 운수를 뜻함. 漕 : 운반하다. 漕轉 : 배로 물건을 실어 나름. 詳檢 : 자세히 검사함. 恪 : 정성. 犯 : 범하다. 죄.

🌸 조운선에 다른 물건을 덧붙여 싣는 일을 금하는 것은 그 조례가 지극히 엄격한 데도 불구하고 범하는 자가 잇따르고 있다. 그러므로 이 때문에 파직되고 구속되는 자가 해마다 늘어나고 있으니, 어찌 재물에 혹한 것이 아니겠는가?

백성의 고혈을 빨아먹는 일

궁전과 둔전으로서 백성의 고혈을 빨아먹는 일이 너무 지나친 것은 수령이 살펴서 너그럽게 해주어야 한다.

宮田屯田 其剝割太甚者 察而寬之
궁 전 둔 전 기 박 할 태 심 자 찰 이 관 지

🌸 宮田 : 궁궐에 소속된 전답. 屯田 : 군사용으로 경작하는 전답. 剝 : 벗기다. 割 : 베다. 甚 : 심하다. 剝割 : 가죽을 벗기고 살을 도려낸다는 뜻이니, 탐관오리가 백성의 재물을 빼앗는 행위를 일컫는 말.

🌸 여러 궁방(宮房)의 면세전(免稅田)과 경사(京司)의 둔전으로 말하면, 그 도장(導掌, 궁전이나 둔전을 관리하는 사람)으로 내려온 자가

혹은 차인(差人)으로서 그 세를 거두어 궁방과 경사에 바치기도 하고, 혹은 스스로 도장자리를 사서 그 세를 거두어 먹기도 하여 요컨대 침탈하는 자는 많고 은혜를 베푸는 자는 적은 것이다. 그러나 또 궁전과 둔전을 경작하는 백성들은 모두 요역(徭役)이 면제되어 본현의 세금과 부역에 응하지 않기 때문에 그들의 빈부와 고락을 수령은 유념하지 않는다. 그러나 모두가 나의 백성들이거늘 어찌 널리 보살피지 않겠는가? 수령은 마땅히 특별히 염탐해서 비리로 백성을 침탈하는 도장을 불러서 타이르기도 하고 혹은 붙들어다 죄주기고 하여, 횡포를 못하게 해야 한다.

지방의 습속을 좇아

남쪽지방과 북쪽지방은 습속이 서로 달라서 종자(種子)와 세(稅)를 혹은 지주가 내기도 하고, 혹은 소작인이 내기도 한다. 수령은 오직 그 지방의 습속에 좇아 다스려서 백성의 원망하는 일이 없게 하여야 한다.

南北異俗 凡種稅 或田主納之 或佃夫納之
남 북 이 속 범 종 세 혹 전 주 납 지 혹 전 부 납 지

牧唯順俗而治 俾民無怨
목 유 순 속 이 치 비 민 무 원

※ 異俗 : 풍속이 다름. 種稅 : 종자와 세금. 佃夫 : 소작인, 경작자.
納 : 바치다. 怨 : 원망하다.

※ 그 종자와 세미를 북쪽지방에서는 전주가 내고 남쪽지방에서는 소작인이 내는데, 그 까닭은 타작하는 법이 다른 데 있다. 또 볏짚을 북쪽지방에서는 전주와 소작인이 똑같이 나누는데, 남쪽지방

에서는 소작인이 모두 차지한다. 그런 까닭에 종자와 세미를 이와 같이 하는 것이다.

농지대장을 살펴 전례대로

서북지방과 관동지방 및 경기의 북쪽은 본래 전정(田政, 토지 행정)이 없다. 다만 농지대장을 살펴서 전례대로 따를 뿐 마음 쓸 것이 없다.

西北及關東畿北 本無田政
서 북 급 관 동 기 북　본 무 전 정

惟當按籍 以循例 無所用心也
유 당 안 적　이 순 례　무 소 용 심 야

🔹 按 : 조사하다. 籍 : 장부. 循 : 따르다.

🔹 경기의 북쪽과 황해도의 북쪽은 모든 전세(田稅)에 본래 재감(災減)하는 법이 없다. 마을에 서원(書員)이 없어 가을에 실제 답사하여 조사하지 않으며, 촌민 가운데 노련한 사람이 그 부세의 총액을 근거로 하여 경작자에게 분배하여 세액에 충당시킨다. 다만 크게 흉년이 든 해에는 관에 호소하여 감액을 진정한다. 이것은 천하의 좋은 법이다.

화전의 세곡은

화전(火田)의 세곡은 관례에 의거하여 세액을 총수에 비교한다. 다만 큰 흉년에는 재량으로 감액해야 하며, 크게 황폐한 마을에 대해서만 적당하게 감액해야 할 것이다.

火粟之稅 按例比總 唯大饑之年
화 속 지 세　안 례 비 총　유 대 기 지 년

量宜裁減 大敗之村 量宜裁減
양 의 재 감　대 패 지 촌　양 의 재 감

火粟之稅 : 화전으로 경작한 곡식에 부과하는 세곡. 화전세(火田稅). 粟 : 곡식. 比總 : 영조 36년(1760)부터 실시된 새로운 전세법(田稅法). 호조에서 경차관(敬差官)을 파견하지 않고 감사의 농형보고(農形報告)에 따라, 그것에 상당하는 종전의 어느 연도의 수세액(收稅額)을 기준으로 하여 부과한 조세의 총액. 饑 : 흉년. 주리다. 裁 : 마름질하다. 減 : 줄이다.

화전은 경사진 벼랑과 높은 언덕에 여기저기 일으켜 놓은 것이어서 경(頃), 묘(畝)로 계산할 수도 없고, 결부(結負)로 따질 수도 없고, 몇 두락(斗落)으로 셀 수도 없으며, 며칠 갈이로 계산할 수도 없다. 화전민들에게 물으면, 세(稅)에는 원래 정한 액수가 있어서 일정한 세액을 평균 분배해서 거두어 충당한다고 말한다.

 제3조 곡부(穀簿) 재원 관리, 환곡의 관리

환상이라는 것은

환상(還上)이라는 것은 사창(社倉)의 한 변형으로, 쌀을 사고 파는 것도 아니면서 생민(生民)의 뼈를 깎는 병이 되었으니, 백성이 죽고 나라가 망하는 것이 눈앞의 일로 되었다.

還上者 社倉之一變 非糶非糴
환 상 자　사 창 지 일 변　비 조 비 적

爲生民切骨之病 民劉國亡 呼吸之事也
위 생 민 절 골 지 병　민 류 국 망　호 흡 지 사 야

사 정도뿐이겠는가? 순량하고 연약한 백성들은 아전이 그의 곡식을 거두고서도 문서에서 그 이름을 지워버리므로 한 되 한 홉의 곡식도 받아가지 못한다. 그 밖의 농간질하는 폐단은 워낙 많아서 다 열거하기가 어렵다.

곡식의 장삿길

상사(上司)가 무천(貿遷)하면서 장삿길을 크게 열고 있으니 수령이 법을 어기는 것쯤은 말할 나위도 없다.

上司貿遷 大開商販之門 守臣犯法 不足言也
상 사 무 천 대 개 상 판 지 문 수 신 범 법 부 족 언 야

🔹 貿遷 : 곡식을 싼 곳에서 사들여 비싼 곳으로 옮겨다가 파는 것.
　貿 : 바꾸다. 遷 : 옮기다. 商 : 장사. 販 : 팔다. 犯 : 범하다.

🔹 감사가 각 고을의 수령으로 하여금 달마다 양곡의 시장 가격을 보고하게 하여, 곡식 가격이 높고 낮음을 자세히 안 뒤에 드디어 장사하는 방법을 쓴다.

수령이 농간을 부려서

수령이 농간을 부려서 그 남은 이익을 도둑질하니 아전들의 협잡은 말할 것도 없다.

守臣翻弄 竊其贏羨之利 胥吏作奸 不足言也
수 신 번 롱 절 기 영 선 지 리 서 리 작 간 부 족 언 야

🔹 翻弄 : 농간을 부림. 竊 : 훔치다. 도둑질하다. 贏 : 넉넉하다.
　羨 : 남다. 나머지. 胥 : 아전.

해설 나라를 이롭게 한다는 것이 나라를 병들게 하고, 사람을 살린다는 것이 사람을 해친다. 연해(沿海) 고을에 있는 노적가리는 발도 없으면서 벽지 고을의 창고로 들어가고, 지난 해에 나누어준 쭉정이는 찧지도 못할 것이었는데도 올해에 정미(精米)를 내라고 요구하며, 친족에게 추징하는 것도 금지되어 있는데 친족에게 추징할 뿐만 아니라 그 이웃에 가서 추징하고, 강제로 배당하는 것도 죄가 되는데 강제로 배당할 뿐만 아니라 혹은 추렴을 행하기도 한다.

아전들의 농간

상류(上流)가 이미 흐렸으니 하류(下流)가 맑을 수 없다. 아전들이 농간을 부리는 데 온갖 방법이 쓰여지고 간사하고 교활함이 귀신 같아서 밝게 살필 수가 없다.

上流旣濁 下流難淸 胥吏作奸
상 류 기 탁　하 류 난 청　서 리 작 간

無法不具 神姦鬼猾 無以昭察
무 법 불 구　신 간 귀 활　무 이 소 찰

주해 濁 : 흐리다. 具 : 갖추다. 姦 : 간사하다. 猾 : 교활하다. 또는 그 사람. 昭察 : 분명하게 밝히다.

해설 아전의 농간은 천만 가지여서 그 구멍을 이루 다 셀 수 없으나 그 명칭은 대략 열두 가지가 있다. 첫째 번질〔反作, 反의 음은 번이고 作은 질로 읽는다〕, 둘째 입본(立本), 셋째 가집(加執), 넷째 암류(暗留), 다섯째 반백(半白), 여섯째 분석(分石), 일곱째 집신(執新), 여덟째 탄정(呑停), 아홉째 세전(稅轉), 열째 요합(徭合), 열한째 사혼(私混), 열두째 채륵(債勒)이 그것이다.

수령으로서 구제할 수 있는 일

환상의 폐해가 이와 같으니 수령으로서 구제할 수 있는 일이 아니다. 다만 출납의 수량과 나누어 준 것의 실제 숫자만이라도 수령이 분명히 알고 있으면 아전의 횡포가 덜 심할 것이다.

> 弊至如此 非牧之所能救也 惟其出納之數
> 폐 지 여 차 비 목 지 소 능 구 야   유 기 출 납 지 수
>
> 分留之實 牧能認明 則吏橫未甚矣
> 분 류 지 실 목 능 인 명   즉 이 횡 미 심 의

주해 分留 : 나누어 주는 것과 멈추어 두는 것. 창에 나누어 남겨둠.

認明 : 분명하게 앎. 吏橫 : 아전들의 횡포.

해설 곡식 장부의 규식은 천 갈래 만 갈래로 산란하고 복잡하니 비록 노련한 관리라 하더라도 쉽게 이해하기 어렵다. 모름지기 단속하는 간편한 법식을 마련해 놓아야만 그 대강을 거머쥐고 단속할 수 있을 것이다. 곡식 명칭이 비록 많다 하더라도 한 고을에 저장하는 것은 대여섯 가지에 불과하고, 아문(衙門)이 보록 많다 하더라도 관장하는 관청은 대여섯에 불과하다. 소모되는 것이 아무리 어지럽다 하더라도 구별이 분명하면 그 수량을 알 수 있고, 분류(分留)가 아무리 어지럽다 하더라도 표(表)를 상세히 만들면 그 실제 숫자를 파악할 수 있다.

감영의 회초성첩

네 계절마다 마감한 환곡에 대한 감영의 회초성첩(回草成帖)은 사리를 상세히 알고 있어야 하므로 아전들의 손에 맡겨서는 안 된다.

每四季磨勘之還 其回草成帖者
매 사 계 마 감 지 환　기 회 초 성 첩 자

詳認事理 不可委之於吏手
상 인 사 리　불 가 위 지 어 이 수

🌸 磨勘 : 결산하다. 回草成帖 : 수령이 올린 마감 성책에 대한 감영의 회답 문서. 즉 결제 장부. 보고서의 초안 책자. 帖 : 책.
委 : 맡기다.

정퇴에 따르는 혜택

흉년의 정퇴(停退, 기한을 뒤로 물림)에 따르는 혜택은 마땅히 온 백성에게 고루 돌아가도록 할 것이며, 포흠하는 아전이 독차지하게 해서는 안 된다.

凶年停退之澤 宜均布萬民 不可使逋吏專受也
흉 연 정 퇴 지 택　의 균 포 만 민　불 가 사 포 리 전 수 야

🌸 停退 : 곡식 받아들이는 것을 정지하거나 기일을 물림.
均布 : 널리 고루 포고함. 逋 : 잡다. 숨다. 은닉하다.
專 : 오로지.

🌸 농사가 크게 흉년이 들고, 이 고을이 또 하등(下等)에 들면 금년 겨울에 반드시 정퇴의 영이 있을 것을 확실히 알 것이니, 마땅히 수령은 미리 묵묵히 궁리하여 백성에게 혜택이 돌아가도록 도모할 것이다.
여러 면과 동리 가운데 농사 피해가 매우 심한 곳은 수령이 알 것이니, 추분날에 수령은 여러 면에 널리 시달하되, 한 면에서 빈궁한 관계로 환곡을 바치지 못할 자를 적어 내도록 하여 따로 장부를 만들 것이다.

일람표를 작성하는 방법

만약 단속하기에 간편한 규정을 말한다면 오직 경위표(經緯表)라는 일람표를 작성하는 한 가지 방법이 있을 뿐이다. 그것을 작성하면 눈앞에 벌여놓은 듯, 손바닥을 들여다보듯 명료하게 살필 수 있을 것이다.

若夫團束簡便之規 惟有經緯表一法
약 부 단 속 간 편 지 규　유 유 경 위 표 일 법

眉列掌示 瞭然可察
미 열 장 시　요 연 가 찰

🔖 經緯表 : 經은 세로, 緯는 가로를 의미하여 종횡(縱橫)으로 숫자를 배열해 잘 살필 수 있는 일람표. 眉 : 눈썹. 掌 : 손바닥.
眉列掌示 : 눈앞에 늘어놓고 손바닥에 놓고 보듯이 분명함.
瞭 : 분명하다.

🔖 소관(所管)이 각각 다르고 분류(分留)의 법이 각각 다르며 신모(新耗)와 회록(會錄)의 법이 각각 다른 각종의 양곡을 나누어 제각기의 소관 관아(官衙)에 예속 기재하여서, 마침내 쌀의 총수량이 몇 섬, 서속의 총수량이 몇 섬, 각 소관 관아별 분류가 얼마인가 등을 알기 위해서는 경위표(經緯表)를 작성하는 것이 가장 좋다. 경위표는, 가로로 보면 양곡의 종별 총수량을 알 수 있고, 세로로 보면 각 관아 소속 양곡의 수량과 분류, 출납을 알 수 있게 만들어서, 한눈에 명료하게 볼 수 있도록 작성하여야 할 것이다.

※ 분류(分留) : 나누어 남겨 둠.

※ 회록(會錄) : 중앙의 회계장부에 기록하는 일.

분류 경위표 작성

양곡을 나누어 주는 날에는, 그중에 응당 나누어 주어야 할 것과 응당 남겨두어야 할 것을 마땅히 정밀하게 조사, 검열하여서 명료하게 살펴볼 수 있도록, 꼭 분류 경위표(分留經緯表)를 작성하여야 할 것이다.

頒糧之日 其應分應留 查驗宜精
반 량 지 일　기 응 분 응 류　사 험 의 정

須作經緯表 瞭然可察
수 작 경 위 표　요 연 가 찰

🌸 應 : 마땅히. 驗 : 조사하다. 精 : 자세하다. 察 : 살피다.

🌸 수령이 정말 명석하다면 그 나누어 줄 숫자와 남겨둘 실수를 감히 속이지 못할 것이다. 읍에는 월보(月報)가 있고 감영에는 회초(回草)가 있으며, 분류성책(分留成册)에는 원래 공식적인 양식이 있으니, 속일 수 없는 것입니다. 그러나 내가 양식을 나누어주는 데는 마땅히 간편한 법을 써야 할 것이요, 그 여러 차례에 걸쳐 나누어 주고 감영에 보고하는 것을 기준으로 해서는 안 된다. 모름지기 분류표를 작성하여 1년간의 총수를 조사하여야 막힘없이 행할 수 있는 것이다.

※ 회초(回草) : 감사가 각 고을에 대해 회보하는 글.

※ 분류성책(分留成册) : 나누어줄 곡식과 남겨둘 곡식의 숫자를 적은 책.

환상은 수납을 잘한 후에야

대체로 환상은 수납을 잘한 후에야 분배도 잘할 수 있는 것이다. 그 수납이 잘 되지 않으면 또 일년은 문란하게 되어 구제할 방법이 없는 것이다.

凡還上 善收而後 方能善頒
범 환 상 선 수 이 후 방 능 선 반

其收未善者 又亂一年 無救術也
기 수 미 선 자 우 란 일 년 무 구 술 야

주해 還 : 갚다. 頒 : 나누다. 亂 : 어지럽히다. 救 : 구하다.
術 : 방법. 재주. 기술.

해설 창고를 여는 날에는 외창(外倉)의 창감(倉監)과 창리(倉吏)들을 모두 고을 창고로 모이게 해서 표준을 보이되, 첫째 곡품(穀品), 둘째 곡량(穀量), 셋째 색락(色落), 넷째 가마니, 다섯째 영수증 등을 모두 이날 정한 것으로 준칙을 삼을 것이다.

수납을 시작하는 날

외촌(外村)에 창고가 없으면 수령은 마땅히 5일에 한 번씩 창고에 나가서 친히 수납(收納)하여야 하고, 만약 외촌에 창고가 있으면 다만 창고를 열고 수납을 시작하는 날에 친히 나가서 수납의 방식을 정해 주어야 한다.

其無外倉者 牧宜五日一出 親受之
기 무 외 창 자 목 의 오 일 일 출 친 수 지

如有外倉 唯開倉之日 親定厥式
여 유 외 창 유 개 창 지 일 친 정 궐 식

주해 收納 : 받아 거둠. 倉 : 창고. 親 : 몸소. 친히. 開 : 열다. 厥 : 그. 그것.

해설 외창이 없는 경우에는 수령은 성중에서 장을 서는 날마다 한 번씩 창청(倉廳)으로 나아가서 5일마다 몸소 받아들일 것이다. 11월 10일 후가 되어 봉고(封庫) 날짜가 급하게 되면 3일에 한 번씩 나가서 그 수납을 독촉할 것이다.

수납 때에는 수령이 친히

무릇 환상이란 비록 수납 때에 수령이 친히 받아들이지 못하더라도 나누어 줄 때에는 반드시 친히 나가서 배부해야 한다. 한 되 반 약(龠, 홉)일지라도 향승을 시켜서 대신 분배하게 하여서는 안 된다. 몇 차례에 나누어 분배하라는 법에 반드시 구애될 필요는 없다.

凡還上者 雖不親受 必當親頒 一升半龠
범 환 상 자　수 불 친 수　필 당 친 반　일 승 반 약

不宜使鄕丞代頒 巡分之法 不必拘也
불 의 사 향 승 대 반　순 분 지 법　불 필 구 야

주해 還上 : 봄에 관에서 곡식을 빌려주었다가 가을에 이자를 쳐서 받아들이는 곡식. 受 : 받다. 升 : 되. 半龠 : 반 홉. 龠은 용량의 단위로 한 홉의 10분의 1. 巡分 : 몇 차례로 나누어 지급함.
巡 : 순행하다. 돌다.

해설 환곡은 수납과 분배를 수령 자신이 직접 관장하는 것이 좋다. 그러나 외촌의 창고가 많으면 일일이 몸소 수납할 수는 없다. 그러나 분배만은 반드시 수령이 몸소 행해야 한다. 그것은, 가을에 받아들이는 것은 시작이고 봄에 분배하는 것은 결말이기 때문이다. 결말을 완전하게 하는 것은 시초부터 규정을 정하고 경계와 단속을 해온 결과를 완전하게 성취하는 일이기 때문이다. 분배를 완전하게

하면 백성에게 피해가 적을 것이다. 또 순분법(巡分法)이라고 하여 한 사람에게 주는 양곡을 몇 차례로 나누어 주는 것은 악법이다. 그 것은 백성에게 소중한 시간과 노력, 그리고 비용을 허비하게 만들 기 때문이다.

환곡을 나누어 주고자 하는 자는

대저 환곡을 한 번에 다 나누어 주고자 할 때에는 마땅히 이 뜻 을 사전에 상사에게 보고해야 한다.

凡欲一擧而盡頒者 宜以此意 先報上司
범 욕 일 거 이 진 반 자   의 이 차 의   선 보 상 사

🔴 欲 : 하고자 하다. 擧 : 들다. 盡 : 다하다. 此 : 이. 이에. 報 : 알 리다. 보고하다.

🔴 백성들을 편케 하기 위한 정사는 법례에 꼭 구애받을 필요가 없는데, 구애되는 논의가 많아 가가호호마다에 설명해 줄 수 없는 것이다. 수령이 여러 차례 나누어 주는 법을 지키고 싶지 않거든 먼 저 감영에 찾아가서 면대하여 이 일을 의논하되 의논이 서로 합치 될 것 같으면 모름지기 곧 의견을 붙여 보고할 것이요, 만약 법례에 구애되어 허락해 주려고 하지 않을 것 같으면,

"이 일은 아래에서 편리한 대로 거행하고 보고서는 법대로 작성 해 올리겠습니다."

하면 감사도 이에 반드시 허락할 것이다.

마땅히 사리를 논술하여

환곡을 반 이상 받아들였을 때 홀연히 돈으로 환산해 받으라는

명령이 내리면, 마땅히 사리를 논술하여 시행할 수 없음을 방보(防報)하여야 한다.

收糧過半 忽有糶錢之令 宜論理防報 不可奉行
수 량 과 반　홀 유 조 전 지 령　의 론 리 방 보　불 가 봉 행

● 過半 : 절반이 넘음. 糶錢 : 곡식 대신 돈으로 환산하여 수납하는 것. 防報 : 상사의 명령에 좇을 수 없는 사유를 변명한 보고. 奉 : 받들다.

● 환곡을 돈으로 환산해서 받는 일이 백성에게 이 되거나 해 되거나를 논할 것은 없다. 마땅히 전 군민에게 이해가 균등하도록 처리해야 할 것이다. 이미 환곡을 반 이상 수납하였는데, 갑자기 작전(作錢, 돈으로 받다)의 명령이 내린다면 백성에게 이해가 불균등하게 될 것이다. 또 돈으로 환산하려면 이미 수납한 양곡은 다시 내다 팔거나 돌려주어야 할 것이니, 혼란과 낭비와 온갖 부정이 생길 우려가 많다.

다른 곡식으로 수납한 경우에는

재해(흉년)를 당한 해에 다른 곡식으로 대신 수납한 경우에는, 따로 그 장부를 정리하였다가 곧 본래의 곡식으로 도로 환원시켜야 하고, 오래 끌어서는 안 된다.

災年之代收他穀者 別修其簿 隨卽還本 不可久也
재 년 지 대 수 타 곡 자　별 수 기 부　수 즉 환 본　불 가 구 야

● 災年 : 재해가 든 해. 穀 : 곡식. 簿 : 장부. 隨 : 따르다. 還本 : 본자를 갚음. 久 : 오래다.

해설 여러 곡식을 서로 대신 거두는 법은 『대전』에 자세히 보이는데, 대신 거두는 것은 혼란의 근본인 것이어서 만부득이한 경우가 아닐 것 같으면 경솔하게 허락할 수 없다. 그 다음 해 봄에 곡식을 나누어 주려고 하거든 마땅히 그 실수를 조사하는 동시에 따로 하나의 장부를 만들어야 하고 곡식을 출고할 때에는 특별히 색대(가마니나 섬 속에 든 곡식을 찔러 빼보는 연장)를 사용하여야 거의 사슴을 말〔馬〕로 속이는 일을 면할 수 있을 것이다.

   ※ 사슴을…… 속이는 일 : 거짓말로 속이는 일. 진(秦)나라 때 간신인 조고(趙高)가 조정 신하들이 자신을 따르는가를 시험하기 위해서 말을 사슴이라고 한 고사.

산성에 두는 곡식은

   산성(山城)에 두는 곡식은 백성의 고통이 되는 것이니, 그 백성들에게 다른 요역을 면제하여 주어서 백성의 부담을 고르게 해야 할 것이다.

   其有山城之穀 爲民痼瘼者 蠲其他徭 以均民役
   기 유 산 성 지 곡 위 민 고 막 자 견 기 타 요 이 균 민 역

   주해 城 : 재. 산성. 痼 : 고질병. 瘼 : 폐단. 痼瘼 : 고질적인 폐단.
   蠲 : 덜어주다. 면제하다. 均 : 고르다. 民役 : 백성들의 부역이나 세금.

   해설 무릇 산성에 있는 군량의 곡식은 모두 산 주위에 있는 여러 고을로 하여금 백성을 보내어 분배를 받게 하는데, 먼 곳은 2백 리, 가까워도 백여 리의 거리이다. 백성은 특별히 한 사람을 보내서 그곳에 가서 곡식의 분배를 받아, 곧 산밑의 가까운 마을에 팔아서 돈으

로 만든다. 가을이 되면 또 한 사람을 보내어 돈을 짊어지고 산밑에 가서 곡식을 사서 바친다. 백성에게는 큰 고통이 되고 나라에는 쓸 것이 없다. 이 제도는 반드시 고쳐야 할 것이다.

특혜로 베푸는 환곡

한두 사람의 양반이 사사로이 창미(倉米)를 구걸하는 일이 있는데, 이것을 별환(別還)이라고 한다. 그 일을 허락하여서는 안 된다.

其有一二士民 私乞倉米謂之別還 不可許也
기 유 일 이 사 민 사 걸 창 미 위 지 별 환   불 가 허 야

🔹 士民 : 선비인 백성. 양반. 別還 : 특혜로 베푸는 환곡. 특별히 하는 환상. 私 : 개인. 사사로이. 許 : 허락하다.

🔹 형세 있는 집으로 식량이 떨어진 자가 재해를 당했다고 핑계하기도 하고, 혹은 역사(役事)를 일으킨다고 핑계하기도 하며, 사사로이 창고 곡식을 구걸하여 별도로 수십 석을 받고는 여러 해가 되어도 납입하지 않으며, 또 더 받아가곤 해서 결국은 포흠을 이루니 이를 이름하여 유포(儒逋)라 한다.

세시에 양곡을 나누어 주는 일

세시(歲時)에 양곡을 나누어 주는 일은 오직 흉년이 들어 곡식이 귀할 때에만 시행해야 한다.

歲時頒糧 惟年荒穀貴 乃可爲也
세 시 반 량 유 연 황 곡 귀 내 가 위 야

주해 歲時 : 새해. 명절. 일년 중의 그때그때. 惟 : 오직.
荒 : 흉년들다. 거칠다. 貴 : 귀하다.

해설 섣달 그믐 전에 나누어 주는 것을 가리켜 세궤(歲饋)라 하고,
정월 대보름 전에 주는 것을 가리켜 망궤(望饋)라 한다. 모두 번잡하
고 백성을 수고롭게 할 뿐이니 정치하는 도리가 아니다. 다만 곡식
이 귀한 해에 한해서 세궤만을 주는 것이 좋다.

환곡의 정액

혹시 백성의 호수(戶數)가 많지 않은데 곡식 장부에 적힌 수량
이 너무 많은 경우에는 상부에 청하여 감하고, 너무 적어서 백성
을 구제할 방책이 없는 경우에는 상부에 청하여 늘려야 한다.

其或民戶不多 而穀簿太溢者 請而減之
기 혹 민 호 부 다 이 곡 부 태 일 자 청 이 감 지

穀簿太少 而接濟無策者 請而增之
곡 부 태 소 이 접 제 무 책 자 청 이 증 지

주해 溢 : 넘치다. 太溢 : 너무 많아서 넘침. 減 : 줄이다. 接 : 접하다.
濟 : 구제하다. 增 : 더하다. 늚.

해설 수십 년 전에 황주(黃州)에는 환곡이 많아서 1호당 30~40석을
받기까지 하였으니, 이것은 대개 대로(大路)의 요충지로서 병영(兵
營)이 있는 곳이므로 조정에서 군량미를 많이 두었기 때문에 이렇
게 된 것이다.

이런 까닭에 전야는 황무지가 되고 민호가 줄어들어서 환곡 분배
가 더욱 많아졌다. 그러나 병사(兵使)와 목사(牧使)는 거기에서 떨어
진 이득을 노리기 때문에 다른 곳으로 옮겨 보낼 것을 요구하지 않

으니, 아 국경을 지키려는 계책이 백성을 보호하자는 데 있는가, 아니면 곡식을 저장하는 데 있는가? 이같은 것은 속히 보고해서 그 곡식 장부를 감하여 다른 고장으로 옮겨 보내야 한다.

외촌에 있는 창고

외촌에 있는 창고에 환곡을 저장하는 것은 마땅히 백성의 집 호수를 계산하여 읍내에 있는 창고의 저장과 그 비율이 상등하게 해야 하며, 아래 아전에게 맡겨서 제 마음대로 이리저리 옮기게 하여서는 안 된다.

外倉儲穀 宜計民戶 使與邑倉 其率相等
외 창 저 곡　의 계 민 호　사 여 읍 창　기 율 상 등

不可委之下吏 任其流轉
불 가 위 지 하 리　임 기 유 전

주해 儲穀 : 저장된 곡식. 率 : 비율. 委 : 맡기다. 流轉 : 이리저리 옮기게 함.

해설 아전에게 창고의 곡식을 임의로 옮기게 하면 거기에서 농간의 협잡이 생긴다. 그러므로 수령은 해마다 몸소 반급(나누어 주다)하는 일을 그만두어서는 안 될 것이다.

포흠(逋欠)을 징수하는 일

아전의 포흠을 적발하지 않을 수 없으나 포흠을 징수하는 일이 지나치게 혹독하여서는 안 된다. 법의 집행은 마땅히 준엄하게 해야 하겠지만 죄인을 다룸에 있어서는 마땅히 불쌍히 여겨야

하는 것이다.

> 吏逋不可不發 徵逋不可太酷
> 이 포 불 가 불 발　징 포 불 가 태 혹

> 執法宜嚴峻 慮囚宜哀矜
> 집 법 의 엄 준　여 수 의 애 긍

주해 逋欠 : 관청의 물건을 사사로이 소비함. 吏逋 : 아전들이 축낸 재물. 徵 : 거두다. 酷 : 가혹하다. 峻 : 엄하다. 慮 : 생각. 哀矜 : 슬프고 불쌍히 여김.

해설 포흠을 징수하는 방법은 먼저 범인의 재산을 조사하여 그의 전답·가옥·가축·의복·가구 등을 모두 몰수한 다음에 기타의 일을 의논할 것이다.

가을과 겨울에 발각되었을 경우에는 곡식으로 받고, 봄과 여름에 발각되었을 경우에는 돈으로 받을 것이다. 돈으로 받았을 경우에는 범인의 친척들을 조사해 내어 그들에게 가을 곡가로 쳐서 고루 나누어 주고 가을에 가서 곡식으로 납부하게 할 것이다.

포흠한 환곡을 갚아 주며

혹 관재(官財)를 덜어서 포흠한 환곡을 상환하기도 하고, 혹은 상사인 감사와 상의하여 포흠한 환곡을 탕감해 주는 것이 곧 이전 사람들의 덕정(德政)이요, 각박하게 거두어들이는 것은 어진 사람이 즐겨 할 바는 아니다.

> 或捐官財 以償逋穀 或議上司 以蕩逋簿
> 혹 연 관 재　이 상 포 곡 혹 의 상 사　이 탕 포 부

> 乃前人之德政 刻薄收入 非仁人之所樂也
> 내 전 인 지 덕 정　각 박 수 입　비 인 인 지 소 락 야

捐 : 덜다. 償 : 갚다. 蕩 : 없애다. 刻 : 새기다. 刻薄 : 세상 인심이 사랑이나 인정을 베풀지 않아 메마르고 삭막함.

해설 윤형래(尹亨來)가 회인현감(懷仁縣監)으로 있을 때 가난해서 환곡과 신포(身布)를 마련할 능력이 없는 자가 있으면 모두 편법을 써서 보충해 주거나 감해 주고, 부모가 연로한데 가난해서 제대로 봉양하지 못하는 자가 있으면 모두 도와주었다. 그러자 온 고을 사람들이 서로 말하기를,

"이런 사또가 계시는데 어찌 차마 포흠을 질 수가 있겠느냐?"

하고, 혹시나 뒤질세라 염려하여 앞을 다투어 포흠진 곡식을 상환하였다. 그래서 관아 뜰에는 매 한 대 때리는 일이 없고 옥중에는 죄인 한 명 가두는 일이 없었는데도 곡식은 전례 없이 많이 걷혔다.

제4조 호적(戶籍) 인구 실태의 파악

호적은 모든 부세(賦稅)의 원천

호적은 모든 부세의 원천이며 온갖 요역(徭役)의 근본이다. 호적이 바르게 된 뒤라야 부세와 요역이 고루 치우침이 없이 공정하게 된다.

戶籍者 諸賦之源 衆徭之本 戶籍均而後賦役均
호 적 자 제 부 지 원 중 요 지 본 호 적 균 이 후 부 역 균

주해 賦稅 : 세금을 부과함. 徭役 : 나라에서 구실 대신으로 시키던 노동. 戶 : 호구. 籍 : 문서. 戶籍 : ① 호주(戶主)를 중심으로 그 집에 속하는 사람의 관계·본적지·성명·생년월일 따위 신분에 관한 사항을 기록한 공문서. ② 한 고장의 가구의 수와 그 식구를 기록한 장부. 賦役 : 국가나 공공단체가 국민에게 의무적으로 지

우는 노역. 均 : 고르다.

🔶 호적에는 핵법(覈法)과 관법(寬法)이 있는데, 핵법이란 한 호도 누락됨이 없게 하여 호구의 실제 숫자를 정확히 파악하는 것이고, 관법이란 핵법처럼 일일이 파악하지 않고서도 마을 자체에서 스스로 장부를 만들어 요역과 부세를 할당하게 하고 관에서는 그 대강을 들어 총수를 파악한 뒤 공평하게 되도록 힘써서 너그러운 법을 펴는 것이다.

호적이 문란하게 되면

호적이 문란하게 되면 전혀 기강이 없다. 큰 역량을 갖추지 않고서는 이 문란한 호적을 균평하게 바로잡을 수는 없다.

戶籍貿亂 罔有綱紀 非大力量 無以均平
호 적 무 란 망 유 강 기   비 대 역 량 무 이 균 평

🔶 貿 : 눈 어둡다. 바꾸다. 貿亂 : 문란, 도덕이나 질서가 어지러움.
罔 : 없다. 綱紀 : 기강. 기율과 법도. 平 : 공평하다. 均平 : 고루
치우침이 없이 공정함.

🔶 수십 년 이래로 수령이 전혀 일을 하지 않아서 아전이 횡포하고 외람됨이 더할 수 없이 심하다. 그 중에서도 호적의 농간이 더욱 심하다. 호적을 다시 작성하는 해〔인(寅), 신(申), 사(巳), 해(亥)의 여름과 가을〕가 되면, 호적을 맡은 아전은 뇌물을 받고 호수를 줄이기도 하고 뇌물 없는 마을에는 호수를 터무니없이 증가시키기도 한다. 뇌물의 다소에 따라 많이 줄이기도 하고 적게 줄이기도 하여 막대한 금품을 촌민들에게서 갈취한다. 그 수단 방법은 악랄하고 기교하기가 이루 말할 수 없다. 그리하여 호적은 허위와 가공으로 작성되어

문란하기가 그지없으며, 모든 부세와 요역의 근원은 근거가 없게
되어 버린다.

민호의 허와 실

장차 호적을 정리하려면 먼저 가좌부(家坐簿)를 살펴보아서 민
호의 허와 실을 두루 안 뒤에 비로소 증감을 시행하여야 한다.
그러니 가좌의 장부를 소홀히 해서는 안 된다.

將整戶籍 先察家坐 周知虛實
장 정 호 적　선 찰 가 좌　주 지 허 실

乃行增減 家坐之簿 不可忽也
내 행 증 감　가 좌 지 부　불 가 홀 야

整 : 정리. 정돈하다. 察 : 살피다. 坐 : 자리. 虛實 : 거짓과 참.
增 : 늘이다. 減 : 덜다. 家坐之簿 : 한 가호(家戶)에 관련된 일체
의 사항을 기록한 장부. 집의 위치와 크기, 집안의 신분, 가족사
항, 각종 세금의 내역 등이 낱낱이 기록됨.

수령이 취임하여 열흘쯤 되면 늙은 아전 중에서 유능한 자를
불러 본 고을의 지도를 만들도록 명령한다. 먼저 읍성(邑城)을 그리
고 다음에 산림(山林), 구릉(丘陵), 천택(川澤), 시내와 도랑의 형세를
모사한 다음에 마을을 그린다. 공문서의 발송과 사람을 보낼 때에도
그 멀고 가까움과 가고오는 이정(里程, 길의 거리를 측정한 수)이 다 손
바닥을 보는 듯할 것이니 이 지도를 만들지 않으면 안 될 것이다.

호적의 등기 호수

호적을 작성할 시기가 오면 곧 이 가좌부에 의거하여 증감하고

추이(推移)하여 여러 마을의 호적 등기 호수를 아주 균형되고 지극히 충실하게 하여 허위가 없도록 한다.

戶籍期至 乃據此簿 增減推移
호 적 기 지 내 거 차 부 증 감 추 이

使諸里戶額 大均至實 無有虛僞
사 제 리 호 액 대 균 지 실 무 유 허 위

※ 期 : 기일. 據 : 의거하다. 推移 : 일이나 형편이 시간이 지남에 따라 변하여 감. 戶額 : 각 리(里)와 국역(國役) 담당의 법제호의 정액. 僞 : 거짓.

※ 수령은 지난 식년(式年)의 여러 이(里)의 호총수(戶總數)를 가지고 별도의 책자를 만들어 참고 열람하기에 편리하도록 하고, 이에 이전에 만들어 둔 가좌부와 비교해 보면 빠진 것, 허위인 것, 농간질한 것, 억울한 것 등을 환히 알 수 있을 것이다.

새 호적부가 이루어지면

새 호적부가 이루어지면 곧 관청의 명으로 각 마을에 호구의 총수를 반포하고, 엄숙하게 금령(禁令)을 세워서 감히 번거롭게 이의를 제기하는 일이 없도록 해야 한다.

新簿旣成 直以官令 頒總于諸里
신 부 기 성 직 이 관 령 반 총 우 제 리

嚴肅立禁令 無敢煩訴
엄 숙 입 금 령 무 감 번 소

※ 新 : 새롭다. 直 : 곧다. 總 : 모두. 禁令 : 어떤 행위를 못하게 하는 법령. 煩 : 번거롭다. 訴 : 호소하다.

🔲 다음과 같이 명령할 것이다.

"현령(縣令)은 알리노라. 본 현의 호적이 오랫동안 문란해 왔다. 그에 따라 아전들이 농간을 부려서 백성들의 부담이 고르지 못하였다. 부유한 마을은 해마다 몇 호씩 줄어들고 쇠잔한 마을은 해마다 몇 호씩 늘어난다.

이것을 몰아서 부역이 없는 마을에 집어넣으니 허위의 호수는 쌓이고 실역의 호수는 줄어들어 백성의 실정을 생각하건대 지극히 온당치 못하다. 이제 온 고을의 호구수를 가지고 보완 조절하여 매 4, 5, 6가(家)를 합쳐서 1호를 만드니 본 이(里)는 응당 20호를 세우고, 아울러 그 남녀의 인구수를 뒤에다 적어서 보이노라.

만약 한 백성이라도 번거로이 와서 이의를 제기하는 자가 있으면 즉시 그 자를 징계해 다스려서 감히 망동하지 못하게 할 것이다."

호수의 감액을 청구

만일 민호가 줄어들어서 이미 정한 호수를 채울 수 없을 때에는 사유를 논술하여 상사에게 보고하고, 또 큰 흉년이 들어서 열 집에 아홉 집은 빈집이 되어 이미 정한 호수를 채울 수 없을 때에도 사유를 논술하여 상사에 보고하여 호수의 감액을 청구하여야 한다.

若烟戶衰敗 無以充額者 論報上司 大饑之餘
약 연 호 쇠 패　무 이 충 액 자　논 보 상 사　대 기 지 여

十室九室 空無以充額者 論報上司 請減其額
십 실 구 실　공 무 이 충 액 자　논 보 상 사　청 감 기 액

🔲 烟 : 연기. 안개. 烟戶 : 호구(戶口). 衰 : 쇠하다. 充 : 채우다.
　論報 : 보고. 饑 : 굶주리다. 十室九室 : 열 집 가운데 아홉 집이

비어 있음. 戶總 : 민가의 총 수효. 徭役 : 백성에게 일정한 구실
대신에 시키던 강제 노동.

▣ 흉년이 든 열 집 가운데 아홉 집이 빌 지경에 이르면 백성을
불러모아 안정시키는 일이 급선무이다. 만약 호총(戶總)이 옛날과
같아서 요역(徭役)이 번거롭다면 백성이 어찌 와서 안정할 자가 있
겠는가. 이 같은 경우에는 모름지기 감영으로 달려가서 직접 감사
를 만나 의논하여 호총을 감해 주도록 할 것이니, 많은 경우에는 수
천 호, 적은 경우에는 1천여 호라도 구애되어서는 안 될 것이다.

인구미와 정서조

무릇 인구미(人口米)라든지 정서조(正書租)와 같은 것은 그 예전
부터의 관례에 따라 백성으로부터 받아들이는 것은 허락하지만,
그 밖의 침탈은 마땅히 모두 엄금하여야 한다.

若夫人口之米 正書之租 循其舊例
약 부 인 구 지 미 정 서 지 조 순 기 구 례

聽民輸納 其餘侵虐 竝宜嚴禁
청 민 수 납 기 여 침 학 병 의 엄 금

▣ 人口之米 : 호적부를 작성할 때 인구수에 따라 백성으로부터 받
는 쌀. 인두세(人頭稅). 正書租 : 매 호당 종이 · 붓 · 먹 대서료(代
書料) 등으로 거두는 벼. 循 : 좇다. 따르다. 輸納 : 실어다가 바
침. 虐 : 사납다. 포학하다.

▣ 호적이 작성되고 나면 호적청에서는 별도로 좋은 종이를 사용
하여 한 통을 깨끗이 써서 이것으로 도장을 찍어야 하니 이를 정단
(正單)이라 한다.

호적대장을 등서하는 일은 수령의 곤궁한 친구나 가난한 친족을 구차하게 베끼는 사람으로 충당시켜서 그 정서조를 먹도록 해서는 안 된다. 빈객에게 주어서 등사하게 하고 그 정서조를 먹게 하였다.

호적을 속인 자는

나이를 높인 자, 나이를 줄인 자, 유학(幼學)을 허위로 사칭(詐稱)한 자, 허위의 관작을 붙여 행세하는 자, 홀아비라고 가칭(假稱)하는 자, 거짓으로 과적(科籍)에 이름을 올린 자는 모두 조사하여 금지시켜야 한다.

增年者 感年者 冒稱幼學者 僞戴官爵者
증 년 자　감 년 자　모 칭 유 학 자　위 대 관 작 자

假稱鰥夫者 詐爲科籍者 竝行査禁
가 칭 환 부 자　사 위 과 적 자　병 행 사 금

주해 冒稱 : 거짓으로 일컬음. 幼學 : 벼슬하지 아니한 유생(儒生). 선비로서 아직 벼슬하지 못한 자. 官爵 : 관직과 작위. 鰥夫 : 홀아비. 科籍 : 호적에 기록된 모든 사항들.

해설 노직(老職, 나이가 많은 사람에게 내리는 벼슬)을 도모하는 자는 나이를 올리고 개첨(改簽, 아버지가 지던 군역을 자식이 이어받아 군적에 듦)을 걱정하는 자는 나이를 줄인다.

과거에 향거(鄕擧, 고을에서 중앙에 인재를 추천함)의 법이 없기 때문에 외람되고 잡스러운 자들이 모두 과장(科場)에 들어간다. 이로 말미암아 유학을 사칭하는데, 비록 공천(公賤)·사천(私賤)일지라도 모두 사칭하게 된다.

인구가 많으면 곡식을 바치는 수량도 많기 때문에 호적에 홀아비라고 일컫는 자가 많으니, 백성들의 애통은 이것이 바로 심한 것이다.

순영의 관례에 따라

모든 호적에 대한 사항으로 순영(巡營)에서 관례에 따라 통첩해 온 것을 민간에 선포하는 것은 좋지 않다.

凡戶籍事目之自巡營例關者 不可布告民間
범 호 적 사 목 지 자 순 영 례 관 자   불 가 포 고 민 간

주해 事目 : 일의 시행 조목. 巡營 : 감영과 같다. 즉 감사와 영문.
例關 : 관례에 따른 관문(關文). 곧, 하급 관청으로 보내던 공문서. 관문은 통첩.

해설 시행되지 않는 법을 민간에 포고한다면 한갓 백성들로 하여금 조정의 명령을 불신케 하고 국법을 두려워하지 않게 하는 결과만 가져올 뿐이니. 접어두고 백성에게 알리지 않는 것이 옳다.

나라를 다스리는 큰 정사

호적이란 것은 나라를 다스리는 큰 정사(政事)이니, 지극히 엄중하고 지극히 정밀하게 하여야만 백성의 부세(賦稅)를 바로잡을 수 있을 것이다. 그런데 지금 여기서 논하는 바는 시속(時俗)을 따른 것이다.

戶籍者 國之大政 至嚴至精
호 적 자 국 지 대 정   지 엄 지 정

乃正民賦 今玆所論 以順俗也
내 정 민 부 금 자 소 론   이 순 속 야

주해 政 : 정사. 다스리다. 精 : 자세하다. 乃 : 이에. 곧. 玆 : 이. 이에.
俗 : 풍속. 풍습.

※ 만약 국법이 완전히 구비되어 있다면 호적은 마땅히 자세히 조사해서 한 채의 집, 한 명의 사람도 빠뜨려서는 아니 될 것이다.

농간과 도둑질의 여지가

오가작통(五家作統)과 십가작패(十家作牌)는 옛법을 따르고 새로운 규약(規約)을 더하여 시행한다면 농간과 도둑질의 여지가 없어질 것이다.

> 五家作統 十家作牌 因其舊法
> 오 가 작 통 십 가 작 패 인 기 구 법
>
> 申以新約 則奸究無所容矣
> 신 이 신 약 즉 간 귀 무 소 용 의

※ 五家作統 : 조선조 숙종 원년에 다섯 민호(民戶)를 묶어 한 통(統)으로 정한 호적 제도. 十家作牌 : 민호 10가(家)를 묶어 하나의 패(牌)로 함. 명나라 때의 왕양명(王陽明)이 창안한 호적제임.
舊 : 예. 옛날. 究 : 도적. 간악하다.

※ 명나라 때 왕양명(王陽明)이 처음 실시한 십가패식(十家牌式)이란, 10가(家)를 1패(牌)로 편성하고 각 호(戶)의 본관·성명·나이·용모·직업 등을 적고 집집마다 다니면서 문패를 조사하여 만약 낯선 사람이 있으면 관에 보고하게 하며, 은닉할 경우 열 집이 공동으로 처벌받게 하는 방식이다.

제5조 평부(平賦) 부역을 공정하게 함

부세와 요역을 균등히

부세(賦稅)와 요역을 균등하게 하는 것은 수령이 해야 할 일곱 가지 일 중에서 긴요한 임무이다. 무릇 균등하지 않은 부과는 징수하여서는 안 된다. 저울 한 눈금만큼이라도 공평치 않은 것은 정치가 아니다.

> 賦役均者 七事之要務也 凡不均之賦
> 부 역 균 자　칠 사 지 요 무 야　범 불 균 지 부
>
> 不可徵 錙銖不均 非政也
> 불 가 징　치 수 불 균　비 정 야

주해 平賦 : 온갖 부역(負役)을 공평히 한다는 뜻. 부역은 관의 백성에 대한 수취(收取)에 있어서 전세(田稅)·대동(大同)·환곡(還穀) 이외의 각종 잡역·잡세를 포괄한 것임. 七事 : 수령이 행해야 할 일곱 가지 일. 즉 농상(農桑)을 성하게 하고, 호구(戶口)를 늘리며, 학교를 일으키고, 군정(軍政)을 닦으며, 부역을 고르게 시키고, 사송(詞訟)을 간결하게 하며, 간활(奸猾)한 일을 그치게 하는 일. 要 : 중요하다. 務 : 힘쓰다. 徵 : 거두다. 錙 : 무게 단위. 적은 양. 銖 : 무게 단위. 적은 양. 錙銖 : 썩 작은 무게. 아주 적은 무게의 단위.

해설 부역의 행정은 공평한 것을 취할 뿐이다. 또 부역은 가볍게 부과하는 것이 좋으니, 공용(公用)의 허실을 살핀다면 그 거두어들이는 것이 적게 될 것이다. 호적에 누락된 백성들의 수를 조사해낸다면 거두어들이는 것이 고르게 될 것이다.

민고의 폐단

전부(田賦) 외에 가장 큰 부담을 주는 것은 민고(民庫)라는 것이다. 혹은 토지에 부과하고, 가호(家戶)에 부과하는데 비용은 날로 많아져 백성은 살아갈 수가 없다.

田賦之外 其最大者 民庫也 或以田賦
전 부 지 외　기 최 대 자　민 고 야　혹 이 전 부

或以戶賦 費用日廣 民不聊生
혹 이 호 부　비 용 일 광　민 불 요 생

🌸 田賦 : 전결(토지의 세금)을 표준으로 한 부과(賦課).
民庫 : 지방의 관청에서 임시비(臨時費)에 충당하기 위하여 법규로 정한 공과(公課) 이외에 백성들로부터 거두어들인 물품과 전곡(錢穀)을 저장하여 두는 창고. 그러나 실은 반드시 창고를 지칭하는 것이 아니고, 그러한 금품을 거두어들이는 일 자체를 총칭하는 말이다. 戶賦 : 호(戶)를 대상으로 하여 부과하는 것.
費 : 비용. 廣 : 넓다. 聊 : 애오라지. 좀 부족하나마 겨우.

🌸 민고의 폐단이 생겨난 근원이 두 가지 있다. 하나는 감사가 제멋대로 위세를 부리는 데서 생기고, 또 하나는 한 고을의 수령이 마음대로 탐욕을 부리는 데서 생긴 것이다. 이 두 가지의 근원이 없다면 본래 민고라는 것은 없을 것이요, 따라서 아전들이 간계를 부릴 여지도 없을 것이다.

민고의 예는 제각기

민고의 예는 고을마다 각기 다르거니와 아무런 절제가 없다. 쓸 일이 있으면 그때그때 거둬들이는 것이어서 백성을 못살게 함이 더욱 심하다.

民庫之例 邑各不同 其無節制
민 고 지 례 읍 각 부 동 기 무 절 제

隨用隨斂者 其厲民尤烈
수 용 수 렴 자 기 여 민 우 열

주해 節制 : 정도를 넘지 않도록 알맞게 조절하여 제한함. 隨 : 따르
다. 斂 : 거두다. 厲民 : 백성을 가혹하게 다스림. 烈 : 맵다. 세차
다. 사납다.

해설 맹자(孟子)는 선왕(先王)의 법을 논하면서 이렇게 말했다.
"백성들에게 거두어들이는 데도 법도가 있었다."
무릇 거두어들임에 절제가 없는 경우는 그 법도가 오래 갈 수 없
는 것이다. 이른바 절목(節目)이란 것은 모두 한때 구차히 행하던 법
이니, 농간의 구멍이 막히지 않은 채 폐단의 덩굴이 서로 얽히어 시
작하기 전에 파탄이 극도에 달했다.

백성과 함께 지키는 국법

그 법례를 다듬고 그 조리를 밝게 하여 백성과 함께 지키기를
국법을 지키는 것처럼 하여야 비로소 절제 있게 될 것이다.

修其法例 明其條理 與民偕遵守之如國法 乃有制也
수 기 법 례 명 기 조 리 여 민 해 준 수 지 여 국 법 내 유 제 야

주해 修 : 닦다. 條 : 가지. 조목. 偕 : 함께. 遵 : 따르다. 守 : 지키다.

해설 조목을 만드는 방법은 「수법편(守法篇)」에 보인다.
매년 지급할 물자에 대해서는 그 식례(式例)만 밝히고 그 장부는
없앨 것이며, 수시로 특별히 내릴 물자에 대해서는 그 식례도 밝히

고 장부도 둘 것이다.

계방의 폐단

계방(契房)은 온갖 폐단의 원천이며, 뭇 농간의 구멍이다. 계방을 없애지 않고는 어떤 일도 해볼 도리가 없을 것이다.

契房者 衆弊之源 群奸之竇 契房不罷 百事無可爲也
계 방 자 중 폐 지 원 군 간 지 두 계 방 불 파 백 사 무 가 위 야

🔹 契房 : 공역(公役)과 잡부(雜賦)의 면제, 기타 원조 비호를 얻기 위하여서 미리 관아의 아전들에게 금전, 제물 등을 제공하는 계. 관에서 미리 돈을 받고 부역 등 혜택을 주는 마을. 衆弊 : 여러 가지 폐단. 竇 : 구멍. 罷 : 혁파하다.

🔹 계방에는 온 마을을 계방으로 삼아 해마다 돈 수백 냥을 거두는 이계(里契)가 있고, 특정한 호를 뽑아 계방으로 삼아 해마다 돈 백여 냥을 거두는 호계(戶契)가 있다.

대개 계방이 된 마을은 환곡의 배당도 면제받고 군첨(軍簽)의 침해나 민고에 내는 일체의 요역도 면제되며, 한 번 돈 수백 냥만 가져다 바치면 그 해 내내 편안히 지낼 수가 있으니, 이 때문에 백성들은 계방을 하려고 하는 것이다.

공부를 균등하게 부담시켜야

이에 궁전(宮田), 둔전(屯田), 교촌(校村), 원촌(院村)을 조사하여, 무릇 그 비호 아래 숨겨져 원래 정액보다 초과된 토지와 민호는 모두 적발해 분산시켜서 공부(公賦)를 균등하게 부담시켜야 한다.

迺査宮田　迺査屯田　迺査校村　迺査院村
내 사 궁 전　내 사 둔 전　내 사 교 촌　내 사 원 촌

凡厥庇隱　踰其所佃　悉發悉敷　以均公賦
범 궐 비 은　유 기 소 전　실 발 실 부　이 균 공 부

❀ 迺 : 이에. 宮田 : 궁궐에 소속된 전답. 屯田 : 군사들이 경작하는 토지. 校村 : 향교에서 관리하는 토지. 향교가 있는 마을. 교촌은 모든 요역이 면제된다. 院村 : 院은 역과 역 사이에 있는 국영 여관으로, 공용(公用) 여행자의 숙소였다. 원촌은 원에서 경작하는 원전을 일컬음. 서원(書院)이 있는 마을로써 모든 요역이 면제된다. 庇隱 : 덮어 보호하여 숨겨 주는 것. 佃 : 소작.

❀ 각 궁에서 경작하는 토지나 군인들이 자급자족을 위해 경작하는 둔전, 그리고 향교가 있는 마을과 서원이 있는 마을을 세밀히 조사하여 부정이 있으면 바로잡아야 한다. 이 또한 수령이 백성의 요역을 공평히 하려는 뜻을 펴는 일이다.

공부를 공평히

이에 역촌(驛村), 참촌(站村), 점촌(店村), 창촌(倉村)을 조사하여 무릇 그 비호 아래 숨겨져 있는 민호로서 법리에 맞지 않는 것은 모두 적발하여 공부(公賦)를 공평히 부담시켜야 한다.

乃査驛村　乃査站村　乃査店村　乃査倉村
내 사 역 촌　내 사 참 촌　내 사 점 촌　내 사 창 촌

凡厥庇隱　非中法理　悉發悉敷　以均公賦
범 궐 비 은　비 중 법 리　실 발 실 부　이 균 공 부

❀ 驛村 : 역이 있는 마을. 站村 : 站은 말이 쉬어 가던 곳. 참이 있는 마을. 店村 : 상점 마을. 倉村 : 관청의 창고가 있는 마을.

庇 : 숨다. 덮다. 감싸다. 隱 : 숨다. 숨기다. 非 : 아니다. 어긋나다. 悉 : 다. 다하다. 敷 : 펴다. 베풀다.

해설 역노(驛奴)·역비(驛婢)·역리(驛吏)·역녀(驛女)는 고을의 요역에 응하지 않는 것이 법이지만, 객호(客戶)가 의지하여 기피의 소굴이 되고 있는 경우, 어찌 그것을 적발하지 않을 것인가. 역노나 역리가 양민 여자와 결혼하여 사는 경우는 역호(驛戶)로 논하고, 양민이 역비나 역녀와 결혼하여 사는 경우는 객호로 논하는 것이 또한 옳지 않겠는가? 퇴락하여 쓸쓸한 외딴 원촌(院村)의 경우에는 탕감해 주어도 좋겠으나 술을 팔고 돼지를 기르며 즐비하게 취락을 이룬 경우에는 어떻게 다 견감시킬 수 있겠는가? 참호(站戶)로는 오직 두어 집만 제외해 주고 나머지는 모두 요역 장부에 기록하는 것이 또한 옳지 않겠는가?

농민을 보호하는 길

결렴(結斂)을 실시하는 것은 호렴(戶斂)을 실시하는 것만 같지 못하다. 결렴을 실시하면 근본인 농민이 궁핍해지고, 호렴을 실시하면 공장(工匠)과 상인이 고통을 당한다. 놀고 먹는 자가 고통을 당하는 것은 농민을 보호하고 후하게 하는 길인 것이다.

結斂不如戶斂 結斂則本削 戶斂則工商苦焉
결 렴 불 여 호 렴 결 렴 즉 본 삭 호 렴 즉 공 상 고 언

遊食者苦焉 厚本之道也
유 식 자 고 언 후 본 지 도 야

주해 結斂 : 전답의 단위인 결(結)에 따라 거두는 세금. 戶斂 : 민간의 호수를 상대로 하여 받아들이는 세금. 本削 : 本은 근본이니 농

민을 의미한다. 즉 나라의 근본인 농민이 가난해진다는 뜻이다.

遊食者 : 놀고 먹는 자. 賦斂 : 조세를 매겨서 거둠.

⊞ 사람들 중에는 경지가 없는 자는 있으나 집이 없는 자는 없다. 민호를 대상으로 하여 부렴(賦斂)하는 것이 또한 좋지 않겠는가. 그러나 호적이 오래 전부터 난잡하게 되어 있으므로 호렴의 방법을 시행하려면 먼저 호적을 바로잡아야 할 것이다. 호적이 어지러운 상태로 무리하게 호렴을 강행하여서는 안 될 것이다.

마땅히 돈으로 징수해야

쌀로 거두는 것은 돈으로 거두는 것만 못하다. 본래 쌀로 부렴(賦斂)하고 있는 것은 마땅히 고쳐서 돈으로 징수해야 할 것이다.

米斂不如錢斂 其本米斂者 宜改之爲錢斂
미 렴 불 여 전 렴 기 본 미 렴 자 의 개 지 위 전 렴

⊞ 米 : 쌀. 錢 : 돈. 宜 : 마땅히. 改 : 고치다. 바꾸다.

⊞ 돈은 액수를 속이기 어렵다. 일단 일정한 금액만 채워 놓으면 흠을 잡을 방법이 없다. 그러나 쌀은 품질의 등급이 많은 데다 말질을 마구 하며, 좋은 쌀을 요구함이 한도가 없고, 말질하다 떨어뜨린 쌀이 뜰에 가득해도 주울 길이 없으며, 정미한 쌀이 옥과 같건만 호소할 방법이 없다. 그러니 돈으로 바치는 것이 편하지 않은가.

백성의 부담을 가볍게

교묘하게 명목을 세워 수령의 주머니에 들어가는 것은 모두 없앨 것이다. 여러 가지의 조목에 대하여 그 지나치고 허위인 것을

삭제하여 백성의 부담을 가볍게 해 주어야 할 것이다.

其巧設名目 以歸官囊者 悉行蠲減
기 교 설 명 목 이 귀 관 낭 자 실 행 견 감

乃就諸條 刪其濫僞 以輕民賦
내 취 제 조 산 기 남 위 이 경 민 부

🌸 巧 : 교묘하다. 囊 : 주머니. 蠲 : 감하다. 刪 : 깎다. 濫 : 지나치
다. 輕 : 가볍다.

🌸 근거 없는 세목이 늘어나는 것은 수령이 탐욕스럽기 때문이
다. 청렴한 사람이 수령으로 있으면 비록 적게 받더라도 부족하지
않을 것이요, 탐욕스런 사람이 수령으로 있으면 아무리 많이 받더
라도 부족하다고 반드시 더 증가시킬 것이다.

요역을 면제하는 규정은

조정 관원의 호(戶)에 대해서 요역을 면제하는 규정은 법전에
실려 있지 않다. 서울 부근의 문명한 땅에서는 면제하지 말아야
하고 먼 시골에서는 적당히 면제해 주도록 할 것이다.

朝官之戶 蠲其徭役 不載於法典 文明之地
조 관 지 호 견 기 요 역 부 재 어 법 전 문 명 지 지

勿蠲之 遐遠之地 權蠲之
물 견 지 하 원 지 지 권 견 지

🌸 朝官 : 조정 관리, 조정의 신하, 관원의 총칭. 載 : 실리다.
遐 : 멀다. 멀리. 遠 : 멀다. 權 : 꾀하다.

🌸 경기에서는 조관의 호에 요역을 면제하는 법규가 없는데 먼
남쪽지방에 가면 이러한 관례를 볼 수 있다. 또한 아름다운 풍속이

라고 하겠다. 기호(畿湖)지방은 조관이 많으나 그들에게 다 요역을 면제할 수는 없다. 그러나 먼 시골은 한 고을에 조관이 한두 명뿐이니 전례에 의거하여 요역을 면제하는 것이 좋을 것이다.

민고의 폐단은 개혁해야

대저 민고의 폐단은 개혁하지 않을 수 없다. 마땅히 그 고을을 위한 한 가지 좋은 방책을 생각하거나 공전(公田)을 설정해서, 민고의 요역을 충당해야 할 것이다.

大低民庫之弊 不可不革 宜於本邑
대 저 민 고 지 폐　 불 가 불 혁　 의 어 본 읍

思一長策 建一公田 以防斯役
사 일 장 책　 건 일 공 전　 이 방 사 역

🔹 革 : 고치다. 개혁하다. 思 : 생각. 防 : 막다. 대비하다. 公田 : 백성이 공동으로 경작하여 수확한 것을 세로 바치는 공유의 밭.

🔹 최유해(崔有海)가 길주목사(吉州牧使)로 있을 때의 일이다.
당시 길주는 기근과 염병으로 죽어간 사람이 1천7백 명이나 되었는데, 그는 창고의 곡식을 풀고 약재를 마련하여 구호를 하였다. 그리고 둔전을 널리 개간하여 양곡 3백 섬을 얻었으며, 또 병장기를 따로 예비해서 왕으로부터 말〔馬〕을 하사받는 은전이 있었다. 이에 앞서, 그 고을 백성들이 포를 바치는 것이 한 호에 열 필이 넘었는데, 그는 토산품으로 교역을 해서 거의 대부분을 공제시켜 주었다.

민고의 지출 장부

민고의 하기(下記)를 고을의 유림(儒林)들을 불러서 검사하게 하는 것은 예가 아니다.

民庫下記之招鄉儒查檢 非禮也
민 고 하 기 지 초 향 유 사 검   비 예 야

🔹 庫 : 창고. 下記 : 지출을 기록한 장부. 招 : 부르다. 儒 : 유생.
鄉儒 : 향촌, 고을의 유생(儒生).

🔹 민고의 하기란 수령이 서명한 것이다. 이미 서명을 하고 도장을 찍었으니 수령이 마감한 것인데, 백성들에게 감사해 보라고 하는 것이 천하에 있을 수 있는 일인가? 체모만 손상시킬 뿐이다.

법전에도 없는 고마법

말을 고용해 타는 법은 국가의 법전에도 없는 일이다. 명분이 없는 부과로서 폐해가 없는 것은 전례대로 좇지만 폐해가 있는 것은 폐지해야 한다.

雇馬之法 國典所無 其賦無名
고 마 지 법 국 전 소 무 기 부 무 명

無弊者 因之 有弊者 罷之
무 폐 자 인 지 유 폐 자 파 지

🔹 雇馬 : 지방 관아에서 고용하는 말. 고마법은 말을 빌리는 법.

🔹 수령이 임지로 부임해 올 때에 쇄마가(刷馬家) 3백 냥을 이미 국고에서 받았고, 수령이 행차할 때에는 저치미(儲置米) 4~5석으로 모두 결산하는 것이 있는데 고마(雇馬)란 또 무슨 명분인가?

수령이 서울에 있을 때에는 집안에 사흘 먹을 양식이 없어도 오히려 말 한 필을 길러서 출입할 때 이용하고 있었는데, 이제 콩과 보리가 관가의 곳집에 쌓여 있고, 꼴과 짚이 관가의 헛간에 가득하며, 또 한두 명의 노복이 관가의 안채에 딸려 있어 대낮에 한가로이 졸고 있는데, 수령은 어찌하여 스스로 말 두어 필쯤 사서 기르게 하지 않고 꼭 백성들의 고혈을 짜내야만 마음이 상쾌하단 말인가?

균역법을 시행한 이후로

균역법(均役法)을 시행한 이후로 어(魚)·염(鹽)·선(船)의 세(稅)가 모두 일정한 세율이 있었는데, 법이 오래 되니 폐단이 생겨서 아전들이 농간을 부린다.

均役以來 魚鹽船稅 皆有定率 法久弊生 吏緣爲奸
균 역 이 래 어 염 선 세 개 유 정 률 법 구 폐 생 이 연 위 간

▷ 均役法 : 영조 때 백성들의 부담을 덜어 주기 위해 만든 법률. 종래의 양포세(良布稅)를 절반으로 줄이고, 나머지를 어업세·염세·선박세·결작의 징수로 보충함. 魚鹽船稅 : 고기잡이·염전·선박에 대한 세금.

▶ 균역법은 조선 영조 때 서민의 부담을 덜어주기 위해 실시한 법으로, 균역청을 설치하여 양포(良布) 두 필을 한 필로 감해 주고 그 재정상의 부족액을 어세·염세·선세와 선무군관포(選武軍官布) 및 결작(結作)의 징수로써 충당키로 하였다.
각기 등급을 나누어 등급에 따라 징수해 오던 것이 오랜 세월이 흘러 변화가 많고, 그 허위와 실상이 서로 엇갈리고 농간과 속임수가 날로 늘어가는 형편이다.

배(선박)의 여러 등급

배에는 여러 등급이 있는데, 도(道)마다 각각 다르니 배를 점검할 때에는 오직 예전부터의 관례를 따를 것이며, 세금을 받아들일 때에는 다만 중첩하여 징수하는 일이 없는가를 살피도록 하여야 한다.

船有多等 道各不同 點船 唯循舊例 收稅 但察疊徵
선 유 다 등　도 각 부 동　점 선　유 순 구 례　수 세　단 찰 첩 징

🔹 點 : 점검하다. 循 : 따르다. 收 : 거두다. 疊 : 중복되다.

🔹 무릇 선세(船稅)를 징수할 때에는 마땅히 등록한 선박대장을 살펴보아야 한다. 그런 다음 징수를 알아서 균역리(均役吏)로 하여금 배 한 척마다 각각 1패(牌)씩 내게 하되 현재의 선주를 살펴서 중복으로 제출된 것이 아님을 밝힌 후 도장을 찍어야 할 것이다.

어세의 바탕

어세(魚稅)의 대상지는 모두 바다 가운데에 있으니 자세히 살펴볼 수는 없다. 오직 비총(比總)하기만 기할 것이며 함부로 징수하는 것을 수시로 살펴야 한다.

魚稅之地 皆在海中 無以細察 唯期比總 時察橫徵
어 세 지 지　개 재 해 중　무 이 세 찰　유 기 비 총　시 찰 횡 징

🔹 海 : 바다. 細 : 자세히. 比總 : 세금의 총액을 정함. 橫 : 함부로.
徵 : 거두다.

🔹 어세(漁稅)는 각 도의 조례가 서로 우열이 있으나 지금은 해마

다 비총하여 원액을 채우도록 할 것이다. 혹 남고 모자라는 것이 고르지 않고 이해가 서로 엇갈린다 하더라도 수령으로는 일일이 살펴 따질 필요는 없으나 교활한 감리들이 함부로 약탈하는 것을 엄히 다스림으로써 어선들의 이익을 잃지 않도록 해야 한다.

염세는 총액에 비례하여

염세(鹽稅)는 본래 가벼워서 백성들에게 큰 고통이 되지 않는다. 오직 총액에 비례하여 거둠에 맞도록 힘쓰고, 함부로 징수하는 것을 때때로 살펴야 한다.

鹽稅本輕 不爲民病 唯期比總 時察橫斂
염 세 본 경　불 위 민 병　유 기 비 총　시 찰 횡 렴

🔹 鹽 : 소금. 輕 : 가볍다. 橫斂 : 함부로 거두다.

🔹 소금이란 일용의 양식인지라 염세를 징수하는 이속과 소금 만드는 일을 감독하는 자가 사사로이 가져가 절제 없이 소비하면서 그 값을 치르지 않으며 부정을 저지르고 있는 일이 많으니 별도로 살피는 일을 게을리하지 말아야 한다.

호소할 곳 없는 저세

토선(土船)이나 관선(官船)을 이용하는 고기장수, 소금장수, 김장수, 미역장수로서 원통한 일이 있으나 호소할 곳이 없는 것이 바로 저세(邸稅)이다.

土船官船 魚商鹽商 苔藿之商
토 선 관 선　어 상 염 상　태 곽 지 상

厥有深冤 無處告訴 邸稅是也
궐 유 심 원 무 처 고 소 저 세 시 야

🔹 土船 : 지방 민간 소유의 선박, 또는 그 부근 일정한 곳에만 항해
하는 조그만 배. 官船 : 관에서 운용하는 큰 배. 苔 : 김. 이끼.
藿 : 미역. 콩잎. 深 : 깊다. 冤 : 원통하다. 訴 : 호소하다.
邸稅 : 저점(邸店), 즉 선주인(船主人)이나 물산객주(物産客主)라는
자에게 중매수수료(仲買手數料), 위탁료, 기타의 세금처럼 강제로
징수되는 상인의 부담을 일컫는 말.

🔹 저세라는 것은 저점(邸店)에 바치는 수수료 등을 말한다. 저점
은 지금의 소위 선주인이라는 것이다. 포구의 배가 정박하는 곳에
는 어디나 호민(豪民)이 점포를 차려 놓고, 무릇 상선이 도착하여 정
박하면 그 화물을 주관하여 감히 이동하지 못하게 하고, 제가 스스
로 거간꾼이 되어 임의로 조종하여 그 값을 올렸다내렸다 한다.

각종 세금의 징수

장세(場稅), 관세(關稅), 진세(津稅), 점세(店稅)와 승혜(僧鞋), 무녀
포(巫女布)를 함부로 지나치게 징수하지 않는가를 살펴야 한다.

場稅 關稅 津稅 店稅 僧鞋 巫女布 其有濫徵者 察之
장 세 관 세 진 세 점 세 승 혜 무 녀 포 기 유 남 징 자 찰 지

🔹 場稅 : 시장세(市場稅). 저자 시장의 세금. 關稅 : 관문(關門)을 통
과할 때에 징수하는 세금. 관문은 높은 재의 좁은 곳에 설치한
문. 津稅 : 강이나 바다를 건너는 나루터에서 징수하는 세금.
店稅 : 여관세(旅館稅). 여관에 대해 부과하는 세금. 僧鞋 : 중들로
부터 거두는 짚신. 巫女布 : 무당들로부터 거두는 무명이나 삼
베. 무녀포는 형조에서 잡신의 제사를 금지하기 위하여 만든 것

이다. 濫徵 : 지나치게 많이 거둠.

📖 장세는 장터에 부과되는 세이며, 관세는 통행료, 진세는 강과 바다를 건너는 나루터에 부과되는 세이다. 그리고 여점(旅店)에 부과하는 점세와 절에 부과하는 세 등은 그 이치를 잘 살펴 부당하게 징수되는 일이 없도록 힘써 백성들의 원성이 길에 깔리지 않도록 해야 할 것이다.

노동력을 필요로 하는 공사

백성의 노동력을 필요로 하는 공사를 일으키는 일은 신중하게 하되, 되도록 줄이는 방향으로 해야 한다. 백성에게 이익이 되는 일이 아니면 하여서는 안 된다.

力役之政 在所愼惜 非所以爲民興利者 不可爲也
역 역 지 정   재 소 신 석   비 소 이 위 민 흥 리 자   불 가 위 야

📖 力役 : 백성의 노동력을 필요로 하는 공사라는 뜻. 愼 : 삼가다. 惜 : 아끼다. 興 : 일으키다. 利 : 이익. 이롭다.

📖 백성의 노동력을 필요로 하는 행정으로는 방파제를 축조하는 일, 보를 막고 도랑을 내는 일, 못 안에 쌓인 모래를 파내는 일, 객지에서 죽은 관원의 상여를 메는 일, 강선(江船)으로 운상하는 상여를 끌어 주는 일, 목재를 운반하는 것〔황장목(黃腸木)이나 관(官)에서 쓰는 재목 및 선재(船材) 등〕, 공물을 수송하는 일(제주의 토산물) 등이다.

명목도 없는 세금이

명목도 없는 세금이 한때의 잘못된 전례에서 생긴 것은 마땅히

급히 폐지해야 하고 그대로 따라서는 안 된다.

其無名之物 出於一時之謬例者 亟宜革罷 不可因也
기 무 명 지 물 　 출 어 일 시 지 류 례 자 　 극 의 혁 파 　 불 가 인 야

주해 謬 : 그릇되다. 속이다. 亟 : 빨리. 革罷 : 묵은 제도 따위를 없앰.
因 : 따르다. 인하다.

해설 송나라 이윤칙(李允則)이 담주지주(潭州知州)로 있을 때의 일이
다. 전에 마씨(馬氏)라는 사람이 이 고을을 다스릴 때 포악하게 수탈
하여 그 고을 사람들은 해마다 비단을 바치게 되어 이를 지세(地稅)
라 일컬었고, 가옥의 간수를 계산하여 한 간에 비단 한 장(丈) 3척
(尺)씩 바치게 되어 이를 옥세(屋稅)라 하였다. 또한 농사짓는 집에
는 소를 나누어 주고 해마다 쌀 네 섬씩을 바치게 하므로 소가 죽더
라도 쌀을 바치게 되어 이를 고골세(枯骨稅)라 일렀는데, 이윤칙은
그것을 모두 없애버렸다.

요역이 있을 때 보조하는 곡식

혹 조요곡(助徭穀)이니 보역전(補役錢)이니 하는 것이 민간에 퍼
져 있는 것을 매번 호세한 집에서 먹어 버린다. 그것을 조사하
여, 찾아낼 수 있는 것은 징수하고 추징할 수 없는 것은 탕감해
주고 별도로 보충해야 한다.

或有助徭之穀 補役之錢 布在民間者 每爲豪戶所吞
혹 유 조 요 지 곡 　 보 역 지 전 　 포 재 민 간 자 　 매 위 호 호 소 탄

其可査拔者徵之 其不可追者 蠲而補之
기 가 사 발 자 징 지 　 기 불 가 추 자 　 견 이 보 지

주해 助徭之穀 補役之錢 : 요역이 있을 때에 보조하여 주기 위한 곡

식, 또는 돈. 豪 : 세력이 성하다. 호걸. 呑 : 삼키다. 가로채다.
拔 : 뽑다. 追 : 뒤쫓다.

⦿ 조요곡과 보역전이란 백성들의 요역을 돕기 위한 명목으로 조성된 기금을 말한다. 그런데 옛사람이 수령으로 있을 때에는 다 보역전(補役錢)이라는 것이 있어서 민간에 산재해 있었으며, 또 혹은 감사가 돈 수만(數萬)을 내어 소를 사서 민간에 빌려 주는 일이 있었다. 그 시초에는 백성들이 모두 계(契, 돈을 모아 이자를 취하는 것을 계라 한다)를 모아 그 돈을 늘리더니, 세월이 흐름에 따라 호세한 집과 간사한 무리가 그 본전을 먹어 버리고 나면 결국은 소용없는 것이 되고 만다.

공평한 부세와 요역

부세와 요역을 크게 공평하게 하고자 하면 반드시 호포(戶布)와 구전(口錢)의 법을 강구하여 시행해야 민생이 안정될 수 있을 것이다.

欲賦役之大均 必講行戶布口錢之法 民生乃安
욕 부 역 지 대 균　필 강 행 호 포 구 전 지 법　민 생 내 안

⦿ 戶布 : 매 호에 대하여 징수하는 세. 봄과 가을에 집집마다 물리던 세. 口錢 : 여기서는 백성의 인구에 대하여 부과 징수하는 세를 말한 것이다. 군포(軍布, 군에 복무할 수 없을 때 바치던 삼베나 무명) 대신 전화(錢貨)로 징수하는 것.

⦿ 『서경(書經)』 우공(禹貢)의 평부법(平賦法)은 지금 자세하게 알 수 없고 오직 그 등분이 9등급으로 되어 있었다는 것만을 알 뿐이다. 『주례(周禮)』의 9부법(九賦法)은 9직(九職)에서 나온 것인데, 이름

하여 9공(九貢)이라 하고, 구별하여 9부라 하여, 9등급으로 나누었는데, 그 법이 자세하므로 오히려 상고하여 시행할 만하다.

 제6조 권농(勸農) 농업 육성, 농사를 권장함

농사는 백성에게 이익이 되는 것

농사는 백성에게 이익이 되는 것으로 백성들 스스로 힘쓸 바이지만, 더할 수 없이 어리석은 것이 백성이므로 옛 임금들은 농사를 권장하였다.

農者民之利也 民所自力 莫愚者民 先王勸焉
농 자 민 지 이 야 민 소 자 력 막 우 자 민 선 왕 권 언

🔸 勸農 : 농사를 권장함. 勸 : 권하다. 莫 : 더할 수 없다. 愚 : 어리석다. 農師 : 중국 고대의 관명으로 농사를 관장했음. 농업 지도자를 가리킴.

🔹 살피건대 지극히 어리석은 자는 백성들이고 지극히 정밀한 것은 농사의 이치이다. 반드시 사리에 밝고 물정에 통달한 군자가 있어서 백성을 위하여 농사(農師)가 되어 그들을 가르치고 훈도하여 토양에 알맞은 곡물을 분별하고, 농기구의 사용을 편리하게 함으로써 그들이 미치지 못한 점을 도와주어야 백성들이 그 지침을 따르고 농사를 짓는 데도 법도가 생길 것이다. 그런데 우리나라 백성들은 옛날부터 지금까지 그들 멋대로 농사를 지었지 군자의 가르침을 들어 본 적이 없었다.

권농은 수령의 으뜸가는 책무

옛날의 현명한 목민관은 농사를 권하는 일을 부지런히 하여 그 것으로써 명성과 치적을 삼았다. 권농은 수령의 으뜸가는 책무 이다.

古之賢牧 勤於勸農 以爲聲績 勸農者 民牧之首務也
고 지 현 목 근 어 권 농 이 위 성 적 권 농 자 민 목 지 수 무 야

주해 賢牧 : 현명한 수령. 勤 : 부지런하다. 聲績 : 잘 다스린다는 명성. 績 : 공적. 길쌈하다.

해설 도간(陶侃)이 형주자사(荊州刺史)로 있을 때, 어떤 사람이 익지 않은 벼 한 줌을 가지고 있는 것을 보고 무엇을 하려는가 물었더니 그 사람은,

"길 가다가 보이기에 그저 뽑았을 뿐입니다."

라고 대답하자 도간이 노하여,

"너는 농사도 짓지 않으면서 장난삼아 남의 벼를 해쳤느냐?"

하고 잡아서 매로 다스렸다. 이 때문에 백성들이 농사일에 부지 런하게 되어 집집마다 넉넉하게 되었다.

농사를 권장하는 방법

농사를 권장하는 요긴한 방법은 조세를 경감하여 줌으로써 그 근본을 북돋우는 데 있다. 그렇게 함으로써 토지가 개간되고 넓 혀진다.

勸農之要 又在乎蠲稅薄征 以培其根地 於是墾闢矣
권 농 지 요 우 재 호 견 세 박 정 이 배 기 근 지 어 시 간 벽 의

주해 蠲稅薄征 : 稅나 征은 다 세금이라는 뜻으로, 세금을 감면하여 가볍게 해주는 것이다. 培 : 북돋우다. 墾 : 개간하다. 闢 : 열다.
개간하다.

해설 동암(東巖) 이영도(李詠道)가 연원찰방(連原察訪)이 되었는데 때마침 충주목사(忠州牧史) 자리가 비어 있어 그로 하여금 겸임시키니, 충주 백성들이 크게 기뻐하였다. 그때에는 바야흐로 전쟁에 기근이 겹쳐 있었는데, 재력을 다하여 굶주리는 백성들을 구제하고 사람들을 모아 수천 경(頃)의 전답을 경작하여 가을에 크게 풍년이 들자 곡식 일만 섬을 거두었다. 전란을 치른 이후로 이 고을에 곡식이 비축된 것은 여기서 비롯되었다.

농사를 권장하는 정책

농사를 권장하는 정책은 곡식을 심는 일만 권장할 것이 아니라 원예, 목축, 양잠, 길쌈 등의 일도 권장하지 않으면 안 된다.

勸農之政 不唯稼穡 是勸樹藝畜牧蠶績之事
권 농 지 정　불 유 가 색　시 권 수 예 축 목 잠 적 지 사

靡不勸矣
미 불 권 의

주해 穡 : 농사. 樹 : 나무. 畜 : 가축. 蠶 : 누에. 靡 : 아니다. 없다.

해설 『주례(周禮)』 여사(閭師)에, '무릇 서민으로 목축하지 않는 자는 제사에 희생(犧牲)을 쓰지 못하고, 경작하지 않는 자는 제사에 메를 올리지 못하고, 나무를 심지 않는 자는 죽어서 관을 쓰지 못하고, 누에치지 않는 자는 명주옷을 입지 못하고, 길쌈하지 않는 자는 상주가 되어서도 삼베옷을 입지 못한다.' 라고 하였다.

수령의 중요한 임무

농사가 식생활의 근본이고 양잠은 의생활의 근본이다. 그런 까닭에 백성에게 뽕나무를 심게 하는 것은 수령의 중요한 임무가 되는 것이다.

農者 食之本 桑者 衣之本 故
농 자 식 지 본 상 자 의 지 본 고

課民種桑 爲守令之要務
과 민 종 상 위 수 령 지 요 무

☞ 食 : 먹다. 桑 : 뽕나무. 種 : 심다. 守 : 지키다.

☞ 『경국대전』에 말하였다.

"잠실(蠶室)이 있는 곳에는 뽕나무를 심어 기를 것이며, 민호에게도 아울러 뽕나무를 심도록 하되, 대호(大戸)는 삼백 주, 중호(中戸)는 이백 주, 소호(小戸)는 일백 주를 심게 하고, 수령은 뽕나무를 기르는 일을 감독할 것이며, 주인 없는 들판의 뽕나무를 함부로 베는 것을 금할 것이다."

백성의 수령된 자의 힘쓸 바

농사짓는 기구와 베 짜는 기구를 만들어서 백성들이 편리하게 사용토록 하고, 백성들의 생활을 넉넉하게 해 주는 일 또한 백성의 수령된 자의 힘쓸 바이다.

作爲農器織器 以利民用 以厚民生 亦民牧之攸務也
작 위 농 기 직 기 이 이 민 용 이 후 민 생 역 민 목 지 유 무 야

☞ 器 : 그릇. 기구. 織 : 베를 짜다. 직물. 攸 : 바.

해설 명나라 서광계(徐光啓)의 『농기도보(農器圖譜)』와 『직기도보(織器圖譜)』에는 농기구와 베 짜는 기구에 대해 자세히 정리해 놓은 것이 전해지는데 만들기도 쉽고 용도가 지극히 중요하니, 수령은 마땅히 그 도보를 살펴 기구를 만들어 백성들에게 주어 사용하도록 해야 할 것이다.

농사는 소로 짓는 것이니

농사는 소로 짓는 것이니, 관에서 소를 제공하기도 하고 백성들에게 소를 서로 빌려 주도록 권장하기도 하여 역시 권농하는 데 항상 힘쓸 일이다. 또한 진실로 농사를 권장하려면 마땅히 도살을 경계하고 목축을 장려해야 할 것이다.

農 以牛作 或自官給牛 或勸民借牛 亦勸農之恒務也
농 이우작 혹자관급우 혹권민차우 역권농지항무야

誠欲勸農 宜戒屠殺而勸畜牧
성욕권농 의계도살이권축목

주해 牛 : 소. 給 : 주다. 借 : 빌리다. 恒 : 항상. 屠 : 죽이다.
殺 : 죽이다.

해설 우리나라에는 다른 축산이 없기 때문에 소의 도살을 금하면 결국 고기가 없을 것이라는 말을 하는데, 이것은 틀린 말이다. 소의 도살을 금한 후에라야 백성들은 비로소 다른 축산에 힘을 써서 돼지와 양이 번식하게 될 것이다. 그리고 고을 경내에 양 기르기에 적합한 곳이 있으면 관에서는 마땅히 별도로 목장을 설치해 백성들로 하여금 양을 기르게 하는 것도 좋은 방법이 될 것이다.

소를 기르는 법

서광계의 『농정전서』에 소 기르는 법들이 있고, 소의 병을 다스리는 방문도 자세히 실려 있다. 소의 유행병이 도는 해에는 마땅히 그 방문을 민간에 널리 알려 줄 것이다.

徐氏農書 有牧牛諸方 備載治病之法
서 씨 농 서　유 목 우 제 방　비 재 치 병 지 법

遇有牛疫 宜頒示民間
우 유 우 역　의 반 시 민 간

주해 放 : 약 처방의 약방문. 農政全書 : 서광계(徐光啓)가 쓴 서씨농서(徐氏農書).

농사를 권장하는 정사는

총체적으로 말하면 농사를 권장하는 정사는 마땅히 먼저 각기 직책을 주어야 한다. 직책을 나누어 주지 않고 여러 가지 일을 이것저것 시키는 것은 선왕(先王)의 법이 아니다.

總之 勸農之政 宜先授職 不分其職
총 지　권 농 지 정　의 선 수 직　불 분 기 직

雜勸諸業 非先王之法也
잡 권 제 업　비 선 왕 지 법 야

주해 先 : 먼저. 授 : 주다. 雜 : 섞이다. 번거롭다.

해설 무릇 옛날 어진 제왕의 권농법은 직책을 분업적으로 구분하여 그 한 가지의 직책에 전력을 다하게 하였으며, 여러 가지 일을 뒤섞어서 한 사람에게 온갖 농사와 그 부업을 한꺼번에 권장하는 일을 하지 않았다.

농사를 권장하는 정책은

무릇 농사를 권장하는 정책은 마땅히 농사를 여섯 과(科)로 분류하여 각각 그 직무를 주고, 그 성적을 고과하여 공적이 좋은 자를 높은 벼슬에 올려 주어서 백성의 생업을 권장해야 할 것이다.

凡勸農之政 宜分六科 各授其職
범 권 농 지 정　의 분 육 과　각 수 기 직

各考其功 登其上第 以勸民業
각 고 기 공　등 기 상 제　이 권 민 업

※ 考 : 생각. 상고하다. 功 : 공로. 공적. 登 : 오르다. 기재하다.
第 : 차례.

※ 농정(農政)의 6과(科)는 다음과 같다. 논밭농사〔田農〕를 한 과(온갖 곡식을 생산한다), 원전(園廛)을 한 과(온갖 과수를 심는다), 포휴(圃畦)를 한 과(온갖 채소를 심는다), 빈공(嬪公)을 한 과(베와 명주를 생산해 낸다), 우형(虞衡)을 한 과〔온갖 재목(材木)을 심어 기른다〕, 축목(畜牧)을 한 과(여러 가지 가축을 기른다)로 한다. 이 여섯 가지 분과에다가 공업(工業), 상업(商業), 신첩〔臣妾, 즉 노비(奴婢)〕을 합하여 9직(職)으로 한다.

이 6개 분과의 공적을 일정한 규정에 의거하여 성적을 고사하고, 그 중 우수한 자를 뽑아 벼슬을 주도록 한다는 것이다.

향촌에 통첩을 내려

　매년 춘분날에는 여러 향촌에 통첩을 내려 농사를 제때에 일찍한 것과 시기를 늦춘 것을 심사하여 상벌을 시행하기로 약속할 것이다.

每春分之日　下帖于諸鄉　約以農事早晚　考校賞罰
매 춘 분 지 일　하 첩 우 제 향　약 이 농 사 조 만　고 교 상 벌

※ 春 : 봄. 帖 : 표제. 문서. 두루마리. 早 : 일찍. 晚 : 늦다. 考 : 조사하다. 賞 : 상주다. 罰 : 벌주다.

※ 무릇 농사는 일찍 심는 것이 제일 좋다. 그런데 게으른 농부는 번번이 때를 놓친다. 또 가난한 농가에서는 소〔牛〕가 없어서 때를 놓치게 마련이다. 만약 이 영(令)을 시행한다면 반드시 밤낮을 가리지 않고 힘써 일하고 소를 빌리고 조력을 얻어 가면서 서로 다투어 경쟁할 것이니 또한 좋지 않겠는가.

♠ 홍이포(紅夷砲)

이 장에서는 국법의 육전(六典) 중에서 예전(禮典)에 규정된 사항으로서 군현에 관계되는 중요한 사항들을 논술하고 있다.

제사(祭祀), 빈객(賓客), 교민(敎民), 흥학(興學), 변등(辨等), 과예(課藝)의 6조로 구분되어 있다.

군현의 제사는

군현(郡縣)의 제사는 삼단(三壇)과 일묘(一廟)가 있다. 그 제사지낼 대상을 알아야 마음이 향하게 되고, 마음에 향하는 바가 있어야 재계(齋戒)하고 공경하게 될 것이다.

郡縣之祀 三壇一廟 知其所祭 心乃有嚮
군 현 지 사 삼 단 일 묘 지 기 소 제 심 내 유 향

心有所嚮 乃齋乃敬
심 유 소 향 내 재 내 경

祭祀 : 중앙 정부와 지방 관아에서 주관하는 각종 제사. 사직단에서부터 일월식의 제사 등에 대하여 다루어 놓았다. 三壇 : 사직단(社稷壇), 성황단(城隍壇, 서낭당), 여단(厲壇). 一廟 : 공자를 모신 문묘(文廟)를 가리킴. 文廟 : 공자의 위패를 모신 사당. 역대 여러 유현(儒賢)을 종사(從祀)했음. 중앙에는 태학(太學, 고려의 국자감, 조선의 성균관 등)에 있었고 지방에는 향교(鄕校)에 있었다. 齋戒 : 몸과 마음을 깨끗이 하고 음식과 언행을 삼가며 부정을 멀리하는 일. 祀 : 제사. 壇 : 제단. 廟 : 사당. 祭 : 제사. 嚮 : 향하다. 齋 : 재계하다.

사직(社稷)이란 토지신과 곡신(穀神)을 말한다. 국토와 곡식이 없이는 백성이 살 수 없으므로, 옛날부터 중국의 천자나 기타 제후가 나라를 세우면 사직단을 세워 국가와 백성을 위해 복을 비는 제사를 지냈다. 우리나라는 신라 선덕여왕 4년에 처음으로 사직단을 세워 제사를 지냈다.

여단(厲壇)이란 자손이 없어서 의지할 데가 없는 신이나 뜻밖의 재난으로 죽은 사람의 혼령을 제사지내는 단을 말한다. 성황당은 그 고을의 수호신인 성황신(城隍神)을 제사지내는 단이다. 『오례의(五禮儀)』를 보면 성황신으로 하여금 모든 여귀들을 불러모으게 하여 제사를 지냈다고 기록되어 있다.

문묘의 제사는

문묘(文廟)의 제사는 수령이 마땅히 몸소 거행하되 경건하고 정성스러운 마음으로 목욕재계하여 여러 선비들의 본보기가 되어야 할 것이다.

文廟之祭 牧宜躬行 虔誠齋沐 爲多士唱
문 묘 지 제　목 의 궁 행　건 성 재 목　위 다 사 창

※ 文廟 : 공자묘(孔子廟). 고려의 국자감, 조선조의 성균관에 있었고 지방에는 향교에 있었음. 躬 : 몸소. 친히. 虔 : 경건하다. 沐 : 목욕. 唱 : 앞에 서서 인도하다.

※ 공자를 모시는 사당인 문묘에 제사지내는 석전제에는, 수령은 제사에 참여하는 자들의 몸가짐을 단정히 하도록 살필 것이며, 제물과 제기를 두루 살펴서 정결하고 엄숙히 거행하여 백성들의 본보기가 되어야 할 것이다.

『경국대전』에는 이렇게 되어 있다.

"모든 제사를 수령이 몸소 행하지 않거나, 남은 찌꺼기로 제물을 쓰거나, 향교를 보수(補修)하지 않는 자는 죄를 준다."

※석전제(釋奠祭) : 공자에게 지내는 제사.

신에게 부끄러움이 없도록

문묘가 퇴락하였거나, 제단(祭壇)이 무너졌거나, 제복(祭服)이 아름답지 않거나, 제기(祭器)가 깨끗하지 못한 것이 있으면 모두 수리하고 고쳐서 신(神)에게 부끄러움이 없도록 하여야 한다.

廟宇有頹 壇墠有毀 祭服不美
묘 우 유 퇴　단 선 유 훼　제 복 불 미

祭器不潔 竝宜修葺 無爲神羞
제 기 불 결　병 의 수 즙　무 위 신 수

✿ 廟宇 : 사당 집. 頹 : 무너지다. 壇墠 : 제단. 흙을 쌓아올린 것을 壇, 땅을 깨끗이 다듬은 것을 墠이라고 한다. 毀 : 무너지다. 潔 : 깨끗하다. 葺 : 고치다. 羞 : 부끄럽다.

✿ 송나라 적율(狄栗)이 곡성영(穀城令)이 되어 공자의 사당을 중수하고 예기(禮器)를 만들어 그 고을 사람들에게 주어 봄과 가을에 석전제(釋奠祭)를 지내고 학문을 흥기하게 하니, 정사와 교화가 크게 흡족하였다.

마땅히 경건하고 정결하게

관내(官內)에 서원이 있어서 관에서 제수(祭需)를 공급할 경우에도, 또한 마땅히 경건하고 정결하게 받들게 하여 선비들의 기대에 실망을 주지 말아야 할 것이다.

境內有書院 公賜其祭者 亦須虔潔 無失士望
경 내 유 서 원　공 사 기 제 자　역 수 건 결　무 실 사 망

✿ 境 : 지경. 경계. 書院 : 선현(先賢)을 제사지내거나 선비들이 공

부하기 위해 설치한 곳. 賜 : 내려주다. 望 : 바라다.

🔹 사액서원(賜額書院)에 대해 관에서 지급하는 제물은 관곡(官穀)으로 마감하는 것인데, 언제나 보면 주리(廚吏)가 삼가지 않고 좋은 과일 대신 나쁜 과일을, 좋은 반찬 대신 야채를 사용하고 있으니, 엄히 단속하여 한결같이 본래의 격식을 따르되, 제수(祭需)를 풍부하게 하기를 힘써 잘못됨이 없게 할 것이다.

※사액서원(賜額書院) : 나라에서 이름을 지어 내려준 서원.

관내에 있는 사묘에 대해

관내에 있는 사묘(祠廟)에 대해 수리하고 관리하는 것도 또한 마땅히 예전과 같이 하여야 할 것이다.

其有祠廟在境內者 其修葺庇治宜亦如之
기 유 사 묘 재 경 내 자   기 수 즙 비 치 의 역 여 지

🔹 祠廟 : 옛날의 이름 높은 사람들을 제사 지내는 사당 집.

🔹 가령 평양의 기자묘(箕子廟), 경주(慶州)의 숭덕묘(崇德廟), 순천(順川)의 충민사(忠愍祠), 강진(康津)의 탄보묘(誕報廟) 등과 같이 사묘들이 곳곳에 있는데, 그 집을 수리하고 제기(祭器)를 관리하는 일은 다 수령의 책임이다. 제사를 받는 신이 슬퍼하는 일이 없게 하여야 현명한 수령인 것이다.

제물로 바치는 짐승

제물로 바치는 짐승이 마르거나 병들지 않아야 하고 신에게 바치는 곡물을 저장해 둔 것이 있어야 현명한 수령이라 할 수 있다.

牲不瘠癙 粢盛有儲 斯可曰賢牧也
생 부 척 라　자 성 유 저　사 가 왈 현 목 야

❀ 犧牲 : 제사에 쓰는 산 짐승. 소, 양, 돼지. 瘠癙 : 파리하게 여위
고 옴에 걸린 것. 粢盛 : 큰 제사에 쓰이는 기장. 제수를 뜻함.

❀ 수로(水路)를 만들고 제방을 쌓아 저수지를 만들면, 공전(公田)
을 설치하여 민역(民役)을 도울 수 있고, 또 이 가운데 얼마를 떼어
내어 목전(牧田)을 만든 뒤에야 양을 치고 돼지 기르는 일을 책임질
수 있다. 희생이 크게 자라고 통통히 살이 쪄서 제사를 받는 신이
상심하지 않게 하는 것이 목민관의 직분이다.

잘못된 관례가 전해 내려오는 경우

혹시 고을에 음사(淫祀)가 있어 잘못된 관례가 전해 내려오는
경우에는 마땅히 백성들을 깨우쳐서 이를 없도록 꾀해야 한다.

其或邑有淫祀 謬例相傳者 宜曉諭士民 以圖撤毁
기 혹 읍 유 음 사　유 례 상 전 자　의 효 유 사 민　이 도 철 훼

❀ 淫祀 : 내력이 바르지 못한 귀신에게 제사지내는 것. 謬 : 그릇되
다. 曉 : 밝다. 諭 : 깨우치다. 圖 : 도모하다. 撤 : 거두다. 치우
다. 毁 : 헐다. 허물다.

❀ 조선 현종 때 이정악(李挺岳)이 연안부사(延安府使)가 되었는데,
연안에는 본래부터 묵은 폐단이 많았다. 이정악이 부임하는 즉시
모들 없애니 며칠이 안 되어 폐단이 깨끗이 없어졌다. 이곳에는 옛
날부터 기도하는 백성들이 모여 날마다 재물을 허비하는 음사가 있
었는데, 이정악은 즉시 음사를 헐어버리게 하고,
"저 음사의 신이 빌미가 될 수 있다면 내 몸에 가해질 것이다."

하니 백성들이 크게 깨닫고는 서로 이렇게 말했다.

"전에는 우리가 미혹하여 알지 못했었다."

하늘에 기원하는 제사

기우제(祈雨祭)는 하늘에 기원하는 제사이다. 지금의 기우제는 희롱삼아 아무렇게나 하는 태도로 신을 모독하고 있으니 매우 예가 아닌 일이다.

祈雨之祭 祈于天也 今之祈雨 戱慢褻瀆 大非禮也
기 우 지 제　기 우 천 야　금 지 기 우　희 만 설 독　대 비 례 야

🔹 祈雨 : 가뭄에 비오기를 비는 일. 戱 : 희롱하다. 褻 : 더럽다.
瀆 : 모독하다.

🔹 가뭄을 만나면 수령은 경건한 마음으로 목욕재계하고 묵묵히 신의 은혜를 빌고 일체의 속된 풍속은 모두 엄히 금해야 한다.

기우제의 제문은

기우제의 제문은 마땅히 수령이 새로 지어야 할 것이다. 어떤 이는 예전 제문의 기록을 베껴서 사용하는데 이는 매우 예가 아닌 일이다.

祈雨祭文 宜自新製 或用舊錄 大非禮也
기 우 제 문　의 자 신 제　혹 용 구 록　대 비 례 야

🔹 製 : 짓다. 舊 : 예. 옛날. 錄 : 기록하다.

🔹 제문은 사언(四言)으로 지어야 읽는 소리가 조화를 이룬다. 자

수와 문구가 고르지 못한 글은 읽어도 소리가 조화되지 않으며 시골의 축 읽는 자는 읽는 것이 서툴러서 사언의 글이 아니면 읽지 못한다. 사언이 아니라 하더라도 모두 운(韻)을 알아야 한다.

일식이나 월식 때의 예절

일식이나 월식 때 거행하는 구식(救蝕)의 예절 또한 마땅히 장중하고 엄숙하게 해야 할 것이요, 감히 희롱삼아 아무렇게나 하는 일이 없어야 할 것이다.

日蝕月蝕 其救蝕之禮 亦宜莊嚴 無敢戲慢
일 식 월 식　기 구 식 지 예　역 의 장 엄　무 감 희 만

🔹 救蝕 : 일식이나 월식이 있을 때 각 관아의 당상관과 낭관 각 한 사람이 엷고 맑은 빛깔의 옷을 입고 기도를 올리는 예식.

🔹 해와 달이 서로 침식하는 현상은 본래 천체 운행의 도수(度數)에 따른 것으로서 미리 그 시각을 알 수 있는 것이므로 처음부터 재변이 아니다. 요순(堯舜)의 시대에 역법(曆法)이 이미 밝혀졌으니 일식·월식을 알지 못한 것이 아니라, 단지 해와 달의 빛이 없어져 경색(景色)이 수참(愁慘)하게 되므로 북을 치고 희생(犧牲)을 써서 하나의 변고임을 보인 것일 따름이다.

 제2조 빈객(賓客) 찾아온 손님맞이

빈객을 접대하는 일은

빈객을 접대하는 일은 오례(五禮) 중의 하나이다. 그들을 대접하는 음식의 여러 가지가 너무 후하면 재물을 낭비하고, 너무 박

하면 환대(歡待)의 예를 잃게 된다. 그러므로 옛날의 착한 임금이 중용에 알맞도록 예를 제정하여 후한 자가 지나치지 못하게 하고, 박한 자도 정한 것을 줄이지 못하게 하였다. 그러니 그 예를 제정한 본의를 소급하여 생각하지 않으면 안 될 것이다.

賓者 五禮之一 其餼牢諸品 已厚則傷財 已薄則失歡
빈 자 오 예 지 일 기 희 뢰 제 품 이 후 즉 상 재 이 박 즉 실 환

先王爲之節中制禮 使厚者不得踰 薄者不得減
선 왕 위 지 절 중 제 례 사 후 자 부 득 유 박 자 부 득 감

其制禮之本 不可以不遡也
기 제 례 지 본 불 가 이 불 소 야

주해 賓客 : 손님. 귀족의 문객(門客)이나 책사(策士). 태자빈객(太子賓客)의 준말. 五禮 : 나라에서 행하는 다섯 가지 의례. 즉, 길례(吉禮)·흉례(凶禮)·군례(軍禮)·빈례(賓禮)·가례(嘉禮)의 다섯 가지 예절. 餼牢 : 음식 대접. 희생. 餼 : 대접하다. 음식을 보내다. 厚 : 후하다. 傷 : 다치다. 薄 : 박하다. 歡 : 기쁘다. 踰 : 넘다. 遡 : 소급하다.

해설 손님의 계급이 높고 낮음에 따라 각각 일정한 격식이 있는 것이니, 주인과 손님은 격식을 지켜 혹시라도 격식을 넘는 일이 없도록 하는 것이 옛날의 뜻이다.

옛날에는 경대부(卿大夫)로서 이웃 나라에 사신으로 간 자가 접대를 받으면서 사소한 것 하나라도 격식에 어긋나거나 지나침이 있으면 두려워 머뭇거리며 감히 편한 마음으로 받지 못하였다.

손님을 대접하는 찬에는

옛날에는 손님을 대접하는 찬(饌)에는 원래 5등급이 있어서 위

로는 천자(天子)로부터 아래로는 삼사(三士)에 이르기까지 길흉간
에 사용하는 바를 이에 어긋나는 일이 없게 하였다.

古者燕饗之饌 原有五等 上自天子
고 자 연 향 지 찬   원 유 오 등   상 자 천 자

下至三士 其吉凶所用 無以外是也
하 지 삼 사   기 길 흉 소 용   무 이 외 시 야

🔹 三士 : 士는 낮은 벼슬을 하는 사람인데, 관제(官制)에 상사(上士),
중사(中士), 하사(下士)로 되어 있으므로 삼사라고 말한 것이다.

🔹 옛날의 예(禮)에 천자의 사신이 제후 나라에 가면 그 접대하는
음식물은 태뢰를 사용하였다. 우리나라의 예법은 천자의 나라보다
한 등급 낮추는 것이니 그렇다면 감사가 관할 지역을 순행할 때 법
으로 보아 소뢰를 사용해야 되고 그 이상 더해서는 안 된다.

고을을 순력하는 일

요즈음 감사가 각 고을을 순력(巡歷)하는 일은 천하의 큰 폐단
이다. 이 폐단이 없어지지 않으면 부세와 요역이 번거롭고 무거
워서 백성은 다 죽고 말 것이다.

今監司巡歷 天下之巨弊也 此弊不革
금 감 사 순 력   천 하 지 거 폐 야   차 폐 불 혁

則賦役煩重 民盡劉矣
즉 부 역 번 중   민 진 류 의

🔹 巡歷 : 감사가 맡아 다스리는 도내의 각 고을을 돌아다니는 것.
弊 : 폐단. 革 : 고치다. 煩重 : 번잡하고 무거움. 盡劉 : 모조리
죽음.

전부(田賦)가 날로 가중되기에 그 이유를 물었더니 감사의 순행 때문이라고 하고 민고(民庫)를 지나치게 많이 거두기에 그 이유를 물었더니 역시 감사의 순행 때문이라고 하였다.

또한 아전의 수효가 줄지 않기에 이유를 물었더니 역시 감사의 순행 때문이었으며, 계방(契房)을 없애기 어려운 이유도 역시 감사의 순행이 문제가 되었다. 이렇듯 백성들이 부역에 시달리는 이유가 모두 감사의 순행에서 비롯된 것이니, 순행의 법이 고쳐지지 않고서는 도탄에 빠진 백성의 화(禍)를 구제할 방법이 없을 것이다.

내찬을 대접하는 예

내찬(內饌)은 손님을 대접하는 예가 아닌 까닭에 그 실상은 있더라도 그 명목은 없애는 것이 또한 마땅할 것이다.

內饌非所以禮賓 有其實而無其名 抑所宜也
내 찬 비 소 이 예 빈 유 기 실 이 무 기 명 억 소 의 야

內饌 : 내아(內衙)의 부인이 손수 차린 밥상.

감사가 고을에 도착하면 별도로 진수성찬(珍羞盛饌)을 갖추어 내찬(內饌)이라 부르는데, 감사는 오직 이 내찬만을 먹는다. 안에 있는 부녀자가 언제 공사(公事)에 참여한 적이 있기에 공빈(公賓)을 접대하는 자리에서 부녀자가 반찬을 권하게 해서야 되겠는가? 예가 아니다.

조종이 남긴 훈계

감사를 접대하는 음식과 잠자리의 법식은 조종(祖宗)이 남긴 훈

계가 나라의 기록에 실려 있으니, 도리상 마땅히 준수해야 하고 무너뜨려서는 안 될 것이다.

監司廚傳之式 厥有祖訓 載在國乘
감 사 주 전 지 식　궐 유 조 훈　재 재 국 승

義當恪遵 不可毁也
의 당 각 준　불 가 훼 야

※ 廚傳 : 음식을 접대함. 廚 : 주방. 祖 : 할아버지. 조상.
祖訓 : 역대 임금들의 교훈. 乘 : 역사. 사기. 타다. 遵 : 지키다.

※ 내가 근래에 고금의 기민(飢民) 구호 정책에 관한 여러 서적을 열람하니, 주자(朱子)가 절동(浙東) 황사(荒使)가 되었을 때의 일이 기록되어 있었다.

"공(公)은 백성들의 숨은 실정을 탐문(探問)하는 데 밤낮을 가리지 않고 심지어 침식(寢食)까지 폐해 가면서 아무리 궁벽한 산골짜기라도 가지 않은 곳이 없었다. 나갈 적에는 매양 간편한 수레를 타고 시종을 물리치고 필요한 물품은 모두 스스로 장만하고 고을에 추호의 폐도 끼치지 않았다. 그러므로 순행한 곳이 매우 넓었으나 그 지방에서는 황사의 순행이 있었는지조차 알지 못하였다. 이 때문에 관리들은 밤낮으로 경계하고 단속하여 항상 사자(使者)가 자기 경내로 들어오는 것처럼 조심하였으며, 더러는 불안하여 스스로 벼슬을 버리고 떠난 자까지 있었다. 이 때문에 구제된 백성이 몇 만 명이나 되는지 모른다."

예전의 예도에 따라

일체 빈객의 접대는 마땅히 예전의 예도(禮度)에 따라서 엄중하게 그 법식을 정하여야 할 것이다. 법이 비록 성립되어 있지 않더라도 예는 마땅히 항상 강구되어야 할 것이다.

一應賓客之饗 宜遵古禮 嚴定厥式
일 응 빈 객 지 향　의 준 고 례　엄 정 궐 식

法雖不立 禮宜常講
법 수 불 립　예 의 상 강

주해 饗 : 대접하다. 講 : 강구하다. 꾀하다.

해설 지금 비록 법제로서 반포되지는 않았지만 수령들은 마음속으로 선왕(先王)이 예를 만든 것을 알고 있으니, 음식의 가지 수를 스스로 헤아려 주공(周公)·공자(孔子)의 예를 따르는 것이 좋지 않겠는가?

상관을 접대하는 데

옛날의 현명한 수령들은 상관을 접대하는 데 감히 예도를 넘지 않았다. 그 아름다운 행적이 기록으로 남아 있다.

古之賢牧 其接待上官 不敢踰禮 咸有芳徽 布在方冊
고 지 현 목　기 접 대 상 관　불 감 유 례　함 유 방 휘　포 재 방 책

주해 賢 : 어질다. 踰禮 : 예법을 넘음. 咸 : 모두. 芳 : 향기.
徽 : 아름답다. 布 : 펴다. 芳徽 : 꽃처럼 아름다움, 즉 아름다운
사적. 方冊 : 책.

해설 당나라 하역우(何易于)가 익창령(益昌令)이 되었을 때에 자사(刺史) 최박(崔樸)이 배를 띄워 봄놀이를 하려고 익창으로 나와서 백성들을 동원하여 배를 끌게 하자, 하역우가 스스로 나서서 배를 끌었다. 이를 본 최박은 놀라 그 사정을 물으니 하역우가 대답하기를,

"지금은 봄이어서 백성들이 밭갈이나 누에치는 일에 바쁘지만, 나는 아무 일도 없기 때문에 백성들을 대신하여 이 일을 할 수 있습니다."

하니, 이 말을 들은 자사는 불안해 곧 말을 타고 돌아갔다.

비록 상관이 아닐지라도

비록 상관이 아닐지라도 때로 지나가는 모든 사성(使星, 사신)에게는 마땅히 경의를 표해야 할 것이다. 그러나 횡포한 자는 받아들이지 말 것이며, 그 밖의 사신에게는 마땅히 정성껏 공손히 접대해야 할 것이다.

雖非上官 凡使星之時過者 法當致敬
수 비 상 관　범 사 성 지 시 과 자　법 당 치 경

其橫者勿受 餘宜恪恭
기 횡 자 물 수　여 의 각 공

🔹 使星 : 사신(使臣). 임금의 명을 받은 사자. 使 : 사신. 星 : 별.
致 : 이르다. 敬 : 공손하다. 橫 : 횡포. 餘 : 나머지. 恪 : 정성.
橫者 : 횡포한 자. 恪恭 : 정성과 공경.

🔹 후주(後周) 때 왕비(王羆)가 강동(江東)을 다스릴 적에 사신이 왔으므로 그를 위하여 음식을 차렸는데, 그 사람이 떡의 엷은 가장자리를 떼어내고 먹으니, 왕비가 노하여 말하기를,

"갈고 심고 거두는 데 그 공이 많이 들었고, 찧고 불때고 만드는 데 힘이 적게 든 것이 아닌데, 그대는 골라가며 먹으니 이는 아직 배가 고프지 않아서이다."

하고, 좌우에게 명하여 상을 물리게 하니 그가 크게 부끄러워하였다.

감히 백성을 괴롭혀 가면서

옛사람들은 내시(內侍)가 지나갈 때에도 오히려 의로써 항거하였으며, 심한 자는 거가(車駕)가 지나갈 때에도 오히려 감히 백성을 괴롭혀 가면서 임금에게 아첨하려고 하지는 않았다.

古人於內侍所過 猶或抗義 甚者 車駕所經
고 인 어 내 시 소 과 유 혹 항 의 심 자 거 가 소 경

猶不敢虐民 以求媚
유 불 감 학 민 이 구 미

🌸 內侍 : 임금을 가까이에서 모시는 환관(宦官). 抗義 : 의(義)를 들어 굽히지 않음. 車駕 : 임금이 타는 수레, 즉 임금의 행차. 求媚 : 잘 보이려고 함.

🌸 양진(楊璡)이 단도지현(丹徒知縣)을 제수받았는데, 마침 그때 중사(中使, 내시 신분인 사신)가 절강(浙江)으로 가면서 이르는 곳마다 수령을 결박하여 배 안에 가두어 두고 뇌물을 받고서야 풀어 주었다. 중사의 행차가 단도에 도착할 무렵 양진은 헤엄 잘 치는 두 사람을 골라 늙은이의 의관(衣冠)을 하고 가서 중사를 맞게 하니, 중사가 노하여 말하기를,

"수령은 어디 갔기에 너희들만이 감히 와서 알현하는 것이냐?"

하고, 좌우에게 명하여 두 사람을 잡으라 하였다. 두 사람은 곧 강물 속으로 뛰어들어 수중으로 헤엄쳐서 도망하였다. 그런 뒤 양진은 천천히 와서 거짓말하기를,

"들으니 공께서 두 사람을 몰아 강물에 빠져 죽게 하였다 하니, 밝은 세상으로 법령이 삼엄한 오늘날에 어찌 인명을 그리 함부로 여기십니까?"

하니, 중사는 겁이 나서 사과하고 떠났다.

칙사에 대한 접대

칙사(勅使)에 대한 접대를 지칙(支勅)이라고 이른다. 지칙은 서로(西路)의 큰 정사이다.

勅使接待 謂之支勅 支勅者 西路之大政也
칙 사 접 대　위 지 지 칙　지 칙 자　서 로 지 대 정 야

勅 : 칙사. 勅使 : 임금의 명을 받은 사신이라기보다는 중국 사신을 일컬음. 待 : 대접하다. 支勅 : 칙사를 접대함.
西路 : 서쪽 평안도와 황해도를 일컬음. 서쪽지방.

칙사가 행차한다고 미리 알리는 기별이 오면 여러 고을이 소란을 떨며 접대에 필요한 모든 물건을 백성들에게 분담시켜 준비하게 한다. 그 명목이 헤아릴 수 없이 많기 때문에 아전들이 농간을 부리기가 일쑤고 크나큰 고통이 된다.
수령의 아전과 장교들을 엄하게 타일러서 칙사가 나오는 것을 기회로 백성의 재물을 수탈하여 미풍양속을 해치는 일이 없도록 단속해야 한다.

 제3조 교민(敎民) 백성을 가르침

목민관의 직분

목민관의 직분은 백성을 가르치는 일뿐이다. 그들의 전지와 재산을 균등하게 하는 것도 장차 그들을 가르치기 위함이고, 그들의 부세와 요역을 공평하게 하는 것도 장차 그들을 가르치기 위함이며, 고을을 설치하고 수령을 배치하는 것도 장차 그들을 가르치기 위함이고, 형벌을 밝히고 법을 신칙하는 것도 장차 그들

을 가르치기 위해서이다. 여러 가지 정사가 닦여져 있지 않으면 교화(敎化)를 펼 겨를이 없다. 이것이 백세(百世)를 통하여 훌륭한 다스림이 없었던 이유이다.

民牧之職 敎民而已 均其田産 將以敎也 平其賦役
민 목 지 직 교 민 이 이 균 기 전 산 장 이 교 야 평 기 부 역

將以敎也 設官置牧 將以敎也 明罰飭法 將以敎也
장 이 교 야 설 관 치 목 장 이 교 야 명 벌 칙 법 장 이 교 야

諸政不修 未遑興敎 此百世之所以無善治也
제 정 불 수 미 황 흥 교 차 백 세 지 소 이 무 선 치 야

🔹 敎 : 가르치다. 均 : 고르다. 田産 : 토지의 생산. 置 : 두다.
飭 : 단속하다. 飭法 : 법으로 단속함. 遑 : 겨를. 허둥거리다.
興敎 : 교육을 일으킴.

🔹 이왕 수령이 된 이상 백성들이 오랑캐나 금수가 되어가는 것을 구경만 하고 구제하기를 힘쓰지 않는 것도 잠시 동안의 책무를 다하지 않는 것이니, 예속과 향약(鄕約)을 권면하여 행하게 하는 것을 어찌 그만둘 수 있겠는가?

향약을 실행하게 하는 것

백성을 결속하여 반으로 편성하여 향약을 실행하게 하는 것, 또한 옛날 향당주족(鄕黨州族)이 남긴 뜻이 될 것이다. 위엄과 은혜가 이미 흡족하게 된 뒤라면 힘써 실행하는 것이 좋을 것이다.

束民爲伍 以行鄕約 亦古鄕黨州族之遺意
속 민 위 오 이 행 향 약 역 고 향 당 주 족 지 유 의

威惠旣洽 勉而行之可也
위 혜 기 흡 면 이 행 지 가 야

 여헌(旅軒) 장현광(張顯光)이 보은현감(報恩縣監)이 되었을 때, 부로(父老)들과 초하루와 보름날에 회합하기를 약속하고, 부로들에게 민폐(民弊)를 말하게 하여 부족한 것을 보충하고, 잘못된 것은 시정하여 백성들에게 효제(孝悌)를 돈독히 하고, 염치(廉恥)를 힘쓰고 덕행(德行)을 높이고 나쁜 풍속을 없애게 하였으니, 이는 모두 나쁜 풍속을 변화시키는 큰 법이다.

옛사람들의 훌륭한 언행

옛사람들의 훌륭한 언행을 백성에게 권유하여 이들로 하여금 귀와 눈에 익숙해지게 하면, 또한 교화하고 지도하는 데 도움이 될 것이다.

前言往行 勸諭下民 使之習慣於耳目
전 언 왕 행   권 유 하 민   사 지 습 관 어 이 목

亦或有助於化導
역 혹 유 조 어 화 도

 前: 앞. **往**: 지나다. **勸**: 권하다. **慣**: 익숙하다. **助**: 돕다. **導**: 인도하다.

 『경국대전』에 이르기를, '삼강행실도(三綱行實圖)'를 언문으로 번역하여 서울과 지방의 사족(士族)·가장(家長)·부로(父老)나 혹은 교수(敎授)·훈도(訓導) 등으로 하여금 부녀자와 어린아이를 가르치

게 함으로써 이들이 깨우쳐 알게 하고, 만약 능히 큰 의리를 알고
행실이 뛰어난 자가 있으면 관찰사는 임금께 보고하여 상을 줄 것
이다.'라고 하였다.

정조(正祖) 정사년에『오륜행실도』를 증수하여 군현에 반포하고
백성들을 가르치게 하였다.

가르치지 않고 형벌을 주는 것

가르치지 않고 형벌을 주는 것은 백성을 속이는 일이라고 한
다. 비록 흉악한 불효자일지라도 일단 가르치고 나서 고치지 아
니하면 죽일 것이다.

> 不敎而刑 謂之罔民 雖大憝不孝者
> 불 교 이 형 위 지 망 민 수 대 돈 불 효 자
>
> 姑唯敎之 不悛乃殺
> 고 유 교 지 부 전 내 살

🔹 罔民 : 백성을 속이는 일. 법망을 엄하게 하여 백성이 걸려들게
하는 일. 憝 : 모질다. 악하다. 悛 : 뉘우치다.

🔹 후한 구람(仇覽)이 양수정장(陽遂亭長)이 되어 교화(敎化)하기를
좋아하였다. 백성 중에 진원(陳元)이란 자가 불효하니, 그 어미가 구
람에게 와서 호소하였다. 구람은 진원을 불러 자식의 도리로써 책
망하고『효경(孝經)』한 권을 주어 읽게 했더니, 진원은 깊이 깨닫고
어머니 앞에 사죄하기를,

"제가 어려서 아버지를 여의었으므로 어머니의 깊은 사랑을 받았
습니다. 속담에, '외로운 송아지는 어미를 떠받들고 버릇없는 아이
는 어미를 나무란다'고 하였습니다. 오늘부터 개과천선하겠습니
다."

하고 모자가 서로 바라보며 눈물을 흘렸다. 진원은 마침내 효도를 행하여 훌륭한 선비가 되었다.

어리석은 말다툼으로

형제가 우애하지 않아 어리석은 말다툼으로 송사를 부끄럽게 여기지 않는 자라도 우선 그를 가르치고 죽이지는 말 것이다.

兄弟不友 囂訟無恥者 亦姑教之 勿庸殺之
형 제 불 우　은 송 무 치 자　역 고 교 지　물 용 살 지

* 囂訟 : 어리석은 말다툼. 恥 : 부끄럽다. 姑 : 우선.
  庸 : 어리석다. 쓰다. 殺 : 죽이다.

* 송(宋)나라 진한경(陳漢卿)이 위남현(渭南縣)을 다스리는데, 형제간에 전답을 다투는 자가 있었다. 관리들은 항상 그 형을 옳다고 하였으나 아우는 송사를 멈추지 않았다. 진한경이 가서 문제의 그 토지와 문권(文券)을 보고서 아우가 옳기는 하지만 형에게 양보해야 한다고 하여 그 전지를 형에게 주니, 그 형이 사과하기를,

"제가 잘못을 뉘우치고 이 전지를 동생에게 돌려주고자 한 것이 여러 번이었으나 볼기를 맞을까 두려워 감히 돌려주지 못했습니다."

하고 그 동생은,

"저는 전답이 많습니다. 그러나 옳지 못하다는 게 부끄러워 형과 송사를 한 것인데 지금 제가 옳다고 하시니 전지는 형님에게 드리겠습니다."

하고, 형제가 서로 붙들고 울면서 돌아갔다. 그 뒤로는 고을 백성들이 일이 있으면 진한경에게 한마디를 청하여 잘잘못을 가리었다.

목민관이 먼저 해야 할 임무

먼 시골과 변방 지역은 임금의 교화에서 멀기 때문에 그들에게 예속(禮俗)을 권하여 행하게 하는 일 또한 수령이 먼저 해야 할 임무인 것이다.

遐陬絶徼 遠於王化 勸行禮俗 亦民牧之先務也
하 추 절 요　원 어 왕 화　권 행 예 속　역 민 목 지 선 무 야

주해 遐陬絶徼 : 서울에서 멀리 떨어져 있는 시골 마을과 변방.

遐 : 멀다. 陬 : 시골. 遠 : 멀다. 禮俗 : 예의와 풍속. 務 : 임무.

해설 양지견(楊志堅)은 학문을 좋아하였으나 집안이 가난하였다. 아내가 이혼을 하자며 문서를 요구하니, 지견은 시(詩)를 써 주었다. 아내는 그 시를 가지고 관가에 와서 이혼증명서를 발급해 줄 것을 청했다. 이때 내사(內史)로 있던 안노공(顔魯公)은 그 여인이 풍속을 무너뜨렸다 하여 20대의 매를 친 뒤에 임의대로 개가(改嫁)할 것을 허가하였다. 그리고 지견의 청빈(淸貧)함을 불쌍히 여겨 명주와 베, 쌀 등을 주고 군관(軍官)으로 채용하고서 사방에 이 사실을 알리니, 그 후로는 수십 년 동안 남편을 버리는 아내가 없었다.

목민관이 된 자의 직분

효자 열녀(孝子烈女)와 충신 절사(忠臣節士)들의 숨은 행적을 들추어 정표(旌表)하는 것, 또한 수령된 자의 직분이다.

孝子烈女 忠臣節士 闡發幽光
효 자 열 녀　충 신 절 사　천 발 유 광

以圖旌表 亦民牧之職也
이 도 정 표　역 민 목 지 직 야

闡發 : 드러내 밝힘. 들추어 냄. 闡 : 드러내다. 幽 : 숨다.
幽光 : 그윽한 빛. 밖으로 드러나지 않은 광채. 旌表 : 선행을 드
러내어 여러 사람에게 알림. 정문(旌門)을 세워 표창함.
旌 : 정려. 표창하다.

●해 당(唐)의 정공저(丁公著)는 아비의 장사에 몸소 흙을 날라다 무
덤을 만드느라 얼굴과 체력이 수척해지니, 보는 사람들은 그가 효
도로 인해 죽을까 염려하였다. 관찰사가 그의 지극한 행실을 보고
하니 조서를 내려 곡식을 주고 문려를 정표하도록 하였다.

편협한 의리 같은 것을

과격한 행동과 편협한 의리 같은 것을 숭상하고 권장하여 폐단
을 남기는 길을 열어 놓지 말아야 한다. 그 뜻은 정밀한 의리이
다.

若夫矯激之行 偏狹之義 不宜崇獎
약 부 교 격 지 행 변 협 지 의   불 의 숭 징

以啓流弊 其義精也
이 계 유 폐   기 의 정 야

●주 矯激之行 : 지나치게 격렬한 행동. 激 : 격렬하다. 偏 : 치우치다.
狹 : 좁다. 崇 : 높이다. 崇獎 : 숭상하고 장려함. 啓 : 열다.

●해 지나치게 격렬한 행동은 그것이 선한 행동일지라도 이것을 숭
상 장려해서는 안 된다. 그것은 자칫 잘못하면 폐단을 남기기 때문
이다.

말단의 풍속이 천박할지언정

말단의 풍속이 비록 천박할지언정 이를 가르쳐서 인도하면 또한 귀화하는 자가 있을 것이다.

末俗雖薄 敎以導之 亦有歸化者矣
말 속 수 박   교 이 도 지   역 유 귀 화 자 의

🌸 末俗 : 말단 풍속. 극히 타락된 풍속. 薄 : 천박하다. 야박하다.
導 : 인도하다. 이끌다.

제4조 흥학(興學) 학교를 일으킴

학교의 가르침

옛날의 학교(學校)에서는 예(禮)를 익히고 악(樂)을 익혔는데, 지금 예가 무너지고 악이 깨져서 학교의 가르침은 독서에 그치고 있을 뿐이다.

古之所謂學校者 習禮焉 習樂焉
고 지 소 위 학 교 자   습 례 언   습 악 언

今壞壞樂崩 學校之敎 讀書而已
금 괴 양 악 붕   학 교 지 교   독 서 이 이

🌸 興學 : 교육과 학문을 일으킴. 習 : 익히다. 壞 : 무너뜨리다.
崩 : 무너지다. 讀 : 읽다.

🌸 공자는 사람을 가르치는 데 음악을 주로 하였다. 오늘날 군현의 학교가 바로 옛날 제후의 학교인데 음악이 이미 끊겼으니 학교도 폐지된 것이다.

옛날의 태학(太學)에서는 양로례(養老禮)를 행하여 효(孝)를 일으키고, 치학례(齒學禮)를 행하여 제(悌, 공경하다)를 일으키고 향고례(饗孤禮)를 행하여 백성들로 하여금 배반하지 않게 하였으니, 이는 효(孝)·제(悌)·자(慈)를 태학의 종지(宗旨)로 삼은 이유이다.

문학이란 소학에서 가르치는 것

문학이란 소학(小學)에서 가르치는 것이다. 그러니 후세에 학문을 일으킨다는 것은 소학을 일이키는 것과 같은 것이다.

文學者 小學之敎也 然則後世之所謂興學者
문 학 자   소 학 지 교 야   연 즉 후 세 지 소 위 흥 학 자

其猶爲小學乎
기 유 위 소 학 평

小學 : 중국 고대 학교 제도의 보통 교육기관으로 기본예절을 가르쳤다. 後世 : 다음에 오는 세상, 또는 다음 세대의 사람들.
興 : 일으키다. 猶 : 같다.

송(宋)나라의 정명도(程明道)가 진성령(晉城令)이 되었을 적에 여가가 있으면 친히 향교(鄕校)에 가서 부로들을 불러 함께 이야기하고, 어린이들이 읽는 책에 구두(句讀)를 고쳐주며, 선생이 좋지 못하면 선생을 교체하였다. 과거에 이 지방 풍속이 매우 야(野)하여 학문을 할 줄을 몰랐는데, 선생이 자제 중에 우수한 자들을 뽑아 가르치니, 선생이 진성에 있은 지 3년 만에 백성들은 선생을 부모처럼 여겼다. 선생이 이 고을을 떠난 지 겨우 십여 년이 지났을 뿐인데도 유복(儒服)을 입은 자가 수백 명으로 늘어났다.

배움이란 스승에게 배운다는 것

배움이란 스승에게 배우는 것이니 스승이 있은 뒤에야 배움이 있는 것이다. 오랫동안 덕을 닦은 사람을 초빙하여 스승을 삼은 다음에야 배움의 규칙을 논할 수 있는 것이다.

> 學者 學於師也 有師而後 有學 招延宿德
> 학 자 학 어 사 야 유 사 이 후 유 학 초 연 숙 덕

> 使爲師長然後 學規乃可議也
> 사 위 사 장 연 후 학 규 내 가 의 야

주해 師 : 스승. 招 : 부르다. 延 : 맞이하다. 宿德 : 덕망이 뛰어난 사람. 議 : 의논하다.

해설 『경국대전』에 말하기를, '향교의 교관을 공궤(供饋, 윗사람에게 음식을 드림)하는 데 마음을 쓰지 않는 수령에 대해서는 관찰사가 사실을 조사하여 우열을 평정하는 데 자료로 삼으라.' 라고 하였다.

학교 건물의 관리

학교 건물(강당과 행랑)을 수리하고 재정을 잘 보살펴 관리하고 서적을 많이 비치하는 일, 또한 현명한 수령이 유의해야 할 일이다.

> 修葺堂廡 照管米廩 廣置書籍 亦賢牧之所致意也
> 수 즙 당 무 조 관 미 름 광 치 서 적 역 현 목 지 소 치 의 야

주해 葺 : 고치다. 廡 : 행랑채. 照 : 비추다. 米廩 : 순임금 때 학교를 미름이라 했다. 학교가 있으면 선비가 있게 되고, 선비가 있으면 그들을 먹여야 하는 것이니 '쌀창고'의 뜻으로 이름을 붙였다.

廩 : 재정. 廣 : 넓다.

✿ 수령이 학교를 수리하려면 재정을 잘 관리하여 그 비용을 넉
넉히 한 뒤에 어진 사람을 초빙하고 선비 모으는 일을 의논할 수 있
을 것이다. 또한 수령은 힘을 다해 책을 구입하여 비치하고 서고(書
庫) 관리를 엄중히 하는 한편, 책을 내어주고 열람하는 데 모두 조
례를 만들어 엄격히 따르도록 하는 것이 옳다.

방정한 사람을 골라 뽑아

단아하고 방정한 사람을 골라 뽑아 재장(齋長)으로 삼아서 사표
를 삼아, 예로써 대우하여 그 염치(廉恥)를 기르게 하여야 한다.

簡選端方 使爲齋長 以作表率 待之以禮 養其廉恥
간 선 단 방　사 위 재 장　이 작 표 솔　대 지 이 례　양 기 염 치

✿ 簡選 : 골라 뽑음. 가려 뽑음. 齋長 : 학교의 어른. 端方 : 단아한
방정한 사람. 表率 : 남의 스승. 사표. 모범. 남의 스승이 됨.
廉 : 염치.

✿ 향교의 일을 맡은 사람은 교장(校長)이 1인, 장의(掌議) 1인, 색
장(色掌) 1인이다. 먼 외딴 곳에는 사족(士族)은 드물고 토족(土族)이
많으니 사족들은 그들과 어울리는 것을 수치로 여겨 일체 향교에
왕래를 하지 않는다. 그러므로 토족들이 학궁(學宮)을 독점하여 저
희들의 소굴로 삼는다. 그러나 이들은 대부분이 불학무식한 무리들
로서 끼리끼리 모여 당파를 만들어 남을 모함하려면 그의 비밀을
들추어내고, 쟁탈하는 것을 조정의 판국에 비교하며 간리(奸吏)들과
결탁하려면 감사에게 뜬소문을 퍼뜨리며, 수령의 애기(愛妓)와 교통
하려면 현관(縣官)에게 뇌물을 바친다.

양로의 예를 행하여

늦가을에 양로(養老)의 예를 행하여 노인을 노인으로 섬기는 도리를 가르치고, 첫겨울에 향음(鄕飮)의 예를 행하여 어른을 어른으로 대우하는 도리를 가르치며, 중춘(仲春)에 향고(饗孤)의 예를 행하여 고아를 구휼하는 도리를 가르치도록 할 것이다.

季秋 行養老之禮 教以老老 孟冬 行鄕飮之禮
계 추 행 양 로 지 예 교 이 노 로 맹 동 행 향 음 지 례

教以長長 仲春 行饗孤之禮 教以恤孤
교 이 장 장 중 춘 행 향 고 지 례 교 이 휼 고

季秋 : 늦가을. 養老 : 노인을 우대함. 老老 : 노인을 노인으로 공경함. 長長 : 어른을 어른으로 모심. 鄕飮之禮 : 온 고을 안에 유생(儒生)들이 모여서 나이 순으로 서열을 정하고 읍양(揖讓)의 예를 지켜 술 마시는 잔치로, 예의절차(禮義節次)를 정한 법이 있다. 饗孤之禮 : 고아들을 위해 잔치를 베푸는 예법. 恤孤 : 고아을 돌봄. 饗 : 잔치.

당(唐)나라 이서균(李棲筠)이 상주(常州)를 다스릴 적에 학교를 크게 일으키고 향음주례를 행하니 사람마다 힘쓸 바를 알아 효제(孝悌)를 독실히 행하였다.

향사의 예를 거행하고

때로는 향사(鄕射)의 예를 거행하고, 때로는 투호(投壺)의 예도 거행하여야 한다.

以時行鄕射之禮 以時行投壺之禮
이 시 행 향 사 지 례 이 시 행 투 호 지 례

주해 鄕射之禮 : 수령이 봄 · 가을로 자기 고을의 선비들을 모아 잔치를 베풀면서 활 쏘는 예. 投壺之禮 : 주인과 손이 재예(才藝)를 강론하는 예의 한 가지. 연회석에서 주인과 손님이 화살을 술병에 던져 넣는 시합을 하여 이긴 사람이 진 사람에게 술을 먹이는 예.

해설 향사례는 옛날의 예가 너무 번거로워 행하기 어려우니, 고금의 예를 참작하여 잘못을 시정하고 의식에 맞게 만들어 행해야 할 것이다. 투호례는 『예기(禮記)』에 기록된 것이 가장 자세하고 세밀하니, 상고하여 행할 수 있다.

향음주례와 향사례는 그 일이 거창하여 일일이 거행할 수 없으나, 투호례는 그 의식이 간단하여 행하기가 어렵지 않다.

 제5조 변등(辨等) 등급을 구별함

등급을 구분하는 것은

등급을 구분하는 것은 백성을 편안하게 하고 그 뜻을 안정시키는 요긴한 일이다. 등급에 따른 위의(威儀)가 분명하지 않아서 지위의 계급이 문란하면 백성의 '마음'이 흩어져서 기강이 없어질 것이다.

辨等者 安民定志之要義也 等威不明
변 등 자 안 민 정 지 지 요 의 야 등 위 불 명

位級以亂 則民散而無紀矣
위 급 이 란 즉 민 산 이 무 기 의

주해 辨等 : 등급을 구분한다는 뜻이니, 신분의 높고 낮음을 드러내어 표시하는 것. 等威 : 신분의 등급에 따른 위의(威儀). 威儀 : 위엄이 있는 몸가짐이나 차림새. 位級 : 지위의 계급. 지위의 등급.

散 : 흩어지다. 紀 : 기강.

해설 『역경(易經)』에, '상하(上下)를 구분하여 백성의 뜻을 안정시킨다. 이(履)는 예(禮)이다.' 하였고, 『예기(禮記)』에는, '군신(君臣)과 상하는 예(禮)가 아니면 그 질서가 정해지지 않는다.' 라고 하였다.

족(族)에는 귀천이 있는 것이니

족(族)에는 귀천이 있는 것이니 마땅히 그 등급을 구분해야 할 것이고, 세력에는 강약이 있으니 마땅히 그 정상을 살펴야 할 것이다. 이 두 가지는 어느 하나도 하지 않아서는 안 될 것이다.

族有貴賤 宜辨其等 勢有强弱
족 유 귀 천   의 변 기 등   세 유 강 약

宜察其情 二者 不可以偏廢也
의 찰 기 정   이 자   불 가 이 편 폐 야

주해 族 : 겨레. 賤 : 천하다. 勢 : 세력. 察 : 살피다. 情 : 뜻.
偏 : 치우치다. 廢 : 폐지하다.

해설 수령된 자는 신분이나 등급의 귀천을 구분해야 하고, 한편 약자를 붙들어 주고 강자를 억제해야 할 것이다. 그러니 귀천의 등급을 엄격히 구분한다고 하여 신분 높은 자가 낮은 자를 침학(侵虐)하게 할 수 없으며 억강부약(抑强扶弱)한다고 하여 신분 질서를 무시하여서는 안 된다. 그러니 두 가지를 다 잘 살펴서 처리하지 않을 수 없다는 것이다.

등급을 구분하는 정사는

무릇 등급을 구분하는 정사는 오직 비천한 백성만을 징계할 것이 아니라 중인(中人)이 윗사람을 범하는 것 또한 엄히 다스려야 할 것이다.

凡辨等之政 不唯小民是懲 中之犯上 亦可惡也
범 변 등 지 정　불 유 소 민 시 징　중 지 범 상　역 가 악 야

🌸 凡 : 무릇. 小民 : 낮은 사람. 비천한 백성. 懲 : 징계하다.
中 : 중인, 즉 양반과 상인의 중간 계급. 주로 의관, 역관, 향리 따위의 세습적인 기술직이나 사무직에 종사하던 사람.
犯 : 범하다. 惡 : 악하다. 모질다. 나쁘다.

🌸 젊은이가 어른을 능멸하고 졸개가 장수를 능멸하는 것도 분별해야 할 바이다. 소송이 생기면 그 소송 당사자들 신분의 등급부터 살펴 같은 신분인데 젊은이가 어른을 능멸했다면 징계하지 않아서는 안 된다. 그러나 귀족의 젊은이가 천족의 늙은이를 대함에 있어서도 예의가 있어야 하는 것이니, 역시 경계하지 않아서는 안 된다.

신분에 넘치는 사치스러움

가옥과 타는 수레, 의복과 기물(器物) 등이 신분에 넘치게 사치스러워 법이 정한 제도를 넘은 것은 마땅히 모두 엄금해야 할 것이다.

宮室車乘衣服器用 其僭侈踰制者 悉宜嚴禁
궁 실 거 승 의 복 기 용　기 참 치 유 제 자　실 의 엄 금

🌸 宮室 : 가옥. 車乘 : 수레. 器用 : 기구(器具)와 용품(用品).

僭侈 : 너무 사치스러움. 踰制 : 제도를 넘음.

내가 전에 서쪽 고을에 있을 때 보니, 서쪽지방의 풍속은 아전 집 부녀자들이 비록 신혼(新婚) 때에도 가마를 타는 법이 없었는데, 하물며 옥교이겠는가? 영남(嶺南)을 보아도 그 풍속이 역시 그러하였다. 그러나 오직 호남(湖南)의 아전들만은 그 부녀자들이 모두 옥교자를 타는데, 붉은 발[簾]에 수놓은 장식을 달고 앞에서는 고함을 치고, 뒤에서는 옹호하여 가면서 가난하고 한미한 선비를 만나면 큰 소리로 벽제(辟除)하고, 남자는 말을 타고 뒤따라간다. 이런 일이 널리 행해지고 있으니 한심할 따름이다.

노비법이 변한 이후로

대개 노비법(奴婢法)이 변한 이후로 민속이 크게 변하였는데, 이것은 국가의 이익이 되지 않는 것이다.

蓋自奴婢法變之後 民俗大渝 非國家之利也
개 자 노 비 법 변 지 후   민 속 대 투   비 국 가 지 리 야

蓋 : 대개. 덮다. 變 : 변하다. 渝 : 달라지다. 변하여 바뀌다.

국가가 의지하는 바는 사족(士族)인데, 그 사족이 권세를 잃은 것이 이와 같다. 혹시 국가에 급한 일이 생겨서 소민들이 무리지어 난을 일으킨다면 누가 이를 능히 막을 것인가. 이로 보건대, 노비의 법은 좋게 변한 것이 아니다.

이미 몰락한 귀족을

이미 몰락한 귀족을 천민(賤民)들이 자주 무함하니 관장(官長)이 살펴 처리하는 데 잘못 다스리는 경우가 많다. 이것 또한 오늘날의 폐단이다.

> 貴族旣殘 賤流交誣 官長按治
> 귀 족 기 잔 천 류 교 무 관 장 안 치
>
> 多失其實 斯又今日之俗弊也
> 다 실 기 실 사 우 금 일 지 속 폐 야

주해 殘 : 쇠잔하다. 賤 : 천하다. 誣 : 모함하다. 誣陷 : 없는 사실을 꾸며 남을 함정에 빠뜨림. 按 : 조사하다.

해설 가난한 선비가 시골에 살면 으레 자질구레한 비방이 따르게 마련이다. 수령은 천한 무리들의 방자한 횡포를 잘 가려내어 경솔하게 선비의 기를 꺾는 일이 없도록 힘써, 항상 기강을 바로잡아야 할 것이다.

 제6조 과예(課藝) 학업을 권장함

과거를 위한 학문

과거(科擧)를 위한 학문은 사람의 심술(心術)을 파괴한다. 그러나 사람을 뽑아 쓰는 법을 고치지 않는 한 그 공부를 권장하지 않을 수 없다. 이를 과예(課藝)라고 한다.

> 科擧之學 壞人心術 然 選擧之法未改
> 과 거 지 학 괴 인 심 술 연 선 거 지 법 미 개
>
> 不得不勸其肄習 此之謂課藝
> 부 득 불 권 기 이 습 차 지 위 과 예

주해 課藝 : 학문을 익히게 함. 과거시험. 心術 : 마음 쓰는 법, 마음 씨. 選擧之法 : 관리를 시험, 선별하여 등용하는 제도. 과거제도. 不得不 : 하지 않을 수 없다. 肄習 :연습함. 肄 : 익히다. 노력.

해설 과거제도는 원래 결함이 많은 것인데, 또한 과거에 수반하는 여러 가지 폐단과 허위와 농간이 많아서 사람의 마음씨를 파괴하는 일이 많다. 그러나 국가에서 인재를 선발하는 방법이 이것뿐이니, 이 제도가 고쳐지기 전에는 과거 보기 위한 재예(才藝, 재능과 기예) 를 익히는 것을 권장하지 않을 수 없는 것이다.

과예에도 사람의 정수가

과예(課藝)에도 또한 마땅히 뽑는 사람의 정수(定數)가 있어야 할 것이다. 먼저 천거하고 선발하여 시험하고 편성하여 이에 비 로소 과예해야 할 것이다.

課藝宜亦有額 旣擧旣選 乃試乃編 於是乎課之也
과 예 의 역 유 액 기 거 기 선 내 시 내 편 어 시 호 과 지 야

주해 亦 : 또. 또한. 額 : 정원. 試 : 시험하다. 編 : 묶다. 엮다. 於是乎 : 이에.

해설 시(詩), 부(賦), 표(表), 책(策), 논(論), 의(義)를 과문(科文)의 여섯 가지 체〔六體〕라고 한다〔오경(五經), 사서(四書)의 의(義)는 본래 묵의(墨 義)를 말한다〕. 육체에 다 능한 자를 1등, 사체(四體) 이하는 2등, 2체 와 단기(單技)에만 능한 자는 하등으로 하여 모두 명분에 그 능력을 부기하여 둔다.

그리하여 순제(旬題, 열흘에 한 번 글제를 내어 시험하는 일)와 매월 한 번씩의 백일장을 열어 연습을 쌓게 하고 다음 해에는 시험하여

등급을 다시 정하게 한다.

과거란 한 사람에게 여러 가지를 두루 익히게 하여 그 점수를 계산하여 등급을 매기는 게 원칙인데, 우리나라의 법은 한 가지 기예(技藝)만 합격하면 다른 것은 묻지도 않는다.

문체가 낮아져서

근세 이래로 문체(文體)가 낮아져서 구법(句法)이 어긋나고 편법(篇法)이 짧고 촉박해졌으니 바로잡지 않을 수 없다.

近世以來 文體卑下 句法澆悖
근 세 이 래 문 체 비 하 구 법 요 패

篇法短促 不可以不正也
편 법 단 촉 불 가 이 부 정 야

꽃 文體 : 문장의 양식으로 문어체와 구어체. 간결체와 만연체 따위. 句法 : 시문(詩文)의 구를 짓는 법. 시구(詩句)를 짓는 법.
篇法 : 완결된 글 한 편을 짓는 법.

꽃 문체에는 각기 옛날의 법칙이 있는데, 지금은 그 법칙이 문란하여지고 잘못되어 있으니 옛 법칙대로 바로잡아야 한다는 것이다.

총명한 학생을 따로 가려 뽑아

어린 학생 중에 총명하고 기억력이 좋은 학생을 따로 가려 뽑아서 교육하게 하라.

童蒙之聰明强記者 別行抄選 敎之誨之
동 몽 지 총 명 강 기 자 별 행 초 선 교 지 회 지

❀ 童蒙 : 어린 학생. 强記 : 기억력이 좋음. 抄選 : 가려 뽑음.
誨 : 가르치다.

❀ 수령은 향교에 공문을 내려 총기가 뛰어난 어린이들을 선발하
되, 각각 이름과 나이와 글공부 실력을 상세하게 기록하여 보고하
게 해야 한다. 명부가 도착하면 수령은 몸소 그 실력을 시험하여 수
재를 가려낸 다음, 별도로 가르쳐야 할 것이다. 속 수재로 선발된
자 가운데 뛰어나게 영특한 자가 있거든, 수령은 임기를 마치고 돌
아올 때 데려와서 큰 인재로 키워 나라를 위해 일하게 하니 이것이
바로 옛날 수령들의 임무였다.

문명한 고을이 되면

과예에 힘써서 과거에 급제하는 자가 계속 배출되어 문명(文
明)의 고을이 되는 것 또한 수령으로서는 더할 수 없는 영광이
다.

課藝旣勸 科甲相續 遂爲文明之鄕 亦民牧之至榮也
과 예 기 권　과 갑 상 속　수 위 문 명 지 향　역 민 목 지 지 영 야

❀ 科甲 : 과거에 급제함. 과거에 상위의 성적으로 급제한 사람.
續 : 이어지다. 文明之鄕 : 문학을 잘하는 고장. 榮 : 영화. 영광.

❀ 조선 선조 때 찬성(贊成) 이상의(李尙毅)가 성천부사(成川府使)가
되어서의 일이다. 성천은 먼 변방에 위치한 궁벽한 시골이어서 백
성들이 학문을 하지 않아 과거에 이름이 오른 자가 없었으므로 공
은 학문을 일으키는 것으로 급선무를 삼아 백성 중에 준수(俊秀)한
자들을 뽑아 몸소 가르치고 격려하니, 온 고을이 한마음이 되어 학
업(學業)에 열중하여 글 읽는 소리가 사방에서 났다.

3년이 채 되기 전에 한 사람이 소과(小科)에 급제(及第)하니, 전에 없던 일이라 하였다. 이 뒤로는 소과에 급제한 자가 계속 잇달았고, 대과(大科)에 급제하여 벼슬길로 나간 자까지 생기니, 사람들은 모두 이공(李公)의 공덕을 칭송하였다.

과거제도가 확립되지 않으면

과거제도가 확립되지 않으면 선비들이 분발하지 않으니, 과예의 정사 또한 혼자서만 잘한다 하여 되는 것이 아니다.

> 科規不立 則士心不勸 課藝之政 亦無以獨善也
> 과 규 불 립 즉 사 심 불 권 과 예 지 정 역 무 이 독 선 야

🔹 科規 : 과거의 규정. 勸 : 권하다. 獨善 : 혼자서만 잘함.
善 : 잘하다. 착하다. 훌륭하다.

🔹 과거의 규칙을 제대로 정립해 놓으면 총명하고 지식이 깊은 선비라야 과거에 응시할 수 있고, 학문의 맥이 없거나 글이 어설픈 사람은 자연 움츠러들어 과거에 나오지 못할 것이니, 과거의 폐단을 바로잡지 않아도 저절로 맑아질 것이다. 문예 이외에 덕행과 재간이 있는 자는 별도로 선발하는 길을 열어야지 등한히 여겨서는 안 된다.

이 장에서는 육전(六典) 중 병전에 속한 사항의 일부를 논술(論述)하고 있다. 병전은 군정(軍政)과 군사(軍事)에 관한 일체의 사항을 규정한 법전이다. 그러나 본 장에서는 첨정(簽丁), 연졸(練卒), 수병(修兵), 권무(勸武), 응변(應變), 어구(禦寇) 등 군정상 가장 중요하고 또 직접적인 부분으로서 수령의 직책에 속하는 부분만을 다루고 있다.

제1조 첨정(簽丁) 징집, 장정을 군적에 올림

군포를 받아들이는 법

병적(兵籍)을 작성하여 군포(軍布)를 받아들이는 법은 양연(梁淵)에게서 시작되어 오늘에 이르렀다. 그 여파가 크고 넓어 백성의 뼈를 깎는 병폐(病弊)가 되었다. 이 법을 고치지 않으면 백성은 모두 죽어 없어질 것이다.

簽丁收布之法 始於梁淵 至于今日 流波浩漫
첨 정 수 포 지 법 시 어 양 연 지 우 금 일 유 파 호 만

爲生民切骨之病 此法不改 而民盡劉矣
위 생 민 절 골 지 병 차 법 불 개 이 민 진 류 의

🟤 簽丁 : 병역 의무자를 조사하여 병적(兵籍)에 기록하는 것. 군적(軍籍)과 군포(軍布). 簽 : 이름 적다. 丁 : 장정. 梁淵 : 중종(中宗) 때의 문신(文臣). 김안로(金安老), 채무택(蔡無擇) 등의 문정왕후(文貞王后) 폐비(廢妃)의 음모를 들춰내어 그들을 죽이게 하였다. 그가 대사헌 때에 군적수포(軍籍收布)의 법을 처음으로 주청(奏請)하여 시행하게 하였다. 波 : 물결. 浩 : 넓다. 切骨之病 : 뼈에 사무치는 폐단. 劉 : 죽이다.

🟤 우리나라 초기에 호포(戶布)는 있었어도 군포(軍布)는 없었는데, 중종(中宗) 때 대사헌(大司憲) 양연이 군적(軍籍)이 있는 자에게 베를 거두는 법을 아뢰어 시행하게 되었다. 이로 인한 백성의 부담이 커져서 폐단이 말할 수 없을 정도였는데, 영조(英祖) 때 균역법(均役法)을 실시하여 부담을 줄이게 되었다. 그러나 오늘에 이르러서는 아전들의 농간과 수령의 착취로 말미암아 균역법을 실시할 때

보다 네 갑절이나 많은 부담이 백성들을 짓누르니 이를 고치지 않는 한 백성들은 모두 죽게 될 것이다.

※호포(戶布) : 집집마다 거두는 베.

※군포(軍布) : 옛날 군적에 든 사람이 군에 복무할 수 없는 처지일 때 그 대신 바치던 삼베나 무명.

※균역법(均役法) : 조선 영조 때 백성들의 역(役)을 가볍게 하기 위해 시행한 제도.

군 편대의 실제 목적

대(隊)니 오(伍)니 하고 군의 편대(編隊)를 일컫는 것은 명목뿐이고, 쌀을 받고 포목을 걷는 것이 실제의 목적이다. 그 실은 이미 거두어 놓고 명목은 왜 찾는단 말인가. 명목을 찾으려고 하면 백성이 그 해독을 입게 된다. 그러므로 군정을 잘 다스리는 수령은 아예 군정을 다스리지 아니하고, 첨정을 잘하는 자는 아예 첨정을 하지 않는다. 허명(虛名)을 조사하고 죽은 것을 밝히며, 결원을 보충하고 대신할 자를 요구하는 것은 아전들의 사사로운 이익이 될 뿐이니 어진 수령은 하지 않는다.

隊伍名也 米布實也 實之旣收 名又奚詰 名之將詰
대 오 명 야 미 포 실 야 실 지 기 수 명 우 해 힐 명 지 장 힐

民受其毒 故 善修軍者 不修 善簽丁者 不簽
민 수 기 독 고 선 수 군 자 불 수 선 첨 정 자 불 첨

査虛覈故 補闕責代者 吏之利也 良牧不爲也
사 허 핵 고 보 궐 책 대 자 이 지 리 야 양 목 불 위 야

🌸 隊伍 : 군대의 편성된 대열(隊列). 伍는 5인조. 군적에 편입함.
奚 : 어찌. 詰 : 따지다. 毒 : 해독. 虛 : 거짓. 覈 : 조사하다.

補闕 : 빠진 것을 보충하다.

⊛ 군정을 거짓 기록하는 것과 죽은 자에게 군포를 거두는 것은 조정에서 금하였는데, 해마다 7월이 되면 각 고을에 이를 조사하여 보충하라는 공문이 내려온다. 이에 목민관은 크게 놀라고 두려워하여 군정을 다스리면서 엄중히 할 것을 아전들에게 명하니, 고을 안이 온통 원성으로 가득 차게 된다.

군정을 다스리고 군정을 뽑게 되면 군리(軍吏)와 향승 등 아전들의 배만 불리게 되고 백성들의 피폐함은 극도에 달해 결국 병통이 될 뿐이다.

군첨에 빠진 자를 찾아내어

첨정(籤丁)에 한두 명 보충하지 않을 수 없는 경우가 있을 때에는, 마땅히 부유한 민호로서 군첨에 빠진 자를 찾아내어 역전(役田)을 보충하게 하고, 이로써 실제의 군사를 고용하도록 할 것이다.

其有一二不得不籤補者 宜執饒戶
기 유 일 이 부 득 불 첨 보 자 　 의 집 요 호

使補役田 以雇實軍
사 보 역 전 　 이 고 실 군

⊛ 補 : 보태다. 보충. 執 : 잡다. 饒 : 넉넉하다. 雇 : 고용하다.
役田 : 군전(軍田). 병력 의무자에게 경작하게 하는 공전(公田).

⊛ 도망하였거나 물고(物故, 사람의 죽음, 또는 죄인이 죽음)한 자가 군포계(軍布契, 군포를 마련하기 위한 계)에 들어 있지도 않고 군전(軍田)을 경작하지도 않은 자여서 그 대신 쌀, 포목을 바칠 사람이 없

어지면 다른 사람으로 보충하지 않을 수 없다. 이에 부유한 민호로서 군첨에 빠진 자를 찾아내어 특히 역전(役田)으로 밭 3두락(斗落) 정도를 바치게 하고 실제의 군사를 고용하여 경작하게 하는 것이 좋은 방법일 것이다.

살펴야 할 아전의 주머니

한 사람의 병역을 근거로 5, 6명을 첨정하여 모두 군미와 군포를 거둬서 아전의 주머니에 들어가니, 이를 살피지 않으면 안 된다.

軍役一根 簽至五六 咸收米布
군 역 일 근　첨 지 오 륙　함 수 미 포

以歸吏囊 斯不可不察也
이 귀 이 낭　사 불 가 불 찰 야

🔹 軍役 : 군대에서 복무하는 일. 병역의 의무. 根 : 뿌리. 근본.
咸 : 다. 모두. 歸 : 돌아가다. 囊 : 주머니. 자루. 斯 : 이. 이것.

🔹 오늘날 군역을 논하는 자는 다만 부족한 군액을 채우기 어려운 것만 알고, 군액이 중첩되어 징발하기 어려운 것은 알지 못하니 한심한 일이다. 어떤 군수가 부임하여 보미(保米)를 거두려 하는데 아전이 말하기를,

"빠진 군액이 거의 수백에 가까우나 모두 지적하여 거둘 곳이 없으니 보미를 거두려면 먼저 부족한 군액을 보충해야 합니다."

하니 군수는,

"빠진 군액은 추후로 충당해야 하겠지만 그 본신(本身)이 있는 자에게 먼저 패문(牌文)을 내라."

하였다. 아전이 가져온 패문을 군수가 살펴보니, 그 숫자가 훨씬 넘었다. 이에 군리를 잡아다 문책하여 그 세세한 사정을 밝히자 빠진 군역을 충당하고도 4백여 명이나 남았다. 그 가운데 원통한 자를 가려 면제해 주고 적임자만 골라 빠진 군액에 등록하게 하니 군적이 새롭게 되었으며, 훗날 이를 안 백성들의 칭송이 사방에서 자자하였다.

군 관계의 장부는 정당에 보관해야

군안(軍案)과 군 관계의 장부는 모두 정당(政堂)에 보관하여 자물쇠를 엄중히 잠가 두고 아전의 손에 들어가지 않게 해야 한다.

軍案軍簿 竝置政堂 嚴其鎖鑰 無納吏手
군 안 군 부　병 치 정 당　엄 기 쇄 약　무 납 리 수

✿ 軍案 : 군적(軍籍). 군역 의무자의 대장으로 6년마다 한 번씩 작성함. 군인의 성명을 기록한 문서. 案 : 서류. 鎖 : 자물쇠. 鑰 : 자물쇠. 納 : 들이다.

✿ 10식년(十式年) 동안의 군의 도안(都案)과 상영(上營)에 마감(磨勘)된 안(案)과 본 읍(本邑)에서 올리기를 보류한 군안과 도안(都案)의 초본 및 척적(尺籍, 군적의 기초가 되는 장부)과 식년(式年) 이래의 군포를 징수한 장부와 군미를 징수한 장부〔봉상성책(捧上成册)이라고 부른다〕를 모두 거두어 모아서 한 궤에 넣고, 그 자물쇠와 열쇠를 엄중히 관리한다. 그리고 매양 문제가 있어 밝혀야 할 경우에는 꺼내어 조사할 것이며, 농간과 협잡이 있을 때마다 꺼내어 조사한다.

수령의 위엄과 은혜

　수령의 위엄과 은혜가 이미 온 고을에 고루 미쳐서 아전은 두려워하고, 백성들은 감사히 여기게 되면 척적(尺籍)을 비로소 수정할 수 있을 것이다.

　威惠既洽 吏畏民懷 尺籍乃可修也
　위 혜 기 흡　이 외 민 회　척 적 내 가 수 야

◈ 威 : 위엄. 惠 : 은혜. 洽 : 흡족하다. 畏 : 두려워하다. 삼가고 조심하다. 懷 : 품다. 마음. 생각. 尺 : 자. 길이의 단위. 조금. 籍 : 문서. 장부.

◈ 척적이란 그 고을의 총 호수와 군액 총수를 가지고 공평하게 배당하는 것을 말한다.

　조선 정조 때 판서(判書) 윤사국(尹師國)이 곡산(谷山) 도호부사(都護府使)가 되어 척적을 고쳐서 각 동리에 나누어 주니, 마을 백성들이 보물처럼 받들어 기름칠하여 간직해 두고, 다툼이 있게 되면 늘 이것을 가지고 나아가 소송하는 데 옳고 그름을 판단하였다. 간혹 간사한 백성이 칼로 긁어내어 고치게 되면 소송을 맡은 관리가 다른 마을의 척적을 가지고 대조하여 조사하니, 그 흔적이 탄로나게 되어 백성들이 모두 편리하게 여겼다.

군역에 관한 도피의 소굴

　척적(尺籍)을 수정하고자 하면 먼저 계방(契房)을 깨뜨려야 한다. 그리고 서원, 역촌, 호호(豪戶), 대묘(大墓) 등 모든 군역에 관한 도피의 소굴을 검사하지 않을 수 없을 것이다.

欲修尺籍 先破契房而書院驛村 豪戶大墓
욕 수 척 적　선 파 계 방 이 서 원 역 촌　호 호 대 묘

諸凡逃役之藪 不可不查括也
제 범 도 역 지 수　불 가 불 사 괄 야

🔹 尺籍 : 군적의 기초가 되는 장부. 破 : 깨뜨리다. 契房 : 공역(公役)을 면제받거나 다른 도움을 받으려고 아전에게 금품을 준 마을. 土豪 : 세력이 있는 호구집. 驛 : 역참. 豪 : 호걸. 藪 : 숲. 括 : 묶다.

🔹 군적을 잘 정리하려면 계방과 서원·역촌을 조사하여 도망자를 찾아내야 할 것이며, 재산과 세력이 있는 토호가 아전들과 짜고 농간을 부리는 일은 엄중 처벌하고, 묘호에는 정해진 인원 외에 숨은 자들을 찾아내어 역을 도피하는 일이 없도록 힘써 막아야 한다.

군포를 수납하는 날

군포를 수납하는 날에는 수령이 마땅히 친히 수납해야 할 것이다. 아래 아전들에게 맡기면 백성들의 부담은 배로 될 것이다.

收布之日 牧宜親受 委之下吏 民費以倍
수 포 지 일　목 의 친 수　위 지 하 리　민 비 이 배

🔹 收 : 거두다. 委 : 맡기다. 費 : 비용. 倍 : 곱절.

🔹 돈에는 일정한 액수가 있으며, 쌀 또한 폐단이 적은 편이다. 오직 포목만은 폭이 넓은 것과 좁은 것이 있고, 길이가 긴 것과 짧은 것이 있으며, 올이 거친 것과 고운 것이 있고, 천이 두꺼운 것과 얇은 것이 있어서 흠을 잡으려고 하면 얼마든지 잡을 수 있다. 그런 까닭에 아전에게 맡기면 백성에게 여러 가지 폐해를 끼쳐서 비용이

배나 더하게 된다. 그러니 반드시 수령 자신이 수납하여야 한다.

군역의 첨정을 면하려고 하는 자

족보를 위조하고 직첩(職牒)을 몰래 사서 군적(軍籍)에 오르는 것을 면하려고 하는 자는 엄히 다스리지 않을 수 없다.

偽造族譜 盜買職牒 圖免軍簽者 不可以不懲也
위 조 족 보　도 매 직 첩　도 면 군 첨 자　불 가 이 부 징 야

　偽 : 거짓. 造 : 만들다. 譜 : 족보. 族譜 : 가계(家系)를 적은 책. 盜 : 훔치다. 職牒 : 관원의 임명 사령장. 免 : 면하다. 懲 : 징계하다.

　군역을 면하기 위해 족보를 위조하고 직첩을 위조하는 예가 많으니 응당 모두 조사해서 군적에 편입시켜야 하나 모두가 법이 잘못된 죄의 실정을 알고 보면 참으로 비참한 일이다. 다만 그 군액을 덜지 않고 약간의 태형을 내림으로써 징계할 것이며 너무 심하게 다스릴 필요는 없다.

상번군을 치송하는 일

상번군(上番軍)을 치송(治送)하는 일은 온 고을의 큰 폐단이다. 십분 엄중하게 살펴야 비로소 백성의 피해가 없을 것이다.

上番軍裝送者 一邑之巨弊也 十分嚴察 乃無民害
상 번 군 장 송 자　일 읍 지 거 폐 야　십 분 엄 찰　내 무 민 해

　上番軍 : 번상 군인(番上軍人). 중앙에 번을 서는 군사. 번상은 지방의 군사를 골라 뽑아서 차례로 서울의 군영(軍營)에 보내어 입

번(立番)하게 하는 것. 裝送 : 군장을 꾸려 보냄.

⬥ 여러 가지 번(番) 드는 법은 모두 『대전(大典)』에 자세히 보이는데, 기존의 군사의 숫자에 관계없이 늘 새로 군사를 뽑고 있다. 군사를 뽑아 올려보내라는 공문이 오면 군리들은 기회를 만난 것처럼 끝없는 욕심을 채우려 날뛴다. 한 명을 뽑는데 그 피해가 백 집에 미치고, 열 명을 선발하는데 일천 집을 괴롭히게 되니 사방이 소란하고 마치 난리를 만난 듯하다.

군리가 뇌물을 받고 징집에서 제외시켜 주거나 가난한 자들에게 협박을 일삼으니 목민관은 샅샅이 가려내어 엄하게 조처해야 할 것이다.

제2조 연졸(練卒) 군사 훈련

군사 훈련은

군사 훈련은 무비(武備)의 중요한 일로써 조연(操演)과 교기(敎旗)의 술법(術法)이다.

練卒者 武備之要務也 操演之法 敎旗之術也
연 졸 자　무 비 지 요 무 야　조 연 지 법　교 기 지 술 야

⬥ 練卒 : 군사를 훈련시킴. 武備 : 무력에 의한 방비. 군사적 대비. 操演 : 연습하고 조련하는 것. 훈련. 敎旗之術 : 각종 깃발로써 가르치는 기술.

⬥ 모원의(茅元儀)가 말하였다.

"군사를 훈련시키지 않으면 제대로 진(陣)을 칠 수 없고 공격을 할 수 없으며, 수비도 할 수 없고 둔영(屯營)할 수 없으며, 전투할 수도

없고 수전(水戰)과 화공(火攻)의 이로움을 다할 수 없다. 군마(軍馬)가 있어도 달릴 수 없고 군량이 있어도 허비만 할 뿐이다. 무비(武備)를 말할 경우 훈련을 가장 요긴한 일로 삼는다. 군사를 뽑지 않고는 훈련할 수 없으며, 군사를 뽑은 연후에 속오(束伍, 부대 편성의 하나)하는 법을 시행하고, 금령(禁令) 조목을 반포한 연후에 나아가고 물러서는 절도를 가르친다. 눈을 군기(軍旗)에 익숙하게 하고 귀를 징과 북에 익혀 백 번 변하고 백 번 나와도 그 눈과 귀의 익힌 바가 한결같아야 절도 있는 군사라 할 수 있다. 훈련은 대개 다섯 단계로써, 군사를 뽑는 일〔選士〕, 대오를 편성하는 일〔編伍〕, 명령을 내거는 일〔懸令〕, 깃발에 의하여 조련하는 일〔敎旗〕, 무예(武藝)를 가르치는 일 등이 그것이다.”

살피건대, 지금 군현(郡縣)에서의 사사로운 조련(調練)은 곧 이른바 교기(敎旗)뿐이다.

헛된 일이 된 군사 훈련

지금의 이른바 군사 훈련은 헛된 일이다. 첫째 속오(束伍), 둘째 별대(別隊), 셋째 이노대(吏奴隊), 넷째 수군(水軍) 등 법이 갖추어져 있지 않아 훈련 또한 유명무실하여 형식적으로 규정에 따를 뿐이니 소란을 일으킬 필요가 없을 것이다.

今之所謂練卒 虛務也 一日束伍 二日別隊 三日吏奴隊
금 지 소 위 연 졸　허 무 야　일 왈 속 오　이 왈 별 대　삼 왈 이 노 대

四日水軍 法旣不具 練亦無益 應文而已 不必擾也
사 왈 수 군　법 기 불 구　연 역 무 익　응 문 이 이　불 필 요 야

束伍 : 속오군(束伍軍). 지방에 거주하는 15세 이상의 남자로, 군적에 편입하여 평시에는 군포를 바치고 때때로 훈련을 받으며

유사시에는 현역에 복무하는 군인. 5명을 1오(伍)라 함.

別隊 : 기병(騎兵)을 일컬음. 吏奴隊 : 아전과 관노(官奴)로 편성된 부대. 應文 : 형식만 갖춤. 擾 : 어지럽히다.

🔸 나라를 다스리는 법은 먹을 것과 병비(兵備)를 충족하게 하는 데 있다. 먹이는 것으로서 안에서 민력을 기르고 군사로서 외적을 방어한다. 그러니 나라의 가장 큰 정사는 군사를 훈련하는 데 있다. 그러므로 군대는 반드시 길러야 한다.

군을 점호하는 날에는 비밀히 가까운 군교에게 일러서 어떤 결함이 있더라도 다 덮어두고 적발하지 않도록 하여 순탄하고 무사하게 할 것이며, 번거롭고 소란스럽게 하지 않아야 한다.

깃발과 북의 호령에 따라

오직 깃발(旗)과 북의 호령(號令)에 따라 나아가고 정지하고 나누어지고 합해지는 법만을 마땅히 상세하고 익숙하게 연습하여야 할 것이다. 이는 군사들만 가르치고자 하는 것이 아니라, 아관(衙官)과 군교들도 규례에 익숙하게 하기 위한 것이다.

惟其旗鼓號令 進止分合之法 宜練習詳熟
유 기 기 고 호 령 진 지 분 합 지 법 의 연 습 상 숙

非欲敎卒 要使衙官列校 習於規例
비 욕 교 졸 요 사 아 관 열 교 습 어 규 례

🔹 旗 : 기. 군대. 鼓 : 북. 進 : 나아가다. 詳 : 자세하다. 熟 : 익다. 익숙하다. 衙 : 관아. 衙官 : 군부(軍府)에 속한 벼슬아치. 관아의 아전. 規例 : 규칙과 정례(定例).

🔸 만약 목민관이 병법을 알면 친히 나아가 술법을 가르치고, 병

법을 알지 못하면 각 고을 장교의 우두머리를 대장으로 삼아 전례대로 형식을 갖추는 외에 여러 가지 호령(號令)을 시험해 봐야 한다.

또 진을 치는 법과 물을 건너고, 험한 곳을 통과하는 법, 야간에 진법을 익히는 것 등도 훈련시켜야 한다. 이때 아전과 장교들로 하여금 이와 같은 여러 가지 병법을 익히게 한다면 혹 급한 변란이 생겼을 때 힘을 얻을 수 있을 것이다.

아전과 관노의 훈련

아전과 관노(官奴)의 훈련은 가장 필요한 일이다. 기일(期日) 3일 전에 마땅히 미리 연습시켜야 한다.

吏奴之練 最爲要務 前期三日 宜預習之
이 노 지 련 　 최 위 요 무 　 전 기 삼 일 　 의 예 습 지

▒ 吏 : 아전. 最 : 가장. 期 : 기일. 預 : 미리. 習 : 익히다.

▒ 우리나라의 군사제도에는 수령 휘하에는 한 사람의 군사도 없게 되어 있다. 그러므로 수령은 유사시에 대비하여 함께 고을을 지킬 이노를 미리 훈련해 둘 필요가 있다. 그러므로 속오군(束伍軍)이 모이기 전에 별도로 하루를 택하여 아전과 관노들로 조직된 군대의 연습 기간으로 정하고, 부서의 분배와 앞으로 나아가고 뒤로 물러서는 모든 동작을 한결같이 군법대로 하여, 엄한 훈련으로 규율을 삼는다면, 비록 한때의 훈련이 곧바로 실효를 거두지 못한다 하더라도 군법의 엄숙함은 알게 될 것이다.

군사적 대비가 해이해져

만약 풍년이 들고 군사적 대비가 해이해져 조정에서 정지하라

는 명령이 없으면 연습 조련(操練)을 시행해야 한다. 그 대오의 인원을 보충하고 장비를 갖추는 일에 힘쓰지 않으면 안 될 것이다.

若年豊備弛 朝令無停 以行習操
약 연 풍 비 이　조 령 무 정　이 행 습 조

則其充伍飾裝 不得不致力
즉 기 충 오 식 장　부 득 불 치 력

　年豊 : 풍년이 듦. 朝令 : 나라의 명령. 習操 : 군사 훈련.
飾裝 : 장비를 꾸밈.

　조련은 연례행사이다. 그런데 해마다 행하지 않다가 혹 수십 년에 한 번 행하게 되면, 병영(兵營)의 군리와 장교들은 영을 듣고 기뻐 날뛰면서 경사로 여긴다. 그리고는 대오에 부족한 정원이 있거나 복장이 구비되지 못했거나 무기가 갖추어지지 못했을 경우, 군리와 장교들은 이를 트집잡아 뇌물을 받아내기에 혈안이 되게 마련이다.

어진 목민관은 백성의 것을 착취하여 칭찬받는 일은 하지 않는다. 반드시 관에서 돈을 내어 그 부족한 것을 보충해 주어야만 백성의 원성이 없고 위의 책망도 없어서 그 직무를 잘 수행하는 자가 될 것이다.

군대에서 돈을 걷는 일

군 부대 안에서 돈을 걷는 일 따위는 군율(軍律)이 지극히 엄중하다. 사사로이 연습할 때나 공식 조련(操練) 때에 이러한 폐단이 없도록 잘 살펴야 할 것이다.

軍中收斂 軍律至嚴 私練公操 宜察是弊
군 중 수 렴　군 율 지 엄　사 련 공 조　의 찰 시 폐

🈂 收斂: 돈이나 물건 따위를 거두어들임. 私: 개인. 사사로움.

🈂 군중에서 신입군(新入軍)의 신입례(新入禮)니 지면례(知面禮)니 하여 돈을 걷는 것은 엄금하여야 할 것이다. 만일 그러한 일이 발생하면 일벌 백계로 다스려야 한다.

수군을 산골 고을에 배정하는 것을

수군(水軍)을 산군(山郡, 산골 고을)에 배정하는 것은 본래 잘못된 일이다.

水軍之置於山郡 本是謬法
수 군 지 치 어 산 군   본 시 유 법

🈂 山郡: 산간 고을. 置: 두다. 謬: 잘못.

🈂 수군은 본래 바닷가에 있어야 하는데 산골로 바꾸어 정한 것은 바닷가 백성은 조그만 사변이 있어도 잘 도망가기 때문에 궁여지책으로 산골로 정한 것이다. 이치가 그러한데도 산간고을에서 화전을 일구던 백성으로 파도 속을 넘나들면서 돛대를 잡도록 하니, 그 몸놀림이 어찌 자연스러울 수 있겠는가? 지금은 해안 방어가 무사하기 때문에 이른바 수군이란 것은 해마다 돈 두 냥을 내어 수영에 바치면 모두 무사하게 된다. 이것이 곧 수군을 산간고을에 흩어두고 바꾸어 배정하기를 생각지 않는 까닭이다.

수군을 훈련하는 방식

수군을 조련하라는 명령이 있으면 마땅히 수군을 훈련하는 방식을 취하여 날마다 익혀서 일이 완전하게 하여야 할 것이다.

水操有令 宜取水操程式 逐日肄習 俾無闕事
수 조 유 령 의 취 수 조 정 식 축 일 이 습 비 무 궐 사

● 操 : 조련하다. 程 : 법. 규정. 逐 : 따르다. 肄 : 익히다. 俾 : ~로
하여금 ~하게 하다. 더하다. 闕 : 빠지다. 빠뜨리다.

● 대오를 보충하는 일과 복장을 꾸미는 일, 그리고 사사로이 거
두는 일을 살펴 금하는 일은 모두 육군 조련의 여러 법에 보이므로
여기에서는 다시 논하지 않는다.

 제3조 수병(修兵) 병기 관리

병기를 관리하는 직무

병(兵)이라는 것은 병기이다. 병기는 백 년 동안 쓰지 않더라도
하루도 정비하지 않으면 안 된다. 병기를 관리하는 일은 수령의
직무이다.

兵者 兵器也 兵可百年不用 不可一日無備
병 자 병 기 야 병 가 백 년 불 용 불 가 일 일 무 비

修兵者 土臣之職也
수 병 자 토 신 지 직 야

● 修兵 : 병기의 수리, 즉 무기의 정비. 병기를 잘 보수하고 관리
함. 兵 : 군사. 器 : 그릇. 기구. 備 : 마련하다. 土臣 : 땅을 지키
는 신하(守土之臣)라는 뜻으로 수령을 일컫는 말.

● 군현에는 모두 군기고(軍器庫)가 있고, 그 안에 소장된 것은 첫
째 활과 화살, 둘째 창과 칼, 셋째 조총(鳥銃), 넷째 화약과 연환(鉛
丸), 다섯째 깃발, 여섯째 갑옷, 일곱째 활집과 화살통, 여덟째 구리
솥(속명으로 동로구(銅爐口)라 한다), 아홉째 장막(帳幕) 등이다. 이 밖

의 잡물은 중기(重記: 관리들의 사무 인계 때 주고받는 장부)에 보이는
데, 그 파손된 것을 보수하고 그 없어진 것을 채우는 것이 수령의
직무이다.

화살과 화약

화살 만드는 대를 나누어 주는 일과 달마다 치르는 시험에 쓸
화약을 나누어 보내오는 것은 마땅히 법의 뜻을 알아서 그 출납
을 신중히 해야 할 것이다.

箭竹之移頒者 月課火藥之分送者
전 죽 지 이 반 자 월 과 화 약 지 분 송 자

宜思法意 謹其出納
의 사 법 의 근 기 출 납

주해 箭竹 : 화살 만드는 대나무. 月課火藥 : 지방 관아에 매달 일정하
게 배정하는 연습용 화약. 謹 : 삼가다.

해설 화살 만드는 대를 각 진영에 나누어 준 뒤에는 만들어 놓은 화
살의 수효와 장사(將士)들에게 분배된 숫자를 기록하여 위에 보고해
야 한다. 또한 달마다 치르는 시험에 사용할 화약을 받아오는 날은
여러 가지 비용이 많이 드는데, 화약이 한번 창고 안으로 들어가면
관에서 살피지 않기 때문에 창고를 맡은 자들이 훔쳐내다 팔아서
사복을 채우는 일이 허다하다. 수령은 달마다 점검하여 그 실제의
숫자를 확실히 알아두어야 한다.

병기를 수리하고 보충하는 일

만약 조정의 명령이 엄중하면 때때로 병기를 수리하고 보충하

는 일을 그만둘 수 없을 것이다.

若朝令申嚴 以時修補 未可已也
약 조 령 신 엄　이 시 수 보　미 가 이 야

주해 朝 : 조정. 嚴 : 엄격하다. 補 : 보태다. 已 : 그만두다.

해설 『속대전』에 규정하기를, '각 고을의 군기는 절도사가 아무 때나 어느 한 고을을 택하여 부정한 것을 적발하고 사고를 파악하여 수령에게 죄를 논한다.'고 하였다.

 제4조 권무(勸武) 무예를 권장함

무예를 권장하는 것이 급선무

우리나라의 풍속이 온유하고 신중하여 무예의 재주를 즐기지 않는다. 익히는 것은 오직 활쏘기뿐이었는데, 요즈음은 그것마저 익히지 않으니 무예를 권장하는 것이 오늘의 급선무이다.

東俗柔謹 不喜武技 所習惟射
동 속 유 근　불 희 무 기　소 습 유 사

今亦不習 勸武者 今日之急務也
금 역 불 습　권 무 자　금 일 지 급 무 야

주해 柔 : 부드럽다. 謹 : 삼가다. 喜 : 기뻐하다. 射 : 쏘다. 勸武 : 무예를 권장함.

해설 우리나라는 무예를 숭상하지 않는 데다 무기도 정밀하지 못하다. 거기다가 지난 백여 년 동안 무과(武科)의 폐단이 날로 극심해져서 마침내 온 나라 백성들로 하여금 한 사람도 활을 잡고 나서는 이가 없으니 오늘에 와서는 아주 없어진 지경에 이르게 되었다.

수령이 무예를 권장한다면

수령으로서 한 고을에 오래 재임하는 경우 6년에 이른다. 이러한 것을 헤아려 수령이 무예를 권장한다면 백성들도 힘쓸 것이다.

牧之久任者 或至六朞 揣能如是者 勸之而民勤矣
목 지 구 임 자　혹 지 육 기　췌 능 여 시 자　권 지 이 민 근 의

🔹 久任 : 오랫동안 재임함. 六朞 : 6년. 朞 : 돌. 일 주년.
揣 : 헤아리다. 勸 : 권하다. 勤 : 부지런하다. 힘쓰다.

🔹 목민관인 자가 잘 강구하여 무예를 권장한다면 백성들도 반드시 서로 권장할 것이다. 이와 같이 5~6년에 걸쳐 점차 습속이 이루어지면 그 풍속이 널리 퍼져 마침내 국가에 도움이 될 것이다.

강노를 펼쳐 설치하고

강한 쇠뇌, 강노(强弩)를 펼쳐 설치하고 쏘는 법을 익히지 않으면 안 된다.

强弩之張設發放 不可不習
강 노 지 장 설 발 방　불 가 불 습

🔹 强弩 : 쇠뇌. 여러 개의 화살을 발사(發射)하여 한꺼번에 나가게 하는 활. 强 : 굳세다. 弩 : 센 활. 張 : 펼치다. 放 : 쏘다. 놓다.

🔹 명(明)나라 당순지(唐純之)의 『무편(武篇)』에 말하였다.
"쇠뇌는 아주 예리한 병기이다. 단단한 것을 뚫고 멀리 나가고 험한 곳을 공격하고, 좁은 곳을 수비하며, 충돌을 막아내는 데에 쇠뇌가 아니면 안 된다. 쇠뇌를 쓰는 것이 전쟁에 불편하다고 하나, 쇠뇌가 전쟁에 불편한 것이 아니라 장수된 자가 쇠뇌에 익숙하지 못

해서다. 쇠뇌를 잘 쓰는 자는 5층으로 벌여놓고 층마다 세 개 혹은 다섯 개씩 화살을 모아잡아 쏘고, 쏘기를 마치면 빙 둘러 벌여놓고 다 놓은 다음엔 다시 차례대로 쏘되, 서로 돌아가면서 계속하는데, 높은 곳에서 낮은 곳을 대적하기에 더욱 좋다. 그리고 노수(弩手)들에게 각각 칼 한 자루씩을 채워 적이 가까이 다가오면 쇠뇌에 걸터앉아 칼을 사용하게 한다. 이와 같이 하면 활과 칼이 서로 도움이 될 것이다."

좌작진퇴하는 법

무릇 호령하고 좌작진퇴(坐作進退)하는 법과 달리고 격돌하여 치고 찌르는 자세와 같은 무예는, 모름지기 외적에 대한 어떠한 위험의 징조가 있어야만 비로소 익힐 수 있을 것이다.

若夫號令坐作之法 馳突擊刺之勢
약 부 호 령 좌 작 지 법　치 돌 격 자 지 세

須有隱憂乃可肄習
수 유 은 우 내 가 이 습

주해 坐作進退 : 앉고 일어서는 일. 즉 군대의 훈련에서, 지휘자는 앉아서 명령만 내려도 군대의 훈련이 제대로 이루어짐. 武藝 : 궁마창검(弓馬槍劍) 등. 옛 전투에 쓰이는 기술. 무술(武術). 무기(武器). 馳 : 달리다. 擊 : 치다. 두드리다. 刺 : 찌르다.
隱 : 숨다. 肄 : 익히다.

해설 진릉(晉陵) 장공(張公)이 신주지사(信州知事)가 되자, 주 서북쪽의 높고 시원한 곳에 새로 병영을 만들어 군사들을 주둔시킨 다음, 옛 병영을 없애고 그 자리를 무사들의 훈련장으로 삼아 찌르고 공격하는 법을 가르치니 옛날에 없던 일이었다.

제5조 응변(應變) 변란에 대비함

병부를 지니고 있는 관원

수령은 병부(兵符)를 지니고 있는 관원이다. 기밀한 일에 뜻밖의 변고가 많으므로 대응하는 방법을 미리 강구하지 않을 수 없다.

守令 乃佩符之官 機事多不虞之變
수 령　내 패 부 지 관　기 사 다 불 우 지 변

應變之法 不可不預講
응 변 지 법　불 가 불 예 강

주해 應變 : 변란에 대응한다는 뜻. 여기서는 내란에 대한 대응 방법을 제시하고 있음. 兵符 : 군대 출동 때 쓰는 표적. 용병에 관하여 기록한 것. 佩 : 차다. 符 : 부신. 부적. 機事 : 기밀한 일. 預 : 미리. 講 : 강구하다.

해설 그 사람의 인품은 큰 일을 겪어보아야 안다. 도량이 작은 자는 작은 일에도 쉽게 놀라지만 큰 인물은 갑작스러운 일을 당해도 여유있게 웃으면서 처리한다. 모름지기 평상시에 지난 역사를 살펴보아 옛사람들이 행한 일을 취하여 마음속에 담아 둔다면 일을 당하여도 두려움이 없고 처리에 있어서도 쉬울 것이다.

유언비어가 일어나는 것은

유언비어가 일어나는 것은 혹은 아무런 근거 없이 저절로 생기기도 하고, 혹은 조짐이 있어서 발생하기도 한다. 수령은 이에 대응함에 있어서 조용히 진압하기도 하고, 혹은 묵묵히 그 동향을 살피기도 해야 할 것이다.

> 訛言之作 或無根而自起 或有機而將發
> 와 언 지 작 혹 무 근 이 자 기 혹 유 기 이 장 발

> 牧之應之也 或靜而鎭之 或默而察之
> 목 지 응 지 야 혹 정 이 진 지 혹 묵 이 찰 지

  ※ 訛 : 그릇되다. 訛言 : 잘못 전해진 말. 유언비어. 無根 : 근거가 없음. 自起 : 저절로 일어남. 靜 : 고요하다. 默 : 말 없다. 잠잠하다.

  ※ 요즈음 부역이 번거롭고 관리들의 악행이 도를 넘으니 백성들이 살기가 어려워 자연 유언비어가 나돌게 된다. 속담에 '유언비어를 거두어 보리 뿌리에 묻는다' 는 말이 있듯이, 보리가 익고 농사일이 바빠지면 유언비어가 저절로 없어지게 된다. 그러므로 이러한 것은 들어도 못 들은 체하고 조용히 진압하는 것이 좋다.

괘서와 투서 따위는

모든 괘서(掛書)와 투서(投書) 따위는 태워서 없애 버리거나 혹은 비밀히 살펴야 한다.

> 凡掛書 投書者 或焚而滅之 或默而察之
> 범 괘 서 투 서 자 혹 분 이 멸 지 혹 묵 이 찰 지

  ※ 掛 : 걸다. 掛書 : 이름을 밝히지 않고 벽 등의 게시문(揭示文). 주로 역모나 모함을 목적으로 함. 벽에 글을 붙임. 投 : 던지다. 投書 : 글을 몰래 보냄. 焚 : 태우다.

  ※ 괘서, 혹은 투서가 만약 흉역(凶逆)에 관계된 것으로서 놀랄 만한 기미가 있다고 염려되는 것이면, 큰 것은 영문(營門)에 달려가 감

사와 면대하여 상의할 것이며, 작은 것은 수리(首吏)와 수향(首鄕)을 보내어 비밀히 감사에게 보고하여야 할 것이다.

변란이 있으면 동요하지 말고

무릇 변란이 있으면 마땅히 놀라 동요하지 말고 침착하게 그 귀추를 생각하며, 그 변화에 따라 대처해야 할 것이다.

凡有變亂 宜勿驚動 靜思歸趨 以應其變
범 유 변 란 의 물 경 동 정 사 귀 추 이 응 기 변

※해 變亂 : 어떤 변고로 말미암아 세상이 어지러워지는 일. 사변으로 말미암은 소란. 驚動 : 뜻밖의 일에 놀라서 술렁거림. 歸趨 : 의논·의견·추리 등이 어떤 결론에 도달함. 돌아감. 귀결(歸結).

※해 송의 우윤칙(虞允則)이 군사들에게 잔치를 베풀고 있는데 무기고에서 불이 났다. 그러나 우윤칙은 여전히 풍악을 울리며 술 마시기를 중지하지 않으니, 조금 뒤에 불이 저절로 꺼졌다. 어떤 이가 우윤칙에게 따지자 그는 이렇게 대답하였다.
"병기를 둔 곳은 화재를 매우 엄격히 단속하는데 잔치중에 불이 난 것은 반드시 간악한 사람이 한 짓이다. 만일 잔치를 중단하고 불을 끄러 나선다면 반드시 예측하지 못하는 변고가 있었을 것이다."

간악함을 꺾어버리고

혹 그 지방의 풍습이 모질고 악독하여서 관장(官長)을 살해하려고 음모하는 자가 있으면, 잡아서 죽이거나 혹은 고요히 진압시키되, 그 기미를 밝게 살펴서 간악함을 꺾어버리고 동요해서는

안 될 것이다.

或土俗獷悍 謀殺官長 或執而誅之
혹 토 속 광 한 모 살 관 장 혹 집 이 주 지

或靜而鎮之 炳幾折奸 不可膠也
혹 정 이 진 지 병 기 절 간 불 가 교 야

🌸 獷悍 : 모질고 악독함. 官長 : 수령을 높여 부르는 말. 誅 : 죽이
다. 鎮 : 누르다. 炳 : 밝다. 折 : 꺾다. 炳幾折奸 : 幾는 機와 같이
일의 기틀, 즉 일의 기틀을 밝게 살펴서 기틀에 따라 간악함을
꺾어버림. 膠 : 아교. 집착하다.

🌸 조선 현종 때 감사(監司) 정언황(丁彦璜)이 신계현령(新溪縣令)이
되었다. 앞서 고을 이속들이 난을 일으켜 그 현령을 포위하고 화살
과 돌멩이로 위협하여 현령은 여러 날 갇혀 있다가 겨우 몸만 빠져
도주한 일이 있었는데 조정에서는 정언황을 뽑아 대신 부임케 하였
다. 그기 신계에 부임하여 그 우두머리를 잡아 죽이고 나머지는 불
문에 붙이니, 변란을 일으킨 죄인들의 이름을 적어 바치는 자가 많
았다. 그러나 그는 열어 보지도 않은 채 관리들을 모아놓고 불태워
버리니 인심이 비로소 안정되었다.

도둑떼가 변란을 일으키면

강도와 떠돌아다니는 도둑떼가 서로 모여서 변란을 일으키면,
타일러서 항복시키거나 혹은 계략을 써서 사로잡아야 한다.

强盜流賊 相聚爲亂 或諭以降之 或計以擒之
강 도 유 적 상 취 위 란 혹 유 이 항 지 혹 계 이 금 지

🌸 盜 : 도적. 賊 : 도적. 流賊 : 떠돌아다니는 도적. 聚 : 모이다.

諭 : 깨우치다. 타이르다. 降 : 항복할 항, 내릴 강. 擒 : 잡다.

◈ 고려 때 윤위(尹威)가 남원부(南原府)의 염찰(廉察)이 되었을 때 일이다. 고을 외곽에 도둑의 무리가 많이 모여 산에 주둔하고 스스로 방위하고 있었다. 윤위는 단기로 부에 들어가서 화복(禍福)으로 달래니, 도둑들이 감격하여 눈물을 흘리며 명령에 따랐다. 이에 우두머리만 죽이고 나머지는 모두 용서해 주니 온 경내가 편안해졌다.

민심이 두려워하거든

지방의 도둑떼가 이미 평정된 뒤에도, 민심이 아직 의심하고 두려워하거든 마땅히 정성을 다하고 믿음을 보여서 백성의 불안해하는 마음을 안심시켜야 한다.

土賊旣平 入心疑懼 宜推誠示信 以安反側
토 적 기 평 입 심 의 구 의 추 성 시 신 이 안 반 측

◈ 土賊 : 지방에서 일어나는 도둑의 떼. 토구(土寇). 疑懼 : 의심하고 두려워함. 反側 : 불안하여 근심하는 모양. 側 : 옆.

◈ 조선 인조 때 사람 이수일(李守一)이 북도절도사(北道節度使)가 되었는데, 앞서 반란을 일으켰던 국경인(鞠景仁) 등이 왕자를 잡아 적에게 넘기려고 모의하였다. 그후 평정되자 백성들이 자기들을 모두 죄로 몰아 죽이지나 않을까 의심하여 남몰래 강을 건너가 북호(北胡)에 의지하였는데 이수일이 백성들을 위로하고 회유하니 얼마 지나지 않아 민심이 크게 안정되었다.

외적 침입의 환난을 당하면

외적이 침입한 환난을 당하면 수령은 마땅히 국토를 지켜야 한다. 그 지역을 방어할 책임은 장신(將臣)과 마찬가지인 것이다.

値有寇難 守土之臣 宜守疆域 其防禦之責 與將臣同
치 유 구 난 수 토 지 신   의 수 강 역   기 방 어 지 책   여 장 신 동

🌸 禦寇 : 도적이나 외적(外敵)을 막음. 국방·군비·전략 등 제반 문제를 다룸. 値 : 만나다. 寇 : 도적. 難 : 난리. 患難 : 근심과 재난. 疆 : 강도. 禦 : 막다. 將臣 : 장수. 도성을 지키던 각 영문(營門)의 장수.

🌸 고려 김경손(金慶孫)이 정주〔지금의 의주(義州)〕 분도장군(分道將軍)이 되었을 때의 일이다. 몽고 군대가 압록강을 건너 쳐들어와 정주에 이르렀다. 김경손은 관아의 죽음을 내건 용사 12명을 거느리고 성문을 열고 나가 힘껏 싸워 적병을 물리쳤다.

후에 다시 쳐들어와서 20여 일 동안 크게 싸웠는데, 김경손이 상황에 따라 방비를 하여 대처하는 것이 귀신 같았다. 몽고인들이, '이 성은 능히 이소적대(以小敵大)하니 하늘이 돕는 것이지 사람의 힘이 아니다.'라고 하여 마침내 포위를 풀고 물러갔다.

허하면 실한 것처럼

병법(兵法)에 말하기를, '허(虛)하면 실(實)한 것처럼 보이게 하고 실(實)하면 허(虛)한 것처럼 보이라.'고 하였다. 이 말은 수어

(守禦)하는 자로서 마땅히 알아두어야 할 것이다.

> 兵法曰 虛而示之實 實而示之虛
> 병법왈 허이시지실 실이시지허

> 此又守禦者 所宜知也
> 차우수어자 소의지야

주해 虛 : 빈 것. 공허한 것. 實 : 충실한 것. 知 : 알다.

해설 당의 장수규(張守珪)가 과주자사(瓜州刺史)로 있을 때의 일이다. 오랑캐가 갑자기 쳐들어오자 성 위에 술자리를 차려놓고 여러 장수들을 모아 풍악을 연주하니, 오랑캐는 방비가 있는가 의심하여 물러가자 그제야 장수규는 곧 오랑캐의 뒤를 쫓아 공격하였다.

적을 임금에게 보내는 것

지키기만 하고 공격하지 아니하여 적(賊)으로 하여금 지경을 지나가게 한다면, 이것은 적을 임금에게 보내는 일이 된다. 추격하는 것을 어찌 그만둘 수 있겠는가.

> 守而不攻 使賊過境 是以賊而遺君也 追擊庸得已乎
> 수이불공 사적과경 시이적이유군야 추격용득이호

주해 守 : 지키다. 攻 : 공격. 過境 : 경계를 지나가게 함. 遺 : 남기다.
追 : 뒤쫓다.

해설 조선 선조 때 황진(黃進)이 익산군수(益山郡守)가 되었는데, 이때 왜적이 서울을 점령하고 있어, 그는 대군(大軍)을 따라 진격하면서 한강 남쪽 언덕에 이르렀다. 적이 역습해 오자 여러 장수들은 모두 퇴각하고 그는 적에게 겹겹이 포위당했다. 이틀을 지나 황진이 말을 타고 뛰쳐나오며 좌우로 칼을 휘두르니 적의 유혈이 얼굴에

뿌려져 낭자하게 되었으나 적의 말을 빼앗아 돌아왔다. 그 공로로
품계가 올랐다.

삼강오륜의 떳떳함을 세우는 것

높은 충성심과 늠름한 절개로 사졸(士卒)을 격려하여 조그만 공
이나마 세우는 것이 최상의 도리이고, 형세가 궁(窮)하고 힘이 다
하도록 싸우다가 전사하여 삼강오륜의 떳떳함을 세우는 것 또한
분수를 다하는 일이다.

危忠凜節 激勵士卒 以樹尺寸之功 上也 勢窮力盡
위 충 늠 절　격 려 사 졸　이 수 척 촌 지 공　상 야　세 궁 역 진

繼之以死 以扶三五之常 亦分也
계 지 이 사　이 부 삼 오 지 상　역 분 야

✿ 危 : 높다. 凜 : 늠름하다. 勵 : 격려하다. 士卒 : 군사. 옛 군인을
일컬음. 병사(兵士). 樹 : 세우다. 窮 : 궁하다. 扶 : 붙잡다.
常 : 떳떳히다.

✿ 조선 선조 때 송상현(宋象賢)이 동래부사(東萊府使)가 되었다.
선조 25년인 임진년 4월에 왜병이 부산을 함락하니, 좌병사 이각(李
珏)이 동래로 들어왔다가 부산이 함락되자 적의 칼날을 피하여 소
산역(蘇山驛)으로 물러나 진을 쳤는데, 송상현이 함께 성을 지키자
고 하였으나 응하지 않았다. 15일에 왜병이 동래성으로 들어오니
송상현은 성 남문에 올라가 싸움을 독려하였으나 한나절 만에 성이
함락되고, 그는 꼼짝 않고 버티고 앉아서 적의 칼을 받고 죽었다.
왜병은 그가 죽음으로써 지킨 것을 가상히 여겨 관을 만들고 염(殮)
을 하여 성 밖에 매장하고 표목을 세워 표시하였다.

임금이 피난길에 오르면

임금의 행차가 피난길에 오르면 지방을 지키는 수령이 그 지방의 토산품을 올리어 그 충성심을 표하는 것, 또한 직분상 당연히 해야 할 일이다.

乘輿播越 守土之臣 進其土膳
승 여 파 월 수 토 지 신 진 기 토 선

表厥忠愛 亦職分之常也
표 궐 충 애 역 직 분 지 상 야

▣ 乘輿 : 임금이 탄 수레. 임금의 행차. 播越 : 임금이 도성을 떠나 피란하는 일. 膳 : 음식 바치다. 상을 차려 올림.

▣ 고려의 김은부(金殷傅)가 공주절도사(公州節度使)가 되었다. 현종(顯宗)이 거란의 난을 피하여 남쪽으로 파천하니, 김은부가 예절을 갖추어 교외로 나아가 맞이하고 의대(衣帶)와 토산물을 바쳤다. 왕이 파산역(巴山驛)에 이르니, 아전들이 모두 도망쳐버려 어주(御廚)에 먹을 것이 없었다. 김은부는 또 음식을 갖추어 조석으로 수라를 올렸는데, 현종은 후에 그의 세 딸을 왕비로 맞이하였다.

지방을 지키는 수령의 직분

적병이 미치지 아니한 곳에서는 백성을 위무하여 안정시키고, 물자를 비축하고 농사를 권장해서 군비(軍費)를 충당해 주는 것, 또한 지방을 지키는 수령의 직분이다.

兵所不及 撫綏百姓 務材訓農
병 소 불 급 무 수 백 성 무 재 훈 농

以贍軍賦 亦守土之職也
이 섬 군 부 역 수 토 지 직 야

❧ 兵禍 : 전쟁으로 말미암은 재화(災禍). 撫 : 어루만지다. 綏 : 편안하다. 訓 : 가르치다. 贍 : 넉넉하다.

❧ 변란이 일어나면 일시에 온 천하를 뒤덮는 것은 아니다. 그러니 적병이 미치지 않은 곳에서는 안정시키기에 힘써야 할 것이다. 만약 백성들이 하찮은 뜬소문에도 놀라고 흩어져 달아나는 것을 안무(安撫)시키지 않는다면, 이미 병화를 입고 있는 곳이 무엇을 믿고 의지하겠는가. 수령된 자는 마땅히 백성들을 불러서 안정하여 기재(器材)를 생산하고, 농사에 힘써서 군대에게 물자를 공급함으로써 백성을 편안하게 하고 나라를 지켜내야 한다.

이 장에서는 형전(刑典)에 속하는 사항 중에서 군현(郡縣)에 관계되는 중요한 여섯 조항을 들어 수령이 대처해야 할 태도를 시사하고 있다. 그 여섯 가지 조항은 청송(廳訟), 단옥(斷獄), 신형(愼刑), 휼수(恤囚), 금포(禁暴), 제해(除害) 등이다.

송사를 바르게 심리하는 일

송사를 듣고 옳고 그른 것을 잘 판단하는 근본은 성의에 달려 있고, 성의의 근본은 신독(愼獨)에 있다.

聽訟之本 在於誠意 誠意之本 在於愼獨
청 송 지 본   재 어 성 의   성 의 지 본   재 어 신 독

주해 聽訟 : 수령이 백성의 송사(訟事)를 심리하는 일. 송사를 재판함.

訟 : 소송. 송사하다(재판을 걺). 愼 : 삼가다. 愼獨 : 남을 의식하지 않고 혼자 있을 때에도 마음가짐과 행동을 삼가 참되게 함.

해설 송사를 바르게 심리하는 것은 훌륭한 일이다. 그러나 처음부터 송사가 일어나지 않게 하는 것이 가장 이상적인 정치인 것이다.

대저 청송한다는 것과 아예 쟁송이 없게 한다는 것은 그 차이가 실로 크다. 청송이라는 것은 말과 표정으로써 백성을 교화하는 일이요, 쟁송이 없게 한다는 것은 '밝은 덕(德)은 말과 표정으로써 크게 나타내지 않음을 생각한다.'는 뜻이다.

자신의 몸가짐을 규율하여

그 다음으로는 자신의 몸가짐을 규율(規律)하여 훈계하고 가르치며 억울함을 풀어 주면 또한 송사(訟事)가 없어질 것이다.

其次律身 戒之誨之 枉者伸之 亦可以無訟矣
기 차 율 신   계 지 회 지   왕 자 신 지   역 가 이 무 송 의

次 : 다음. 律身 : 자기 자신을 단속함. 戒 : 경계하다. 誨 : 가르
치다. 枉 : 굽다. 伸 : 펴다. 枉者伸之 : 잘못된 것을 바로잡아 줌.

🔆 송(宋)나라의 장영(張詠)이 익주지사(益州知事)가 되었을 때의
일이다. 소장(訴狀)을 내어 소송하는 자가 있을 때마다 장영이 사실
여부를 소상히 알아 즉석에서 판결하되, 그 판정함에 있어 죄상은
가벼운데 법을 무겁게 한 것과, 죄상은 무거운데 법을 가겹게 한 경
우가 있을 때마다 빠짐없이 판결문을 만들어 두었는데, 촉(蜀)나라
사람들이 책을 내어 『계민집(戒民集)』이라 이름하였다.

송사를 처리하는 데는

송사 처리를 물흐르듯 거침없이 하는 것은 타고난 재능이 있어
야 하므로 그러한 방법은 위험하다. 송사를 처리하는 데는 반드
시 마음을 다하는 데 있으나, 그 법이 사실에 꼭 맞아야 한다. 그
러므로 송사를 간결히 할 경우에는 그 판결이 반드시 더 지연되
는 것은, 한번 판결하면 그 소송이 다시 일어나지 않게 하기 위
함에서이다.

聽訟如流 由天才也 其道危 聽訟必核盡人心也
청 송 여 류 유 천 재 야 기 도 위 청 송 필 핵 진 인 심 야

其法實 故 欲詞訟簡者 其斷必遲
기 법 실 고 욕 사 송 간 자 기 단 필 지

爲一斷而不復起也
위 일 단 이 불 복 기 야

🔆 流 : 흐르다. 由 : 말미암다. 危 : 위태롭다. 核 : 열매. 핵심.
核盡人心 : 核은 覈과 같으니, 사람의 마음을 남김없이 알아낸다
는 뜻이다. 簡 : 간결하다. 遲 : 더디다. 復 : 회복할 복, 다시 부.

起 : 일어나다.

◈ 관장으로서 성질이 번거로움을 참아내지 못하는 사람은 소장을 대할 때마다 허두부터 조사해 규명하지 않고 눈에 띄는 대로 어름하게 대강대강 판결문을 써 판결하고, 아전들은 소송하는 사람을 호통쳐서 우선 눈앞이 깨끗한 것만을 다행으로 여긴다. 그러나 그 한 가지 일이 관에 있어서는 비록 작은 일 같으나 백성에게는 실로 큰 일이니 반드시 한 차례의 밝은 판결을 거쳐서 양쪽의 옳고 그름이 분명히 판명된 후에야 송사가 끝나는 것이다.

답답한 백성의 사정

가로막혀 통하지 못하면 백성의 사정은 답답하게 된다. 달려와 호소하고 싶은 백성으로 하여금 부모의 집에 들어오는 것처럼 하게 한다면 어진 목민관이라 할 수 있다.

壅蔽不達 民情以鬱 使赴愬之不民
옹 폐 부 달　민 정 이 울　사 부 소 지 불 민

如入父母之家 斯良牧也
여 입 부 모 지 가　사 양 목 야

◈ 壅蔽 : 막고 가림. 윗사람의 총명을 막아서 가림. 壅 : 막히다. 蔽 : 가리다. 鬱 : 울적하다. 赴 : 달려오다. 愬 : 호소하다.

◈ 호태초(胡太初)는 이렇게 말했다.

"백성이 수령 보기를 하늘보다 멀리하고 신명(神明)을 두려워하는 것보다 어렵게 여긴다면 원통하고 괴로움을 당하여도 관문에 들어올 길이 없을 것이요, 또 다행히 수령 앞에 나올 수 있더라도 아전이 엄포를 놓고 태장(笞杖)이 오감으로써 마음 약한 자는 미리부터 정신을 잃고 기가 질린다. 그러므로 관문을 활짝 열어 놓고 아전들을 물리친 다음, 직접 불러다 앉히고 평온한 기색으로 캐어물어서 그가 말하고자 하는 것을 모두 말하게 해야 한다. 그래도 막히고 가려져 통하지 못하는 자는 소라〔鑼〕를 관문 밖에 설치하여 스스로 그것을 치게 해야 한다. 이렇게 한다면 백성들이 스스로 말하지 못하는 일이 없어지게 될 것이다.”

소송을 제기하는 사람의 말

무릇 소송에 있어서 급히 달려와서 고하는 것은 성급히 믿지 말고, 늦추어 응하여 천천히 그 실상을 살필 것이다.

凡有訴訟 急疾奔告者 不可傾信
범 유 소 송　급 질 분 고 자　불 가 경 신

應之以緩徐 察其實
응 지 이 완 서　찰 기 실

急 : 급하다. 奔 : 달려오다. 傾 : 기울다. 緩 : 천천히 느리다.
徐 : 천천히.

무릇 소송을 제기하는 사람의 말이 비록 크게 놀랄 만한 일이라도 한쪽 말만을 그대로 믿어서는 안 되는 것이다. 그 시비 곡직을 일절 논단하지 말고 다만 제결(題決)하기를, ‘양 당사자로 하여금 각기 전후(前後) 소장을 가지고 대질시켜 처리할 터이니 여기에 한 자라도 더 첨가해서는 안 된다.’고만 할 것이다.

훌륭한 옥사의 판결

한 마디 말로 옥사(獄事)를 결단하여 판결하기를 귀신같이 하는 것은 특별히 천부적인 재능이 있어야 하므로, 보통 사람이 본받을 바는 못 된다.

片言折獄 剖決如神者 別有天才 非凡人之所宜傚也
편 언 절 옥 부 결 여 신 자 별 유 천 재 비 범 인 지 소 의 효 야

✿ 片 : 조각. 折 : 꺾다. 剖 : 쪼개다. 傚 : 본받다.
剖決 : 판결, 판단.

✿ 명나라 장순(張淳)이 영강지현(永康知縣)이 되었는데, 그 고을 관리와 백성들 중 원래 간악한 자들이 많아 잇달아 고발하여 일곱 수령을 파면시켰다. 장순이 부임하여 밤낮으로 문서를 열람하고, 수천 명의 송사를 물 흐르듯이 판결해 내니, 크게 놀라 감복하였고 송사는 차츰 줄어졌다. 또 소송하러 오는 자가 있으면 장순은 곧 심리할 기일을 정하여 양편이 그 기일에 오면 잠시 동안에 분석 판결하여 오래 두는 일이 없으니, 지방 백성들은 밥 한 덩어리를 싸가지고 와서 송사를 마칠 수 있었다.

인륜에 관한 소송

인륜에 관한 소송은 천상(天常)에 관계되므로 그 판결이 마땅히 명백하게 해야 한다.

人倫之訟 係關天常者 辨之宜明
인 륜 지 송 계 관 천 상 자 변 지 의 명

✿ 倫 : 윤리. 訟 : 소송. 常 : 떳떳하다. 天常 : 하늘이 정한 영구불

변의 인륜(人倫). 오상(五常)의 도(道). 오륜(五倫). 辨 : 분별하다. 가리다.

해설 황패(黃覇)가 영천태수(穎川太守)가 되었다. 어느 부잣집에 형제가 함께 살고 있었는데, 그 두 동서가 똑같이 임신을 하였다. 그런데 맏동서는 낙태한 것을 숨기고 있다가 아랫동서가 아들을 낳자 그 아들을 데려다가 자기 아들로 삼아서 이를 다투어 소송한 지 3년이 되었다. 황패가 사람을 시켜서 아이를 뜰 안에 안고 있게 한 다음에 아랫동서가 맏동서로 하여금 서로 빼앗아 데려가게 하니, 맏동서는 빼앗기를 매우 맹렬히 하는데 반해 아랫동서는 아이가 다칠까 두려워했는데 그 정상이 매우 측은해 보였다. 황패가 이에 맏동서를 꾸짖어 말하기를,

"너는 집안 재산을 탐내어 이 아이를 얻으려 하였으니, 어찌 아이가 다칠 것을 염려하겠느냐."

하니, 맏동서가 그만 죄를 자백하였다.

골육간에 서로 다투어

골육(骨肉)간에 서로 다투어 의(義)를 저버리고 재물에 목숨을 거는 자는 마땅히 엄하게 징치해야 할 것이다.

骨肉相爭 忘義殉財者 懲之宜嚴
골 육 상 쟁 　 망 의 순 재 자 　 징 지 의 엄

주해 骨肉 : 부자·형제 등 근친을 말함. 친족. 爭訟 : 서로 송사를 하여 다툼. 또 송사. 소송으로 다툼. 懲 : 징계하다. 嚴 : 엄하다.

해설 당나라 이걸(李傑)이 하남윤(河南尹)이 되었을 때의 일이다. 어떤 과부가 그 아들이 불효한다고 고발해 오니, 아들은 스스로 해명할 수가 없어 어머니께 죄를 졌으니 죽음도 달게 받겠다고 하는 것

이었다.

이걸이 그 아들의 원통함을 살피고 그 어머니에게 이르기를,

"네가 10년 동안 과부로 지내오면서 오직 아들 하나가 있는데, 지금 그 아들이 죄를 지어 죽게 되었으니 뉘우침이 없는가?"

하니 그 과부가 말하기를,

"버릇이 없고 순종하지 않으니 아까울 게 무엇이 있겠습니까?"

하는 것이었다. 이걸이 말하기를,

"사실이 그렇다면 관(棺)을 사오라. 아이의 시체를 담겠다."

하고, 사람을 시켜서 남몰래 감시해 보았다. 과부가 나가서 한 도사(道士)를 보고 하는 말이,

"이젠 일이 다 되었소. 조금 뒤에 관이 올 것이오."

하는 것이었다. 이걸이 곧 그 도사를 잡아다가 심문하니, 자복하는 말이,

"제가 과부와 관계하여 오는데, 일찍부터 그 아이의 제지를 당하였기 때문에 아이를 없애버리려고 한 것입니다."

하는 것이었다. 이에 그 아들을 놓아주고, 어미와 도사를 죽여 한 관에 넣었다.

공정한 토지의 소송

토지의 소송은 백성의 재산에 관계된 바이니, 한결같이 공정하게 처리해야 백성이 이에 승복할 것이다.

田地之訟 民産所係 一循公正 民斯服矣
전 지 지 송 민 산 소 계 일 순 공 정 민 사 복 의

주해 田 : 밭. 係 : 걸리다. 관계. 循 : 따르다. 服 : 복종하다.

✤ 송(宋)나라 인수현(仁壽縣)에 홍씨(洪氏)란 아전이 있어 그가 이웃 사람의 밭을 탐내어 위조 문서를 만든 다음, 차(茶)로 그 문서를 물들여 오랜 세월이 지난 것같이 만들었다. 그것을 관가에 호소해 오니, 현령이 곧 그 문서를 가져다가 펴보며 말하기를,

"세월이 오랬으면 종이 속 색깔은 희어야 할 것인데, 이것은 겉과 속이 일정하니 거짓이다."

하면서 심문하자, 과연 사실을 자백하였다.

명성이 드러나는 우마의 소송

우마(牛馬)의 소송은 명성(名聲)이 드러나는 바이요, 옛사람들이 아름다운 본보기를 남겼으니 그것을 대개 본받을 일이다.

牛馬之訟 聲名所出 古人遺懿 其庶效之
우 마 지 송　성 명 소 출　고 인 유 의　기 서 효 지

✤ 聲 : 소리. 遺 : 남기다. 懿 : 아름답다. 훌륭하다. 效 : 본받다.

✤ 고래 때 이보림(李寶林)이 일찍이 성주원(星州員)이 되었다. 어떤 백성이 와서 이웃 사람이 자기네 집 소의 혀를 잘랐다고 하였는데, 그 이웃 사람은 자복하지 않는 것이었다. 이보림이 그 소를 목마르게 한 다음, 간장을 물에 타 가지고는 마을 사람들을 모두 모아 놓고 명령하기를,

"차례로 돌려가며 이 소에게 마시게 하되 소가 마시려 하면 곧 떼라."

하였다. 마을 사람들이 공의 명령대로 하는데, 소송당한 자의 차례가 되자 소가 그만 그 사람을 보고 깜짝 놀라 달아나므로 힐문하니 자백하였다.

재물과 비단의 송사

재물과 비단의 송사는 증빙(證憑)할 문서가 없는 경우에도 그 진정(眞情)과 허위를 자세히 살펴보면 그 실상이 드러날 것이다.

財帛之訟 券契無憑 察其情僞 物無遁矣
재 백 지 송　권 계 무 빙　찰 기 정 위　물 무 둔 의

주해 財 : 재물. 帛 : 비단. 券契 : 계약서 따위. 각종 증빙할 만한 서류. 契 : 증빙서. 憑 : 믿다. 僞 : 거짓. 遁 : 도망하다.

해설 무릇 재물을 가지고 소송하는 경우, 증빙할 문서가 없으면 임시로 반씩 잃도록 하여 그 피해를 균평히 하고, 천천히 그 말씨와 낯빛을 살펴보면 실상과 허위를 가릴 수 있어 이에 시비를 판결할 수가 있으니, 이 같은 사례가 많다. 근래의 수령들은 그대로 반씩 잃고서 물러가라고만 하니, 백성들이 반드시 이름붙여 '반실태수(半失太守)' 라고 칭하는데, 이는 최하급의 수령인 것이다.

밝은 마음으로 사물을 비추고

밝은 마음으로 사물을 비추고 어진 마음이 작은 새·짐승에까지 미치게 된다면, 새로운 소문이 드디어 퍼져서 아름다운 명성이 멀리 전해질 것이다.

虛明照物 仁及微禽 異聞遂播 華聲以達
허 명 조 물　인 급 미 금　이 문 수 파　화 성 이 달

주해 虛明 : 자신을 비우고 밝게 함. 照 : 비추다. 微 : 작다. 禽 : 새. 播 : 퍼지다. 華 : 빛나다.

온창(溫彰)이 경조윤(京兆尹)으로 있을 때의 일이다. 하루는 설렁줄이 당겨지는 소리가 나서 나가 보니, 그것은 까마귀 때문이었다.

경조윤이 말하기를, "이것은 반드시 누가 까마귀 새끼를 꺼내는 것을 호소하는 것이라." 하며 아전을 시켜서 보게 하니, 과연 까마귀 새끼를 꺼내는 자가 있었다.

묘지에 관한 송사

묘지(墓地)에 관한 송사는 이미 폐속(弊俗)이 되었다. 구타, 살인 사건의 반은 이 일 때문에 일어난다. 남의 분묘를 파버리는 변고를 저지르는 행위를 스스로 효행이라고 생각하기도 하니, 사정을 명백히 알아서 판결하지 않으면 안 될 것이다.

墓地之訟 今爲弊俗 鬪歐之殺 半由此起
묘 지 지 송 금 위 폐 속 투 구 지 살 반 유 차 기

發掘之變 自以爲孝 聽斷不可以不明也
발 굴 지 변 자 이 위 효 청 단 불 가 이 불 명 야

주해 墓 : 무덤. 弊俗 : 폐단이 있는 좋지 못한 풍속. 나쁜 풍속.
鬪 : 싸우다. 歐 : 때리다. 掘 : 파내다. 聽 : 듣다. 斷 : 끊다.

해설 정선(鄭瑄)은 이렇게 말하였다.

"세상 사람들이 곽박(郭璞)의 풍수설(風水說)에 현혹되어 길지(吉地)를 탐내 구하느라 몇 해가 가도록 어버이를 장사지내지 않는 자가 있는가 하면, 이미 장사지낸 무덤도 불길하다 하여 한 번 파 옮기는 것에 만족하지 않아 서너 차례씩 옮기는 자가 있다. 그리고 장사지낼 땅을 가지고 서로 송사하여 어버이 시체가 땅 속에 들어가기도 전에 집안이 벌써 망하는 자가 있고, 형제가 풍수설에 혹하여 골육간에 원수가 되는 자도 있다."

우리나라 법전의 조문

우리나라 법전의 조문에는 일정하게 단정한 법령이 없어서, 좌가 옳다거니 우가 옳다거니 하여, 오직 관에서 하고 싶은 대로 하기 때문에 백성의 마음이 안정되지 못하고 분쟁과 소송이 많이 일어나는 것이다.

> 國典所載 亦無一截之法 可左可右
> 국 전 소 재 역 무 일 절 지 법 가 좌 가 우
>
> 惟官所欲 民志不定 爭訟以繁
> 유 관 소 욕 민 지 부 정 쟁 송 이 번

🔸 國典 : 나라의 법전(法典). 載 : 싣다. 截 : 끊다. 欲 : 하고자 하다. 繁 : 번거롭다.

🔸 조선 정조 때 판서 권엄(權儼)이 한성판윤(漢城判尹)이 되었을 적의 일이다. 당시 어의(御醫) 강명길(康命吉)이 은총을 믿고 마음대로 행동하니, 조정이나 민간에서 모두 눈살을 찌푸렸다. 강명길이 서쪽 교외의 땅을 사서 어버이를 이상(移葬)하고, 산 아래에 전부터 있던 민가 수십 호를 사서 10월 추수 후에 집을 내놓고 나가기로 약속하였는데, 그 해 가을에 흉년이 들어 민가에서 약속대로 하지 못하게 되었다. 이에 강명길이 그 종들을 시켜 쫓아내겠다고 고소하였으나, 권공이 몰아내는 것을 허락하지 않았다.

탐혹함이 이미 깊어서

묘송(墓訟)은 탐혹함이 이미 깊어서 휘젓고 빼앗음이 서로 이어지므로, 그 소송을 판단하여 처리하기가 다른 소송보다 갑절이나 어렵다.

貪惑旣深 攘奪相續 聽理之難 倍於他訟
탐 혹 기 심 양 탈 상 속 청 리 지 난 배 어 타 송

※ 貪惑 : 탐욕과 미혹. 탐내는 욕심으로 마음이 흐리어 판단하기
어려움. 貪 : 탐내다. 惑 : 미혹되다. 攘 : 빼앗다. 奪 : 빼앗다.
續 : 이어지다. 聽理 : 옥사를 판단하여 처리함.

※ 조선 정조 때 김상묵(金尙默)이 안동부사(安東府使)가 되었다.
고을 백성 중에 묘지 문제로 송사하는 자가 있었는데, 하나는 법흥
(法興) 이씨(李氏)요, 하나는 신출 세력가에 붙은 사람으로서 이 신출
세력가에 붙은 자가 이씨네 산소를 함부로 차지하였다는 것이다.
이 송사가 세 관장을 거쳐 내려오면서도 파서 옮기지를 못하고 있
었는데, 공이 도임하니 다시 송사해 왔다. 공이 친히 가서 살펴보니
함부로 차지한 자에게 말하기를,

"네가 파내야 한다."

"세 번 판결을 받았지만 법으로 처리해 주지는 않았습니다."

"판결이 공평하지 않으면 어째 세 번만이겠느냐? 네가 파내야 한
다."

"그 이씨가 누구인지 성주(城主)는 모르십니다."

"그 이씨가 누구인지 나는 사실 모른다."

"그 이씨가 무신년 죄인 후손입니다. 어찌 묘지가 있을 수 있겠습
니까?"

"너는 지금 죄를 벗었지만, 네 조부와 네 증조부는 무신년 죄인의
후손이 아니냐?"

하고 매를 때려 엄히 다스리고 기일을 정하여 파 옮기게 하니 사
람들이 모두 크게 기뻐하였다.

노비에 관한 송사

노비(奴婢)에 관한 송사는 법전에 실린 것이 번쇄(繁瑣)하고 조문이 많아서 의거할 수가 없으니, 인정을 참작하여야 할 것이요, 조문에만 구애될 일이 아니다.

奴婢之訟法 法典所載 繁瑣多文
노 비 지 송 법　법 전 소 재　번 쇄 다 문

不可據依 參酌人情 不可拘也
불 가 거 의　참 작 인 정　불 가 구 야

주해 奴 : 종. 婢 : 여자종. 瑣 : 자질구레하다. 繁瑣 : 번거롭고 뒤섞여서 어수선함. 多文 : 법조문이 많다. 據 : 의거하다. 酌 : 짐작하다. 拘 : 얽매이다.

해설 조선 선조 때 정복시(鄭復始)가 호서(湖西) 군막(軍幕)의 보좌가 되었다. 이때 윤원형(尹元衡)이 한창 세력을 떨치면서 옳지 못하게 남의 종 수십 명을 빼앗아 오래도록 송사가 결말을 보지 못하였다. 관찰사가 겁을 내어 그릇되게 판결하려 하였지만 공이 힘써 다투어 그만 원주인에게 돌려주었다.

채무나 대여에 관한 송사

체대(債貸)에 관한 송사는 마땅히 권형(權衡)이 있어야 한다. 혹은 엄중히 빚을 독촉하여 주기도 하고, 혹은 자애를 베풀어서 빚을 탕감해 주기도 하여야 할 것이다. 굳이 원칙만 고집하여서는 안 된다.

債貸之訟 宜有權衡 或尙猛以督債
채 대 지 송　의 유 권 형　혹 상 맹 이 독 채

或施慈以已債 不可膠也
혹 시 자 이 이 채　불 가 교 야

🔹 債貸 : 곡식이나 돈을 빌리고 갚는 것. 채무나 대여. 債 : 빚.
貸 : 꾸어주다. 權 : 저울. 衡 : 저울대. 權衡 : 물건의 무게를 달
때 저울의 추를 올렸다내렸다 하는 것처럼 알맞게 조종하는 것.
공정하게 처리함. 猛 : 사납다. 督 : 독촉하다. 施 : 베풀다. 膠 :
아교. 융통성이 없다.

🔹 대개 보면, 부자 백성은 이(利)를 늘리기 위해 빚을 놓고 가난
한 백성은 힘이 모자라 갚지 못하는데, 관에서 판결문 쓰기를,
"추수 때를 기다리고 풍년이 들기를 기원하라."
하니, 차라리 탕감할 것이면 관청에서 문건을 불태워 뒷말이 없
게 하는 것이 좋을 것이다. 혹 가난한 선비와 가난한 백성이 우연히
전지를 팔게 되면 간사한 거간꾼과 교활한 장사치들이 돈이 있는
줄 알고, 돈을 빌려다가 이자를 놓아 그 남은 것으로 재산을 불리면
서도 본전을 갚지 않는 자가 있다. 이런 것 다스리기를 강도같이 하
여야 한다.

군첨에 관한 송사

군첨(軍簽)에 관한 송사로 두 마을이 서로 다툴 때에는, 그 일이
발생한 유래를 조사하여 확실하게 어느 한쪽으로 귀결지어야 할
것이다.

軍簽之訟 兩里相爭 考其根脈 確然歸一
군 첨 지 송　양 리 상 쟁　고 기 근 맥　확 연 귀 일

🔹 軍簽 : 군사를 뽑아 군적에 올리는 일. 爭 : 다투다. 考 : 조사하

다. 根脈 : 일이 생겨난 유래. 歸一 : 하나로 결론지음.

✿ 가령, 갑과 을 두 마을에서 군적 하나를 가지고 송사하는 경우, 갑은 을의 것이라 하고 을은 갑의 것이라 하는데, 수령이 이런 송사를 만나면 마땅히 양편으로 하여금 각기 전후 서류를 하나도 빠짐없이 가지고 오게 하여 양편이 나와 대변(對辯)케 한다. 그리고 곧 양쪽의 기록을 가져다가 일일이 대조한다. 여러 모로 심리하면 그 옳고 그름과 참과 거짓이 자연히 드러날 것이다.

송사를 판결하는 근본

송사를 판결하는 근본은 오로지 각종 증빙할 만한 서류에 달려 있다. 그 깊은 간계를 들춰내고 숨겨진 비위 사실을 밝혀내는 것은 오직 명석한 수령이라야 할 수 있다.

決訟之本 全在券契 發其幽奸 昭其隱匿 唯明者能之
결 송 지 본 전 재 권 계 발 기 유 간 소 기 은 닉 유 명 자 능 지

✿ 決訟 : 소송을 판결함. 券契 : 문서와 증빙서. 幽 : 깊숙하다.
奸 : 간사하다. 隱 : 숨다. 匿 : 숨다.

✿ 조선 인조 때 이원익(李元翼)이 지은 『청송정요(聽訟政要)』에 말하였다.

"처음 송사가 있을 때 다짐을 받고, 다짐을 받은 후에는 그 진술을 받으며, 문서를 열람한 후 봉인(封印)하여 그 주인에게 돌려준다.

문서는 선후를 상고하며, 호적(戶籍)이 있는가 없는가를 상고하며, 출처는 격식에 어긋나지 않았나 살피며, 월일의 기한은 그 법률의 조문을 살피며, 친속 관계는 격식에 어긋나지 않는가를 살핀다. 문서를 비교 대조하며 문서의 덧붙이고 긁어낸 것을 살피고 인장의

글자를 살피고, 인장 자리에는 덧글씨가 없는가를 살핀다. 연월(年月)에서 생사를 상고하며, 연월에서 출입을 상고하며, 잇대어 붙인 곳에서 그 간위(奸僞)를 살피며, 판결문에서 그 수결과 성명을 상고하며, 나라의 제삿날과 맞고 안 맞는 것을 살핀다."

 제2조 단옥(斷獄) 재판, 옥사(獄事)를 판결함

중대한 범죄를 판결함

중대한 범죄를 판결하는 요점은 밝게 살피고 신중하게 생각하는 데 있을 뿐이다. 사람이 죽고 사는 것이 나 한 사람의 살핌에 달렸으니, 어찌 밝게 살피지 않을 수 있겠는가. 사람이 죽고 사는 것이 나 한 사람의 생각함에 달렸으니, 어찌 신중히 생각하지 않을 수 있겠는가?

斷獄之要　明愼而已　人之死生　係我一察
단 옥 지 요　명 신 이 이　인 지 사 생　계 아 일 찰

可不明乎　人之死生　係我一念　可不愼乎
가 불 명 호　인 지 사 생　계 아 일 념　가 불 신 호

🔹 斷獄 : 중대한 범죄를 판결함. 옥에 갇힌 죄수의 죄(罪)의 유무 경중을 결단함. 明愼 : 분명하고 신중함. 係我一察 : 내가 한 번 살피는데 달렸다. 念 : 생각.

🔹 『주역』에서 말하기를, '밝게 살피고 신중히 생각해서 형벌을 행함으로써 죄수를 옥에 계류(繫留, 붙잡아 매어놓음)시키지 않는다.'고 했으니, 단옥의 요체는 밝게 살피고 신중히 생각하는 데 있을 뿐이다. 밝게 살피기만 하고 신중히 생각하지 아니하면 뜻밖의 판결에 억울함이 많을 것이요, 신중히 생각하기만 하고 밝게 살피지 못

하면 일이 지체되어 결단하기가 어려우니, 이것이 어려운 것이다. 능히 밝게 살피고 또 신중히 생각해야만 옥사(獄事)에 능하다고 할 수 있을 것이다.

덕을 심고 복을 맞이하는 일

큰 옥사가 만연하면 억울한 자가 열에 아홉이나 될 것이니, 자기 힘이 미치는 것은 가만히 구해 주고 빼내어 줄 것이다. 덕을 심고 복을 맞이하는 것이 이보다 더 큰 것이 없다.

大獄蔓延 冤者什九 己力所及 陰爲救拔
대 옥 만 연　원 자 십 구　기 력 소 급　음 위 구 발

種德邀福 未有大於是者也
종 덕 요 복　미 유 대 어 시 자 야

🌸 蔓延 : 넓게 뻗어나감. 자라 퍼짐. 冤 : 억울하다. 什 : 열.
陰 : 그늘. 種 : 심다. 씨. 邀 : 맞이하다.

🌸 한나라 우정국(于定國) 부자(父子)가 고을의 옥리(獄吏)가 되어 여러 번 원통한 옥사로 법에 걸린 자를 다스렸으나, 우공의 판결에 원한을 품지 않았다. 처음 우정국의 아버지 우공이 집 문이 무너지자 부로들이 함께 문을 수리하면서 이렇게 말하였다.

"대문을 조금 더 높이고 크게 해서 말 네 필이 끄는 높은 수레가 드나들 수 있게 하라. 내가 옥사를 다스릴 때에 음덕(陰德)이 많았고, 일찍이 원망하게 한 일이 없었으니, 내 자손들 중엔 반드시 흥왕할 자가 있을 것이다."

우두머리는 목을 베고

그 수괴(首魁, 우두머리)는 목을 베고 그 연좌된 자들은 관대히 처리해야 억울한 자가 없을 것이다.

誅其首魁 宥厥株連 斯可以無寃矣
주 기 수 괴　유 궐 주 련　사 가 이 무 원 의

※ 誅 : 죽이다. 魁 : 우두머리. 宥 : 용서하다.

※ 조선 이영휘(李永輝)가 삼등현령(三登縣令)이 되었다. 성천(成川)에서 옥사가 있었는데, 거기에 연루되어 옥에 갇혀 있는 자가 수십 명이었다. 그런데 부사 허질(許秩)이 세력을 믿고 방자한 데다가 또 인장이 없고 냉혹하여 종범(從犯)들을 모두 참형을 가하였고, 안찰사 역시 그 보고대로 하였다. 공이 홀로 다투어 '이 옥사는 너무 지나치고 또 형장(刑杖)이 과중하여 불법이다'라고 하니, 허질이 말하기를,

"이 지방 민심이 매우 사나우니 조그마한 원한을 어찌 생각할 것인가? 또 이미 이 지역에 들어왔으니 죽는 법은 있어도 사는 이치는 없다. 옥사를 지체하면 폐단이 있으니 속히 줄이는 것이 상책이다."

하였다. 공이 말하기를,

"이게 무슨 일인가? 옥을 다스리는 자는 마땅히 죽는 가운데에서 살릴 길을 구해야 하는데, 만약 이 지경에 들어오면 사는 이치가 없다 하여 일체 사형으로 판결한다면 죽이는 자는 비록 통쾌하나 죽는 자는 어찌 원통하지 않겠는가?"

하고 드디어 그 장형(杖刑)을 가볍게 하고, 그 중 가장 억울한 자 몇 명은 석방하였다.

의심나는 옥사는 가벼운 죄로

의심나는 옥사는 밝히기가 어려우니, 용서하기에 힘쓰는 것이 천하에서 가장 선한 일이요 덕의 바탕인 것이다.

疑獄難明 平反爲務 天下之善事也 德之基也
의 옥 난 명 평 번 위 무 천 하 지 선 사 야 덕 지 기 야

❋ 疑 : 의심. 難 : 어렵다. 反 : 돌이킬 반, 뒤칠 번. 平反 : 옥사에 관한 소송 사건을 다시 조사하여 죄를 올바르게 밝힘. 혹은 죄를 가벼운 쪽으로 처리함. 務 : 힘쓰다. 基 : 터. 기본.

❋ 한나라 준불의(雋不疑)가 경조윤(京兆尹)이 되었는데, 아전과 백성들이 그 위엄과 신의를 존경하였다. 항상 현을 순행 검문하면서 죄수들을 기록하고 돌아오면 그의 어머니는 용서한 사람이 몇 명이었느냐고 물었는데 준불의가,

"몇 명 있었습니다."

하면 어머니는 기뻐하면서 웃고 혹,

"없었습니다."

하면, 어머니는 노하여 음식을 들지 않았다. 그러므로 그는 관리가 되어 엄하면서도 잔혹하게 다스리지 않았다.

세월만 끌고 있는 옥사는

오래 갇힌 죄수를 풀어주지 않고 세월만 끌고 있는 것보다는, 그 채무를 면제하고 석방하는 것 또한 천하의 즐거운 일일 것이다.

久囚不釋 淹延歲月 除免其債
구 수 불 석 엄 연 세 월 제 면 기 채

開門放送 亦天下之快事也
개 문 방 송 역 천 하 지 쾌 사 야

久 : 오래. 囚 : 가두다. 釋 : 풀어주다. 淹 : 오래되다.
快 : 상쾌하다.

당나라 백거이(白居易)가 보니, 탁지(度支)에 구금된 사람이 세 차례의 특사가 있어도 용서를 받지 못하였다. 백거이가 이에,
"아비가 죽으면 자식을 가두고 남편이 갇히면 아내는 시집 가버리니, 빚은 갚을 기한이 없고 금령은 쉬는 날이 없습니다. 일체 면해 주시기 바랍니다."
하여 무려 10여 차례나 주달하여 곧 조정의 허락을 받았다.

명백한 판단으로 처결을

명백한 판단으로 즉석에서 처결하여 지체되는 일이 없으면, 음산한 날씨에 벼락치듯 맑은 바람이 씻어낸 듯할 것이다.

明斷立決 無所濡滯 則如陰曀震霆 而清風掃滌矣
명 단 입 결 무 소 유 체 즉 여 음 예 진 정 이 청 풍 소 척 의

明斷 : 분명하게 판단함. 立決 : 서서 즉시 판결함. 濡 : 밀리다.
滯 : 막히다. 曀 : 음산하다. 구름이 끼고 바람이 분다.
震 : 벼락. 霆 : 번개. 掃 : 쓸다. 滌 : 씻다.

고려 때 최자(崔滋)가 상주사록(尙州司錄)이 되었는데, 상주는 그 도의 가장 큰 고을이라 소송이 아주 빈번하였다. 최자는 부임한 날에 판결을 귀신처럼 하니, 아전과 백성들이 애모하면서도 두려워하여 기강을 어지럽히는 자가 없었으며, 얼마 되지 않아서 옥중이 텅 비고 온 지경 안이 크게 화평하였다.

그릇 판결의 잘못을 깨닫고

착각하여 그릇 판결하였다가 그 잘못을 이미 깨닫고, 감히 과실을 얼버무리지 않는 것도 군자의 행실인 것이다.

錯念誤決 旣覺其非 不敢文過 亦君子之行也
착 념 오 결 기 각 기 비 불 감 문 과 역 군 자 지 행 야

주해 錯 : 어긋나다. 그르치다. 誤 : 그르치다. 잘못하다. 敢 : 감히.

해설 생각컨대 다른 일은 잘못을 그대로 두어도 다만 자기 한 사람의 허물이 될 뿐이지만, 옥사의 잘못을 그대로 두면 남의 생명을 해치는 것이다. 반드시 하늘의 재앙이 있을 것이니, 이런 일은 마땅히 특별히 다시 잘 살펴야 할 것이다.

법으로 용서될 수 없는 경우

법으로 용서될 수 없는 경우는 마땅히 의(義)로써 결단해야 할 것이다. 악을 보고도 미워할 줄 모르는 것, 또한 아녀자의 속좁은 인(仁)인 것이다.

法所不赦 宜以義斷 見惡而不知惡 是又婦人之仁也
법 소 불 사 의 이 의 단 견 악 이 부 지 오 시 우 부 인 지 인 야

주해 赦 : 용서하다. 惡 : 악할 악, 미워할 오.
婦人之仁 : 여자들이 행하는 하찮은 어짊.

해설 주자(朱子)가 요자회(廖子晦)에게 이렇게 회답하였다.
"옥사는 인명이 관계되는 일이니 더욱 마음을 다하여야 한다. 근세의 풍속이 음덕론(陰德論)에 미혹되어 흔히 죄 있는 자를 내보내는 것을 능사로 삼고 선량들의 고할 데 없는 것을 생각하지 않으니,

이것은 심한 폐단이 되는 일이라 경계하지 않으면 안 된다. 그러나 죄수를 불쌍히 여기는 마음이 없어서는 안 될 것이다."

가혹한 관리의 법조문

가혹한 관리로서 참혹하고 각박하게 해서 오로지 법조문만을 따져서 그 위엄과 밝음을 드러내고자 하면 대부분 좋게 죽지 못한 자가 많다.

酷吏慘刻 專使文法 以逞其威明者 多不善終
혹 리 참 각 전 사 문 법 이 령 기 위 명 자 다 불 선 종

주해 酷 : 가혹하다. 慘 : 슬프다. 刻 : 새기다. 각박하다. 專 : 오로지. 文法 : 법조문. 逞 : 드러내다. 終 : 미치다.

해설 당나라 이광원(李匡遠)이 성미가 급하여 하루라도 죄인을 처형하지 않으면 직성이 풀리지 않았다. 그는 매 때리는 소리를 듣고 말하기를,

"사람 북이 우는구나."

하였는데 임종 때 말하기를,

"내 평생에 승도(僧道) 수십 명을 죽였는데, 이 때문에 82년을 살았다."

하였는데, 장사를 마치자 도둑이 그 묘를 파헤치고 사지(四肢)를 잘라버렸으니 이것이 잔혹한 형벌의 보복인 것이다.

사대부가 율서를 읽지 않고

사대부가 율서(律書)를 읽지 않아서 사부(詞賦)에만 능하고 형명

(刑名)에는 어두우니 이 역시 오늘날의 폐단이다.

士大夫 不讀律 長於詞賦 闇於刑名 亦今日之俗弊也
사 대 부 부 독 율 장 어 사 부 암 어 형 명 역 금 일 지 속 폐 야

> 詞賦 : 운자(韻字)를 달아 지은 한문 문장을 통틀어 일컫는 말.
>
> 闇 : 어둡다. 刑名 : 형벌의 이름. 형법(刑法).

> 구양수(歐陽修)가 이렇게 말했다.

"내가 옛날에 이릉(夷陵)에서 벼슬하였는데, 거기는 사람 살 곳이 아니었다. 바야흐로 혈기 왕성한 나이에 학문을 좋아하여 『한사(漢史)』를 한 번 구해 보려고 하였으나 공사간에 있는 곳이 없어 소일거리가 없었다. 그리하여 서가의 해묵은 공안(公案)을 가져다가 뒤적거려 살펴보니, 그 옳고 그름과 어긋난 점을 이루다 셀 수 없었다. 없는 것을 있다 하고 굽은 것을 바르다 하며, 법을 어기고 사정을 따르며, 친척을 무시하고 의리를 해친 것이 없는 곳이 없었다. 멀리 떨어지고 궁벽한 이릉 땅에서도 오히려 이와 같았으니 천하의 일을 짐작할 수 있다. 그때 하늘을 우러러 마음속으로 맹세하고서는 스스로 일을 만날 때마다 감히 소홀하지 못하였다."

인명에 관한 옥사는

인명에 관한 옥사는 그 다스리는 방법이 옛날에는 소홀했으나 오늘날에는 치밀하니, 전문적인 학문으로서 마땅히 힘써야 할 것이다.

人命之獄 古疎今密 專門之學 所宜務也
인 명 지 옥 고 소 금 밀 전 문 지 학 소 의 무 야

命 : 목숨. **疎** : 성기다. **密** : 빽빽하다.

오늘날에는 장정(章程, 여러 가지 정한 규정)이 찬연(燦然, 매우 밝음)하여 오히려 법조문의 적용에 어그러짐이 있을 수 없다.

아전과 군교들이 마음대로 설쳐서

옥사가 일어나면 아전과 군교들이 마음대로 설쳐서, 민가를 부수고 세간을 약탈하여 그 촌락이 마침내 망하게 된다. 우선 마땅히 우려해야 될 일이다. 부임 초에 마땅히 이에 대한 약속이 있어야 할 것이다.

獄之所起 吏校恣橫 打家劫舍 其村遂亡
옥 지 소 기 이 교 자 횡 타 가 겁 사 기 촌 수 망

首宜慮者此也 上官之初 宜有約束
수 의 려 자 차 야 상 관 지 초 의 유 약 속

恣 : 멋대로하다. **橫** : 마구. 가로. **打** : 두드리다. **劫** : 겁주다.
遂 : 마침내.

무릇 살인의 옥사에 있어서는 그 정범(正犯)으로서 마땅히 죽어야 할 자는 응당 사형에 처해야 하나, 간련(干連, 남의 범죄에 연대 관계가 있는 자)·간증(看證, 범죄에 관련되어 나타난 증거 혹은 증인)·인보(隣保) 등은 본래 죄를 범한 것이 없는데 일단 어떤 명목으로 기록부에 들어가게 되면 반드시 재검(再檢)을 받게 되고, 혹시 운수가 나쁜 경우에는 3, 4차 내지 5, 6차의 검사를 받게 되어 형틀에 매여 감옥에 체류되기가 무려 수개월에 이른다.

검시장에서 공초를 받으면서

옥사는 그 체통이 지극히 무거워 검시장(檢屍場)에서 공초를 받으면서 본래 고문을 가하는 법이 없다. 오늘날의 수령들은 법례에 통달하지 못하여 형장을 아무렇게나 가하니 크게 잘못된 것이다.

獄體至重 檢場取招 本無用刑之法 今之官長
옥 체 지 중   검 장 취 초   본 무 용 형 지 법   금 지 관 장

不達法例 雜施刑杖 大非也
부 달 법 례   잡 시 형 장   대 비 야

🔹 檢場 : 검시하는 현장. 取招 : 조서를 받음. 供招 : 죄인이 범죄 사실을 진술하는 말. 法例 : 법과 조례. 刑杖 : 형벌하면서 곤장을 때림. 곤장의 형벌.

🔹 요즘 보면, 군현의 관장들이 노련하지 못하고 아전 역시 무식하여 검시장 최초에서도 엄혹하게 태장(笞杖)을 사용한다. 혹 곤장으로 그 갈빗대를 후려쳐서 아픔과 고초가 극도에 달하니 누가 견뎌내겠는가? 없는 것도 있다 하고 거짓을 꾸며 사실로 만들어 마침내 무옥(巫獄)을 성립시키니, 이것이 소위 옥사를 만들어 낸다는 것이다. 나랏법에도 현저히 어긋날 뿐 아니라, 반드시 귀신의 음화(陰禍)가 있을 것이니 만의 하나라도 해서는 안 될 일이다.

무고는 반좌의 율을

남을 무고하여 옥사를 일으키려 하는 것을 도뢰(圖賴)라 한다. 이런 것을 엄중히 다스려서 용서치 말고 반좌(反坐)의 율(律)을 적용해야 할 것이다.

誣告起獄 是名圖賴 嚴治勿赦 照律反坐
무 고 기 옥 시 명 도 뢰 엄 치 물 사 조 률 반 좌

🔖 誣告 : 남을 모함하여 거짓으로 고발함. 誣 : 속이다. 賴 : 의지하다. 圖賴 : 죄를 저지르고 남에게 뒤집어 씌우는 것. 허물을 남에게 덮어 씌움. 反坐 : 타인의 죄를 날조 무고한 자에게 그 죄를 적용하던 법률. 照 : 조사하다. 坐 : 걸리다.

📝 무릇 무고한 자는 법으로 보아 모두 반좌(反坐)되어야 하고, 죽을 죄로 무고한 자는 응당 죽여야 할 죄이다. 비록 그렇게는 못하더라도 다른 죄수와 아울러 유배하여 면하게 한다면 이 어찌 소홀한 것이 아니겠는가? 이는 악을 미워하는 마음이 참으로 진실하지 못한 때문이다. 상사(上司)에 보고하여 반드시 죄를 주어 용서함이 없어야 한다.

검사장의 취초

검장(檢長)의 취초(取招)가 여러 날 걸린 것을 한 날에 한 것처럼 기록하고 있으니, 이것은 마땅히 고쳐야 할 일이다.

檢招彌日 錄之以同日 此宜改之法也
검 초 미 일 녹 지 이 동 일 차 의 개 지 법 야

🔖 招 : 공초하다. 부르다. 彌 : 기울다. 錄 : 기록하다. 改 : 고치다.

📝 검사 취조를 5~6일에 가서야 겨우 마치는데, 검안(檢案)에는 으레 모두 같은 날이라고 한다. 다시 조사하면 혹 처음 문초에는 사실대로 진술하였다가 나중 문초에는 변하여 거짓 진술하며, 혹 처음에는 실정을 숨겨서 진술하였다가 나중에는 바른대로 진술하니, 그 일자의 다소와 시각의 차이에서 족히 사실을 조사하여 실정과

거짓을 식별할 수 있다. 그럼에도 불구하고 아울러 같은 날에 하였다고 하니 크게 잘못된 예이다.

크고 작은 옥사의 판결

크고 작은 옥사의 판결은 모두 시한이 있는데 세월을 끌어 죄인이 늙고 수척하게 내버려 두는 것은 법이 아니다.

大小決獄 咸有日限 經年閱歲 任其老瘦 非法也
대 소 결 옥 함 유 일 한 경 년 열 세 임 기 로 수 비 법 야

※ 咸 : 모두. 經 : 지나다. 閱 : 넘기다. 瘦 : 수척하다.

※ 『경국대전(經國大典)』에 이렇게 말했다.
"대개 옥사 판결은 죽을죄는 30일, 귀양은 20일, 매를 때리거나 곤장을 칠 일은 10일인데, 증인이 다른 곳에 있어서 사실을 참작 검토해야 할 것은 그 지방의 원근에 따라 왕복하는 날수를 제한하되, 또한 기한 안에서 판결을 마쳐야 한다."
본 법이 이렇기 때문에 사죄는 월 3회 조사하여 옥사를 판결지으니, 급박하기 때문에 열흘에 한 번씩 심문하는 것이다.

공평치 못한 논죄

보고(保辜)의 기한은 범죄에 따라 같지 않은데 이것을 분명히 알지 못하여 논죄에 혹 공평치 못한 일이 있다.

保辜之限 隨犯不同 認之不淸 議或失平
보 고 지 한 수 범 부 동 인 지 불 청 의 혹 실 평

『대명률(大明律)』에 이렇게 말했다.

"손발이나 기타 물건으로 사람을 구타 상해한 자는 기한이 20일, 칼이나 탕화(湯火)로 남을 상해한 자는 기한을 30일로 한다. 몸뚱이를 거꾸러뜨려 부러지게 한 자나 뼈를 상하게 하고 낙태하게 한 자는 손발로 때렸거나 다른 기물로 때렸거나를 막론하고 모두 50일로 기한한다.

살인하여 매장한 경우에는

살인하여 몰래 매장한 경우에는 마땅히 발굴하여 검시해야 한다. 『대전(大典)』의 주(註)는 본래 잘못된 기록이니 구애될 필요는 없다.

殺人匿埋者 皆當掘檢 大典之註 本是誤錄 不必拘也
살 인 익 매 자 개 당 굴 검 대 전 지 주 본 시 오 록 불 필 구 야

匿 : 숨기다. 埋 : 묻다. 掘檢 : 매장된 시신을 다시 파내어 검시함. 拘 : 꺼리다. 잡다.

숙종(肅宗)·영조(英祖)·정조(正祖)의 하교(下敎)에 모두 무덤을 파서 검시하는 것을 허락하였다.

제3조 신형(愼刑) 형벌을 삼가함

수령이 형벌을 시행함에는

수령이 형벌을 시행함에는 마땅히 세 등급으로 나누어야 한다. 민사(民事)에는 상등의 형벌을 쓰고, 공사(公事)에는 중등의 형벌을 쓰며, 관사(官事)에는 하등의 형벌을 쓰고, 사사(私事)에는 형벌을 쓰지 않아야 할 것이다.

> 牧之用刑 宜分三等 民事用上刑 公事用中刑
> 목 지 용 형 의 분 삼 등 민 사 용 상 형 공 사 용 중 형
>
> 官事用下刑 私事無刑焉 可也
> 관 사 용 하 형 사 사 무 형 언 가 야

> 愼刑 : 형벌을 신중하게 다루어야 함. 牧 : 기르다. 宜 : 마땅히.
> 私 : 개인. 焉 : 어조사

민사란 전징, 부역, 군징, 곡부(穀簿), 송옥(訟獄) 등 일체의 일반 백성에 관계되는 일에 대한 관리와 향갑(鄕甲, 향리의 세력 있는 자) 등이 혹 농간을 부려서 해를 끼치는 것을 말한다.

공사란 조운, 세납(稅納), 물선(物膳)의 공물로서 서울의 상급 관청에 바치는 물건과 문서의 보고 기한과 모든 봉공(奉公)의 업무에 있어서 관리나 향갑들이 포흠(逋欠)을 져서 결손이 많아지고 천연하여 기한을 어긴 것을 말한다.

관사란 제사, 빈객, 전수(典守), 책응(策應)과 조알(朝謁)의 예절 및 공봉(供奉)의 직무 등 일체 본 현(本縣)의 직무로서 관부(官府)를 유지하는 일에 관아의 관속·이속들이 삼가지 않고 부지런하지 않아 법령을 위반한 것을 말한다.

사사(私事)란 어버이를 받드는 자는 부모님께 공경을 다해야 하는 바이지만 관(官)에 있어서는 그것이 사사가 된다. 부인이 내아(內衙)에 거처하는 것도 사사요, 자식이 책방(冊房)에 거처하는 것도 사사요, 가묘(家廟)에서 제사 받드는 것도 사사요, 친구를 접대하는 것도 사사요, 일용(日用)으로 소비하는 것도 사사요, 놋그릇·나무상자의 제작, 삼베·비단·모시·무명의 매입도 모두 사사이다.

※ 奉公 : 중앙 정부 및 상급 기관에 부세, 또는 문서 등을 바치는 일. 典守 : 일체의 법과 관례 등을 지키는 것. 策應 : 책략을 내어 응하는 것. 朝謁 : 관속들이 수령을 뵙는 것. 供奉 : 수령에 대한 일체의 지공(支供).

장형의 너그럽고 사나움

집장(執杖) 사령에게는 그 현장에서 성내어 꾸짖어서는 안 된다. 평시에 거듭 엄중하게 다짐하고 단속하는 한편 일이 지나간 뒤에 그 죄과를 징계하기를 반드시 어김없이 실행한다면, 소리를 높이거나 얼굴빛을 변하는 일 없이도 장형(杖刑)의 너그럽고 사나움이 수령의 뜻대로 될 것이다.

執杖之卒 不可當場怒叱 平時約束申嚴
집 장 지 졸 불 가 당 장 노 질 평 시 약 속 신 엄

事過懲治必信 則不動聲色 而杖之寬猛 唯意也
사 과 징 치 필 신 즉 부 동 성 색 이 장 지 관 맹 유 의 야

杖刑 : 곤장으로 볼기를 치는 형벌. 怒叱 : 화를 내어 꾸짖음. 申嚴 : 거듭 엄중히 밝힘. 聲色 : 목소리와 얼굴빛. 寬猛 : 너그럽고 사나움.

🔹 목민관으로 사나운 형벌을 숭상하는 자는 죄수에게 장형을 실시할 때마다 먼저 매 때리는 군졸을 매질하였는데, 그 방법은 반드시 붉은 곤장으로 뒷복사뼈를 쳐서 그 자리에 쓰러지게 한다. 곤장치는 자가 세게 치지 않으면 곤장 치는 군졸을 때리니, 갑(甲)으로 인하여 을(乙)의 복사뼈가 터지고, 을로 인하여 병(丙)의 복사뼈가 깨어진다. 그래서 본래의 죄수 다스리는 일은 도리어 뒷전으로 돌아가고 엉뚱한 난리가 갑자기 평지에서 일어난다.

수령이 쓸 수 있는 형벌

수령이 쓸 수 있는 형벌은 태(笞) 50이내에서 자신의 재량으로 결정하는 정도이니, 이것을 초과하면 다 남형(濫刑)인 것이다.

守令所用之刑 不過笞五十自斷 自此以往 皆濫刑也
수 령 소 용 지 형　불 과 태 오 십 자 단　자 차 이 왕　개 남 형 야

🔹 笞 : 회초리. 往 : 가다. 이따금. 濫刑 : 한계를 위반한 지나친 형벌.

🔹 우리나라에서 지금 시행하고 있는 형벌은 대략 세 종류가 있다. 첫째 태형, 둘째 장형, 셋째 곤형(棍刑)이며, 대벽(大辟)은 사형이다.

태형에는 두 가지가 있으니, 작은 것은 태라고 하고 큰 것을 태장이라 하지만 그 실제는 다 태형이다.

장형에는 세 가지가 있으니, 작은 것은 신장[訊杖, 얇은 것을 법장(法杖), 두꺼운 것을 반주장(半朱杖)이라고 한다]이라 하고, 그 중간 것은 성장[省杖, 삼성(三省)이 추국(推鞫)할 때 사용하는 것]이라 하며, 그 큰 것은 국장[鞫杖, 금부(禁府)에서 추국할 때 사용하는 것]이라 하는데, 그 실제는 모두 신장(訊杖)인 것이다.

곤형에는 다섯 가지가 있다. 대곤(大棍), 중곤(中棍), 소곤(小棍) 외에 또 중곤(重棍), 치도곤(治盜棍)의 2종이 있다〔국초(國初)에는 가죽 채찍을 사용하였다고 대전(大典)에 보이나, 지금은 안 쓴다〕.

수령의 용형은 태 50 이내에서 스스로 결정하는 정도에 지나지 않는다. 장(杖), 곤(棍)은 수령이 감히 쓸 수 없는 것이다.

벼슬아치들의 곤장 사용하기

오늘의 벼슬아치들은 큰 곤장 사용하기를 즐겨한다. 2태(笞)와 3장(杖)만으로써는 통쾌한 맛을 느끼기에 부족하기 때문이다.

今之君子 嗜用大棍 以二笞三杖 不足以快意也
금 지 군 자 기 용 대 곤 이 이 태 삼 장 부 족 이 쾌 의 야

🌸 嗜 : 즐기다. 좋아하다. 棍 : 몽둥이. 笞 : 회초리. 杖 : 몽둥이. 지팡이. 快 : 상쾌하다.

🌸 수령이 사용하는 형벌은 태 50을 스스로 처단하는 데에 지나지 않으며, 신장(訊杖)·군곤(軍棍)은 수령들이 감히 사용할 수 없는 것이다. 그런데 근래에는 풍속이 거칠어지고 법례를 알지 못하여 태장(笞杖)은 다 폐하고 오직 곤장만을 사용한다. 아픔의 고통을 느껴보지 않은 사람이 늘 곤장 사용하는 것을 통쾌한 일로 삼는다. 슬프다! 사용하는 자는 비록 통쾌하나 받는 자도 또한 통쾌하겠는가?

수령이 법을 받들어 엄정하게 임하면

백성을 바로잡는 데 있어서 형벌을 사용하는 것은 말단의 방법이다. 수령이 자신을 다스리고 법을 받들어 엄정하게 임하면, 백

성은 죄를 범하지 않을 것이니, 형벌은 비록 폐지하더라도 좋을
것이다.

刑罰之於以正民 末也 律己奉法 臨之以莊
형 벌 지 어 이 정 민 말 야 율 기 봉 법 임 지 이 장

則民不犯 刑罰雖廢之 可也
즉 민 불 범 형 벌 수 폐 지 가 야

　罰 : 벌하다. 正民 : 백성을 바로잡음. 末 : 끝. 律己奉法 : 자기
자신을 단속하고 법을 받들어 지킴. 犯 : 범하다. 廢 : 없애다.

　한 국가를 다스리는 것이 한 가정을 다스리는 것과 마찬가지
인데, 하물며 한 고을에 있어서랴. 그렇다면 어찌 가정 다스리는 것
을 살펴보지 않겠는가?

옛날의 어진 수령은

옛날의 어진 수령은 반드시 형벌을 너그럽게 하였다. 그 일이
역사책에 실려 있어서 아름다운 이름이 길이 빛나고 있다.

古之仁牧 必緩刑罰 載之史策 芳徽馥然
고 지 인 목 필 완 형 벌 재 지 사 책 방 휘 복 연

　仁 : 어질다. 緩 : 늦추다. 載 : 싣다. 馥 : 향기.

　후한 유관(劉寬)이 세 고을을 계속하여 다스렸는데, 온화하고
인자하여 용서하는 일이 많았다. 그는 일찍이 말하기를,
"형벌로써 다스리면 백성들은 죄만 면하지 수치심은 없다."
하면서, 아전과 백성들이 과실이 있으면 다만 버들가지 채찍으로
벌하여 욕을 보일 뿐이었다.

역대 선왕들의 남긴 훈계

한때의 분한 마음으로 형장을 함부로 시행하는 것은 큰 죄다. 열조(列朝, 역대 선왕)의 남긴 훈계가 역사 기록에 빛나고 있다.

一時之忿 濫施刑杖 大罪也 列朝遺戒 光于簡冊
일 시 지 분　남 시 형 장　대 죄 야　열 조 유 계　광 우 간 책

🌸 忿 : 화내다. 濫 : 지나치다. 施 : 베풀다. 遺 : 남기다. 戒 : 경계하다. 簡 : 책. 대쪽.

🌸 요즘 크고 작은 주현(州縣)의 관장들은 궁휼하는 뜻이 없어 형벌을 결단함에 대부분 법대로 하지 않는 예가 많다. 조그마한 혐의를 쓰거나 일시의 노기 때문에 특별히 큰 형장을 사용하며 마음대로 때려죽이니 인명을 가볍게 보는 것이 초개만도 못하다.

부녀자가 죄를 지으면

부녀자는 큰 죄를 지은 자가 아니면 매질하는 형벌을 집행하지 못한다. 신장(訊杖, 고문에 사용하는 형장)을 사용할 수 없으며 볼기를 치는 것은 더욱 욕스러운 일이다.

婦女非有大罪 不宜決罰 訊杖猶可 笞臀尤褻
부 녀 비 유 대 죄　불 의 결 벌　신 장 유 가　태 둔 우 설

🌸 訊 : 조사하다. 猶 : 오히려. 臀 : 볼기짝. 褻 : 욕되다. 더럽다.

🌸 부녀자는 비록 살옥죄(사람을 죽인 옥사)를 범하였더라도 그 태아(胎兒)가 있는지를 살피고 나서 형벌을 시행하는 법인데, 하물며 다른 죄에 있어서랴? 부녀자에게 볼기를 치는 자는 그 고쟁이를 벗기고 속치마만 입힌 다음 물을 끼얹어서 옷이 살에 착 달라붙게 하

니, 그것이 법정(法庭)에 있어서도 오히려 보기에 거리낀다.

늙은이와 어린이의 죄

늙은이와 어린이를 고문하지 않는다는 것은 법률의 조문에 실려 있다.

老幼之不拷訊 載於律文
로 유 지 불 고 신   재 어 율 문

✿ 拷訊 : 매를 쳐서 심문하는 것. 고문.

✿ 『대명률(大明律)』에 이렇게 되어 있다.
"나이 70세 이상과 15세 이하 및 불치의 병으로 폐인이 된 자를 고문하는 것은 합당하지 못하니, 만약 어기는 자가 있으면 태형 50에 처한다."

악형은 도둑을 다스리는 벌

악형(惡刑, 몹시 심한 형벌)은 도둑을 다스리려는 것이니, 평민(平民)에게 경솔하게 시행해서는 안 된다.

惡刑 所以治盜 不可輕施於平民也
악 형 소 이 치 도 불 가 경 시 어 평 민 야

✿ 盜 : 도적. 輕 : 가볍다.

✿ 악형에는 두 가지가 있으니, 첫째는 난장(亂杖, 신체의 부위를 가리지 않고 마구치던 매)이요, 둘째는 주리(周牢, 두 막대를 양쪽 정강이 사이에 얽어 끼우는 것)이다.

제4조 **휼수**(恤囚) 죄수를 불쌍히 여김

감옥에 갇힌 죄수의 고통

감옥이라는 곳은 이 세상의 지옥이다. 감옥에 갇힌 죄수의 고통을 어진 사람은 마땅히 살펴야 할 것이다.

獄者 陽界之鬼府也 獄囚之苦 仁人之所宜察也
옥 자 양 계 지 귀 부 야 옥 수 지 고 인 인 지 소 의 찰 야

◈ 恤囚 : 죄수를 불쌍히 여김. 陽界 : 인간 세상. 이 세상. 鬼府 : 지옥. 저 세상.

◈ 옥중의 온갖 고통은 이루 다 기술할 수 없다. 그 가장 큰 것만을 들어 보면 대체로 다섯 가지 고통이 있다. 첫째 형틀의 고통, 둘째 토색질당하는 고통, 셋째 질병의 고통, 넷째 추위에 떨고 굶주린 고통, 다섯째 오래 갇혀 있는 고통이다. 이 다섯 가지가 근간이 되어 여기에서 천 가지 만 가지 고통이 파생된다.

나무칼을 목에 씌우는 형벌

나무칼을 목에 씌우는 형벌은 후세에 생긴 것으로 선왕의 법은 아니다.

枷之施項 出於後世 非先王之法也
가 지 시 항 출 어 후 세 비 선 왕 지 법 야

◈ 枷 : 죄수의 목에 씌우는 나무칼. 項 : 목.

❈ 옛날의 기록들을 살펴보면 죄인의 손에 수갑을 채우거나 발에 차꼬를 채우는 일은 있어도 목에 칼을 씌우는 일은 없었다. 칼이란 실은 옥졸을 위하여 만들어진 것이다. 이 칼을 씌우면 내려다보거나 쳐다볼 수가 없으며 호흡이 통하지 못하여 사람으로서는 견디지 못할 형벌이다. 차라리 죽이려면 죽일 것이지 칼을 씌우는 것은 옳지 못하다.

옥중에서 토색당하는 것은

옥중(獄中)에서 토색당하는 것은 억울한 사정을 호소할 데도 없이 원통한 일이다. 이 원통함을 살필 수 있어야 현명한 수령이라고 할 수 있을 것이다.

獄中討索 覆盆之寃也 能察此寃 可謂明矣
옥 중 토 색 복 분 지 원 야 능 찰 차 원 가 위 명 의

❈ 討索 : 재물을 침탈(侵奪)하는 것. 금품을 억지로 빼앗는 것. 覆盆之寃也 : 엎어 놓은 동이 속에는 광명이 비치지 않는 것처럼, 남이 알지 못하는 가운데에서 당하는 원통한 일.

❈ 옥에 갇힌 죄수들에게 금품을 요구하며 옷이며 밥을 주지 않는 등 옥졸들의 토색질을 낱낱이 다 열거할 수 없을 정도여서 죄수들의 괴로움과 쓰라림은 이루 말할 수 없다. 캄캄하고 어두운 곳에서 또 다른 세계가 생겨 그 비리를 다 살펴 찾아낼 수조차 없다.

감옥에서의 질병의 고통

질병(疾病)의 고통은 비록 조용한 집에 편안히 거처(居處)하여도

오히려 견딜 수 없는 것인데, 하물며 감옥 속에 있어서랴.

疾痛之苦 雖安居燕寢 猶云不堪 況於犴狴之中乎
질 통 지 고　수 안 거 연 침　유 운 불 감　황 어 안 폐 지 중 호

주해 燕寢 : 조용한 전각(殿閣). 편안한 삶. 犴狴 : 옥(獄). 감옥.

해설 『속대전』에는 이렇게 기록되어 있다.

"옥이라는 것은 죄 있는 자를 징계하는 곳이요, 본래 사람을 죽이는 데까지 이르게 하는 곳은 아닌데도 큰 추위와 심한 더위, 그리고 배고픔과 질병으로 비명에 죽어가는 자가 있다. 안팎의 관리에게 옥 안을 청소하게 하고 질병을 치료하게 하며, 가족의 간호와 부양을 받을 수 없는 자는 관에서 옷과 양식을 주어야 하는데 만약 태만하여 받들어 따르지 않는 자가 있으면 엄히 다스려라."

이웃 없는 감옥

감옥이란 곳은 이웃 없는 집이고, 죄수는 다니지 못하는 사람이다. 한 번 추위와 굶주리게 되면 죽음이 있을 뿐이다.

獄者 無隣之家也 囚者 不行之人也
옥 자　무 린 지 가 야　수 자　불 행 지 인 야

一有凍餒 有死而已
일 유 동 뇌　유 사 이 이

주해 隣 : 이웃. 囚 : 갇히다. 凍餒 : 추위에 얼고 굶주리는 것.

해설 손일겸(孫一謙)이 남도사옥(南都司獄)이 되었다. 중한 죄수에게는 쌀을 하루 한 되씩 주게 하였는데, 옥졸이 그 대부분을 도둑질하여 밥이 넉넉하지 못하다는 사실이 전해졌다. 또 나눠 줄 때에 죄수들의 강약에 따라 얻어먹지 못하는 자가 있으며, 죄수가 처음 옥에

들어가면 옥졸이 더러운 곳에 몰아넣고 돈을 내라고 하다가 얻지 못하면 마른 땅을 주지 않고 음식을 넣지 않아 관은 그만 시장판이 되어버리고 말았다.

손일겸이 이런 일들을 일체 엄금하고 손수 저울을 만들어 정량에 맞게끔 밥을 계산하되, 날마다 묘시·사시에 저울을 가지고 명부를 뒤져 차례로 나누어 주니 식사가 매우 공평하게 되었다.

옥에 갇힌 죄수의 심정

옥에 갇힌 죄수가 풀려나가기를 기다리는 것은 긴 밤에 새벽을 기다리는 것과 같다. 다섯 가지 고통 중에서 머물러 지체하는 것이 가장 큰 것이다.

獄囚之待出 如長夜之待晨 五苦之中 留滯其最也
옥 수 지 대 출 　여 장 야 지 대 신 　오 고 지 중 　유 체 기 최 야

🟤 待 : 기다리다. 晨 : 새벽. 滯 : 막히다. 最 : 가장.

🟤 『주역』에 이렇게 말하였다.

"밝고 삼가는 것으로 형벌을 시행하며 옥사를 지체해서는 안 된다."

옥사를 지체함은 성인도 싫어하던 일이다. 옥에 중죄인이 있어 그 정상이 지극히 원통한 자는, 한 달에 세 번 심문해서 상관에게 보고하는 보고서에 자신의 의견을 진술하여 석방을 청원해야 한다.

형벌이 큰 죄수가 탈출하게 되면

담장과 벽이 허술하여 형벌이 큰 죄수가 탈출하게 되면 상사

로부터 문책을 당하므로 공무를 수행하는 수령으로서 근심할 일이다.

墻壁疏豁 重囚以逸 上司督過 亦奉公者之憂也
장 벽 소 활 중 수 이 일 상 사 독 과 역 봉 공 자 지 우 야

墻 : 담장. 疏 : 성기다. 豁 : 넓다. 逸 : 도망가다. 憂 : 근심.

큰 도둑이나 날도적으로서 그 벽을 뚫고 담을 넘는 법이 신출귀몰(神出鬼沒)하면 거기에 대한 방비 정찰을 배나 엄중히 하여야 할 것이다. 또 담을 넘어가는 방법은 반드시 밖에서 도와주는 사람이 있어야만 할 수 있는 일이다. 그러므로 포교(捕校)나 포졸(捕卒)들은 실상 모두가 도둑의 무리인 것이니, 마땅히 우두머리를 불러서 이렇게 주의시켜야 한다.

"아무 도둑이 도망가면 반드시 너희 관속들의 외응이 있어서이다. 관에서 마땅히 캐어 다스릴 것이니, 너희들은 그렇게 알라."

은혜와 믿음이 정성스러우면

설과 명절에는 죄수를 그들의 집에 돌아가도록 허락하라. 은혜와 믿음이 이미 정성스러우면 도망하는 일이 없을 것이다.

歲時佳節 許其還家 恩信旣孚 其無逃矣
세 시 가 절 허 기 환 가 은 신 기 부 기 무 도 의

許 : 허락하다. 還 : 돌아가다. 恩信 : 은혜와 믿음. 孚 : 믿다.
逃 : 도망가다.

진(晉)나라 범광(范廣)이 당읍령(堂邑令)이 되었는데, 아전 유영(劉榮)이 어떤 일에 연좌되어 사형을 당하게 되었다. 그의 집에는 늙

은 어머니가 있어 명절이 되면 범광이 잠시 집으로 돌아가는 것을 허락하였으며 유영도 기한 안에 돌아왔다. 한번은 고을 관아에 들불이 번지자 유영이 수갑을 벗고 곧 불을 껐으며 일을 마치고는 다시 스스로 수갑을 찼다.

자녀 생산이 끊어지게 된 죄수는

오랫동안 감옥에 갇혀 죄수의 자녀 생산이 끊어지게 된 자는 정상을 참작하여 자애와 은혜를 베풀어 주도록 하라.

久囚離家 生理遂絶者 體其情願 以施慈惠
구 수 이 가　생 리 수 절 자　체 기 정 원　이 시 자 혜

🔹 離 : 떠나다. 遂 : 마침내. 絶 : 끊어지다. 願 : 바라다.
慈 : 인자하다. 惠 : 은혜.

🔹 후한(後漢) 때 진림(陳臨)이 창오태수(蒼梧太守)가 되었는데, 백성 중에 어느 유복자가 그 아비를 위하여 원수를 갚고 잡혀서 옥에 갇혔다. 진림이 그가 자식이 없는 것을 가엾게 여겨 그 처를 옥에 들이게 하여 드디어 아들 하나를 낳았다.

노약자와 부녀자의 죄

노약자를 대신 가두는 경우에는 오히려 잘 살피고 측은히 여겨야 한다. 부녀자를 대신 가두는 경우에는 더욱 어려워하고 조심해야 할 것이다.

老弱代囚 尙在矜恤 婦女代囚 尤宜難愼
노 약 대 수　상 재 긍 휼　부 녀 대 수　우 의 난 신

＊ 老 : 늙다. 弱 : 약하다. 矜 : 불쌍하다. 恤 : 돌보다. 愼 : 삼가다.

＊ 영조(英祖) 37년에 이렇게 하교하였다.

"늙은이를 늙은이로 대접하고, 어른을 어른으로 대접하는 것은 정사를 잘하는 도리이다. 무릇 범죄를 조사하고 다스릴 때에, 아들로 아버지를 대신하고 아우로 형을 대신하는 것은 오히려 좋다. 그러나 아버지로 아들을 대신하고 형으로 아우를 대신하기에 이르며 심지어는 그 어머니까지 미치니, 기강에 어긋나고 교화에도 관계가 된다."

유배당한 사람의 서글픔

유배당한 사람은 집을 떠나 멀리 귀양왔으니 그 정상이 슬프고 가엾다. 집과 양곡을 주어 편히 지내게 하는 것도 수령의 직책이다.

流配之人 離家遠謫 其情悲惻 館穀安揷 牧之責也
유 배 지 인 이 가 원 적 기 정 비 측 관 곡 안 삽 목 지 책 야

＊ 流 : 흐르다. 配 : 귀양보내다. 謫 : 귀양가다. 悲 : 슬프다.
館穀 : 집과 곡식. 揷 : 꽂다.

＊ 궁할 때의 감동은 골수에 새겨지게 되는 것이요, 궁할 때의 원망도 역시 골수에 새겨지는 것이다. 덕을 품고 죽으면 반드시 지하에서의 보답이 있을 것이며, 원한을 품고 죽으면 반드시 지하에서의 재앙이 있는 것이다. 천지도 변화하고 추위와 더위도 서로 바뀌듯이, 부귀한 자가 반드시 항상 낙을 누리는 것이 아니요, 궁하고 고생하는 자도 또한 하늘의 보살핌을 받을 수 있는 것인즉, 군자는 여기서 조심하고 깊이 생각하여야 할 것이다.

수령이 힘써야 할 일

횡포를 막고 난동을 금지시키는 것은 백성들을 편안하게 하기 위한 것이다. 호세(豪勢)하고 부강(富强)한 자를 쳐서 누르고, 귀족의 측근을 꺼리지 않는 것, 또한 수령이 힘써야 할 일이다.

禁暴止亂 所以安民 搏擊豪强
금 포 지 란   소 이 안 민   박 격 호 강

毋憚貴近 亦民牧之攸勉也
무 탄 귀 근   역 민 목 지 유 면 야

🌸 禁暴 : 백성들의 일상생활에 해를 끼치는 횡포한 짓을 금하는 것. 豪强 : 세력이 강함. 또 그 사람. 貴近 : 귀족 또는 왕의 측근으로서 세력이 있는 자.

🌸 호세하고 강성한 무리를 통틀어 일곱 종류가 있다. 첫째 귀척(貴戚, 왕, 귀족들의 근친), 둘째 권문(權門), 셋째 금군(禁軍), 넷째 내신(內臣, 내시), 다섯째 토호(土豪), 여섯째 간사한 아전, 일곱째 유협(遊俠, 폭력을 일삼는 무리)이다. 무릇 이 일곱 가지 족속에 대해서는 그들을 제재하고 억압하여 백성을 편안하게 하는 데 힘써야 한다. 사람들이 강포한 자를 두려워하지 않게 되면 홀아비와 과부를 업신여기지 않을 수 있는 것이니, 횡포를 금하는 일은 인술(仁術)이다.

권문세가의 방자한 짓

권문세가(權門勢家)에서 종을 풀어 방자한 짓을 함으로써 백성의 해가 되는 일은 금할 것이다.

權門勢家 縱奴豪橫 以爲民害者 禁之
권 문 세 가 종 노 호 횡 이 위 민 해 자 금 지

🔹 權 : 권세. 勢 : 세력. 縱 : 놓다. 멋대로 하다. 害 : 해치다.

🔹 유정원(柳正源)이 춘천부사(春川府使)가 되었다. 당시 정승집 종이 세력을 믿고 남의 관(棺) 재목 수십 벌을 빼앗고, 또 사람을 때려 상처를 입혔다. 이졸을 보내어 잡아 다스리고 값을 받아 그 주인에게 돌려주니, 정승이 듣고서 이렇게 말하였다.
"우리집 종이 정말 죄가 있었는데, 유 아무개가 아니면 이렇게 할 수 없는 일이다."

임금의 총애를 믿고 날뛰거나

금군(禁軍)이 임금의 총애를 믿고 날뛰거나 내관(內官)이 방자한 짓을 하는 등 갖가지 권력을 빙자하는 일들은 모두 금해야 한다.

禁軍怙寵 內官橫恣 種種憑藉 皆可禁也
금 군 호 총 내 관 횡 자 종 종 빙 자 개 가 금 야

🔹 禁軍 : 궁중을 지키고 임금의 거둥 때 호위, 경비를 맡은 무관.
怙寵 : 임금의 총애를 믿음. 內官 : 내시. 種種 : 갖가지.
藉 : 의지하다.

🔹 조선 현종 때 김시진(金始振)이 수원부사(水原府使)가 되었다. 내시 이일선(李一善)의 아우가 경내에 살면서 세력을 믿고 횡행 방자하는가 하면 몰래 국사를 누설하는 일도 있었다. 김시진이 그를 불러다 머리를 베어 저자에 돌리게 하니, 좌중 사람들이 임금에게 먼저 알려야 한다고 하니 그는 이렇게 말하였다.

"일이 생기면 내가 벌을 받을 것이다. 조정에 책임이 돌아가게 해서는 안 된다."

이 말을 들은 사람들은 모두 크게 놀라고 두려워하였는데, 이일선도 감히 문책하지 못하였다.

목자는 백성을 보호해야

지방의 호족들이 위세를 부리는 것은 약한 백성에게 승냥이나 호랑이 같은 것이다. 해악을 제거하고 양 같은 백성을 보호해야만 이를 목자라 할 수 있다.

土豪武斷 小民之豺虎也 去害存羊 斯謂之牧
토 호 무 단 소 민 지 시 호 야 거 해 존 양 사 위 지 목

🔹 土豪 : 그 지방의 세력 있는 사람. 豺虎 : 이리와 호랑이.
存羊 : 양 같은 백성을 보호함.

🔹 『속대전』에 이르기를, '사납고 세력 있는 품관(品官)들로 지방에서 무단적인 행동을 하며, 백성을 능멸하고 학대하는 자는 장 1백, 유(流) 3천 리에 처한다.' 라고 했다.

포악한 젊은이들의 협기

포악한 젊은이들이 협기를 부려 백성의 재물을 노략질해 빼앗고 포악한 짓을 하는 경우에는 마땅히 엄히 금지해야 한다. 금지하지 않으면 장차 난동을 일으킬 것이다.

惡少任俠 剽奪爲虐者 亟宜戢之 不戢 將爲亂矣
악 소 임 협 표 탈 위 학 자 극 의 즙 지 부 즙 장 위 란 의

- 惡少 : 포악한 젊은 사람들. 剽奪 : 노략질해 빼앗음. 위협해 빼앗음. 亟 : 빨리. 戢 : 그치다. 금하다. 그만두다.

- 송나라 진요좌(陳堯佐)가 개봉부(開封府)를 다스릴 때의 일이다. 매년 정월이면 밤에 등불을 날리는 풍속이 있었는데, 관에서는 그들을 모두 악소배로 등록하고 잡아다 가두었다. 공이 그들을 불러 가르치기를,

"고을 원이 악인으로 너희를 대우하였으니 너희가 어찌 선한 일을 할 수 있겠는가? 나는 이제 선인으로 너희를 대우할 터이니 너희는 그래도 악한 일을 할 것인가?"

하며 그대로 다 놓아주었는데, 닷새 밤이 지나도록 어느 누구 법을 범하는 자가 없었다.

포학함이 백성에게 독을 끼치고

호강(豪强)의 포학함이 약한 백성들에게 해독을 끼치고 병들게 하는데, 그 구멍이 아주 많아 낱낱이 들 수가 없다.

豪强之虐 毒痡下民 其竇尚多 不可枚舉
호 강 지 학   독 부 하 민   기 두 상 다   불 가 매 거

- 豪强 : 세력이 강함. 또는 그 사람. 虐 : 사납다. 포학하다. 痡 : 앓다. 고달프다. 竇 : 구멍.

협잡과 음란한 행위

협잡과 음란한 행위를 일삼으며 기생을 데리고 놀고 창녀와 잠자는 것을 금해야 한다.

狹邪奸淫 携妓宿娼者 禁之
협 사 간 음 휴 기 숙 창 자 금 지

🌸 狹 : 좁다. 邪 : 사악하다. 淫 : 음란하다. 携 : 가지다. 宿 : 자다.

🌸 관리가 기생을 데리고 다니는 것은 그것을 다스리는 법률이
지극히 엄하였다. 그러나 벌써 해이해지고 어지러워져서 오랜 동안
에 그대로 합리화되고 말았으니, 지금 갑자기 금지하면 이것은 세
상을 시끄럽게 하는 일이다. 다만, 등산하고 선유하는 데에 있어서
기생을 싣고 풍악을 치는 일은 아전이나 장교로서 할 일이 아니다.

술주정하며 웃어른에게 욕하는 자

장터에서 술주정하며 장사하는 물품을 약탈하거나 거리에서
술주정하며 웃어른에게 욕하는 자는 엄금한다.

市場酗酒 掠取商貨 街巷酗酒 罵詈尊長者 禁之
시 장 후 주 약 취 상 화 가 항 후 주 매 리 존 장 자 금 지

🌸 酗 : 술 주정하다. 술에 탐닉하다. 掠取 : 빼앗다. 商貨 : 상품.
罵 : 꾸짖다. 詈 : 욕하다.

🌸 큰 마을에 모여 살다 보면 반드시 장날마다 술에 취하여 노인
에게 욕설하고 점잖은 이를 능욕하여 온 마을에 해가 되는 자가 있
다. 목민관은 마땅히 이들을 조사해 살펴서 곤장 60대로 엄히 징계
하여 용서하지 말아야 한다. 그 중 혹 우연히 술에 취한 자는 그 벌
을 가볍게 해서 5~6일 정도 흙일을 시키면 징계가 될 것이다.

도박으로 업을 삼아

도박으로 업을 삼아 판을 벌이고 무리를 지어 모이는 것은 금해야 한다.

賭博爲業 開場群聚者 禁之
도 박 위 업 개 장 군 취 자 금 지

주해 賭 : 노름하다. 博 : 장기. 群 : 무리. 여러.

해설 여러 가지 내기놀이 중에서도 심보가 나빠지고 재산을 탕진하며 가문과 친족들의 근심이 되게 하는 것은 투전이 첫째가 되고, 쌍륙·골패가 그 다음이다. 아전이 관전을 축내고 장교가 장물죄를 범하는 것도 대부분 여기에서 오는 것이다. 목민관은 마땅히 세 번 명령하고 다섯 번 거듭하여 엄중히 금단해야 한다.

요사스런 술수를 파는 자

광대의 놀이, 꼭두각시 놀이, 나악(儺樂)으로 시주(施主)를 청하는 일, 요사스런 말로 술수를 파는 자는 모두 금해야 한다.

俳優之戲 傀儡之技 儺樂募緣 妖言賣術者 竝禁之
배 우 지 희 괴 뢰 지 기 나 악 모 연 요 언 매 술 자 병 금 지

주해 俳 : 배우. 광대. 傀儡 : 꼭두각시. 儺樂 : 푸닥거리. 역귀와 사신(邪神)을 쫓기 위하여 베푸는 의식인 나례(儺禮) 때 행하는 음악. 妖 : 요사하다. 禁 : 금하다.

해설 절간이 낡고 모신 부처가 퇴색되면 중들이 공문을 만들어 가지고 악기를 두드리며 재물을 구걸한다. 징소리와 북소리가 요란하고 깃발이 어지러우며 열 명, 백 명씩 무리를 지어 뛰놀며 돌아간

다. 어린애들은 그것을 모방하고 배워서 조망하고 떠드는 것이 천성이 된다. 이와 같이 백성의 재물을 속여 빼앗아 노는 비용으로 때우니 이것도 마땅히 금하여야 할 풍속이다.

사당채가 북을 치고 염불을 하면서 민간 재물을 구걸하는 자도 역시 엄중히 금지하여야 한다.

소와 말을 사사로이 도살하는 것

사사로이 소와 말을 도살하는 것을 금한다. 속전(贖錢)을 징수하는 것도 옳지 않다.

私屠牛馬者 禁之 懲贖則不可
사 도 우 마 자 금 지 징 속 즉 불 가

◈ 贖錢 : 죄를 면하려고 바치는 돈. 屠 : 죽이다. 懲 : 거두다. 贖 : 속바치다.

◈ 주자(朱子)의 권농문(勸農文)에 이렇게 말하였다.

"농사짓는 공력이 일체 소의 힘에 의지하는 것이니 잘 보살펴서 관리하며 제때에 먹이고 함부로 도살하여 농사일에 지장을 초래하지 말라. 만약에 어기는 일이 있으면 칙명 조례에 의하여 등에 곤장 20대를 때리고, 소 한 마리마다 벌금 50관을 받되, 가두고 바치기를 감독하며 쉽게 용서하는 일이 없어야 한다.

도장을 위조한 자는

도장을 위조한 자는 그 정상과 범죄 사실을 잘 살펴서 죄의 경중을 따져 처단해야 한다.

印信僞造者 察其情犯 斷其輕重
인 신 위 조 자 찰 기 정 범 단 기 경 중

🔹 印 : 도장. 僞造 : 가짜를 만듦. 斷 : 끊다.

🔹 관인(官印)이나 각 궁궐의 도장을 위조한 자는 각각 법에 의하여 처리한다. 또 호장(戶長)의 도장 두 개를 합하여 네모꼴로 만들기도 하며, 헌 벙거지나 마른 박조각 같은 것으로 조잡하게 전자를 새기기도 하는데, 이런 것은 가벼운 벌로 처리해야 한다.

족보를 위조한 자는

족보(族譜)를 위조한 자는 그 주모자에게는 죄를 주고, 종범(從犯)은 관대하게 처분한다.

族譜僞造者 罪其首謀 宥其從者
족 보 위 조 자 죄 기 수 모 유 기 종 자

🔹 族譜 : 한 가문의 계통과 혈통관계를 기록한 책. 宥 : 용서하다. 從 : 따르다.

🔹 병전(兵典) 첨정편(簽丁篇) 참조.

제6조 제해(除害) 치안 관리, 폐해를 제거함

백성의 위해를 제거하는 일

백성을 위하여 위해(危害)를 제거하는 것은 수령이 힘써 해야 할 일이다. 첫째 도둑, 둘째 잡귀(雜鬼), 셋째 호랑이이다. 이 세 가지가 없어져야 백성의 근심이 덜어질 것이다.

爲民除害 牧所務也 一日盜賊 二日鬼魅
위 민 제 해　목 소 무 야　일 왈 도 적　이 왈 귀 매

三日虎狼 三者息而民患除矣
삼 왈 호 랑　삼 자 식 이 민 환 제 의

※ 除害 : 여기서는 도둑, 미신, 맹수 따위로부터의 피해를 제거하
는 일을 뜻한다. 危害 : 위험한 재해. 鬼魅 : 도깨비와 두억시니.
잡귀(雜鬼).

※ 사람들이 평상시에 서로 모여 한담할 때에, 세상에서 무서운
것 세 가지 중에 어느 것이 가장 무서우냐고 물으면 사람들의 의견
이 각기 다르다. 어떤 이는 도둑이 두렵다고 하고, 어떤 이는 귀신
이 두렵다고 하며, 어떤 이는 호랑이가 무섭다고 한다. 이 세 가지
가 백성에게 해가 되는 것임을 알 수 있다. 귀신붙이의 재앙은 반드
시 사람들이 사신(邪神)을 제사하는 사당과 요망한 무당을 불러들이
기 때문에 생기는 것으로, 그것이 없으면 귀신이 붙을 곳이 없을 것
이다. 그러니 귀신붙이의 재앙을 없애는 데는 요사스러운 것을 제
거하는 것으로 근본을 삼는다.

아무리 도둑을 없애고자 한들

도둑이 생겨나는 것은 거기에 세 가지의 이유가 있다. 위에서
위의(威儀)를 바르게 가지지 않고, 중간에서 명령을 받들지 않고,
아래에서 법을 겁내지 않기 때문이다. 아무리 도둑을 없애고자
한들 될 수 있겠는가.

盜所以作 厥有三繇 上不端表 中不奉命
도 소 이 작　궐 유 삼 유　상 부 단 표　중 불 봉 명

下不畏法 雖欲無盜 不可得也
하 불 외 법 수 욕 무 도 불 가 득 야

🌸 威儀 : 위엄이 있는 태도나 차림새. 계율(戒律)을 달리 일컫는 말
이나 태도. 繇 : 이유·까닭 유, 요역 요. 端 : 단정하다.
奉 : 받들다. 畏 : 두려워하다.

🌸 위에서 행동을 바르게 가지지 않는다는 것은 사신이나 목민관
이 탐욕과 불법을 자행한다는 말이다. 때문에 이를 가리켜 큰 도둑
이라고들 한다.

은덕을 베풀려는 임금의 뜻

은덕을 베풀려는 임금의 뜻을 펴서 그 죄악을 용서하여 이전의
나쁜 마음을 버리고 스스로 새롭게 되어, 각기 그 본업에 돌아가
도록 하는 것이 상책이다.

宣上德意 赦其罪惡 棄舊自新 各還其業 上也
선 상 덕 의 사 기 죄 악 기 구 자 신 각 환 기 업 상 야

🌸 宣 : 펴다. 赦 : 용서하다. 棄 : 버리다. 還 : 돌아오다.

🌸 한나라 공수가 발해태수(渤海太守)가 되었을 때의 일이다. 이때
발해지방에 흉년이 들어 도둑이 많았다.
고을에서 신임태수가 부임한다는 말을 듣고 군졸을 출동시켜 맞
이하니 공수는 이들을 모두 되돌려 보냈다. 그리고 소속 고을에 글
을 보내 도둑잡는 아전을 다 없앤 다음 호미·갈고리 등의 농기구
를 가진 자는 모두 양민이 되게 하니, 아전은 병기 가진 자를 도둑
이라고 문책하는 일이 없게 되었다. 공수는 한 대의 수레로 혼자 관
부에 도임하니 고을 안이 모두 화평스러워 도둑들도 없어졌다.

도둑이 악행을 고치고

이와 같이 한 후에야 도둑이 악행을 고치고 자취를 감추게 되어 길에서는 남의 물건을 주워 가지지 않으며, 나쁜 짓을 스스로 부끄러워할 줄 알고, 또 바르게 고칠 줄 알 것이니 또한 좋지 아니한가.

如是然後 改行屛跡 道不拾遺 有恥且格 不亦善乎
여 시 연 후 개 행 병 적 도 불 습 유 유 치 차 격 불 역 선 호

🔹 屛 : 감추다. 拾 : 줍다. 恥 : 부끄러워하다. 格 : 이르다.

🔹 후한(後漢) 때 정의(鄭毅)가 추령(騶令)이 되어 덕화를 펴니, 사람들이 길에서 흘린 보물을 주워다 주인을 찾아 주었다.

촉한(蜀漢)의 염헌(閻憲)이 면죽령(綿竹令)이 되어 예절과 겸양으로 백성을 교화시켰다. 한 남자가 밤에 길을 가다가 흘린 자루 속에서 무명베(무명실로 짠 베)를 얻었는데, 그 주인을 찾아서 돌려주며 말하기를,

"고을에 어진 사또가 계신데 어찌 그 교화를 저버리겠습니까?"

하였다.

간교한 세도들이 서로 모여

간악하고 세력이 있는 자들이 서로 모여 악을 자행하고 고치지 않으면, 과단성 있는 위력으로 쳐서 백성을 편안케 하는 것이 그 차선책일 것이다.

奸豪相聚 怙惡不悛 剛威擊斷 以安平民 抑其次也
간 호 상 취 호 악 부 전 강 위 격 단 이 안 평 민 억 기 차 야

※ 豪 : 호걸. 聚 : 모이다. 悛 : 뉘우치다. 剛 : 굳세다.

◈ 북주(北周)의 한포(韓褒)가 옹주자사(雍州刺史)가 되었는데 그 지방에 도둑이 많았다. 한포가 비밀리에 탐지해 보니 그것은 모두 세력 있는 자들이 하는 짓이었다. 한포는 짐짓 모르는 체하고 그들을 두터이 예우하면서 말하였다.

"자사는 원래 서생 출신이어서 어찌 도적막는 일을 알겠는가? 믿는 것은 그대들뿐이니 함께 근심을 나누어 주시오."

그리고는 사납고 불량하여 향리에서 우환이 되는 자들을 모두 불러다가 우두머리로 삼아 각 지역에 나누어 배치하고 도둑이 발생하였는데도 잡지 못하면 일부러 놓아 준 죄로 처벌하게 하였다.

그러자 여러 곳에 배치된 자들이 모두 두려워하며 자수하였다.

현상금을 내걸고

현상금을 내걸고 면죄를 약속하여 서로 잡아들이고 서로 고발하게 하여 잔멸에 이르도록 하는 것이 또 그 다음의 방도이다.

懸賞許赦 使之相捕 使之相告 以至殘滅 又其次也
현 상 허 사　사 지 상 포　사 지 상 고　이 지 잔 멸　우 기 차 야

※ 懸 : 걸다. 捕 : 잡다. 殘 : 남다. 殘滅 : 쇠하여 다 없어지게 하는 것. 침략당하여 멸망하는 것.

◈ 오(吳)나라 진표가 장교가 되었을 때 관청 물건을 도둑질한 자가 있었는데 시명(施明)이란 자만이 잡혀서 고문을 당하였다. 시명은 원래 장대하고 사나운 자여서 죽기로 작정하고 공술하지 않으니 법관이 의심스러운 사건으로 처결하여 나라에 알렸다. 손권(孫權)이 진표를 시켜 자의로 그 사실의 실정을 알아보게 하였는데 진표는

차꼬의 수갑을 벗기고 음식도 잘 주며 목욕시켜 그의 환심을 사니 시명이 항복하고 그 부하들을 모두 적어 바쳤다. 진표가 그 사실을 아뢰어 특별히 시명을 놓아주고 그 무리를 잡아 베었다.

도둑을 잡아내는 술수

붉거나 검은 표지를 옷자락에 하여, 벼와 잡초(가라지)를 가려 호미로 뽑아내듯 도둑을 잡아내는 것, 또한 작은 술수이다.

朱墨之識 表其衣裾 以辨禾莠 以資鋤拔 亦小數也
주 묵 지 지 　 표 기 의 거 　 이 변 화 유 　 이 자 서 발 　 역 소 수 야

　朱墨 : 인주와 먹물. 識 : 표지. 衣裾 : 옷소매. 辨 : 구별하다.
禾莠 : 벼와 가라지. 즉 진짜와 가짜. 鋤 : 호미질.

　북제(北齊)의 고유(高濬)가 정주자사(定洲刺史)가 되었을 때의 일이다. 왕씨 성을 가진 한 노파가 외롭게 살아가면서 채소 서너 이랑을 심어 두었는데 자주 도둑을 맞았다. 고유가 이에 사람을 시켜 몰래 가서 채소잎에 글자를 써두게 하고는, 이튿날 저자(시장)에서 채소잎에 글자 있는 것을 보아 도둑을 잡았다. 그 뒤부터는 경내에 도둑이 없게 되었다.

도둑들의 거짓 초상

상여로 위장하여 물건을 운반해 가는 것은 엉큼한 도둑들이 흔히 하는 짓이니, 거짓 초상에 상인(喪人)들이 슬퍼하는가 어떤가를 살피는 것은 도둑을 염탐하는 작은 술수이다.

僞轝運喪 譎盜之恒例也 僞訃察哀調 盜之小數也
위 여 운 상　휼 도 지 항 례 야　위 부 찰 애 형　도 지 소 수 야

주해 僞轝 : 거짓으로 꾸민 상여. 運 : 옮기다. 譎 : 간사하다. 訃 : 부고. 調 : 염탐하다. 살피다.

해설 당(唐)나라 여원응(呂元膺)이 악양진수(岳陽鎭守)가 되었다. 하루는 나가서 노닐다가 보니 상여가 길 왼쪽에 있는데, 남자 다섯 사람이 상복을 입고 따르는 것이었다. 여원응이 말하기를,

"먼 곳 장사라면 너무 번잡하고, 가까운 곳 장사라면 너무 간소하니 이것은 정녕 간악한 무리가 하는 짓이리라."

하며, 관원을 시켜 수색하니 모두 무기였다. 도적이 말하기를,

"강을 건너가 재물을 약탈하려고 거짓 상여를 만들어서 우리가 건너가는 것을 남이 의심하지 않게 한 것입니다."

하였다. 공이 사람을 시켜 조사하니, 또 같은 무리 수십 명이 있어 건너편 언덕에 모여 있기로 되어 있었다. 모두 사로잡아서 법에 붙였다.

지혜를 활용하고 계교를 내어

지혜를 활용하고 계교를 내어 깊은 곳에 있는 것을 낚아내고 숨어 있는 것을 들추어내는 일은 오직 능한 자만이 한다.

運智出謀 鉤深發其幽隱 唯能者爲之
운 지 출 모　구 심 발 기 유 은　유 능 자 위 지

주해 智 : 지혜. 謀 : 꾀하다. 鉤 : 찾아내다. 갈고리. 幽隱 : 깊숙이 숨음.

해설 당나라 염제미(閻濟美)가 강남진수(江南鎭守)가 되었다. 뱃사람이 장사꾼의 물건을 삯을 받고 실었는데, 그 중에는 은 10정이 화물

속에 감춰져 있었다. 뱃사람이 알고서 그가 육지로 올라가기를 기다렸다가 훔쳐서는 배가 정박한 물 속에 넣어두었다.

"이것은 반드시 뱃사람이 강 속에 넣은 것이다. 네가 사공을 시켜 갈고리를 넣어 꺼내라. 그러면 네게 중한 상을 주겠다."

무사가 공의 명대로 하여 갈고리로 꺼내니, 은은 광주리 속에 있는데, 봉함한 것이 모두 온전하였다. 공이 캐어 문초하니 뱃사람이 그 자리에서 자백하였다.

이치를 살피고 물정을 분별하면

이치를 살피고 물정을 분별하면 어떤 경우도 그 실상을 속이지 못하는 것이니, 오직 밝은 자만이 할 수 있다.

察理辨物 物莫遁情 唯明者爲之
찰 리 변 물   물 막 둔 정   유 명 자 위 지

🌸 察 : 살피다. 辨 : 구별하다. 遁 : 숨기다.

🌸 전진(前秦) 때 부융(符融)이 기주목(冀州牧)이 되었다. 어느 노파가 날이 저물었을 때 강도를 만났는데, 행인이 그 노파를 위하여 쫓아가서 강도를 사로잡았다. 그 강도가 도리어 행인을 무고하니 부융이 말하기를,

"두 사람이 함께 뛰어서 먼저 저 문(門)에 나가는 자가 도적이 아니다."

하였다. 갔다 돌아온 다음에 부융이 정색을 하고 나중에 온 자에게 일러 말하기를,

"네가 도적이다."

하였다. 그가 간악한 것을 들추고 숨긴 것을 적발함이 이러하였

다. 대개 부용의 천성이 밝아 도적이 만일 잘 달린다면 결코 행인에게 잡히지 않았을 것이므로, 먼저 달리는 자가 도적을 따라잡은 사람이라고 보았기 때문이다.

사소한 좀도둑의 징계

흉년에는 자제들이 거칠어지는 수가 많으니 사소한 좀도둑은 크게 징계할 필요가 없다.

> 凶年 子弟多暴 草竊小盜 不足以大懲也
> 흉 년 자 제 다 폭 초 절 소 도 부 족 이 대 징 야

훈 暴 : 사납다. 악하다. 竊 : 훔치다. 懲 : 혼내다. 응징하다.

억울함을 살펴서 누명을 벗기고

평민을 잘못 잡아다가 억지로 두들겨 맞추어 도둑으로 만드는 수가 있으니, 능히 그 억울함을 살펴서 누명을 벗기고 양민으로 만들어 주면, 이야말로 어진 수령이라 할 것이다.

> 枉執平民 鍛之爲盜 能察其冤
> 왕 집 평 민 단 지 위 도 능 찰 기 원
>
> 雪之爲良 斯之謂仁牧也
> 설 지 위 양 사 지 위 인 목 야

훈 枉 : 잘못. 執 : 잡다. 鍛 : 단련하다. 쇠 불리다.

해 후당(後唐) 때 공순(孔循)이 장원현(長垣縣)의 수령이 되었다. 네 사람의 큰 도적이 있어 재산을 넉넉하게 가졌는데, 종적이 탄로나

자 끌려 들어간 것은 네 사람의 가난한 백성이었다. 이는 세도집과 옥리들이 뇌물을 받고 고문하여 강제로 이 옥사를 만든 것인데, 전혀 신문도 없이 자복한 것으로 되어 죽게 되었다.

공순이 죄수를 다시 조사하는 데도 한 마디의 말이 없었는데, 데리고 담장을 지나갈 때 죄수가 자주 머리를 돌리는 것이었다. 공순이 그 정상의 미진함이 있는 것을 알고 불러 물으니, 사실은 잘못된 것인데 마침 옥리가 그 칼 끝을 높이 쳐들었기 때문에 말을 할 수 없었던 것이다. 좌우 사람들을 물려주기를 청하고 자세히 그 사연을 말함으로 인하여 네 도적은 모두 처벌을 받고 네 명의 가난한 백성은 원통한 누명을 씻게 되었다.

혼미한 수령의 형벌

부유한 백성들을 무고로 끌어들여 함부로 모진 형벌을 가하는 것은 도둑을 위해 원수를 잡아 주고, 아전과 군교를 위해 재물을 모아 주는 것이니, 이야말로 혼미한 수령이라 할 것이다.

誣引富民 枉施虐刑 爲盜賊執仇
무 인 부 민　왕 시 학 형　위 도 적 집 구

爲吏校征貨 是之謂昏牧也
위 이 교 정 화　시 지 위 혼 목 야

🌸 誣 : 속이다. 誣引 : 거짓으로 끌어들임. 虐刑 : 혹독한 형벌.
征貨 : 재물을 받아들임. 昏 : 어둡다. 혼미하다.

🌸 유호(劉皓)가 임성령(林城令)이 되어 일처리하는 것을 엄하고 밝게 하였다. 마침 강도를 국문하는데 옥리가 도적을 시켜서 짐짓 장물을 산 사람 10여 명을 끌어넣게 하고 잡아들여 심문할 것을 청하였다.

유호가 일부러 무능한 체하며 판결하여 이르기를,

"모두 본인을 오라고 하라."

하였는데, 이른 다음에 보니 모두 차림새가 깨끗한 호부가의 자제들이었다. 유호가 국문하던 옥리를 물리치고 다른 아전을 시켜 도적을 뜰 아래 데려다가 대면시키니 한 사람도 알지 못하였다.

유호가 도둑에게 말하기를,

"네가 성명은 일러줄 수 있으면서 얼굴을 모른다 할 수 있느냐?"

하니 도적이 깜짝 놀라며 사실대로 고하였다. 명하여 다 놓아주고 아전을 중한 법으로 다스리니, 온 고을이 모두 두려워하여 감히 속이지 못하였다.

귀신붙이가 변괴를 일으키는 것은

귀신붙이가 변괴를 일으키는 것은 무당이 유도하기 때문이다. 그 무당을 베고 그 신당(神堂)을 헐어버려야 요괴가 의지할 곳이 없게 될 것이다.

鬼魅作變 巫導之也 誅其巫 毁其祠 妖無所憑也
귀 매 작 변 무 도 지 야 주 기 무 훼 기 사 요 무 소 빙 야

變塊 : 재앙이 될 만한 괴이한 일. 鬼 : 귀신. 魅 : 귀신.
巫 : 무당. 誅 : 죽이다. 毁 : 헐다. 祠 : 사당. 妖 : 요사하다.

전국(戰國) 위(魏)의 서문표(西門豹)가 업령(業令)이 되었다. 업 땅에 아전들이 해마다 백성의 돈을 거두어 물귀신을 위하여 신부를 시집보낸다고 하는데, 무당이 양가 여자 중 아름다운 자를 보아서 곧 데려다가 목욕시키고 비단 장막을 쳐서 강에 띄워 빠지게 하였으니, 이는 속담에 말하기를,

"물귀신을 장가들이지 않으면 큰물이 져서 떠내려가고 빠져 죽는다."는 것 때문이었다.

서문표가 그 풍속을 바꾸려고 무당을 강물에 던졌다.

요사한 말로 민중을 현혹시키는 자

부처나 귀신에 의탁하여 요사한 말로 민중을 현혹시키는 자는 제거해야 한다. 잡물(雜物)을 빙자하여 사특한 말로 어리석은 사람들을 속이는 자, 또한 제거해야 한다.

假託佛鬼 妖言惑衆者 除之
가 탁 불 귀　요 언 혹 중 자　제 지

憑依雜物 邪說欺愚者 除之
빙 의 잡 물　사 설 기 우 자　제 지

🔹 假 : 버리다. 託 : 핑계대다. 惑 : 유혹하다. 憑 : 의지하다.
欺 : 속이다. 愚 : 어리석다.

🔹 송나라 때 고부(高賦)가 구주지사(衢州知事)가 되었는데 그 곳 풍속이 무당과 귀신을 숭상하였다. 백성 가운데 모씨(毛氏)·시씨(柴氏) 20여 집이 대대로 큰 독충을 기르는데, 윤달이 든 해가 되면 사람을 해치는 일이 더욱 많았고 남과 분쟁할 때에는 독을 피웠다. 고부가 그 독충을 모두 잡고 그들을 처벌하자 독충의 우환이 끊어졌다.

호랑이와 승냥이의 우환

호랑이와 승냥이가 사람을 물어가고 소와 돼지를 자주 해치면,

함정과 덫을 설치하여 그 우환을 없애야 한다.

虎豹啖人 數害牛豕 設機弩穽獲 以絶其患
호 표 담 인　삭 해 우 시　설 기 노 정 획　이 절 기 환

🔅 虎豹 : 호랑이와 표범. 啖 : 물어가다. 數 : 자주 삭. 穽 : 함정.
患 : 근심.

🔅 호랑이를 잡는 제일 좋은 방법은 덫과 함정을 만드는 것이다.
제일 좋지 않은 방법이 총을 사용하는 것인데, 대개 포수가 사냥을
하게 되면 열 명, 백 명씩 떼를 지어 마을에 횡행하며 토색질을 하
여 그 폐해가 도리어 호랑이보다 심하므로 이는 사용하지 않는 게
좋다.

♠ 열초산수도

♠ 여유당 상량문

이 장에서는, 공전(工典)에 관계되는 사항으로서 고을의
주관에 속하는 중요한 사항을 산림(山林), 천택(川澤), 선해
(繕廨), 수성(修城), 도로(道路), 장작(匠作)의 여섯 가지 조
목으로 나누어 기술하고 있다.

제1조 산림(山林) 나무를 가꿈

훌륭한 임금의 산림 행정

산림은 나라의 공부(貢賦)가 나오는 곳으로, 산림의 행정을 옛날 훌륭한 임금들은 소중하게 여기었다.

山林者 邦賦之所出 山林之政 聖王重焉
산 림 자 방 부 지 소 출 산 림 지 정 성 왕 중 언

○ 山林 : 산과 숲, 산림의 보호와 육성에 힘씀. 邦 : 나라. 聖 : 성인. 임금의 존칭. 重 : 무겁다. 소중하다. 貢賦 : 백성이 나라에 바치는 공물과 세금.

○ 『주례(周禮)』와 『춘추전(春秋傳)』을 보면 산림에 대한 법이 매우 엄격하고 신중하였음을 알 수 있다.

요(堯)임금과 순(舜)임금 때부터 산림을 지키고 가꾸는 법이 철저하였으며, 순임금은 재목(材木)을 관장하는 벼슬에 임용되기도 했다.

봉산의 소나무

봉산(封山)에 기르는 소나무에 대해서는 벌채(伐採) 금지의 엄중한 법령이 있으므로 수령은 마땅히 삼가 지켜야 할 것이며, 거기에 아전들의 농간하는 폐단이 있는가 수령은 마땅히 자세히 살펴야 할 것이다.

封山養松 其有厲禁 宜謹守之 其有奸弊 宜細察之
봉 산 양 송 기 유 여 금 의 근 수 지 기 유 간 폐 의 세 찰 지

◈ 封 : 봉하다. 封山 : 나라에서 지정하여 벌채를 금지한 산.
養 : 기르다. 厲禁 : 엄중한 금지. 謹 : 삼가다. 弊 : 폐단.
細察 : 자세히 살피다.

◈ 『속대전』에 규정하기를, '여러 도(道)의 황장목(黃腸木, 재궁을 만드는 데 쓰이는 품질이 좋은 소나무)을 키우는 봉산에는 경차관(敬差官)을 보내어 경상도, 전라도에서는 10년에 한 번, 강원도에서는 5년에 한 번씩 나무를 선택하여 재궁[梓宮, 왕, 왕대비, 왕비의 유해를 안치한 관(棺)]을 만들 재목을 벌채한다.'고 하였고, 또 '각 도의 봉산의 금양(禁養)한 소나무를 벤 자는 중죄로 처리한다[사형에서 장(杖) 60까지의 형벌에 처하되 일을 맡은 자가 마땅히 상고해야 할 것이다]. 소나무를 금양하는 산의 조선재(造船材)를 병사나 수사나 수령이 임의로 벌채를 허가하거나 임의로 벌채한 자는, 군기(軍器)를 사매(私賣)한 율을 적용하여 처벌한다(중앙, 지방의 관용 건물의 수리에도 또한 벌채를 허가하지 않는다). 솔밭에 방화한 자는 사형에 처한다.'고 규정하였다[대전통편(大典通編)에 감관(監官)과 산지기는 중곤(重棍)을 치고 수령은 파면시키지 않는다고 하였다].

사양산에 대한 금령

사양산(私養山)에 대한 금령은 그 사적인 벌채에 대한 규제가 봉산(封山)의 경우와 같다.

私養山之禁 其私伐 與封山同
사 양 산 지 금 　기 사 벌 　여 봉 산 동

◈ 私養山 : 개인적으로 나무를 기르는 산. 사유림(私有林). 禁 : 금지하다. 伐 : 베다. 잘라내다. 치다. 與 : 더불다. 함께하다.

* 『금송절목(禁松節目)』에 규정하기를, '바다 연변의 30리에서는 비록 사양산이라 하더라도 일절 벌채를 금지한다.' 라고 하였다.

생각컨대 산림을 사사로이 기르는 까닭은 그것을 사사로이 사용하고자 함이다. 그 벌채를 금하기를 봉산과 같이 한다면 어느 누가 산림을 가꾸겠는가. 날마다 매질하면서 산을 가꾸기를 요구하여도 오히려 가꾸지 않을 것이다. 그렇기 때문에 바닷가 모든 산의 벌거숭이 아닌 게 없고, 오직 귀족들의 분묘에만 어느 정도 나무를 기를 뿐이다. 사양산의 송금(松禁) 조항은 마땅히 봉산과는 크게 차등을 두어 산 주인으로 하여금 스스로 힘쓸 길을 열어 준다면, 산의 푸르고 무성한 것이 반드시 지금의 배가 될 것이다.

수령이 이 일을 당하면 마땅히 백성들의 실정을 살펴서, 자기 나무를 벌채하는 자에게는 가혹하게 금지하지 말 것이며, 수영(水營)에서 백성을 침탈하거나 곤경에 빠뜨린 자는 잘 설명하고 깨우쳐 주어 백성들이 파산하는 지경에 이르지 않도록 한다면 백성들의 칭송이 일어날 것이다.

사용할 수 없는 봉산 소나무

봉산의 소나무는 차라리 썩어서 버릴지언정 사용하기를 청구할 수는 없는 것이다.

封山之松 寧適朽棄 不可以請用也
봉 산 지 송　영 적 후 기　불 가 이 청 용 야

* 松 : 소나무. 寧 : 차라리. 朽棄 : 썩어서 버림. 請 : 청하다.

* 소나무 벌채를 금하는 규정에 말하였다.
"바람에 부러진 소나무는 내다 파는 것을 허가하지 말고 그냥 부

러진 곳에서 썩게 한다. 황장봉산(黃腸封山)에서 나무를 베면 규격에 의하여 판자를 만들고, 잘라버린 양쪽 끝부분은 판매를 허가하지 않고 그냥 그 자리에서 태워버려야 한다.”

　바람에 부러진 나무는 막 베어낸 것과 같은 것인데, 그대로 썩게 한다는 것은 아까운 노릇이다. 또한 재궁(梓宮)을 만든 목재의 양쪽 끝부분을 까닭없이 태워버리는 일도 함부로 낭비하는 것에 가깝다. 비록 공공건물의 수선에 그 나무의 필요가 절실할지라도 사용할 수가 없으니 법이 그러하나 이는 반드시 고쳐져야 한다.

　※ 황장봉산(黃腸封山) : 궁궐의 관(棺) 재목을 마련하기 위해 나무를 기르는 산.

황장목의 부역 농간

　황장목(黃腸木)을 끌어내리는 부역에 농간하는 폐단이 있는 것을 마땅히 살펴야 할 것이다.

黃腸曳木之役 其有奸弊者 察之
　　황 장 예 목 지 역　기 유 간 폐 자　찰 지

　🌸 黃腸木 : 궁궐에서 관 만드는 데 사용하는 품질이 좋은 소나무.
　　黃 : 누르다. 누른빛. 腸 : 창자. 曳 : 끌다. 察 : 살피다.

　🌸 관(棺) 재목을 끌어내는 날에는 두어 고을이 일제히 동원되어 수많은 백성들이 힘을 합치는데, 사나운 아전과 장교들이 인부들의 등을 채찍질하고 엉덩이를 발로 찬다. 부유한 마을과 부유한 집은 모두 돈으로 부역을 피하고, 파리하고 잔약하며 병든 백성들만이 그 부역으로 고통을 당하니 역시 목민관이 생각해야 할 일이다.

장사꾼의 소나무 판자

장사꾼이 금지된 소나무의 판자를 몰래 실어내는 것은 이를 금한다. 법을 삼가 지키고 재물에 청렴하여야 이를 금할 수 있다.

商賈潛輸禁松之板者 禁之 謹於法而廉於財 斯可矣
상 고 잠 수 금 송 지 판 자 금 지 근 어 법 이 염 어 재 사 가 의

꿀 賈 : 장사치. 潛 : 몰래. 輸 : 옮기다. 廉 : 청렴하다.

꿀 아전과 장교가 송판을 몰래 실어내는 상인을 잡으면 열에 아홉은 뇌물을 받고 놓아 준다. 그리고 수령이 열 명을 잡으면 그 중 속공(屬公)시키는 것은 하나뿐이요, 나머지 아홉은 모두 촉탁을 받고 놓아준다. 그러므로 결국 국가의 재목은 날로 손실되고 국용(國用)에는 도움되는 것이 없다.

소나무를 심고 배양하라

소나무를 심고 배양하라는 법의 조문이 비록 있지마는 해지지만 않으면 되는데 무엇 때문에 심을 것인가?

植松培松 雖有法條 能弗害之而已矣 何以植之
식 송 배 송 수 유 법 조 능 불 해 지 이 이 의 하 이 식 지

꿀 植 : 심다. 培 : 가꾸다. 弗 : 아니다. 害 : 해치다. 何 : 어찌.

꿀 『경국대전』에 규정하였다.

'지방의 금산(禁山)에는 벌목과 방화를 금하며, 매년 봄에 묘목을 심거나 씨를 뿌려서 키우되, 연말에는 심거나 씨 뿌린 수를 보고한다. 이를 위반하면 산지기는 장 80에, 담당관은 장 60에 처한다.'

나무를 심고 가꾸는 행정

여러 가지 나무를 심고 가꾸는 행정 또한 한갓 법조문일 뿐이다. 스스로 헤아려 보아서 오래도록 재임할 수 있다고 생각될 경우에는 마땅히 법전에 좇아 식목을 할 것이요, 빨리 체임될 것을 안다면 스스로 헛된 수고를 할 필요가 없다고 여길 것이다.

諸木栽植之政 亦徒法而已 量可久任
제 목 재 식 지 정   역 도 법 이 이   양 가 구 임

宜遵法典 知其速遞 無自勞矣
의 준 법 전   지 기 속 체   무 자 노 의

주해 栽植 : 심고 가꿈. 遵 : 지키다. 速遞 : 속히 벼슬이 갈림.
勞 : 수고하다.

해설 바람이 불면 솔씨가 떨어져서 자연히 수풀을 이루는 것이니, 이것을 해치지 않도록 하면 그만이지 굳이 소나무를 심어야 할 필요는 없다.

또한 나무는 하늘이 낳고 땅이 기르며 봄바람과 비와 이슬에 의해 자연히 무성해지는 것이니, 사람을 시켜서 하는 것은 바른 계획이 아니며, 관원을 격려하고 다시 간섭하지 말며, 관에서 쓰고자 할 때는 정당한 값을 주고 살 것이며, 강제로 거두어들이는 일이 없도록 해야 한다. 그렇게 해야만 백성들이 나무 심는 일을 스스로 나서서 하게 될 것이다.

길목의 요충지에 있는 나무

높고 험한 요새지의 나무 기르는 땅에는 엄격한 금령(禁令)이 있으니 마땅히 삼가 지켜야 할 것이다.

嶺隘養木之地 其有厲禁 宜謹守之
영 액 양 목 지 지 기 유 여 금 의 근 수 지

🔑 嶺隘 : 적이 침입해 오는 길목의 요충에 관문을 설치한 곳. 좁은
산골의 요새지. 嶺 : 고개. 隘 : 험하다. 謹 : 삼가다. 守 : 지키다.

🔑 영액(嶺隘)이란, 적이 침입해 오는 길목의 요충(要衝)에다 관방
(關防)을 설치한 곳이다. 그러나 그곳에 나무를 기르는 일은 마땅히
안팎의 형편을 보아야 할 것이다. 평상시에는 성을 쌓지 않더라도
난리에 임해서는 마땅히 목책(木柵)을 세워야 할 것이다(혹은 흙을 쌓
아 보루를 만든다). 무릇 성터의 바깥쪽은 마땅히 말끔하고 훤하게
하여 은폐할 곳을 없애서 적병으로 하여금 몸을 숨길 곳을 없게 하
고, 오직 성터의 안쪽에만 나무를 많이 심어서 일단 도둑이 침입하
여 난리가 났을 때에는 나무를 베어 방책을 만들 수 있고, 또 나무
에 의지하여 몸을 숨기거나 나무를 잘라서 무기를 만들고 또한 울
타리를 세워 적의 침입로를 막을 수 있게 해야 한다.

산허리에 경작을 금하는 법

산허리에 경작을 금하는 법은 마땅히 산 높이를 측정하는 기준
이 있어야 된다. 함부로 법을 늦출 수도 없고, 또한 고지식하게
융통성 없이 법을 지켜서도 안 된다.

山腰禁耕之法 宜有測定 不可縱弛 亦不可膠守也
산 요 금 경 지 법 의 유 측 정 불 가 종 이 역 불 가 교 수 야

🔑 腰 : 허리. 耕 : 갈다. 경작하다. 測 : 헤아리다. 縱 : 놓아주다. 버
리다. 弛 : 늦추다. 膠守 : 융통성 없이 지키다.

● 산의 높고 낮은 형세가 서로 달라서 그 허리의 높고 낮음도 제각기 같지 않다. 법이 이미 명확하지 못하니 백성이 법을 범하는 일이 없기를 기대하기 어렵다. 모름지기 평지에 표지를 세우고 고도를 측정하되 그 한계를 엄격하게 구획하여 백성들이 법을 어기지 않기를 바랄 뿐이다.

인삼과 담비가죽에 대한 세금

서북(西北)지방의 인삼과 담비가죽에 대한 세금은 마땅히 너그럽게 처리해야 한다. 혹 범금(犯禁)하는 자가 있더라도 너그럽게 처리해야 한다.

西北蔘貂之稅 宜從寬假 其或犯禁 宜從闊略
서 배 삼 초 지 세　의 종 관 가　기 혹 범 금　의 종 활 략

● 蔘 : 임삼. 貂 : 담비. 從 : 따르다. 假 : 빌리다. 闊 : 넓다. 느슨하다. 略 : 간략하다.

공납으로 거두는 인삼의 폐단

동남지방에서 공납(貢納)으로 거두는 인삼의 폐단이 해마다 더해지고 달마다 늘어나니, 성의를 다하여 살피고 지나치게 많이 거두어들이지 않도록 할 것이다.

東南貢蔘之弊 歲加月增 盡心稽察 毋至重斂
동 남 공 삼 지 폐　세 가 월 증　진 심 계 찰　무 지 중 렴

● 貢納 : 백성이 지방에서 나는 특산물을 현물로 조정에 바치던 일. 貢 : 바치다. 蔘 : 인삼. 稽 : 상고하다. 毋 : 말 없다. 아니다.

❀ 삼을 바치는 데 대한 폐단은 극도로 심해지고 있다. 산에서 캐는 것은 점점 귀해지고 집에서 심은 것이 많아지는 실정이다. 또한 삼 장수가 약재를 심사 감독하는 벼슬아치와 짜고 농간을 부려 각 고을에서 나라에 바치는 삼을 모두 삼 장수에게 사서 바치게 되니 백성들의 부담이 날로 가중되고 있다.

이러한 폐단을 없애려면 대동법(大同法)과 같이 삼 바치는 일도 공법(貢法)으로 하는 것이 좋을 것이다.

광산이 개설되어 있는 곳

금(金)·은(銀)·동(銅)·철(鐵)의 채광(採鑛)으로서, 예전부터 광산이 개설되어 있는 곳은 거기에 간악한 무리가 모여 있지 않은가를 살펴야 하고, 새로 채광하고자 하는 자에게는 그 시설을 금해야 한다.

金銀銅鐵 舊有店者 察其奸惡 新爲鑛者 禁其鼓冶
김 은 동 철 구 유 점 자 찰 기 간 악 신 위 광 자 금 기 고 야

❀ 店 : 점포. 新 : 새로. 鑛 : 광산. 鼓 : 두드리다. 冶 : 쇠 불리다.
鼓冶 : 풀무와 대장간.

❀ 예전부터 있던 광산이면 간악한 자가 모여들지 않는가를 살펴서 뜻밖의 환란에 대비해야 할 것이다. 예를 들면 가산(嘉山)에서 난을 일으킨 홍경래(洪景來)도 금광(金鑛)으로 무리를 모아들였다고 한다. 무리를 모아 새로 개설한 광산이면 그 주모자를 잡아서 변란의 싹을 없애야 할 것이다.

지방에서 산출되는 보물을

지방에서 산출되는 보물을 번거롭게 채굴하여 백성들의 병폐가 되게 하는 일이 없도록 해야 할 것이다.

土産寶物 無煩採掘 以爲民病
토 산 보 물　무 번 채 굴　이 위 민 병

🔹 産 : 산출하다. 寶 : 보배. 煩 : 번거롭다. 採 : 채취하다.
掘 : 파내다.

🔹『경국대전』에 규정하였다.

'각 고을의 보물이 산출되는 곳은 대장(臺帳)을 만들어서 공조와 본 도·본 읍에 비치해 두고 간수케 한다.'

이른바 보물이란 경주에서 나는 수정(水晶), 성천(成川)에서 나는 황옥(黃玉), 면천(沔川)에서 나는 오옥(烏玉), 장기(長鬐)에서 나는 뇌록(磊綠), 남포(藍浦)에서 나는 벼룻돌, 해남(海南)에서 나는 양지석(羊脂石), 흑산도(黑山島)의 바다에서 나는 석웅황(石雄黃) 따위가 그 것이다.

채금하는 법

채금하는 법에 또한 새로운 방법이 있으니, 만약 조정의 명령이 있다면 시험하여도 무방할 것이다.

採金之法 又有新方 苟有朝令 試之無妨
채 금 지 법　우 유 신 방　구 유 조 령　시 지 무 방

🔹 採金 : 금을 캠. 苟 : 진실하다. 혹은. 朝令 : 조정의 명령.
試 : 시험하다. 해보다.

제2조 천택(川澤) 수리 시설 관리

천택에 관한 행정

천택은 농리(農利)의 근본이 되는 것으로, 천택에 관한 행정을 훌륭한 임금들은 중하게 여겼다.

川澤者 農利之所本 川澤之政 聖王重焉
천 택 자 농 리 지 소 본 천 택 지 정 성 왕 중 언

🔸 川澤 : 하천과 연못. 수령이 수리(水利)에 힘써 농업의 진흥에 힘
씀. 農利 : 농사에서 얻는 이익.

🔸 수령의 직책이 농사에 힘쓰는 일보다 더 급한 것이 없으며, 농
사에 힘쓰는 일의 근본은 물을 다스리는 일보다 더 급한 것이 없다.
훌륭한 관리의 뛰어난 업적은 모두 수리에 있다.

냇물에 도랑을 파서

냇물이 고을을 지나가면 도랑을 파서 물을 끌어들여 논에 물을
대고, 백성과 더불어 공전(公田)을 일구어 백성의 부담을 보조하
는 것이 선정(善政)인 것이다.

川流逕縣 鑿渠引水 以漑以灌
천 류 경 현 착 거 인 수 이 개 이 관

與作公田 以補民役 政之善也
여 작 공 전 이 보 민 역 정 지 선 야

🔸 逕 : 지나가다. 鑿 : 뚫다. 열다. 渠 : 도랑. 灌漑 : 논밭에 물을

댐. 농작물에 물을 줌.

※ 나라의 가장 급한 걱정은 창고에 있는데, 백성의 부담이 해마다 더하고 달마다 늘어가면 백성은 장차 견디지 못할 것이다. 목민관은 마땅히 지형을 살펴서 도랑을 파고 공전(公田)을 경작하여 그 세입으로 창고를 보충한다면 장차 만민의 이익이 될 것이다. 비단 수백 경(頃)의 좋은 밭이 한 고을의 이익이 되는 데 그치지 않을 것이다.

호수와 큰 연못

작은 것을 지소(池沼)라 하고 큰 것을 호택(湖澤)이라 한다. 그 막는 것을 방죽 또는 제방이라고 하는데, 이것으로써 물을 조절하는 것이다. 이것이 『역경(易經)』에서 '못(澤) 위에 물이 있는 것이 절(節)'이 되는 까닭이다.

小曰池沼 大曰湖澤 其障曰陂 亦謂之堤
소 왈 지 소　대 왈 호 택　기 장 왈 파　역 위 지 제

所以節水 此澤上者水之所以爲節也
소 이 절 수　차 택 상 자 수 지 소 이 위 절 야

※ 池沼 : 못과 늪. 池는 땅을 파서 만든 못이며, 沼는 자연적으로 패여 생긴 늪. 湖澤 : 호수와 큰 연못. 障 : 막다. 陂 : 보. 못. 방죽. 언덕. 堤 : 제방(堤防). 둑. 방죽. 節 : 역경(易經)의 절괘(節卦)로, 그 괘상(卦象)이 못에 물이 있는 것을 상징한다.

※ 한(漢)의 소신신(召信臣)이 남양태수(南陽太守)가 되었을 때 제방을 축조하였는데, 돌을 쌓아서 둑을 만들고 옆에 여섯 개의 돌문을 마련하여 수량(水量)을 조절하였다. 관개를 넓혀 해마다 불어나

서 3만 경에 이르게 되니 사람들이 이처럼 이익을 얻게 되었다.

우리나라의 이름난 호수

우리나라에는 이름난 호수가 7, 8개 있는데, 나머지는 모두 좁고 작은 것이다. 그러나 그나마 잡초가 우거져 있고 수축되지 않았다.

東土名湖 僅有七八 餘皆窄小 然且蓬合而不修矣
동 토 명 호 근 유 칠 팔 여 개 착 소 연 차 봉 합 이 불 수 의

🔹 僅 : 겨우. 餘 : 남다. 窄 : 좁다. 蓬 : 잡초. 풀이름.

🔹 우리나라의 큰 못으로는 함창(咸昌)의 공골제(空骨堤), 제천(堤川)의 의림지(義林池), 당진(唐津)의 합덕지(合德池), 광주(光州)의 경양지(景陽池), 연안(延安)의 남대지(南大池)가 있는데, 각기 그 고을에 큰 이익을 주는 것으로 옛날에 온 나라의 힘을 다하여 축조하였다. 그러나 오늘날 모두가 앙금이 앉아 막혀 버렸으니 이것이 수령의 책임이다.

제멋대로 수리를 독점하여

토호(土豪)와 귀족들이 수리를 독점하여 제멋대로 자기의 전답에만 물을 대는 것을 엄금하여야 한다.

土豪貴族 擅其水利 專漑其田者 嚴禁
토 호 귀 족 천 기 수 리 전 개 기 전 자 엄 금

🔹 貴 : 귀하다. 擅 : 함부로. 專 : 오로지. 전담하다. 漑 : 물대다.

🏵 최시설(崔時卨)이 영유현령(永柔縣令)이 되었을 때에 덕지라는 못이 있었는데, 그 둘레가 40리나 되었다. 물을 가두어 두었다가 전지에 대어 백성들에게 오랫동안 혜택을 주더니, 수어사(守禦使)가 그 저수지를 헐어버리고 둔전(屯田)을 만들고자 하였다. 공이 감사에게 보고하여 그것이 옳지 않음을 역설하였으나, 수어사가 권세로서 꺾어 눌러 감사가 그만 굴복하고 말았다.

수어사가 군관을 보내어 제방을 헐어버리니 그 해 가을에 온 고을이 크게 흉년이 들어 공이 다시 감사에게 보고하여 마침내 둔전을 폐지하였다.

조수를 방지하는 제방

만약 바닷가에 조수를 방지하는 제방을 쌓는다면 안에 기름진 농지를 만들 수 있을 것이다. 이것은 해언(海堰)이라 한다.

若瀕海捍潮 內作膏田 是名海堰
약 빈 해 한 조 내 작 고 전 시 명 해 언

🏵 瀕 : 물가. 捍 : 막다. 潮 : 조수. 膏 : 기름지다. 堰 : 둑.
海堰 : 바다 둑. 바다 가까이에 쌓은 제방.

🏵 중국에서는 모든 제방이나 저수지 축조한 것을 제언(堤堰)이라고 통칭하였는데, 우리나라에서는 조수(潮水)를 막아서 전지를 보호하는 것만을 언(堰)이라고 한다. 우리나라는 바다로 둘러싸여서 바다에 제방을 쌓는 일이 큰 정사(政事)인 것이다.

신익상(申翼相)이 의주부윤(義州府尹)이 되었을 때 제방을 쌓아서 논을 만들고 해마다 곡식 수천 섬을 거두어 백성들의 용역에 보충하였다.

강과 하천의 제방

강과 하천의 유역에 해마다 홍수의 피해로 백성들의 큰 근심거리가 되는 것은, 제방(堤防)을 만들어서 그들이 안심하고 편히 살게 하여야 한다.

江河之濱 連年衝決 爲民巨患者 作爲堤防 以安厥居
강 하 지 빈　연 년 충 결　위 민 거 환 자　작 위 제 방　이 안 궐 거

※ 濱 : 물가. 連 : 이어지다. 衝 : 부딪치다. 患 : 근심. 걱정.
厥 : 그. 그 사람. 그것.

※ 김필진(金必振)이 원성현감(原城縣監)이 되었는데, 현의 소재지가 물에 가까이 있었다. 옛날부터 제방이 있어서 물의 범람을 피하였는데, 이때에 물이 제방을 뚫고 백성들의 주거지로 몰려들어 하루아침에 백여 집이 떠내려가게 되었다.

공이 급히 현상금을 걸고 헤엄 잘 치는 사람을 구해서 물에 빠진 자를 건지게 하였더니 익사자가 적었다. 물이 빠진 뒤에 제방의 개축을 의논하니, 백성들과 아전이 힘드는 것을 모두 꺼렸으나 민간의 인부 및 승려들을 징발하여 날마다 2천 명이 돌을 나르게 하였다. 7일 만에 제방을 완성하니 처음보다 더욱 높아졌으므로 수해가 영구히 없어지게 되었다.

물의 범람을 소통시키고

조운(漕運)이 통하는 곳과 상인이 모여드는 곳에 물의 범람을 소통시키고 그 제방을 견고히 하는 것이 역시 잘하는 일이다.

漕路所通 商旅所聚 疏其汎溢 固其堤防 亦善務也
조 로 소 통　상 려 소 취　소 기 범 일　고 기 제 방　역 선 무 야

漕路 : 뱃길. 旅 : 무리. 疏 : 소통시키다. 溢 : 넘치다.

명나라 적부복(翟溥福)이 남강지부(南康知府)가 되니, 그곳이 파양호(陂陽湖)의 물가에 위치하여 배가 풍랑을 만나면 정박할 곳이 없었다. 돌로 방파제 백여 장을 쌓으니 오고가는 사람들이 편리하게 되었다.

못이나 늪에서 생산되는 물품

못이나 늪에서 생산되는 물고기, 자라, 연(蓮)마름, 마른 꼴, 부들 등속은 엄중히 지켜서 백성의 용역에 보충해야지 수령 자신이 취득하여 자기만 살찌워서는 아니 된다.

池澤所産 魚鼈蓮芡菱蒲之屬 爲之厲守
지 택 소 산   어 별 연 감 교 포 지 속   위 지 여 수

以補民役 不可自取以養己
이 보 민 역   불 가 자 취 이 양 기

魚鼈 : 물고기와 자라. 어류의 총칭. 蓮 : 연밥. 연실. 연꽃.
芡 : 가시연. 가시연밥. 菱 : 꼴. 줄풀. 부들.

조선 선조 때 토정(土亭) 이지함(李之函)이 아산현감(牙山縣監)이 되어 백성의 질병과 고통을 물으니, 고기 연못이 고통이 된다고 하는 이가 있었다. 이것은 고을에 물고기를 기르는 못이 있어서, 백성으로 하여금 번갈아 물고기를 잡아 바치게 하므로 백성들이 매우 괴로워하였던 것이다. 이지함이 곧 그 못을 메워버려 영구히 근심을 없게 하였다.

제3조 선해(繕廨) 환경 관리, 청사를 수리함

수령의 큰 허물

관아의 사옥(舍屋)이 기울어지고 무너져서 위로는 비가 새고 옆으로는 바람이 들어오건만, 수리하지 아니하고 그대로 내버려 두는 것은 또한 수령의 큰 허물인 것이다.

> 廨宇頹圮 上雨旁風 莫之修繕
> 해 우 퇴 비　상 우 방 풍　막 지 수 선
>
> 任其崩毀 亦民牧之大咎也
> 임 기 붕 훼　역 민 목 지 대 구 야

🌸 繕廨 : 수령이 공해(公廨), 즉 관아의 건물을 신축하거나 수리하는 일. 廨 : 집. 頹 : 무너지다. 圮 : 무너지다. 旁 : 옆. 修繕 : 낡은 것을 손보고 고치는 일. 崩 : 무너지다. 咎 : 허물.

🌸 수령 가운데 어질지 못한 자는 그의 뜻이 돈을 버는 데 있고, 그 궁리가 벼슬자리를 유지하는 데 있으니, 위로 임금을 사랑하지 아니하고 아래로 백성을 사랑하지 아니함이 이와 같다. 그러므로 백 가지가 무너지고 헐어져도 바로잡을 생각을 하지 않으니, 관아의 건물이 항상 무너져 있으나 고쳐지지 못하는 까닭이다.

대명률의 조문

『대명률』에는 함부로 공사를 일으키는 것을 금하는 조문이 있고, 나라에는 사사로운 건축을 금지하는 규정이 있으나 선배들은 여기에 구애됨이 없이 스스로 수리하고 기공하였다.

律有擅起之條 邦有私建之禁 而先輩於此 自若修擧
률 유 천 기 지 조　방 유 사 건 지 금　이 선 배 어 차　자 약 수 거

※ 起工 : 공사를 시작함. 擅 : 마음대로 하다. 起 : 일으키다.
邦 : 나라. 建 : 세우다. 修擧 : 수리하여 지음.

고을의 명소

누각이나, 정자 등 한가하게 조용히 관상(觀賞)할 수 있는 것,
또한 고을의 명소를 빼놓을 수 없는 것이다.

樓亭閑燕之觀 亦城邑之所不能無者
누 정 한 연 지 관　역 성 읍 지 소 불 능 무 자

※ 樓 : 누각. 亭 : 정자. 閑 : 한가하다. 燕 : 편안하다. 쉬다.
閑燕 : 한가한 경치.

※ 고려 이첨(李詹)의 강화(江華) 『이섭정기(利涉亭記)』에 이렇게 기
록하였다.

"고을 소재지에 유관(游觀)을 두는 것은 본래 논의할 일이 못된다.
그러나 심기가 번잡하고 생각이 혼란하며 시야가 막히고 뜻이 정체
될 때를 당하면, 군자는 반드시 노닐고 휴식할 곳과 상쾌하게 할 수
있는 설비가 있어서, 그 곳을 돌아보고 배회하여 정신을 안정시킬
수 있어야 한다. 그렇게 한 뒤에는 번잡한 생각이 쉬워지고 혼란하
던 생각이 진정되며 막혔던 생각이 트이게 된다."

공사를 이룩하는 일

공역(工役)을 일으켰을 때에는 아전과 군교와 관노의 무리들도

마땅히 나아가게 하고, 중(僧)들을 모아 공사를 돕게 하는 것도
한 가지 방법일 것이다.

吏校奴隷之屬 宜令赴役 募僧助事 是亦一道
이 교 노 예 지 속　의 령 부 역　모 승 조 사　시 역 일 도

🌸 工役 : 토목, 건축공사. 공사를 이룩하는 일. 屬 : 속하다.
募 : 모집하다. 助 : 돕다.

🌸 변인달(邊仁達)이 이천현감(利川縣監)이 되었을 때 그 고을에 향
교를 세우는데, 공무의 여가를 이용하여 아전과 군졸을 사역하고
백성의 힘을 빌리지 않았다. 산에 가서 재목을 벌채할 때에는 불공
드리러 온 사람들을 불러모아서 편대를 지어 수송하였다. 또 중들
을 모집하여 날마다 공사장에 나가 독려하니 한 달도 못 되어 완성
되었다.

재목과 기술자를 모집하는 일

재목을 모으고 기술자를 모집하는 일은 전체적으로 헤아림이
있어야 한다. 폐단이 생길 구멍부터 먼저 막고 노력과 비용이 덜
들도록 생각하지 않으면 안 될 것이다.

鳩材募工 總有商量 弊竇 不可不先塞
구 재 모 공　총 유 상 량　폐 두　불 가 불 선 색

勞費 不可不思省
노 비　불 가 불 사 생

🌸 鳩材 : 재목을 모음. 鳩 : 비둘기 구, 모을 구. 弊竇 : 폐단이 일어
나는 구멍. 塞 : 막다. 省 : 살필 성, 덜 생.

좋은 재목을 얻기가 어려운 것이 아니고 좋은 공인을 얻는 것이 실로 어려운 일이다. 공인의 적임자를 얻는다면 일을 설계하는 데 착오가 없고 자재를 쓰는 데 낭비가 없어 노력과 비용이 절감될 것이나, 공인의 적임자를 얻지 못하면 깎고 톱질하는 자가 말을 잘 듣지 아니하므로 곧은 나무와 굽은 나무가 적절히 쓰이지 않는다.

맑은 선비의 자취

관아의 건물을 잘 짓거나 수리하였으면, 꽃을 재배하고 나무를 심는 것도 맑은 선비의 자취이다.

治廨既善 栽花種樹 亦淸士之跡也
치 해 기 선　재 화 종 수　역 청 사 지 적 야

주해 廨 : 관아. 공관. 栽 : 심다. 種 : 씨. 종류. 심다. 跡 : 자취.

제4조 수성(修城) 성곽을 수리함

성을 수축하여 국방을 튼튼히

성을 수축하고 호(濠)를 깊이 파서 국방을 튼튼히 하고 백성을 보호하는 일 또한 수령의 직분이다.

修城浚濠 固國保民 亦守土者之職分也
수 성 준 호　고 국 보 민　역 수 토 자 지 직 분 야

주해 修城 : 성을 수리하는 것. 성을 축성함. 浚 : 파내다. 濠 : 해자.
保 : 보호하다. 職 : 직책. 벼슬. 임무.

※ 지금 각 도·군현의 성은 한번 축조한 뒤에 여러 해가 지나도록 돌 한 덩이 쌓지 않고, 벽돌 한 장 얹지 않은 채 드디어 백 년이 되어 무너져서 해자를 메운다. 이렇게 된 뒤에야 비로소 개축할 것을 논의하는데 실로 때를 놓치지 않고 수리하고 보완하였다면 어찌 이 지경에 이르렀겠는가? 성을 수축하는 것은 수령된 자의 급선무인 것이다.

전란이 일어나는 급박한 때

전란이 일어나고 적이 쳐들어오는 급박한 때를 당하여 긴급히 성을 쌓을 경우에는, 마땅히 지세를 살피고 백성들의 정서에 따라야 할 것이다.

兵興敵至 臨急築城者 宜度其地勢 順其民情
병 흥 적 지 임 급 축 성 자 의 탁 기 지 세 순 기 민 정

※ 興 : 일어나다. 敵 : 적. 築 : 쌓다. 度 : 헤아릴 탁, 법도 도.
順 : 따르다.

※ 고려의 허재(許載)가 길주(吉州)를 지킬 때의 일이다. 구성(九城)을 쌓는 중에 여진족이 공격하여 왔다. 허재가 사졸들을 격려하여 하룻밤 사이에 다시 겹성을 쌓아서 항거하자 오랑캐는 곧 물러가 버렸다. 뒤에 또 길주의 관문 밖에서 여진족을 공격하여 적 3천여 명의 머리를 베고 그들의 병기를 노획하였다. 그 공으로 사헌부의 어사대(御史臺)에 승진하였다.

농한기를 이용하는 옛 법

성을 쌓을 때가 아닌데 성을 쌓는 것은 성을 쌓지 않는 것만 못
하다. 반드시 농한기를 이용하는 것이 옛날의 법이다.

城而不時 則如勿城 必以農隙 古之道也
성 이 불 시 즉 여 물 성 필 이 농 극 고 지 도 야

🔸 城 : 성. 재. 勿 : 말다. 금지. 없다. 아니다. 農隙 : 농한기. 농사
일이 한가한 시기. ↔ 농번기. 隙 : 틈. 道 : 길. 법도.

🔹 백성들이 한창 밭갈고 김매기에 겨를이 없는 때에 성을 쌓느
라고 인부를 동원해야 한다면 당연히 원성이 높을 것이다. 만약 놀
고 있는 자들을 동원하여 일을 시킨다면 비록 농번기인 봄이라도
상관없다.

적을 방어하는 데는 토성이

옛날의 축성(築城)이라고 한 것은 흙으로 쌓은 성이었다. 변란
을 당하여 적을 방어하는 데는 토성만한 것이 없다.

古之所謂築城者 土城也 臨難禦寇 莫如土城
고 지 소 위 축 성 자 토 성 야 임 난 어 구 막 여 토 성

🔸 臨 : 임하다. 대하다. 難 : 어렵다. 난리. 禦 : 막다. 寇 : 적.

성가퀴를 쌓는 방법

보원(堡垣)을 둘러치는 방법은 윤경(尹耕)의 『보약(堡約)』에 따라
서 할 것이며, 그 치첩(雉堞)과 망루의 제도는 마땅히 더 보완해

야 할 것이다.

堡垣之制 宜遵尹耕堡約 其雉堞敵臺之 制宜益潤色
보 원 지 제 의 준 윤 경 보 약 기 치 첩 적 대 지 제 의 익 윤 색

주해 堡垣 : 성 위에 낮게 쌓은 담. 몸을 숨기고 적을 치는 곳. 성가퀴.
堡 : 보루. 垣 : 담장. 遵 : 따르다. 雉堞 : 성가퀴. 몸을 숨겨 적을
공격할 수 있도록 하기 위해 성 위에 덧쌓은 낮은 담. 堞 : 성가
퀴. 敵臺 : 망대(望臺). 망루(望樓). 潤 : 빛내다.

나그네의 관광길

평상시에 성곽을 수축하여 길 다니는 나그네의 관광이 되게 하
려는 경우에는 마땅히 옛 법에 따라 돌로 보수하는 것이 좋다.

其在平時 修其城垣 以爲行旅之觀者
기 재 평 시 수 기 성 원 이 위 행 려 지 관 자

宜因其舊 補之以石
의 인 기 구 보 지 이 석

주해 垣 : 담장. 旅 : 여행. 觀 : 보다. 補 : 고치다. 깁다.

 제5조 도로(道路) 길을 닦음

도로를 잘 닦아서

도로를 잘 닦아서 여행자들이 그 길로 다니고 싶어하도록 하는
것 또한 훌륭한 수령의 정사인 것이다.

修治道路 使行旅願生於其路 亦良牧之政也
수 치 도 로 사 행 여 원 생 어 기 로 역 양 목 지 정 야

🔹 修 : 닦다. 꾸미다. 道路 : 길. 사람이 통행하는 길. 통행로.
願 : 원하다. 良 : 어질다. 훌륭하다.

🔹 서구사(徐九思)가 구용지현(句容知縣)이 되었는데, 현의 길거리 70리에 진흙이 3척이나 쌓여서 비나 눈이 오면 진창에 다리가 빠지기 일쑤였다. 서구사가 공용의 경비를 절약하여 돌을 깔아놓으니 길 가는 나그네들이 편리하게 여겼다.

교량을 설치하여

교량은 사람을 건너게 하는 시설이다. 날씨가 추워지면 마땅히 곧 설치하여야 할 것이다.

橋梁者 濟人之具也 天氣旣寒 宜卽成之
교 량 자 제 인 지 구 야 천 기 기 한 의 즉 성 지

🔹 橋 : 다리. 梁 : 들보. 濟 : 건너다. 氣 : 기후. 기온. 寒 : 차다. 춥다.

🔹 상강(霜降)에 즉시 명령을 내려 도보로 건너다니는 다리를 놓게 하고, 입동(立冬)에 또 즉시 영을 내려 수레가 다닐 교량을 수리하게 하는 것이니 이는 반드시 시행하야 한다.

역정의 이정표

나루터에는 언제나 배가 준비되어 있고, 역정(驛亭)에는 이정표(里程標)가 빠진 곳이 없으면, 상인이나 여행자들이 좋아하는 바이다.

津不闕舟 亭不缺堠 亦商旅之所樂也
진 불 궐 주　정 불 결 후　역 상 려 지 소 락 야

🌸 津 : 나루. 闕 : 빠지다. 舟 : 배. 缺 : 빠지다. 驛亭 : 10리마다 하
나씩 두는 여관. 이정(里程), 기찰, 휴식소의 기능을 가졌던 곳.
堠 : 5리마다 흙을 쌓아서 단(壇)을 만들고 표목을 세워 이수(里數)
를 기록해 놓은 곳.

백성이 어깨를 쉴 수 있다면

점(店)에서는 짐을 져 나르지 않고, 재(고개)에서는 가마를 메지
않게 되면 백성은 어깨를 쉴 수 있다. 주막에서 간악한 자를 숨
기지 않고 원(院)에서 함부로 음란한 짓을 하지 않는다면, 백성들
의 마음은 밝아질 수 있을 것이다.

店不傳任 嶺不擡轎 民可以息肩矣
점 부 전 임　영 부 대 교　민 가 이 식 견 의

店不匿奸 院不恣淫 民可以淑心矣
점 불 닉 간　원 부 자 음　민 가 이 숙 심 의

🌸 店 : 주막집. 여관. 여점(旅店). 傳任 : 여점(旅店)에서 여점으로 차
례차례 물건을 져 나르는 것. 길짐. 擡轎 : 재〔嶺〕 밑에 사는 백성
이 재를 통과하는 고관(高官)의 가마를 메어 넘기는 것. 擡 : 메
다. 轎 : 가마. 息 : 쉬다. 肩 : 어깨. 匿 : 숨기다. 恣 : 방자하다.
淫 : 음란하다. 院 : 숙사(宿舍). 관원들의 여관.

🌸 짐을 실어나르거나 재에서 가마를 메게 하는 일은 횡포로서 백
성들을 혹독하게 괴롭히는 일이다. 목민관은 이같은 일을 엄중히 단
속해야 한다. 도둑의 소굴인 여점과 참원의 부정행위는 풍기를 문란

하게 하고 죄의 근원이 되므로 이 또한 엄히 살펴 다스려야 한다.

길에 황토를 깔지 않고

길에 황토를 깔지 않고 길가에 횃불을 세우지 않으면 예를 안다고 할 수 있을 것이다.

路不鋪黃 畔不植炬 斯可曰知禮矣
노 불 포 황　반 불 치 거　사 가 왈 지 예 의

🔑 路 : 길. 鋪黃 : 길에 황토(黃土)를 까는 것. 鋪 : 펴다. 깔. 畔 : 밭두렁. 炬 : 횃불. 知 : 알다. 植炬 : 횃불을 길가에 세워 두고, 사람을 시켜 잡고 있게 하지 않는 것. 禮 : 예의.

📝 이러한 것은 임금의 행차에 한해서만 갖추는 예이니 감사가 순력할 때 이를 행하는 것은 아첨이 되고, 또 그것을 받는 자는 참람한 것이 되니 그대로 따라서는 안 된다.

 제6조 **장작**(匠作) 산업 관리, 공산품 제조

공작을 번거롭게 일으키고

공작(工作)을 번거롭게 일으키고 기교 있는 장인(匠人)을 다 모아들이는 것은 탐욕을 드러내는 것이다. 비록 온갖 기술자가 다 갖추어져 있을지라도 절대로 사용(私用)의 기물(器物)을 제조하는 일이 없어야 청렴한 선비의 관부(官府)인 것이다.

工作繁興 技巧咸萃 貪之著也
공 작 번 흥　기 교 함 췌　탐 지 저 야

雖百工具備而絕無製造者 清士之府也
수 백 공 구 비 이 절 무 제 조 자   청 사 지 부 야

🔹 匠作 : 목공 등의 기술자를 시켜서 기물을 제작하는 것.
工作 : 물품을 만드는 것. 각종 기구를 만드는 것. 繁 : 번거롭다.
技 : 기술. 技巧 : 손으로 하는 세밀한 기술. '재주있는 장인' 의
뜻. 萃 : 모이다. 貪 : 탐하다. 百工 : 모든 관원. 온갖 장인(匠人).
製 : 만들다.

🔹 조선 세조 때 최윤덕(崔潤德)이 태안군수(泰安郡守)가 되어 차고
있는 화살통 장식이 떨어져서 공장이 관용의 쇠로 그 장식을 때웠
다. 그러자 공이 즉시 때운 쇠를 도로 뜯도록 명령하였으니, 그의
청렴하고 개결함이 이러하였다.

탐욕스럽고 비루한 마음이

설혹 기물을 제조하는 일이 있을지라도 탐욕스럽고 비루한 마
음이 기명(器皿)에까지 미치게 하지는 말아야 할 것이다.

設有製造 毋令貪陋之腸 達於器皿
설 유 제 조   무 령 탐 루 지 장   달 어 기 명

🔹 設 : 설령. 가령. 陋 : 더럽다. 비루하다. 腸 : 창자. 마음. 기질.
器皿 : 살림에 쓰는 그릇붙이. 기물.

기물을 제조하는 데에는

무릇 기물을 제조하는 데에는 반드시 인첩(印帖)이 있어야 한
다.

凡器用製造者 宜有印帖
범 기 용 제 조 자 의 유 인 첩

🔶 凡 : 무릇. 造 : 만들다. 印 : 도장. 帖 : 두루마리. 印帖 : 관인(官印)이 찍힌 증서(證書). 제품에 무게와 값을 새겨넣은 도장첩.

🔶 관에서 기물을 제조할 때에 그 기회를 악용하여 아전이나 관노 등이 사사로운 물건을 제조하며, 혹은 내사(內舍)나 책방(冊房)에서 사사로이 아전에게 부탁하여 함부로 기물을 제작할 염려가 있다. 그러니 일정한 형식의 증서를 만들어서 하나하나 관인을 찍게 하여 농간의 여지가 없게 해야 한다.

농기구를 제작하여

농기구를 제작하여 백성들에게 농사를 권장하고, 베짜는 기구를 만들어 부녀자들에게 길쌈을 권장하는 일이 수령의 직무이다.

作爲農器 以勸民耕 作爲織器 以勸女功 牧之職也
작 위 농 기 이 권 민 경 작 위 직 기 이 권 여 공 목 지 직 야

🔶 農器 : 농업에 사용되는 기구. 농기구. 織器 : 베를 짜는 기계. 베틀. 功 : 일.

🔶 목민관은 정사하는 여가에 예전 방법을 고증하고 창의력을 발휘해서 농기구와 방직 기구들을 제작하고 백성을 가르쳐 백성의 노력을 덜어 준다면 또한 좋지 않겠는가? 이용(利用)과 후생(厚生)은 정덕(正德)에 다음가는 것으로 천지간에 세 가지 큰 일이 되니, 성인께서 그 요점을 알았던 것이다.

농가에서 사용할 수레

전거(田車)를 만들어서 농사를 권장하고 병선(兵船)을 만들어서
군비를 마련하는 것은 수령의 직무이다.

作爲田車 以勸農務 作爲兵船 以設戎備 牧之職也
작 위 전 거 이 권 농 무 작 위 병 선 이 설 융 비 목 지 직 야

* 作 : 만들다. 田車 : 농가에서 사용하는 간단한 수레. 船 : 배.
  戎 : 군사.

* 전거(田車)라는 것은 풀을 운반하고 분뇨를 실어내고 곡식을
실어나르는 것으로서 그 적재량이 소 네 필에 해당되니 어찌 노력
을 덜 수 있지 않겠는가? 또한 바닷가의 고을에서는 병선을 수리하
는 때가 되거든 목민관은 직접 일을 감독하여 완전하게 수리하여
대비하고 새로운 제도를 참고하여 적을 깨뜨릴 수 있는 새로운 병
선의 제조에도 힘을 기울여야 한다.

벽돌 굽는 법을 가르치고

벽돌 굽는 법을 가르치고, 또한 기와도 구워서 읍성 안을 모두
기와집이 되게 한다면, 또한 선정(善政)이 될 것이다.

講燒甓之法 因亦陶瓦 使邑城之內
강 소 벽 지 법 인 역 도 와 사 읍 성 지 내

悉爲瓦屋 亦善政也
실 위 와 옥 역 선 정 야

* 燒 : 불사르다. 굽다. 甓 : 벽돌. 陶 : 도자기. 瓦 : 기와. 屋 : 집.

* 화재의 근심을 덜 수 있음은 물론, 3년마다 한 번씩 이엉을 엮

어야 하는 초가집에 비해 관리비도 적게 들고 수명이 길기 때문에 기와 굽는 법을 배우게 하고 기와를 굽게 하여 기와집으로 개조하게 한다면 바로 선정을 베푼 목민관이라 할 수 있다.

도량형을 통일하여

도량형(度量衡)이 집집마다 다르고 차이가 있는 것은 비록 바로잡을 수 없더라도, 모든 창고와 시장의 것은 마땅히 하나로 통일되어야 한다.

量衡之家異戶殊 雖莫之救 諸倉諸市 宜令劃一
양 형 지 가 이 호 수   수 막 지 구   제 창 제 시   의 령 획 일

☀ 度量衡 : 길이·양·무게 따위를 재는 단위법 및 기구의 총칭. 量은 되나 말 등으로 용적이나 양을 측정하는 도구이며, 衡은 저울을 뜻한다. 異 : 다르다. 救 : 구하다. 劃 : 긋다.

✿ 지금 나라 안의 자와 되와 저울이 집집마다 다르니, 한 고을의 수령이 어찌 바로잡을 수 있겠는가? 오직 담당 고을의 지경 안에서라도 모두 거두어들인 후 그 중간을 취하여 자와 되와 저울을 새롭게 만들어 교역과 출납에 쓰게 한다면 고르게 될 것이다.

♠ 거중기

♠ 다산초당

이 장에서는 흉년에 빈민을 구제하는 행정을 비자(備資),
권분(勸分), 규모(規模), 설시(設施), 보력(補力), 준사(竣事)
의 여섯 조항으로 나누어 기술하고 있다.

제1조 비자(備資) 물자 관리, 물자를 비축함.

흉년에 빈민을 구제하는 행정

황정(荒政)은 선왕(先王)들이 마음을 다하던 바이니, 목민관의 재능이 여기에서 드러난다. 황정을 잘 펴야 목민관의 중요 임무를 다 잘하였다고 할 것이다.

荒政 先王之所盡心 牧民之才 於斯可見
황 정 선 왕 지 소 진 심 목 민 지 재 어 사 가 견

荒政善 而牧民之能事畢矣
황 정 선 이 목 민 지 능 사 필 의

꽃 備資 : 흉년에 빈민을 구제하기 위해 곡식, 돈, 기타 물자를 미리 준비하는 일. 荒政 : 흉년에 빈민을 구제하는 정책. 흉년에 대처하는 정치. 荒 : 흉년. 盡 : 다하다. 斯 : 이. 이것. 이에. 能事 : 해야 할 일. 할 수 있는 일. 畢 : 마치다.

꽃 『주례(周禮)』의 대사도(大司徒)는 황정 열두 가지로써 만민을 모은다고 하였는데, 그 첫째는 산리(散利, 곡식 종자와 양식을 대여함), 둘째는 박정(薄征, 조세를 가볍게 함), 셋째는 완형(緩刑, 형법을 관대하게 함), 넷째는 이력(弛力, 요역을 쉬게 함), 다섯째는 사금〔舍禁, 산택(山澤)의 금령을 풀어 백성들로 하여금 소식(蔬食)을 취하게 함〕, 여섯째는 거기〔去幾, 관문(關門)과 장시(場市)에서 기찰(譏察)을 아니함〕, 일곱째는 생례〔省禮, 길례(吉禮)와 빈례(賓禮)를 줄임〕, 여덟째는 쇄애〔殺哀, 상례 (喪禮)를 생략함〕, 아홉째는 번악〔蕃樂, 악기(樂器)를 치움〕이, 열째는 다혼(多昏, 예를 갖추지 않고 혼례를 많이 치르도록 함), 열한째는 색귀 신〔索鬼神, 폐지되었던 제사를 찾아 다시 지내는 것. 『시경』에서 말하기를

신(神)으로서 제사를 지내지 않는 것이 없고 제물(祭物)은 귀중히 여기지 않음이 없다고 하였다), 열두째는 제도적(除盜賊, 기근이 들면 도둑이 많다)이다.

흉년에 백성을 구제하는 정사는

흉년에 백성을 구제하는 정사는 미리 준비하는 것만한 것이 없다. 미리 준비하지 않은 구황 정사는 모두 다 구차할 뿐이다.

救荒之政 莫如乎預備 其不預備者 皆苟焉而已
구 황 지 정 막 여 호 예 비 기 불 예 비 자 개 구 언 이 이

☀ 救荒之政 : 흉년이 든 해에 백성들을 구제하는 정책. 기근을 구제하는 정사. 預備 : 미리 준비함. 苟 : 구차하다.

☀ 맹자(孟子)가 말하기를, '개나 돼지가 사람의 양식을 먹는데도 (풍년에 알곡이 낭자하게 흩어지는 것) 단속(거두어 모으는 것)할 줄을 모르고, 길에 굶어 죽은 시체가 널렸는데(흉년의 경우) 열 줄(창고를 열어 진제하는 것) 모른다.'고 하였으니, 이는 풍년에 예비하지 아니하고 흉년에 진구(振救, 진휼. 곤궁한 백성을 도움)하지 않는 것은 그 죄(罪)가 칼로 찔러 사람을 죽이는 것과 다름이 없다는 것을 말한 것이다. 예비는 모든 나라에서 항상 힘써야 할 일이니, 예비하지 않는 나라는 정치가 없는 나라이다.

진곡의 유무와 허실

양곡의 장부 속에 진곡(賑穀)이 따로 있으니, 자기 고을에서 저축하고 있는 진곡의 유무와 허실을 마땅히 자주 조사하여야 할 것이다.

穀簿之中 別有賑穀 本縣所儲 有無虛實 亟爲査檢
곡 부 지 중 별 유 진 곡 본 현 소 저 유 무 허 실 극 위 사 검

🔸 穀簿 : 곡식의 현황을 기록한 장부. 簿 : 장부. 賑 : 구제하다.
穀賑 : 진휼을 위해 비축해 둔 빈민 구제용의 양곡. 儲 : 저장하
다. 亟 : 빠르다. 査 : 조사하다.

🔹 진곡에는 여러 가지가 있다. 상진곡(常賑穀)이라는 것은 호조
(戶曹)의 진곡이고, 군자곡(軍資穀)이라는 것은 역대의 임금들이 일
찍이 진휼(賑恤), 구제에 사용하던 것이며, 군작미(軍作米)와 보환곡
(補還穀)이란 것은 본디 진제(賑濟)를 위하여 설치한 것이다. 교제곡
(交濟穀), 제민곡(濟民穀), 산산곡(蒜山穀)이란 것은 본래 이웃 도(道)
끼리 서로 구제하기 위하여 설치한 것이다. 감사가 흉년에 대비하
여 준비한 양곡을 영진곡(營賑穀)이라 이름하고, 수령이 흉년에 대
비하여 저축한 양곡을 사비곡(私備穀) 또는 자비곡(自備穀), 사진곡
(私賑穀)이라 부른다.

농사의 작황이 흉년이라면

한 해 농사의 작황(作況)이 흉년이라고 판명되면 급히 감영에
가서 양곡을 옮겨올 것을 의논하고, 조세를 견감할 것도 의논해
야 한다.

歲事既判 亟赴監營 以議移粟 以議蠲租
세 사 기 판 극 부 감 영 이 의 이 속 이 의 견 조

🔸 歲事 : 농사. 判 : 판단하다. 赴 : 달려가다. 移粟 : 곡식이 없는
곳으로 옮김. 蠲租 : 조세의 한 부분을 감면함. 蠲 : 탕감하다.
租 : 구실. 세금.

🔹 영조 38년(1762)에 삼남지방에 큰 흉년이 들자 이렇게 하교(下

敎)하였다.

"이제 호서안집사(湖西安集使)가 아뢴 것을 보니 주린 백성들을 내가 눈으로 보는 듯하다. 강화의 쌀 2천 석과 북도 교제창(交濟倉)의 곡식 3만 석을 특별히 나누어 주기를 허락하니 도신(道臣)으로 하여금 헤아려서 배로 실어다가 아우성치는 기민들을 구제하도록 하라. 교제창의 곡식을 호남에 4만 석, 영남에 3만 석을 일체 허급한다."

※ 교제창(交濟倉) : 다른 지방의 흉년에 서로 바꾸어 가면서 구제하기 위해 설치한 창고.

먼 도로부터 곡식을 옮겨 오는 것은

먼 도(道)로부터 곡식을 옮겨 오는 것은 현지에 물자를 비축해 두는 것만 같지 못하다. 양쪽이 다 편케 하는 정사를 마땅히 논해서 위에 청해야 할 것이다.

與其移粟於遠道 莫若留財於本地
여 기 이 속 어 원 도　막 약 유 재 어 본 지

兩便之政 宜議仰請
양 편 지 정　의 의 앙 청

🔹 遠 : 멀다. 莫 : 없다. 留 : 남기다. 便 : 편리하다. 仰 : 우러르다. 請 : 청하다.

🔹 열성조(列聖朝)에서 흉년을 만날 적마다 곡식을 옮겨 하사하는 것과 조세를 감하고 공포(貢布)를 감한다는 명이 역사책에 끊이지 않았다. 대개, 목민관이 된 자가 혹 큰 흉년을 만나면 고사(古事)를 알아야 헤아려 처리할 수 있을 것이다. 그리고 급히 감영에 가서 위에 청하도록 권하여 은택(恩澤) 입기를 바라야 할 것이요, 어리석게 겁을 내어 스스로 은택을 끊어버리지 말아야 할 것이다.

진휼에 보태는 여러 물자

진휼(賑恤)에 보태는 여러 물자는 임금의 하사함이 있었으니, 그것을 이어받은 정사가 마침내 관례가 되었다.

補賑諸物 厥有內頒 繼述之政 遂以成例
보 진 제 물 궐 유 내 반 계 술 지 정 수 이 성 례

賑恤 : 고아나 과부 등 어려운 사람을 불쌍이 여겨 구제함. 구휼 (救恤). 補賑 : 구제에 보탬이 됨. 內頒 : 궁궐 안에서 내려줌. 頒 : 반포하다. 繼 : 이어받다. 잇다.

영조 원년(1725)에 분부를 내렸다.

"공명첩(空名帖)은 굶주린 백성을 구제하는 데에 급하니 허락하지 않을 수 없다. 그러나 각 아문(衙門)에서 처리하는 일을 내가 아직 보지 못하였으니, 경외(京外)의 굶주린 백성을 구제하는 부득이한 일 이외에는 공명첩을 절대로 팔지 말라."

공명첩이란 가선대부(嘉善大夫)나 절충장군(折衝將軍)의 직첩에 그 성명 쓸 자리를 비워둔 것이다. 이 공명첩 1장에 돈 5냥을 받기도 하고 7냥을 받기도 하는데, 백성들이 원하지 않으면 모두 억지로 배당한다.

※ 공명첩 : 이름을 쓰지 않은 벼슬 임명장.

임금의 은혜는 고르지만

임금의 은혜는 비록 고르지만, 이는 오직 어진 목민관만이 능히 이를 받들어 행할 수가 있다.

上恩雖均 亦唯良牧 克獲承受
상 은 수 균 역 유 양 목 극 획 승 수

🜲 조선 숙종 때 김필진(金必振)이 원성현감(原城縣監)으로 있었다. 어느 해에 큰 흉년이 들어 관에서 먹여 주는 것에 의지해 사는 백성들이 1만여 명이나 되었다. 공은 상사에 공문을 보내어 조정에 청해서 곡식, 2천 석과 돈 14만 냥을 얻어 나누어 진휼하니, 이 1만여 명이 모두 살아나게 되었다.

어사가 내려오는 것은

어사(御史)가 내려오는 것은 진휼을 관리하고 살피려는 것이니, 마땅히 급히 가서 뵙고 진휼할 일을 의논해야 한다.

御史下來 管賑監賑 亟宜往謁 以議賑事
어 사 하 래　관 진 감 진　극 의 왕 알　이 의 진 사

🜲 御 : 거느리다. 管 : 맡아 다스림. 주관하다. 宜 : 마땅히. 往 : 가다. 謁 : 뵙다.

🜲 근래에는 감진어사(監賑御史)에 젊은 유신(儒臣)들을 많이 보내고 있으니, 옛날의 뜻이 아니다. 그런데 순조 9(1809)·순조 14(1814) 같은 흉년에는 한 사람의 어사도 보내지 않아서 남쪽 백성들로 하여금 호소할 곳이 없어 쓰러져 죽게 하였으니, 이 또한 옛날에도 없던 일이다. 이미 죽고 백골이 된 뒤에야 어사를 보내어 이미 잘못된 일을 추궁해 다스린들 무슨 도움이 되겠는가?

이웃 고을에 양곡이 있으면

이웃 고을에 양곡이 있으면 수령은 마땅히 즉시 자체적으로 사

들이는 것이 좋다. 그러나 모름지기 조정의 명령이 있어야만 막힘이 없다.

隣境有粟 宜卽私糴 須有朝令 乃毋遏也
인 경 유 속 의 즉 사 적 수 유 조 령 내 무 알 야

　隣 : 이웃. 境 : 지경. 私糴 : 조정이나 감사의 명령 없이 수령이
공사(公私)의 전포(錢布)로 사람을 보내어 곡식을 사들이는 일.
須 : 모름지기. 遏 : 막다.

　송나라 황간(黃幹)이 한양군지사(漢陽軍知事)로 있을 적에 흉년을 만나 다른 고장 쌀을 사들이고 창고를 열어 진휼하였다. 조정에서 영을 내려 본군(本軍)의 곡식을 옮겨주고 곡식 사들이는 것을 금지하고자 하므로 황간은 회보하기를,
"황간을 파면한 후에 시행하기 바랍니다."
하였다. 그리고는 황정(荒政)을 갖추어 시행하니, 이웃 고을의 굶주린 백성이 몰려왔는데, 이들을 은혜로 고르게 위로하고 어루만져 주었다. 봄이 되어 돌아가고자 하는 자에게는 양식을 주고 돌아가기를 원하지 않는 자에게는 집을 지어 살도록 하니, 백성들이 크게 감동하고 기뻐하였다.

강이나 바다의 포구가 있으면

강이나 바다의 포구(浦口)가 있는 경우에는 모름지기 저점(邸店)을 살펴 그들의 횡포를 금함으로써 상선(商船)이 모여들게 해야 한다.

其在江海之口者 須察邸店 禁其橫暴 使商船湊集
기 재 강 해 지 구 자 수 찰 저 점 금 기 횡 포 사 상 선 주 집

● 배가 포구에 이르면 여관 주인과 거간이 일을 꾸미고 농간을 부려, 혹 부자에게 뇌물을 받으면 쌀값을 깎아내리기에 힘쓰고, 혹 장사꾼에게 뇌물을 받으면 도리어 쌀값을 올리기도 한다. 그래서 매양 흉년을 만나면 마땅히 거간꾼들을 엄하게 단속하고 따로 진실한 사람을 보내어 쌀값을 헤아려 정해야 한다.

임금의 명을 기다리지 않고

조령(詔令)을 기다리지 않고 편의에 따라 창고의 곡식을 내주는 것은 옛날의 법이요, 사신이 행할 일이다. 지금의 수령이 어찌 감히 할 수 있겠는가.

不俟詔令 便宜發倉 古之議也 使臣之行也 則何敢焉
불 사 조 령 편 의 발 창 고 지 의 야 사 신 지 행 야 즉 하 감 언

● 俟 : 기다리다. 詔令 : 임금의 명령. 조서와 명령. 發倉 : 창고의 곡식을 내줌. 使臣 : 중앙에서 왕명을 띠고 온 관원. 진휼사. 안핵사 등. 何 : 어찌.

● 한나라 급암(汲黯)이 조서(詔書)를 받들고 하내(河內)에 가 순시하고 돌아와서 보고하기를,

"집사람이 불을 내어 가까운 집들이 불탄 것을 오히려 걱정거리가 못 됩니다. 신이 하남지방을 들려보니 하남의 가난한 사람이 수재와 한재에 상해서, 1만여 호가 혹 부자끼리 서로 잡아먹기까지 하였습니다. 그래서 편의대로 하남 창고의 곡식을 내어서 가난한 백성들을 진휼하였으니, 명령을 위반한 죄로 처단해 주기를 청합니다."

하니 임금이 어질게 여겨 용서하였다.

 제2조 권분(勸分) 나누어 도움, 구제하기를 권함

권분의 법

권분의 법은 멀리 주(周)나라 때부터 시작되었는데, 세상이 그릇되고 정치가 타락하여 이름과 실제가 같지 않게 되었다. 지금의 권분은 옛날의 권분하는 법이 아니다.

勸分之法 遠自周代 世降政衰
권 분 지 법　원 자 주 대　세 강 정 쇠

名實不同 今之勸分 非古之勸分也
명 실 부 동　금 지 권 분　비 고 지 권 분 야

🌸 勸分 : 흉년이 들었을 때에 부유한 사람들에게 권장하여, 농민을 구제하기 위한 곡식이나 재물을 내놓거나 직접 나누어 주도록 하는 일. 遠 : 멀다. 멀리. 降 : 내리다. 衰 : 쇠하다. 世降政衰 : 세대가 전만 못하고 정치가 쇠퇴함.

🌸 옛날에는 백성들에게 일가와 화목하게 지내는 목(睦), 인척끼리 친목하게 지내는 인(姻), 친우에게 신용을 지키는 임(任), 가난한 사람을 도와주는 휼(恤)의 도리를 가르치고, 이 가르침을 따르지 않는 자는 형벌로 바로잡았다.

흉년에 그 먹고 남은 것을 나누어 먹도록 권하면, 백성들이 어찌 나누어 먹지 않는 자가 있겠으며, 형제에게 나누어 주고, 인척에게 나누어 주고, 이웃에게 나누어 주고, 빈궁하고 고독한 사람에게 나누어 주어서 임금의 명을 따르게 한 것이요, 그 재물을 관청에 바쳐서 만민에게 나누어 주는 것이 아니었다.

중국의 권분법

중국의 권분법은 모두 곡식 팔기를 권하는 것이었지, 기민(饑民, 굶주리는 백성) 먹이기를 권하는 것이 아니었다. 모두 백성에게 베풀도록 권하고, 관에 바치도록 권하지 않았으며, 모두 자신이 몸소 먼저 실행하는 것이었지 입으로만 말하는 것이 아니었고, 모두 상을 주어 권장하는 것이었지 위협하는 것이 아니었다. 요즈음 우리나라의 권분은 지극히 예의에 맞지 않는다.

中國勸分之法 皆是勸糶 不是勸饋 皆是勸施
중 국 권 분 지 법 개 시 권 조 불 시 권 희 개 시 권 시

不是勸納 皆是身先 不是口說 皆是賞勸
불 시 권 납 개 시 신 선 불 시 구 설 개 시 상 권

不是威脅 今之勸分者 非禮之極也
불 시 위 협 금 지 권 분 자 비 례 지 극 야

🔸 勸糶 : 곡식을 내다 팔기를 권함. 勸饋 : 기민 먹이기를 권함. 糶 : 곡식을 팔다. 饋 : 보내다. 음식을 보내다. 身 : 몸. 威 : 위엄. 脅 : 협박하다. 極 : 끝. 다하다.

🔹 우리나라의 권분법은 모두 거저 주게 할 뿐만 아니라 까닭없이 바치게 하여 영이 행해지지 않게 되고 용도도 분명하지 않게 된다. 중국의 법은 그 부민(富民)에게 권함이 조미(糶米)·사미(賒米)에 불과하다. 조미란 그 값을 헐하게 정하여 그들로 하여금 기민에게 팔도록 하는 것이요, 사미란 이식을 받기로 약속하고 기민에게 꾸어주는 것이다. 관장(官長)의 권하는 바가 이와 같은데도 백성들이 따르지 않는 자가 있다면 비록 독려하고 위협하더라도 안 될 것이 없다.

우리나라의 법은 백성들에게 거저 바치게 하여 백성 중에 따르지

않는 자가 있으면 엄한 형벌과 호된 매질로 도적을 다스리듯 한다. 한번 흉년을 만나면 고을 백성이 먼저 곤경을 당하므로 남쪽지방 백성들의 말이,

"사는 것이 죽느니만 못하고 부자가 가난한 자만 못하다."

한다. 이것이 학정 가운데서도 큰 것이니 목민관이 된 이는 이를 알아야 한다.

관례가 된 우리의 권분법

우리나라의 권분법은 백성들로 하여금 곡식을 바치게 하여 만백성에게 나누어 주는 것이다. 비록 옛날의 법은 아니나 이미 관례가 되었다.

吾東勸分之法 使民納粟 以分萬民
오 동 권 분 지 법   사 민 납 속   이 분 만 민

雖非古法 例已成矣
수 비 고 법   예 이 성 의

❀ 吾 : 나. 자신. 使 : 하여금. ~로 하여금 ~하게 하다.

❀ 고려 고종(高宗) 13년(1226)에 조서를 내려 말하였다.

"전라도에 기근이 심하니, 저축이 있는 고을에서는 창고를 열어 구제하고, 저축이 없는 고을에서는 각각 사삿집에서 남은 곡식을 취해서 구제한 다음 풍년이 든 해에 갚도록 하라."

찰방과 별좌의 벼슬로써

찰방(察訪)과 별좌(別坐)의 벼슬로써 갚아줌은 예전 사례가 있

고, 그 사실이 역사책에 실려 있다.

察訪別坐 酬之以官 厥有故事 載於國乘
찰 방 별 좌 수 지 이 관 궐 유 고 사 재 어 국 승

🔹 察訪 : 각 역참의 일을 맡아보던 외직 문관. 國乘 : 국사(國史). 나라의 역사. 別坐 : 각 관의 낭관(郎官). 6품 벼슬. 酬 : 갚다. 보내다.

🔹 영조 7년(1731)에 우의정 조문명(趙文命)이 아뢰기를,
"권분은 흉년을 구제하는 가장 큰 정사입니다. 벼슬을 파는 것은 본디 아름다운 일이 아니나 흉년에는 부득이한 경우가 있습니다. 그러므로 송나라 주자(朱子)가 절동(浙東)을 진휼할 때에 재상 왕회(王淮)에게 글을 보내어 상전(賞田)을 시행하지 않을 수 없음을 말하였고, 명(明)나라 유학자(儒學者) 구준(丘濬)도 말하기를, '평상시에는 불가하지만, 흉년에 구제하는 데에는 이것이 중요한 정책이다'라고 하였으며, 우리나라 효종(孝宗)과 현종(顯宗) 두 조정에서도 이미 행한 사례가 있습니다." 하였다.

부잣집을 골라 3등으로 나누고

장차 요호(饒戶, 부잣집)를 골라 3등으로 나누고, 3등 안에서도 또 각각 자세하게 쪼개여야 한다.

將選饒戶 分爲三等 三等之內 又各細剖
장 선 요 호 분 위 삼 등 삼 등 지 내 우 각 세 부

🔹 將 : 장차. 饒 : 넉넉하다. 배불리 먹다. 細 : 가늘다. 자세하다. 剖 : 쪼개다. 가르다.

🔹 넉넉한 집이란 집에 저축한 곡식이 여덟 식구가 먹고도 남음

이 있는 자이다. 목민관은 백성들의 빈부(貧富)를 살피고, 또 공론을 채택하여 먼저 넉넉한 집을 상·중·하 3등급으로 나눈다.

무릇 권분하는 법은 그 집 재력에 따라서, 많기도 하고 적기도 한데, 하필 차등을 두어 모두 숫자를 채워서 할 필요가 있겠는가라고 묻는다면 이에 대한 대답은 '법은 규율이 있는 것을 중요하게 여겨야 장부가 어지럽게 되지 않는다' 라고 할 것이다.

고을의 신망 있는 사람으로

이에 고을의 신망있는 사람을 뽑고 날을 정하여 모두 모아 그들의 공의(公議, 공론)를 채택하여 이로써 요호(넉넉한 집)를 정한다.

乃選鄕望 排日敦召 採其公議 以定饒戶
내 선 향 망　배 일 돈 소　채 기 공 의　이 정 요 호

🔅 選 : 뽑다. 가리다. 鄕望 : 향리에서 덕망 있는 사람. 排 : 배정하다. 排日 : 날짜를 정함. 敦 : 도탑다. 정성. 敦召 : 친절히 부름.

🔅 대저 넉넉한 집을 뽑기는 굶주린 집을 뽑기보다 더 어렵다. 굶주린 집은 본래 가난하므로 혹시 지나치게 뽑더라도 모두 안면으로 연유한 것이요, 뇌물을 쓰지는 않을 것이나 넉넉한 집은 재산이 있기 때문에 요행히 면하려는 자는 널리 부탁하여 모두 뇌물을 쓰게 마련이다.

지극히 공평하고 사정이 없는 의논이 있다 하더라도 이것을 듣는 자는 또 의심을 면치 못하게 된다.

스스로 나누어 주도록 권함으로써

권분이라는 것은 그 스스로 나누어 주도록 권하는 것이다. 스

스로 나누어 주도록 권함으로써 관(官)의 부담이 크게 덜어질 것이다.

> 勸分也者 勸其自分也 勸其自分 而官之省力多矣
> 권 분 야 자 권 기 자 분 야 권 기 자 분 이 관 지 생 력 다 의

⊛ 自 : 스스로. 分 : 나누다. 省 : 덜다. 줄이다. 多 : 많다.

⊛ 넉넉한 집에는 저마다 형제가 있고 친척이 있고 이웃 동네가 있고 산지기가 있는데도 그 성품이 인색하여 구제하기를 즐겨하지 않는다. 그러므로 관에서 이를 권면해서 곡식을 내게 하는 것이니, 이것을 권분이라 한다. 그 재물을 강제로 빼앗아 아무런 상관없는 사람에게 주는 것을 어찌 사람들이 좋아하겠는가? 옛날 권분은 반드시 그렇지 않았으니, 명분을 돌아보고 의리를 생각하면 반드시 옛날의 도리에 부합될 것이다.

권분의 명령이 내리면

권분의 명령이 내리면 부유한 백성은 물고기처럼 놀라고 가난한 선비들은 파리처럼 모여들 것이니, 큰 정사에 신중하지 않으면 그 은덕을 탐하여 자기 것으로 삼는 자들이 있을 것이다.

> 勸分令出 富民魚駭 貧士蠅營
> 권 분 령 출 부 민 어 해 빈 사 승 영

> 樞機不愼 其有貪天以爲己者矣
> 추 기 불 신 기 유 탐 천 이 위 기 자 의

⊛ 駭 : 놀라다. 魚駭 : 물고기 떼가 놀라서 흩어짐. 貧 : 가난하다.
蠅 : 파리. 蠅營 : 파리 떼처럼 몰려옴. 樞 : 돌쩌기. 근본. 핵심.
機 : 기밀. 貪 : 탐내다.

🈯 『다산일초(茶山日鈔)』에 이렇게 말했다.

"갑술년(순조 16, 1814) 겨울에 한 유생(儒生)이 마침 군에 들어갔다가 권분에 대해 말이 미쳤다. 유생이 말하기를, '관의 영이 엄하기는 하나, 백성들이 장차 듣지 않으면 관에서 또한 어찌하시겠습니까?' 하니, 수령이 말하기를, '제일가는 부자들이 거절하면 곤장을 치지 않을 수 없다'라고 하자 유생은, '그렇습니다. 곤장을 치지 않으면 곡식을 바치지 않을 것입니다.' 하였다.

수령된 자는 한마디 말이 입에 나오면 그 바람처럼 구름처럼 변화함이 심하니, 군자로서 추측할 수 있는 바가 아니다."

재앙이 자손에게까지

굶주린 사람의 입에 들어 있는 재물을 도둑질하면 소문이 변방에까지 미치고 재앙이 자손에까지 미칠 것이니, 결단코 도둑질할 생각이 마음속에 싹트게 해서는 안 된다.

竊貨於飢吻之中 聲遠邊邀
절 화 어 기 문 지 중   성 원 변 요

殃流苗裔 必不可萌於心也
앙 유 묘 예   필 불 가 맹 어 심 야

🈯 飢 : 굶주리다. 吻 : 입술. 遠 : 멀다. 邊 : 가장자리. 변방.
苗 : 싹. 裔 : 후손. 萌 : 싹트다.

🈯 『한암쇄어(寒巖瑣語)』에 말하였다.

"하늘에서 받은 성품은 선(善)하지 않음이 없으나, 그것을 망치고 없애면 곧 금수(禽獸)만도 못하게 되니, 군자가 추측할 수 있는 바가 아니다. 그러므로 옛날 재상은 뇌물을 받지 않았으니 그것은 그 속에 큰 독이 있어 먹을 수 없기 때문이다."

절 주변의 지방을 구제하고

남쪽지방의 여러 절에는 혹 부유한 중이 있다. 권하여 그의 곡식을 받아내어 그 절 주변의 지방을 구제하고 속세의 친족들에게 은혜를 베풀게 함도 또한 마땅한 일이다.

南方諸寺 或有富僧 勸取其粟
남 방 제 사 혹 유 부 승 권 취 기 속

以贍環山 以仁俗族 抑所宜也
이 섬 환 산 이 인 속 족 억 소 의 야

주해 寺 : 절. 富 : 부자. 粟 : 곡식. 贍 : 넉넉하다. 環 : 두르다.
俗 : 세상. 抑 : 누르다. 아름다운 모양.

해설 남쪽지방의 절들이 옛날에는 부요(富饒)하였으나, 지금은 모두 패망하였다. 그러나 그 중에 한둘 부자 중이 있어 해마다 곡식 수백 석을 추수하는 자가 있으니, 이것을 관례에 따라 등급을 나누어 구제하는 밑천에 보충하는 것은 큰 잘못이 아니다. 오직 그 산 주위에 있는 여러 마을들과 그 중과 친족이 되는 자들이 이것을 받아 먹게 해야 할 것이다.

제3조 규모(規模) 지원 사업, 진휼에 대한 세부 계획

진휼하는 데의 관점

진휼하는 데는 두 가지 관점이 있다. 첫째 시기에 맞추어야 하고, 둘째 규모가 있어야 한다. 불에 타는 사람을 구하고 물에 빠진 사람을 건짐과 같은 위급한 경우인데 어찌 시기를 늦출 수 있으며, 여러 사람을 다스리고 물자를 고르게 하는데 있어서 어찌

규모가 없을 수 있겠는가.

賑有二觀 一曰及期 二曰有模 救焚拯溺
진 유 이 관 　일 왈 급 기 　이 왈 유 모 　구 분 증 닉

其可以玩機乎 馭衆平物 其可以無模乎
기 가 이 완 기 호 　어 중 평 물 　기 가 이 무 모 호

🌸 規模 : 규범(規範). 사물이나 현상의 크기와 범위. 씀씀이의 계획
성이나 일정한 한도. 여기에서는 진휼함에 있어 적절히 대비하
기 위한 세부계획을 일컬음. 焚 : 불타다. 拯 : 건지다. 溺 : 빠지
다. 及期 : 시기에 알맞게 함. 玩機 : 여기에서는 시기를 잃는다
는 뜻. 馭 : 이끌다. 통솔하다. 말을 부리다.

🌸 우리나라의 권분법은 먼데 사는 부자로 하여금 돈을 바치게
하므로, 부자는 자기 집 곡식을 내어 돈으로 바꾸어 관에 바치면,
관에서는 이 돈을 받아서 곡식을 사들여 굶주린 백성에게 준다. 이
렇게 하면, 굶주린 백성은 부자의 이웃에 사는 자라도 읍에 가서 구
제곡을 받아와야 하니 빙빙 도는 것이 이와 같다. 차라리 구제장을
마을에 많이 설치하고 부자로 하여금 비로 그 곡식을 구제장에 내
도록 하여 굶주린 백성들이 각각 가까운 구제장에서 곡식을 가져가
게 하는 것이 낫지 않겠는가?

빈민 구제를 위한 법

구조곡을 주는 법은 우리나라의 법전에 없는 것이지만, 수령
이 사사로이 사들인 쌀이 있으면 시행하는 것이 좋다.

若夫賑糶之法 國典所無 縣令有私糶之米 亦可行也
약 부 진 조 지 법 　국 전 소 무 　현 령 유 사 적 지 미 　역 가 행 야

賑糶 : 빈민 구제를 위하여 양곡을 싼 값으로 파는 것. 糶 : 쌀을 내다. 쌀을 팖. 典 : 법. 糴 : 쌀 사들이다.

우리나라의 창고 제도를 내가 상고해 보니, 무릇 환곡(還穀)을 창설할 때에도 구제하는 것을 명목으로 삼지 않은 것이 없었는데, 평상시에는 내버려두어 다 아전들이 도둑질해 먹어버리고 졸지에 흉년을 만나면 창고가 텅 비게 되었으니, 이들을 죽이려도 이루 다 죽일 수가 없다. 그래서 흙이 섞인 수백 석의 곡식을 현령에게 조치해 주어서 수만 명의 주린 백성을 구제하게 하니, 현령이 어떻게 이들을 구제하겠는가? 평소에 사사로이 사들인 곡식이 없으면 오직 손을 묶고 서서 구경할 뿐이니 어찌 슬프지 않겠는가? 그러므로 풍년이 들 때에 사사로이 사들이는 일을 하지 않을 수 없다.

진휼을 실시하는 곳

진장(賑場)의 설치는 작은 고을에서는 한두 곳에 그치고, 큰 고을에서는 반드시 10여 처(處)에 이르러야 한다. 이것이 옛 법이다.

其設賑場 小縣宜止一二處
기 설 진 장 소 현 의 지 일 이 처

大州須至十餘處 乃古法也
대 주 수 지 십 여 처 내 고 법 야

賑場 : 진휼(賑恤)을 실시하는 곳. 設 : 베풀다. 場 : 마당. 處 : 곳. 須 : 모름지기. 餘 : 남다.

진장 십여 군데를 설치하는데 외창(外倉)이나 혹은 사찰 혹은 부잣집에다가 조장(糶場)을 설치하기도 하고, 희장(餼場)을 설치하는 것이 곧 옛법이다. 우리나라의 법에는 환상(還上)을 나누어 주는 것으로써 구제곡을 대신하고 있으니, 이는 현령이 마음대로 할 수 없는 것이다. 그러나 현령이 스스로 돈을 내어 쌀 수천 석을 마련하여 그 이익을 받아서 희자(饎資)에 보충한다면 누가 불가하다고 말하겠는가?

※ 희창(饎場) : 값을 받지 않고 쌀을 주는 장소. 饎는 '보내다, 쌀, 급여'의 뜻.

어진 사람이 진휼하는 것은

어진 사람이 진휼하는 것은 백성을 불쌍히 여길 따름이다. 다른 고을에서 흘러 들어오는 자를 받아들이고, 내 고을에서 떠나가는 자는 만류하여 내 땅, 네 땅의 경계를 따지지 않는 것이다.

仁人之爲賑也 哀之而已 自他流者 受之
인 인 지 위 진 야 애 지 이 이 자 타 류 자 수 지

自我流者 留之 無此疆爾界也
자 아 류 자 유 지 무 차 강 이 계 야

🔾 哀 : 슬프다. 流 : 흐르다. 떠돌다. 留 : 머무르다. 疆 : 경계. 지경.

🔾 조선 선조 때 토정(土亭) 이지함(李之菡)이 현령으로 있으면서 유민들이 해진 옷으로 걸식하는 것을 불쌍히 여겨 큰 집을 지어서 그들을 거처하게 하고, 수공업(手工業)을 가르치되 모두 친절히 일러서 각자 의식이 넉넉하도록 하였다. 그 중에서 가장 무능한 자는 볏짚을 주어 짚신을 삼도록 하고 그들의 일하는 것을 감독하니, 하루에 열 켤레를 만들어 팔 수가 있었다. 그래서 하루 일한 것으로 쌀 한 말을 사지 못하는 자가 없었는데, 그 중에 남는 것으로 옷을 지어 입도록 하니, 두어 달 사이에 의식이 모두 충족해졌다.

유민들은 돌아갈 곳이 없으니

지금의 유민들은 떠나가도 돌아갈 곳이 없으니 오직 불쌍히 여기고 권유해서 가볍게 움직이지 못하게 해야 할 것이다.

今之流民 往無所歸 唯宜惻怛 勸諭俾勿輕動
금 지 유 민 왕 무 소 귀 유 의 측 달 권 유 비 물 경 동

🔹 流民 : 떠돌아다니는 백성. 歸 : 돌아가다. 惻怛 : 측은하게 생각하는 것. 諭 : 깨우치다. 俾 : 하여금. 輕 : 가볍다.

🔹 주자(朱子)가 남강군(南康軍)에 있을 때 떠도는 백성들을 권유하는 글에서 이렇게 말하였다.

"본군이 일전에 재해를 입은 가호가 많이 떠돌아다니게 되었다. 한번 고향을 떠나면 길에서 어려움이 많아 왕왕 살 곳을 잃어버리고, 심한 경우에는 죽기까지 한다. 조상의 무덤과 전답과 집을 버려두고 주관하는 사람이 없어서 한결같이 어수선하다. 유적(遺蹟)이 아직도 남아 있어 그 내력을 물어보면 사람으로 하여금 마음이 아프게 한다. 하물며 지금 다른 고장도 그다지 풍년이 들지 않았으므로, 이곳을 버리고 저쪽으로 간대야 굶주리기는 마찬가지이니 무슨 유익이 있겠는가?

이제 권유하노니, 각각 여러 고을에서 갖가지 방법으로 구휼하는 뜻을 본받고, 조정의 비상하게 관대한 은혜를 기다려 각기 안심하고 생업에 힘쓰도록 하라."

분조와 분회의 방법

분조(分糶)와 분회(分餼)의 방법은 마땅히 널리 옛 전례를 상고하여 법식으로 삼아야 할 것이다.

其分糶分饎之法 宜博考古典 取爲楷式
기 분 조 분 희 지 법 의 박 고 고 전 취 위 해 식

🔸 分糶 : 곡식을 싼 값으로 팔되, 가족 수에 따라 양곡을 나누는 것. 博 : 넓다. 分饎 : 곡식을 무상으로 지급하되, 식구 수에 따라 나누는 것. 楷式 : 법식. 모범.

🔹 송(宋)나라 증공(曾鞏)의 구재의(救災議)에 이렇게 말하였다.

"창고를 열어 곡식을 주되 장정은 하루에 2되, 어린이는 하루에 1되를 주어 구호하였는데, 이는 다만 굶어 죽는 사람을 구제하는 방법으로 구호할 뿐이요, 깊은 생각과 먼 걱정으로 백성을 위하여 장구한 계획을 하는 것이 아니다. 중호(中戶)로 계산하더라도 호마다 10명은 될 것이니, 장정 6명은 한 달에 곡식 3석6두를 받고, 어린이 4명은 한 달에 곡식 1석2두를 받아야 한다. 그래서 대체로 한 민호가 한 달에 5석을 받게 되는 것이니, 오래 시행할 수가 없는 것이다."

굶주리는 호구를 가려내어

이에 굶주리는 호구를 가려내어 3등급으로 나누고, 그 상등(上等)은 또 3급으로 세분하며, 중등과 하등은 각각 1급으로 한다.

乃選饑口 分爲三等 其上等
내 선 기 구 분 위 삼 등 기 상 등

又分爲三級 中等下等 各爲一級
우 분 위 삼 급 중 등 하 등 각 위 일 급

🔸 選 : 뽑다. 가리다. 饑 : 굶주리다. 흉년.

🔹 이규령(李奎齡)이 안동부사(安東府使)로 있을 때 큰 흉년이 들었다. 죽어가는 자의 호적을 조사하고 식구를 계산하여 죽을 쑬 양곡

을 주는데, 더러 식구를 늘려 속이고, 더 타먹는 자가 있자, 아전이 이를 뽑아내어 빼내기를 청하였다. 공은 듣지 않고 말하기를,

"그들을 지나치게 가려내어 궁하고 굶주린 자로 하여금 먹을 것이 없게 하기보다는 차라리 거짓말하는 것을 용서하고 관가에서 백성에게 속임을 받는 것이 낫다. 그리고 주림을 당하여 사람마다 각자 자기의 부모와 처자를 사랑하여 죽음에서 구하려는 계책을 쓰는데, 어찌 차마 모두 거짓이 있다 해서 그들을 구휼하지 않겠는가?"

하여 백성들이 이 때문에 살아난 자가 많았다.

제4조 설시(設施) 복지 시설, 구호를 베풂

진휼 사무소를 설치하여

진휼청을 설치하여 감독 관리를 두고, 이에 가마솥을 갖추고, 소금과 장, 미역과 마른 새우 등을 갖추어 놓는다.

乃設賑廳 乃置監吏 乃具錡釜 乃具鹽醬海帶乾鰕
내 설 진 청　내 치 감 리　내 구 기 부　내 구 염 장 해 대 건 하

❀ 設施 : 진제(賑濟)에 필요한 일체의 시설과 행정기구 및 구체적인 시행 방법을 제시하였음. 賑廳 : 진휼 사무소. 구제하는 관청. 監吏 : 감독하는 아전. 錡釜 : 세 발 가마솥.

❀ 청렴하고 근신한 사람을 엄하게 골라서 이들을 구제하는 책임자로 삼고, 한 면(面)마다 1인씩을 두어서, 그 면의 일을 맡아보도록 한다. 굶주린 호구가 줄고 느는 것이나 죽고 사는 수효가 없을 수 없으니, 그 중에 집안 살림이 가난한 자는 한두 식구를 부쳐 주도록 한다.

굶주리는 호구를 헤아려서

곡식을 키질하여 그 알곡의 양을 굶주리는 호구를 헤아려서 그
실제 수효를 정해야 한다.

乃簸穀粟 以知實數 乃算飢口 以定實數
내 파 곡 속　이 지 실 수　내 산 기 구　이 정 실 수

�` 簸 : 키질하다. 粟 : 곡식. 飢 : 굶주리다. 數 : 숫자.

🌸 목민관이 구제하려 할 적에는 마땅히 나라에서 공적으로 주는
곡식과 감영에서 조치해 준 곡식, 본현에 저축한 것이든 이웃 고을
에서 옮겨온 것이든 따지지 말고 모두 가져다가 키로 쳐서 먼지와
겨를 날려버리고 그 알곡을 다시 마질하되, 고봉으로 되어 섬에 넣
어 단단히 묶어 튼튼한 창고에 저장해 두고, 그 실지 수효를 가지고
요량하게 한다.

진휼 대상자의 상황 장부

이에 진패(賑牌)를 만들고, 진인(賑印)을 새기고, 진기(賑旗) · 신
두(賑斗) · 혼패(閽牌)를 만들고, 진력(賑曆) 등을 정리할 것이다.

乃作賑牌 乃作賑印 乃作賑旗
내 작 진 패　내 작 진 인　내 작 진 기

乃作賑斗 乃作閽牌 乃修賑曆
내 작 진 두　내 작 혼 패　내 수 진 력

🌸 賑牌 : 진휼 대상자 가족 사항을 새겨 만든 패. 賑印 : 진장에서
　사용할 인장. 감독관이 확인했다는 증거로 찍는 도장. 賑旗 : 진
　휼을 받을 일정한 수의 사람들이 들고 오는 기. 賑斗 : 진장에서

사용할 말〔斗〕과 되〔升〕. 閘牌 : 진장 출입을 허가하는 패.

賑曆 : 진휼 실시 중 매일의 계획과 진행 상황을 기록한 장부. 곧 구제사업에 쓰는 달력. 부력(簿曆).

🔹 오늘날 수령이 된 자는, 무릇 진장을 설치한 이래로 삭제함은 있어도 보충함은 없으니, 이것이 백성이 매우 슬퍼하는 바이다. 만일 어진 목민관으로서 빠진 식구의 장부를 따로 만들어 두어 빈자리를 기다려 보충한다면 백성들의 감동하고 기뻐함이 한이 있겠는가? 수령은 사람들이 행하지 못하는 바를 행한 뒤라야 어진 수령이라 할 것이니, 관례에 따르는 것으로 마음삼지 말아야 할 것이다.

진휼과 구제에 관한 조례

소한(小寒) 열흘 전에 진제조례(賑濟條例)와 진력(賑曆) 1부를 써서 여러 마을에 나누어 준다.

小寒前十日 書賑濟條例及賑曆一部 頒于諸鄕
소 한 전 십 일 서 진 제 조 례 급 진 역 일 부 반 우 제 향

🔹 賑濟條例 : 진휼과 구제에 관한 조례. 濟 : 구제하다. 頒 : 반포하다. 鄕 : 고을.

🔹 이어서 여러 마을에 영을 내려 각각 글을 능하고 일을 잘 아는 자를 보내어 관에 나아가 배우게 하고, 관에서는 따로 똑똑한 형리(刑吏)를 보내어 면전에서 자세하고 분명하게 가르쳐서 의심나고 모르는 것이 없도록 하여, 각각 마을에 돌아가서 그대로 타일러서 조례를 알게 한다.

큰 마을마다 각각 한 부씩 주고, 그 부근의 작은 마을은 각각 큰 마을에 가서 가르침을 듣도록 한다. 진력은 이날 관에서 나누어 주

고, 이 뒤로부터는 모두 본리에서 이 규식에 의하여 10일마다 한 번씩 정리하여 현(縣)에 올린다. 소한 전 3일에 수령은 창고에 나가서 설치하고 배설한 것을 살펴보고, 만일 잘 되지 못한 것이 있으면 이를 고쳐서 완전하게 한다.

왕의 위패를 모신 객사에 나아가

소한 날에 수령은 일찍 일어나서 패전(牌殿)에 나아가 우러러 배례하고, 이어 진장(賑場)에 나아가 이재민에게 죽을 쑤어 먹이고 기민 먹이는 곡식을 나누어 준다.

小寒之日 牧夙興詣牌殿瞻禮 仍詣賑場 饋粥頒饎
소 한 지 일 목 숙 흥 예 패 전 첨 례 잉 예 진 장 궤 죽 반 희

夙興 : 아침 일찍 일어남. 牌殿 : 궐패(闕牌), 왕의 위패를 모신 고을의 객사(客舍). 궐패는 임금을 상징하는 '闕' 자를 쓴 위패(位牌). 큰 정책을 펴는 날 지방 장관이 이 위패 앞에서 절을 함. 瞻禮 : 왕이 계신 대궐 쪽을 우러러보며 절하는 예(禮). 배례. 饋 : 먹이다. 粥 : 죽.

가난한 선비가 하인이 없어서 몸소 구제미를 받으러 온 자는 뜰 아래에 따로 앉히어 예의를 차려 죽을 준다. 사족의 부녀는 사람을 시켜 희미를 받도록 하며, 혹 몸소 온 자는 따로 한 구석에 앉히고 죽을 준다.

조선 명종(明宗) 3년(1548)에 동서의 진제장을 설치하고 상평창을 열어 굶주린 사람들을 구제하고, 사족의 과부로서 몸소 걸식하지 못하는 자는 쌀을 그 집에 보내주도록 하였으니, 이는 민제인(閔齊仁)의 말을 따른 것이다.

묵은 진력을 버리고 새 진력으로

입춘날에는 진력(賑曆)을 고치고 진패를 손질하여 그 규모를 크게 펼치고, 경칩(驚蟄)에 진대(賑貸)를 나누어 주고, 춘분에 그 진조(賑糶)를 나누어 주며, 청명(淸明)에 또 그 진대를 나누어 준다.

立春之日 改曆修牌 大展其規 驚蟄之日
입 춘 지 일 개 력 수 패 대 전 기 규 경 칩 지 일

頒其貸 春分之日 頒出其出糶 淸明之日 頒其貸
반 기 대 춘 분 지 일 반 출 기 출 조 청 명 지 일 반 기 대

🔹 改曆 : 묵은 진력을 버리고 새 진력을 만듦. 修牌 : 진패 등 증명서를 고침. 賑貸 : 빈민 구제책으로 관의 곡식을 꾸어 주던 일.

🔹 구제곡은 입춘에 이르면 장부가 번잡해지므로 묵은 진력을 다 없애 버리고 묵은 진패를 모두 거두어들이며, 부오(部伍)를 고쳐 정리하고 차례대로 대(隊)를 만들며, 새 진력을 만들고 새 진패를 나누어 준다. 입춘(立春) 후 10일에 또 한 번 정리하여 고친다.

경칩에는 땅이 녹고 농사일이 점차 시작되기 때문에 먼저 그 양식을 보조한다. 청명에는 봄 절기가 이미 늦어지고 씨 뿌리는 일이 바야흐로 급하므로 그 종자를 보조해야 한다.

유리걸식하는 자들은

떠돌며 걸식하는 자들은 천하의 가장 곤궁한 백성으로서 하소연 할 곳이 없는 자들이다. 어진 목민관은 이들의 구제에 마음을 다해야 할 것이며, 소홀히 여겨서는 안 된다.

流乞者 天下之窮民 而無告之者也
유 걸 자 천 하 지 궁 민 이 무 고 지 자 야

仁牧之所盡心 不可忽也
인 목 지 소 진 심 불 가 홀 야

流 : 흐르다. 떠돌다. 乞 : 빌다. 구걸하다. 窮 : 가난하다.

盡 : 다하다. 忽 : 소홀히 하다.

조선의 이희문(李希文)이 선산군수로 있을 때였다. 병자년에 흉년이 들었는데 그가 간장과 죽을 싣고 새벽에 나가 밤에 들어오는 등 지성으로 진휼하니 굶주려 죽은 백성들이 없었다.

조선 숙종 때 김홍진(金弘振)이 신계현령(新溪縣令)으로 있으면서 마침 큰 흉년을 당하여 굶주린 백성을 구제하는데, 아침저녁으로 직접 나가 보고 친히 미음과 죽을 맛보며 긴 움집을 만들어 주고 약을 주어 구제하여 살린 사람이 매우 많았다.

사망자의 명부는

사망자의 명부는 일반 백성과 기민(饑民, 굶주린 백성)을 각각 따로 구분해 한 부씩 만들어야 한다.

死亡之簿 平民饑民 各爲一部
사 망 지 부 평 민 기 민 각 위 일 부

簿 : 장부. 各 : 각각. 따로따로.

동지 10일 전에 목민관은 모든 면과 마을에 영을 전해서, 동짓날 자정 이후부터 죽는 자는 동네에서 풍헌(風憲)에게 급히 보고하고, 풍헌은 이것을 책에 기록하되 병으로 죽은 자는 '병사(病死)'라고 주(註)를 달고, 굶어 죽은 자는 '아사(餓死)'라고 주를 단다. 비록 부잣집 노인이 병으로 세상을 떠났더라도 빠짐없이 다 기록하고, 어린애가 출생하여 바로 죽었더라도 빠짐없이 다 기록한다.

전염병을 구제하고 치료하는 방법

흉년이 든 해에는 반드시 전염병이 퍼지게 마련이다. 그 구제하고 치료하는 방법과 거두어 매장하는 행정에 마땅히 더욱 마음을 써야 할 것이다.

饑饉之年 必有癘疫 其救療之方 收瘞之政 益宜盡心
기 근 지 년 필 유 여 역 기 구 료 지 방 수 예 지 정 익 의 진 심

※ 饑饉 : 흉년으로 식량이 모자라서 굶주리는 상태. 癘 : 전염병.
疫 : 질병. 療 : 치료하다. 瘞 : 묻다. 收瘞 : 거두어 매장함.

※ 한 집안이 모두 죽어서 병이 전염될 것을 두려워하여 들어가 보는 사람이 없으면, 그 집에 세 차례의 구제미를 그대로 그 동네에 나누어 주어 그 동네 잘사는 집으로 하여금 이 구제미를 주관해서 사람이 사서 염하고 매장하게 한다.

혹 온 집안이 몰사해서 시체를 거두어 줄 사람이 없으면, 그 동네의 잘사는 집에 신칙해서 몰사한 그 집의 재산을 내어 사람을 사서 염하고 매장하되 3일을 넘기지 못하게 하고, 그 염하고 매장한 사정을 관에 보고하게 한다.

버려진 갓난아이는

버려진 갓난아이는 길러서 자녀로 삼고, 떠돌아다니는 아이는 길러서 노비로 삼도록 국법의 규정을 거듭 밝혀서 부유한 가정에 타일러 기르게 한다.

嬰孩遺棄者 養之爲子女 童穉流離者
영 해 유 기 자 양 지 위 자 녀 동 치 유 리 자

養之爲奴婢 竝宜申明國法 曉論上戶
양 지 위 노 비 병 의 신 명 국 법 효 유 상 호

주해 嬰 : 어린애. 孩 : 아이. 棄 : 버리다. 穉 : 어린이. 曉 : 새벽. 밝다.
타이르다. 論 : 깨우치다. 타이르다. 가르치다. 曉諭 : 알아듣도록
타이름. 깨우쳐 일러 줌.

해설 숙종(肅宗) 갑신년(1704)에 민진후(閔鎭厚)가 아뢰기를,
"외방의 구제하는 규정에는 '죽을 먹는 기민을 거두어 길러서 60
일이 지난 자라야 증명서를 만들어 주어, 13세 이하는 자손까지 노
비로 삼고, 14세 이상은 그 당사자에 한해서만 노비로 삼는다'고 되
었습니다. 그러나 서울은 외방과 차이가 있으니, 거두어 기른 지 40
일 이상이 된 자로 15세 이하는 자손까지 모두 노비로 삼고, 16세 이
상은 그 당사자에 한해서만 노비로 삼으며, 거두어 기른 지 40일 이
하가 된 자는 장성하거나 아이이거나를 막론해서 그 당사자에 한하
여 노비로 삼는 것이 마땅할 듯합니다."
하니 임금이 그대로 따랐다.

 제5조 보력(補力) 힘을 보탬

농사가 흉년으로 판명나면

농사가 이미 흉작으로 판명나면 마땅히 타일러 논을 밭으로 대
신하여 일찍이 다른 곡식을 뿌리도록 하고, 가을이 되거든 보리
를 갈도록 거듭 권장할 것이다.

歲事旣判 宜飭水田代爲旱田 旱播他穀 及秋申勸種麥
세 사 기 판 의 칙 수 전 대 위 한 전 한 파 타 곡 급 추 신 권 종 맥

補力 : 민생을 안정시키는 방책을 강구함. 권농·구황·금도·
박정 등. 飭 : 단속하다. 타이르다. 힘쓰다. 旱 : 마르다. 播 : 씨
뿌리다. 麥 : 보리. 代播 : 가뭄 따위로 모를 못낸 논에 벼 대신
다른 곡식의 씨를 뿌림. 또는 그 일.

❀ 순조 14년(1814) 여름에 가뭄으로 농사가 흉작이자, 현령이 차
조를 갈도록 권했으나 남쪽 변방 열 고을에는 종자가 없고, 오직 장
흥(長興) 김씨(金氏)의 집에 3백 말이 있었다. 이것을 한 되에 돈 15닢
씩 받고 파니, 수일 사이에 4백50냥이 되었는데, 그 본 값을 따지면
30냥에 지나지 않았다. 백성들이 이 일을 눈으로 보고서도, 그 뒤에
도 역시 저축하는 자가 없었다.

다른 곡식을 대신 심을 논에는 미리 조세 면제를 허락한 뒤라야
백성들이 즐겨 대파할 것이다. 이 영이 분명하지 않으면 권하여도
대파하지 않을 것이다.

봄날이 길어지면 공역을

봄날이 길어지면 공역을 일으킬 만하다. 공청(公廳)의 사옥이
무너진 것과 모름지기 수리해야 할 것은 마땅히 이때에 보수하
는 것이 좋다.

春日旣長 可興工役 公廨頹圮
춘 일 기 장 가 흥 공 역 공 해 퇴 비

須修營者 宜於此時補葺
수 수 영 자 의 어 차 시 보 즙

❀ 公廨 : 관청 건물. 관사. 頹圮 : 낡거나 무너짐. 葺 : 수리하다.

❀ 조선 광해군 때 참판 이후산(李後山)이 관동을 다스리면서 큰

흉년이 들었다. 그런데 감영이 임진왜란에 허물어져서 오래도록 다시 세우지 못하니 공이 말하기를,

"옛사람이 흉년을 당해서 토목공사를 일으킨 것도 한 가지 방법이다."

하고는 감영 안의 쌀과 포목을 내어 주린 백성들을 모집하니, 사람들이 구름처럼 모여들어 몇 달이 못 되어 공사가 완성되었다.

구황 식물을 널리 전하여

흉년에 구황(救荒) 식물로서 백성의 식량에 보탬이 될 만한 것은, 마땅히 좋은 품종을 선택하여 학궁(學宮, 성균관)의 여러 선비들로 하여금 두어 가지 종류를 채취해다가 각기 널리 전하여 알리게 할 것이다.

救荒之草 可補民食者 宜選佳品
구 황 지 초　가 보 민 식 자　의 선 가 품

令學宮諸儒 抄取數種 使各傳聞
영 학 궁 제 유　초 취 수 종　사 각 전 문

🌺 救荒之草: 흉년에 먹고 살 만한 풀. 佳品: 품질이 좋은 것.
傳聞: 서로 전하며 알려줌.

🌺 조선 현종(顯宗) 12년(1671)에 큰 기근이 드니, 좌승지(左承旨) 이단하(李端夏)가 이렇게 상소하였다.

"오곡 이외에 먹을 만한 초목 가운데는 솔잎만한 것이 없습니다. 신이 듣건대, 임진왜란 뒤 계사년에 죽을 쑤어 기민들을 먹일 적에, 솔잎가루 10분에 쌀가루 1분을 섞어서 죽을 쑤어 먹었다고 합니다. 금년에는 죽을 쑬 밑천으로 1명에 평균 쌀 2홉을 사용합니다. 이 2

홉 쌀을 가루로 만들면 5홉이 될 것이고, 이 5홉이면 5명을 먹일 수 있을 것입니다. 1명이 먹을 것으로 5명에게 나누어 먹이는 것이 또한 큰 이익이 되지 않겠습니까?"

『구황본초』에는 이렇게 말하였다.

"검정콩 5되를 물에 씻어서 세 번을 쪄서 볕에 말려 껍질을 벗겨 가루로 만들고, 삼씨 3홉을 더운 물에 담가 하룻밤을 재웠다가 건져 말려 세 번 쪄서 눈이 벌어지거든 껍질을 벗겨서 가루를 만든다. 이 것을 찹쌀죽에 넣어 같이 찧은 다음 또 쪄서 떡을 만들면 곡식을 끊고 살 수도 있다."

도둑을 없애는 정사에 힘써야

흉년에 도둑을 없애는 정사에 힘써야 할 것이요, 소홀하게 하여서는 안 되지만 실정을 알게 되면 불쌍해서 죽이지 못할 것이다.

凶年除盜之政 在所致力
흉 년 제 도 지 정　재 소 치 력

不可忽也 得情則哀不可殺也
불 가 홀 야　득 정 즉 애 불 가 살 야

주해 除 : 없애다. 致 : 이르다. 忽 : 소홀히 하다. 殺 : 죽이다.

해설 『다산필담』에 이렇게 말하였다.

"순조 9년(1809)과 순조 14년(1814)의 기근에 양민들이 강도로 변하여 수십 명이 모여서 모두 종이로 만든 탈을 쓰고 밤을 타서 살림이 있는 민가를 털었다. 여러 고을의 수령들이 이 도둑들을 잡으면 곧 사형에 처하고 혹 옥에 가두어 여위어 죽게 하니, 백성들이 모두 편하다고 하였다. 그러나 나는 일찍이 이런 일은 너무 고정시켜서는

안 된다고 여겼다. 논밭의 곡식을 훔치는 좀도둑과 대낮에 남의 집
에 들어가서 놋그릇이나 옷을 훔치는 자는 이루 다 죽일 수 없으니
마땅히 방을 붙여서 게시해야 한다."

굶주린 백성들의 방화

굶주린 백성들이 방화하는 것, 또한 마땅히 엄금할 일이다.

飢民放火者 宜亦嚴禁
기 민 방 화 자 의 역 엄 금

✿ 放火 : 불을 놓다. 불지르다. 嚴 : 엄하다.

✿ "순조 9년(1809)의 기근에, 보성군(寶城郡)의 창고지기가 창고의
만여 석 곡식을 도둑질하고는 불을 놓아 창고를 태워버리니 사형에
처하였다.

술 담그는 것을 금지할 수는

양곡을 소모하는 것으로는 술보다 더한 것이 없다. 술 담그는
것을 금지할 수는 없는 일이다.

糜穀 莫如酒醴 酒禁 未可已也
미 곡 막 여 주 례 주 금 미 가 이 야

✿ 糜 : 죽. 소비하다. 醴 : 단술. 未 : 못하다. 已 : 이미. 그치다. 그
만두다.

✿ 흉년에 술을 금하는 것은 지금 상례가 되었다. 그러나 아전이
나 군교들이 이를 빙자해서 백성들을 침탈하여 술을 금하지 못하고

백성만 더욱 견디지 못한다. 또 막걸리는 요기가 되므로, 길가는 자에게 도움이 되니 반드시 엄금할 것이 없다. 오직 성 안의 소주는 아전과 군교들의 음탕과 주정을 부리는 자료가 되는 것이니, 엄금하지 않을 수 없다.

옛 어진 임금들의 법

흉년에는 세금을 적게 하고 공채(公債)를 탕감하는 것이 옛날 어진 임금들의 법이었다. 겨울에 받아들이는 양곡과 봄철의 세금 징수 및 민고 잡요(民庫雜徭)와 저리(邸吏)의 사채를 모두 너그럽게 늦추어 주고, 독촉하지 말아야 할 것이다.

薄征已責 先王之法也 冬而收糧 春而收稅
박 정 이 책　선 왕 지 법 야　동 이 수 량　춘 이 수 세

乃民庫雜徭 邸吏私債 悉從寬緩 不可催督
내 민 고 잡 요　저 리 사 채　실 종 관 완　불 가 최 독

🌸 薄征 : 세금을 적게 함. 已責 : 공채(公債)를 탕감해 주는 것.
雜徭 : 여러 가지 잡스러운 부역. 각종의 부담. 邸吏私債 : 경저리(京邸吏)에게 당해 군현이 진 빚. 債 : 빚. 催 : 재촉하다.

🌸 환자곡(還子穀)은 비록 큰 흉년이라도 4분의 1을 연기하는 데 지나지 않고, 감사 소관의 곡식과 통영(統營) 소관의 곡식은 모두 연기하지 않는다. 또 법에는 이른바 절반을 창고에 남겨둔다는 것도 지금은 창고를 털어서 모두 나누어 주지 않은 것이 없다. 환자곡을 전혀 받아들이지 않는다면 이듬해의 구제에 더욱 손을 쓸 수가 없을 것이니, 환자곡은 독촉하지 않을 수가 없다.

처음부터 끝까지 점검하여

진휼하는 일을 마칠 즈음에 처음부터 끝까지 점검하여, 죄과를 범했는지 일일이 반성하여 살필 것이다.

賑事將畢 點檢始終 所犯罪過 一一省察
진 사 장 필　점 검 시 종　소 범 죄 과　일 일 성 찰

주해 竣事 : 일정한 행사의 끝맺음. 여기서는 진황 사업을 끝맺고 상벌로 결산을 다루고자 함. 賑 : 구제하다. 畢 : 마치다. 始 : 시작. 終 : 마치다. 省 : 살피다.

해설 사람이 두려워해야 할 세 가지는, 백성과 하늘, 그리고 자기 마음이다. 뜻이 성실하지 못하고 마음이 바르지 못한 자는 상사를 속이고 국가를 속이고 구차스럽게 형벌을 피해 가면서 자기의 이익과 국록만을 차지하려고 애를 쓰되, 스스로 자기만이 할 수 있는 재주인 양 생각하고 있다. 그렇지만 백성들은 털끝만한 거짓도 모르는 것이 없다. 자기의 죄를 알려면 모름지기 백성들의 말을 들어야 한다.

정실을 살펴 허위나 과장이 없도록

스스로 비축한 곡식을 상사에 보고할 때에 직접 정실(情實)을 살펴서 허위나 과장이 없도록 해야 할 것이다.

自備之穀 將報上司 自查情實 毋敢虛張
자 비 지 곡　장 보 상 사　자 사 정 실　무 감 허 장

🔅 備 : 갖추다. 報 : 알리다. 實 : 실제. 虛 : 거짓. 張 : 떠벌리다.

🔅 조선 현종 때 임윤석(任允錫)이 합천군수(陜川郡守)가 되었는데, 그 이듬해에 큰 흉년이 들고 전염병이 돌아 죽는 자가 길에 즐비하였다. 임윤석이 마음을 다하여 진휼해서 살린 바가 매우 많았다. 이 때에 곡식 모은 것의 많고 적은 것으로 상을 주니, 군현에서 상타기를 바라고 모두 그 숫자를 늘렸으나 공은 마땅치 않게 여겼기 때문에 상을 타지 못하였다.

그 공과 죄의 법령을 살펴서

잘하고 잘못한 것과 그 공과 죄는 법령을 자세히 살핀다면 스스로 알 수 있을 것이다.

善與不善 其功其罪 詳觀法令 斯可以自知矣
선 여 불 선 기 공 기 죄 상 관 법 령 사 가 이 자 지 의

🔅 善 : 착하다. 罪 : 죄. 詳 : 자세하다. 知 : 알다.

🔅 영조(英祖) 경신년(1740)에 경기·황해·강원 세 개 도의 기민들이 떠돌다가 서울에 들어오는 자가 1천4백여 명이나 되었다. 임금이 듣고 편안히 살게 하지 못하였다 하여 그 세 곳의 도신을 책망하고, 이어서 죽을 쑤어 진휼하라 명하였다.

파진의 연회를 베풀되

망종(芒種) 날에는 진장(賑場)을 파하고, 파진(罷賑 : 진휼을 파함)의 연회를 베풀되 기악(妓樂, 기생과 풍악)은 쓰지 않는다.

芒種之日 旣罷賑場 乃設罷賑之宴 不用妓樂
망 종 지 일 기 파 진 장 내 설 파 진 지 연 불 용 기 악

✿ 芒種 : 24절기의 하나. 6월 5일 경으로, 보리는 익어 먹게 되고
벼모가 자라 심을 때임. 芒 : 까끄라기. 罷 : 마치다. 宴 : 잔치.

✿ 파진연이란 큰 일을 이미 끝마치고 나서 수고한 자들을 위로
하는 것이고, 경사스럽고 기쁜 일이 아니니, 한 잔 술과 한 접시 고
기로 여러 사람의 노고를 위로하여 대접할 뿐이다. 죽은 자가 만 명
이나 되는데 시체를 묻지 못했고, 살아 있는 자는 병에 걸려 신음하
는 소리가 끊이지 않으며, 굶주린 창자가 보리밥에 갑자기 배가 불
러서 새로 죽는 자가 또한 많았다. 이때가 어느 때이기에 서로 함께
즐기겠는가? 내가 보건대 큰 흉년 뒤에 관에서 이 잔치를 베풀면,
백성들이 그 음악 소리를 듣고 모두 탄식하고 눈물을 흘리며 성낸
눈으로 밉게 보지 않는 자가 없으니, 춤과 음악은 절대로 써서는 안
된다.

논공행상의 장부

이 날 논공행상(論功行賞)을 하고, 그 이튿날 장부를 정리하여
상사(上司)에 보고한다.

是日 論功行賞 厥明日 修簿報司
시 일 논 공 행 상 궐 명 일 수 부 보 사

✿ 論功行賞 : 공적을 따져서 포상을 함. 論 : 의논하다. 功 : 공로.
厥 : 그. 簿 : 장부.

✿ 『속대전(續大典)』「호전조(戶典條)」에는 이렇게 되어 있다.
"굶주린 백성을 사사로이 진휼해서 많이 살린 자와, 자기 곡식을

내어 관의 진휼을 도운 자는, 그 많고 적음에 따라서 상을 차등 있게 준다."

『대전통편(大典通編)』「호전조(戸典條)」에는 이렇게 규정하고 있다. "각 도의 진곡(賑穀) 바치기를 원하는 사람으로 50석 이상은 기록해서 나라에 아뢰고, 50석 이하는 본도에서 상을 준다."

스스로 예비한 곡식은 1천 석에 이르렀더라도 절대로 기록에 올리지 말고, 권분(勸分)한 곡식은 몇 섬에 그치더라도 절대로 빼놓지 말아야 할 것이다.

백성을 편안하게 안정시키는 일

큰 흉년을 거친 후 백성의 기진함은 마치 큰 병을 치르고 난 끝에 원기가 회복되지 않은 것과 같으니, 어루만져 편안하게 안정시키는 일을 소홀히 하여서는 안 된다.

大饑之餘 民之綿綴 如大病之餘
대 기 지 여　민 지 면 철　여 대 병 지 여

元氣未復 撫綏安集 不可忽也
원 기 미 복　무 수 안 집　불 가 홀 야

🌼 氣盡 : 기력이 다함. 기진맥진함. 綿綴 : 실가닥처럼 위태로움.
復 : 회복하다. 撫 : 어루만지다. 綏 : 편안하다.

🌼 기근에 시달려서 극도로 피폐된 백성을 안정시키는 최선의 방법은 첫째 식량의 보조, 둘째 농우(農牛)의 공급, 셋째 세금의 경감, 넷째 공채(公債)의 탕감이다. 목민관은 수시로 향촌(鄕村)을 순행하여 그들의 질고(疾苦)를 위문하고 그들의 소원을 물어서 이루어 주고 그들을 북돋워 줌으로써 생활의 안정에 기여해야 한다.

♠ 두강승유도(斗江勝游圖)

이 장에서는 수령이 해면(解免, 관직에서 물러남)된 때의
태도와 그 뒤에 남긴 치적(治積) 등을 검토하고 있다. 수령
으로서의 총결산을 의미한다. 수령은 이 최후의 순간을 더
욱 깨끗하게 하여 유종의 미를 거둘 것을 종용한다.

※ 解免 : 벼슬자리에서 물러남, 또는 물러나게 함.

제1조 체대(遞代) 벼슬이 갈림

관직이 교체되어도 놀라지 않고

벼슬이란 반드시 체임(遞任)되는 것이다. 체임되어도 놀라지 않고, 벼슬을 잃어도 못내 아쉬워하지 않으면 백성들은 그를 존경할 것이다.

官必有遞 遞而不驚 失而不戀 民斯敬之矣
관 필 유 체　체 이 불 경　실 이 불 련　민 사 경 지 의

　遞代 : 관직이 교체되는 것을 말함. 차례로 교대함. 여기서는 수령직의 교체를 다루고 있음. 遞任 : 벼슬의 직무를 바꿈. 벼슬을 갈아 내는 일. 遞 : 바뀌다. 교대하다. 驚 : 놀라다. 戀 : 생각하다. 그리워하다. 敬 : 존경하다.

　"관원 생활은 품팔이 생활이다'라는 말이 있으니 아침에 승진하였다가 저녁에 피면되어 믿을 수 없음을 말하는 것이다. 그런데 수령으로서 천박한 자는 관청을 자기 집으로 인식하여 오래 누리려고 생각하다가, 하루아침에 상사가 공문을 보내오거나 통보가 있으면 놀라고 당황하여 어찌할 줄을 몰라서 큰 보물을 잃어버린 것같이 한다. 처자는 서로 돌아보고 눈물을 흘리고 아전과 종은 곁눈질하여 보고서 비웃어서 관직을 잃은 외에도 잃은 것이 또한 많으니, 어찌 슬프지 않은가?

　그러므로 예전의 어진 수령은 관아를 여관으로 여겨서 마치 이른 아침에 떠난 것처럼 하여, 장부를 정리하고 짐을 묶어두고 항상 가을 매가 가지에 앉아서 훌쩍 날아가려는 것같이 있고, 한 점의 속된 미련도 두지 않는다. 공문이 오면 곧 떠나고 전혀 미련을 두지 않아

야 하니, 이것이 맑은 선비의 행실이다.

해임되어서 슬퍼한다면

벼슬을 헌신짝 버리는 것처럼 하는 것이 예전의 도리였다. 이
미 체임되고 나서 슬퍼한다면 또한 부끄럽지 아니한가.

棄官如屣 古之義也 旣遞而悲 不亦羞乎
기 관 여 사 고 지 의 야 기 체 이 비 불 역 수 호

주해 棄 : 버리다. 屣 : 짚신. 헌신짝으로 여기다. 悲 : 슬프다. 羞 : 부
끄럽다.

해설 한(漢)나라 왕양(王陽)이 익주자사(翼州刺史)가 되어 소관지방을
순행하다가 한 고개에 이르러 탄식하기를,
"아버지가 물려준 몸으로 어찌 자주 이런 험한 곳을 오르랴."
하였는데 뒤에 병을 핑계대고는 가버렸다.

지혜로운 선비의 행실

평소부터 문부를 정리하였다가 해임 발령이 있으면 그 이튿날
떠날 수 있도록 함은 맑은 선비의 기풍이요, 장부를 청렴하고 명
백하게 마감하여 후환이 없게 함은 지혜로운 선비의 행실이다.

治簿有素 明日遂行 淸士之風也
치 부 유 소 명 일 수 행 청 사 지 풍 야

勘簿廉明 俾無後患 智士之行也
감 부 염 명 비 무 후 환 지 사 지 행 야

주해 文簿 : 장부. 뒤에 상고할 문서와 장부. 문서. 治簿有素 : 평소에

장부를 정리해 둠. 淸士 : 청렴한 선비. 勘 : 마감하다. 廉明 : 청
렴하고 분명함.

🌸 수령이 평일에 관아를 여관처럼 여겨서, 월말마다 문부를 정
리하여 자기 스스로 마감해 보아서 빚지고 포흠낸 것이 없고 또한
어지럽고 뒤섞인 것이 없으면 기별이 온 뒤에는 그 달의 장부만 정
리하면 되므로 불과 몇 시각 동안에 끝날 것이다.

세상에서 더할 수 없는 영광

고을의 부로(父老)들이 교외까지 전송을 나와서 술을 권하며,
어린아이가 어미를 잃은 것 같은 정겨움이 말에 드러난다면, 수
령된 자 또한 인간 세상에서 더할 수 없는 영광일 것이다.

父老相送 飮餞于郊 如嬰失母
부 노 상 송 음 전 우 교 여 영 실 모

情見于辭 亦人世之至榮也
정 견 우 시 여 인 세 지 지 영 야

🌸 父老 : 고을의 나이 지긋한 어른들. 飮 : 마시다. 餞 : 전별하다.
嬰 : 어린아이. 榮 : 영화.

🌸 한(漢)나라 유총(劉寵)이 회계태수(會稽太守)가 되었는데, 갈려
돌아올 때에 부로 몇 사람이 긴 눈썹과 흰머리로 산골짜기에서 나
와 사람마다 돈 1백 전을 싸서 전송하며,
"태수께서 부임한 이래로 개가 밤에 짖지 않고 백성이 아전을 알
지 못하였습니다."
하였다. 유총이,
"부로들이 수고하였다."

하고는 한 사람에게서 돈 한 닢씩을 받았다.

세상에서 더할 수 없는 치욕

해관(解官)하고 돌아가는 길에 완악(頑惡)한 무리를 만나 질책과 매도를 당하여 악(惡)하다는 소문이 멀리 퍼진다면, 이것은 인간 세상에서 더할 수 없는 치욕인 것이다.

歸路遘頑 受其叱罵 惡聲遠播 此人世之至辱也
귀 로 구 완　수 기 질 매　악 성 원 파　차 인 세 지 지 욕 야

🔖 解官 : 벼슬자리를 물러남. 遘頑 : 성질이 사납고 모질은 자를 만남. 叱罵 : 꾸짖고 욕함. 播 : 퍼지다. 辱 : 욕되다.

📖 『다산필담』에는 이렇게 말하였다.
"해남현(海南縣) 북쪽 30리에 관아로 가는 길 옆에 높은 절벽이 있다. 매양 탐욕스러운 관리가 돌아갈 때에는 아전과 백성이 절벽 위에서 몸을 숨기고 내려다보며 그 죄를 들추어 내어 꾸짖는다. 행차를 호위하는 자가 그 소리를 들으면 일이 날까 두려워하여 이곳에 이르러서는 빨리 달려 지나가기 때문에 이름을 '질치암(疾馳巖)'이라고 하였다."

 제2조 귀장(歸裝) 돌아가는 행장

벼슬을 그만두고 돌아갈 때에는

맑은 선비가 벼슬을 그만두고 돌아갈 때의 행장은 맑고 깨끗하여 낡은 수레와 야윈 말도 그 맑은 바람이 사람들에게 스며든다.

淸士歸裝 脫然瀟灑 弊車羸馬 其淸颷襲人
청 사 귀 장 탈 연 소 쇄 폐 거 이 마 기 청 표 습 인

🔹 歸裝 : 돌아가는 행장. 지방 수령이 임기를 마치거나 전임될 때 청렴한 태도를 지킬 것을 말함. 脫然瀟灑 : 티끌 세상에서 벗어난 듯 맑고 고고(孤高)한 모습. 시원하고 깨끗함. 淸颷 : 맑은 회오리바람. 襲 : 덮치다.

🔹 허자(許鎡)가 가선령(嘉善令)으로 있을 때 고을살이가 극히 청렴 결백하였다. 체임되어 돌아갈 때 형편을 헤아려 보니 수레를 탈 수 없어서 마침내 나귀 한 필을 빌어 타고 갔다.

청렴한 선비의 행장

상자와 채롱은 새로 만든 것이 아니요, 구슬(주옥, 보석)과 비단은 그 고을의 토산물이 없어야 청렴한 선비의 돌아가는 행장이다.

筒籠 無新造之器 珠帛無土産之物 淸士之裝也
사 롱 무 신 조 지 기 주 백 무 토 산 지 물 청 사 지 장 야

🔹 筒 : 상자. 籠 : 채롱(싸리개비로 만든 채그릇). 珠 : 구슬. 帛 : 비단.

🔹 조선 세조 때 김명중(金命中)이 풍덕군수(豊德郡守)가 되었는데, 갈려 돌아올 때에 집안 사람이 관사 안에 깔았던 자리를 걷어 가지고 왔다. 그 뒤에 그걸 깔았는데 공이 그때야 보고 비로소 알았다. 노하여 꾸짖고 곧 돌려보내게 하니, 이웃 친구가 말리며 말하기를,
"돌려보내면 너무 야박하지 않은가? 자네가 그냥 두지 않으려거든 차라리 나를 주게."
하니 공이 웃고 주었다.

천리에 맞는 행동거지

무릇 물이나 불속에 던지는 것과 같이 하늘이 낸 물건을 함부로 버림으로써 그 자신의 청렴 결백함을 과시하는 등의 행동은 천리에 맞지 않는 짓이다.

若夫投淵擲火 暴殄天物 以自鳴其廉潔者
약 부 투 연 척 화 폭 진 천 물 이 자 명 기 염 결 자

斯又不合於天理也
사 우 불 합 어 천 리 야

주해 投 : 던지다. 淵 : 못. 擲 : 던지다. 暴 : 사납다. 殄 : 죽이다.
鳴 : 울다.

해설 이견공(李沔公)이 영남절도사로 있다가 그만두고 돌아갈 때에 석문(石門)에 이르러 배를 멈추고, 집사람이 가지고 있는 무소뿔과 상아를 모두 찾아내어 강에 던져버리고 갔다.

예전처럼 맑고 검소하면

집에 돌아갔을 때에 재물이 없어 예전처럼 맑고 검소하면 그것이 으뜸이요, 방편을 마련하여 종족들을 넉넉히 해주면 그 다음이다.

歸而無物 淸素如昔 上也 設爲方便 以贍宗族 次也
귀 이 무 물 청 소 여 석 상 야 설 위 방 편 이 섬 종 족 차 야

주해 素 : 깨끗하다. 設 : 베풀다. 方 : 방책. 贍 : 보이다. 宗族 : 동성동본의 겨레붙이.

해설 양성재(楊誠齋)가 강동전운부사로 있을 적에 봉급 1만 꾸러미

가 창고에 아직 남아 있었는데도 버리고 돌아갔다. 그의 아들이 오양(五羊)의 장수가 되어 봉급 7천 꾸러미로 가난한 가호를 대신하여 조세를 바쳐 주었다. 그의 집이 짧은 서까래, 흙섬돌이어서 농삿집 늙은이 같았으나, 3대 동안 늘리고 꾸민 것이 없었다.

 제3조 원류(願留) 더 머무르기를 원함

수령의 떠남을 애석히 여겨

백성들이 수령의 떠남을 매우 애석히 여겨 길을 막고 더 머무르기를 원하는 일은 역사에 그 광휘(光輝, 아름답게 빛나는 빛)가 전해져 후세를 밝히는데, 이는 말과 형식으로만 되는 일이 아니다.

惜去之切 遮道願留 流輝史册
석 거 지 절 차 도 원 류 유 휘 사 책

以照後世 非聲貌之所能爲也
이 조 후 세 비 성 모 지 소 능 위 야

惜 : 아끼다. 애석하게 여기다. 遮 : 막다. 願留 : 백성들이 수령의 유임을 원함. 輝 : 빛나다. 照 : 비추다. 貌 : 모양.

조선 영조 때 유정원(柳正源)이 자인현감(慈仁縣監)으로 있을 적에 휴가를 받아 돌아오면서 그대로 벼슬을 그만둘 뜻이 있었다. 고을 백성들이 관아를 지키고 사흘 동안 밤낮으로 가지 않으므로 세 번 사직서를 올리니, 허락하지 않으며 말하기를,

"민심이 어머니를 잃은 것처럼 허둥거리는데 사정을 따라 공사를 폐지할 수는 없다."

하였다. 공이 할 수 없이 관에 돌아오니, 고을 백성들이 모두 교외에 나와 환영하였다.

민정에 순응하는 것은

백성들이 대궐에 달려가 그 유임을 애걸하면 이를 허락하여 민정(民情)에 순응하는 것은, 옛날의 권선(勸善)하는 큰 방법이다.

奔赴闕下 乞其借留 因而許之
분 부 궐 하　걸 기 차 류　인 이 허 지

以順民情 此古勸善之大柄也
이 순 민 정　차 고 권 선 지 대 병 야

🔹 奔赴 : 급히 달려가다. 借留 : 그 사람을 빌려서 더 머무르게 함.
許 : 허락하다. 順 : 따르다. 柄 : 권한. 자루.

🔹 고려 왕해(王諧)가 진주부사(晉州副使)가 되었는데, 아전은 위엄을 두려워하고 백성은 덕을 사모하였다. 동도유수(東都留守)로 전임되자, 진주 백성이 눈물을 흘리며 유임하기를 원하여 드디어 조정에 지성으로 빌기를,

"우리 왕군(王君)을 일 년 더 유임해 주소서."

하니, 이에 그 자리로 돌려보내었다.

목민관의 빛나는 가치

수령의 명성이 높이 나서, 혹 이웃 고을에서 그를 수령으로 모시기를 빌거나, 혹 두 고을이 서로 수령으로 모시려고 다툰다면 이는 어진 목민관의 빛나는 가치인 것이다.

聲名所達 或隣郡乞借 或二邑相爭 此賢牧之光價也
성 명 소 달　혹 인 군 걸 차　혹 이 읍 상 쟁　차 현 목 지 광 가 야

🔹 聲名 : 명성. 達 : 이르다. 賢 : 어질다. 光價 : 빛나는 좋은 평가.

조선 현종 때 이정악(李挺岳)이 서산군수(瑞山郡守)로 있을 때에 현종이 해마다 온천(溫泉)에 거둥하면서 비록 비용을 생략하라는 분부가 있기는 하였으나, 여러 고을의 노역과 비용은 그래도 적지 않았다. 그가 처리를 적당하게 하여, 아전과 백성들이 왕의 행차가 가까이 온 것을 알지 못하였다. 조정에서 그를 파주목사(坡州牧使)로 제수하자, 서산 사람들이 어머니를 잃은 것처럼 여겼고, 심지어 서로 이끌고 와서 이렇게 억울함을 하소하였다.

"어찌하여 여기서 빼앗다가 저곳에 줍니까?"

오직 백성의 뜻에 따르고

혹 오랫동안 재임하여 서로 편안하게 되었거나, 혹 이미 늙었으나 유임시키기를 힘써서 오직 백성의 뜻에 따르고 법에 구애받지 않는 것이 태평세대의 일이다.

或久任以相安 或旣老而勉留
혹 구 임 이 상 안   혹 기 노 이 면 류

唯民是循 不爲法拘 治世之事也
유 민 시 순   불 위 법 구   치 세 지 사 야

久任 : 오랫동안 재임함. 勉 : 힘쓰다. 循 : 따르다. 拘 : 구애되다. 治世 : 잘 다스려진 세상.

명나라 유강(劉綱)이 영주지주(寧州知州)가 되어 재임한 지 34년이었다. 백성이 유임하기를 청할 때마다 인종(仁宗)이 술을 하사하니 영광으로 여기었다.

역사책에 남는 광영

　백성들이 애모하고 그 명성과 치적이 뛰어나서 다시 그 고을에 취임하게 된다면, 이 또한 사책(史冊, 역사책)에 남는 광영이 될 것이다.

> 因民愛慕 以其聲績 得再莅斯邦 亦史册之光也
> 인 민 애 모　이 기 성 적　득 재 리 사 방　역 사 책 지 광 야

🔹 愛慕 : 사랑하고 사모함. 聲績 : 잘 다스린다는 명성. 莅 : 나아가다. 再莅 : 다시 부임함.

🔹 고려 채정(蔡靖)이 경주 장서기(掌書記)가 되었다. 그 뒤에 경주 사람들이 영주(永州) 사람과 함께 난을 일으켰다. 조정에서 안무사 보내기를 의논하였으나 적합한 사람이 없었다. 경주 사람들이 채정을 사모하여 마지않았다는 말을 듣고는 채정을 유수부사(留守副使)로 제수하였다. 채정이 말 한 필을 타고 임지에 갔다. 경주 사람들이 그가 온다는 말을 듣고 불안하여 모반하던 자들이 안정되었다.

친상을 당하여 돌아간 자가

　친상(親喪, 어버이상)을 당하여 돌아간 자가 백성들이 놓지 않음으로 인하여, 혹 기복(起復, 부모의 상중에 벼슬길에 나아감)하여 도로 임명되기도 하고, 혹 상을 마치고 다시 제수되기도 한다.

> 其遭喪而歸者 猶有因民不舍
> 기 조 상 이 귀 자　유 유 인 민 불 사

> 或起復而還任 或畢喪而復除
> 혹 기 부 이 환 임　혹 필 상 이 부 제

遭 : 만나다. 猶 : 오히려. 舍 : 버리다. 復 : 다시.

간악한 백성을 꾀어내어

몰래 아전과 공모하고 간악한 백성을 꾀어내어 대궐에 나아가, 유임을 빌게 하는 자는 임금을 기만하고 상관을 속이는 것이니, 그 죄가 매우 크다.

陰與吏謀 誘動奸民 使之詣闕而乞留者
음 여 리 모　유 동 간 민　사 지 예 궐 이 걸 류 자

欺君罔上 厥罪甚大
기 군 망 상　궐 죄 심 대

陰 : 그늘. 誘 : 꾀다. 유인하다. 奸 : 간사하다. 詣 : 나가다.
欺 : 속이다. 罔 : 속이다. 甚 : 심하다. 매우.

명나라 유적(劉迪)이 임기가 차자, 양을 잡고 술을 준비하여 노인들을 초대하여 유임해 주기를 청하도록 하였다. 백성들이 대궐에 나아가 아뢰어 청하였는데, 일이 발각되자 선종(宣宗)이 노하여 유적을 법관에게 회부하였다.

제4조 걸유(乞宥) 용서를 빎

옛날의 좋은 풍속

수령이 문서나 법령에 저촉되어 남의 죄로 걸려든 것을 백성들이 슬프게 여겨, 서로 이끌고 가서 임금께 호소하여, 그 죄를 용서해 주기를 바라는 것은 옛날의 좋은 풍속이었다.

文法所坐 黎民哀之 相率籲天
문 법 소 좌　여 민 애 지　상 솔 유 천

冀宥其罪者 前古之善俗也
기 유 기 죄 자　전 고 지 선 속 야

🔹 乞宥 : 죄를 용서해 주기를 빎. 법규에 걸린 수령의 죄를 용서해
달라고 비는 것을 말함. 黎民 : 백성. 籲天 : 하늘에 부르짖음, 즉
임금에게 호소하는 것. 率 : 이끌다. 籲 : 호소하다. 冀 : 바라다.
宥 : 용서하다. 俗 : 풍속.

🔹 벼슬아치들이 공적이 있다거니 유능하다거니 하는 것은 백성
을 다스려 그들을 안정시켜 주는 데에서 얻어지는 것보다 나은 것
이 없다. 백성들이 수령을 사랑하고 받드는 정에 거짓이 없고 애끓
는 호소가 뭇 사람을 감동시킬 만하거든, 비록 수령이 지은 죄가 무
겁다 하더라도 그 죄를 용서해 줌으로써 민정에 따르는 것이 좋지
않겠는가.

 제5조 은졸(隱卒) 명예로운 마침, 임지에서 죽음

어진 수령의 유종의 미

수령이 재임중에 죽으매, 고결한 인품이 더욱 빛나서 아전과
백성들이 슬퍼하여 상여를 붙잡고 울부짖고 오래도록 잊지 못한
다면, 어진 수령의 유종의 미가 될 것이다.

在官身沒 而淸芬益烈 吏民愛悼 攀輴號挑
재 관 신 몰　이 청 분 익 렬　이 민 애 도　반 이 호 도

旣久而不能忘者 賢牧之有終也
기 구 이 불 능 망 자　현 목 지 유 종 야

★해 隱卒 : 죽음을 슬퍼함. 수령이 재임 중에 사망하는 경우, 수령의
유가족이 지켜야 할 자세와 백성들의 애도의 뜻을 통하여, 그의
생존시 선정(善政)을 살필 수 있음을 다루고 있다. 淸芬 : 맑은 향
기. 훌륭한 덕. 愛悼 : 슬피 추모함. 攀輀號挑 : 상여를 붙잡고 울
부짖음. 攀 : 오르다. 輀 : 상여. 관. 忘 : 잊다.

오래 병으로 누워

　오래 병으로 누워 위독하게 되면 마땅히 즉시 거처를 옮겨야
할 것이요, 정당(政堂)에서 운명하여 남의 싫어하는 바가 되어서
는 안 된다.

　　寢疾旣病 宜卽遷居 不可考終于政堂 以爲人厭惡
　　침 질 기 병　의 즉 천 거　불 가 고 종 우 정 당　이 위 인 염 오

★해 寢疾 : 오래 병으로 앓음. 考終 : 명대로 살다가 죽음. 임종(臨終)
함. 政堂 : 수령이 공무를 보는 곳. 厭 : 싫어하다. 惡 : 미워할
오, 사나울 악.

★해 정당(政堂)이란 곳은 공당(公堂)이다. 만약에 불행히 정당에서
죽는다면 곧 후임자는 싫어할 것이며 요사스런 말이 분분하게 일어
날 것이다. 수령은 병이 들어 눕게 되거든 스스로 병의 정상을 헤아
려 깊이 우려되는 바 있으면 마땅히 곧 책방(册房)으로 옮겨 거처할
일이요, 병을 참고 누워 버티는 것을 미덕으로 삼아서는 안 될 것이
다. 옛 어른들과 같이 확고한 정신 수양이 되어 있는 사람은 꼭 꺼
려하지는 않겠지만, 나의 도리로서는 정당에서 죽는 것은 마땅히
삼가고 피해야 할 것이다.

백성의 부의금을 어찌

초상에 쓰이는 쌀은 이미 나라에서 내리는 것이니, 백성의 부의금(賻儀金)을 어찌 또 받겠는가. 받지 못하도록 유언을 해두는 것이 좋을 것이다.

喪需之米 旣有公賜 民賻之錢 何必再受 遺令可矣
상 수 지 미 기 유 공 사 　 민 부 지 전 　 하 필 재 수 　 유 령 가 의

주해 喪 : 초상. 需 : 비용. 賜 : 내려주다. 賻 : 부의. 遺 : 남기다.
賻儀 : 초상난 집에 부조로 돈이나 물건을 보내는 일. 또는 그런 돈이나 물건.

해설 『속대전(續大典)』「호전조(戶典條)」에는 다음과 같이 규정하고 있다.

"수령은 자신이 죽거나 상사를 만난 자는 상수미(喪需米)를 차등 있게 준다."

"관찰사 및 수령이 임지에서 상사를 당하면, 호남·영남지방은 40석이고, 호서지방은 30석, 자신이 죽으면 호남·영남은 40석이고, 호서는 35석이며, 해서지방은 친상이나 자신의 상이거나 35석이다. 아내의 상에는 모두 자신의 상에 비하여 반이다."

잘 다스렸다는 명성이

잘 다스렸다는 명성이 이미 크게 울려퍼지면 항상 색다른 소문이 나서 사람들이 칭송하게 된다.

治聲旣轟 常有異聞 爲人所誦
치 성 기 굉 　 상 유 이 문 　 위 인 소 송

주해 治聲 : 잘 다스린다는 명성. 轟 : 큰 소리. 異聞 : 특이한 소문.
誦 : 외우다.

해설 왕업(王業)의 자(字)는 자향(子香)인데, 형주자사(荊州刺史)가 되어 덕스러운 정사가 있었다. 지강(支江)에서 죽으니, 흰호랑이 세 마리가 머리를 숙이고 꼬리를 끌며 밤을 새워 그 상을 호위하였다. 상여가 떠나서 고을 지경을 넘으니 갑자기 보이지 않았다.

 제6조 유애(遺愛) 정(사랑)을 남김

사당을 세우고 제사를 지내면

이미 죽은 뒤에 백성들이 그를 사모하여 사당을 세우고 제사를 지내면, 그가 백성에게 사랑을 남겼음을 알 수 있다.

既沒而思 廟而祀之 則其遺愛 可知矣
기 몰 이 사 묘 이 사 지   즉 기 유 애 가 지 의

주해 遺愛 : 사랑을 남김. 수령이 임지를 떠난 뒤에 그곳 백성들로부터 사모를 받는 것이 참다운 선정을 베풀었다고 할 수 있다.
廟 : 사당. 위패. 종묘. 祀 : 제사. 제사지내다. 知 : 알다.

해설 김희(金熙)가 남원부사(南原府使)가 되어 백성 보기를 자식같이 하고, 송사 결단하기를 물 흐르는 것같이 하여 관에 있은 지 몇 해 동안에 한 고을이 조용하였다. 얼마 안 되어 병으로 관에서 죽었는데, 고을 사람들이 제삿날을 당하면 변함없이 제사지냈다.

살아서 사당을 짓는 것은

살아서 사당을 짓는 것은 예가 아니다. 어리석은 백성이 이런 짓을 하여 서로 따르다보니 풍속이 되었다.

生而祠之 非禮也 愚民爲之 相沿而爲俗也
생 이 사 지 비 예 야 우 민 위 지 상 연 이 위 속 야

🔹 祠 : 사당. 愚 : 어리석다. 沿 : 따르다. 바닷가. 相沿 : 서로 이어 받아서 함.

🔹 당(唐)나라 적인걸(狄仁傑)이 위주자사(魏州刺史)가 되었는데 백성들이 그를 위하여 생사당을 세웠다. 뒤에 그의 아들 경휘(景暉)가 위주에서 벼슬하면서 탐욕하여 사나운 짓을 하자, 백성들이 괴롭게 여겨 아버지의 생사당을 헐어버렸다.

선정비에 대한 부끄러움

돌에 새겨 덕정(德政)을 칭송하여 영구히 전해 보여주자는 것이 선정비(善政碑)이다. 마음속으로 반성하여 부끄러움이 없는 것, 이것은 참으로 어려운 것이다.

刻石頌德 以示悠遠 則所謂善政碑也
각 석 송 덕 이 시 유 원 즉 소 위 선 정 비 야

內省不愧 斯爲難矣
내 성 불 괴 사 위 난 의

🔹 刻 : 새기다. 頌德 : 덕을 기림. 悠 : 멀다. 아득하다. 遠 : 멀다. 善政碑 : 훌륭한 정사를 편 업적을 새겨 넣은 비석. 碑 : 비석. 內省 : 마음속으로 반성함. 愧 : 부끄럽다. 難 : 어렵다.

■ 조선 영조 때 유정원(柳正源)이 통천군수(通川郡守)가 되어 은혜스런 정사가 많았다. 부교리에 임명되자, 공이 한 필 말로 왕의 부름에 응하여 나아갔다. 백성들이 밖으로 나와 늙은이나 어린이나 말머리를 막고 부르짖어 울며, 혹은 길 가운데에 누워서 일어나지 않으니, 공이 위로하여 타이르고 떠나왔다. 뒤에 고을 사람들이 동비(銅碑)를 만들어서 그 덕을 칭송하였다.

치욕에 이르지 않게 하라

나무비[木碑]를 세워 그 은혜를 칭송하는 경우, 비난하는 사람도 있고 아첨하는 사람도 있다. 세우는 대로 즉시 철거시켜고 곧 엄금하여 치욕에 이르지 않게 하라.

木碑頌惠 有誦有諂 隨卽去之
목 비 송 혜　유 송 유 첨　수 즉 거 지

卽行嚴禁 毋低乎恥辱矣
슥 행 임 금　무 저 호 치 욕 의

■ 木碑 : 나무에 새긴 비. 頌惠 : 은혜를 기림. 諂 : 아첨하다.
隨 : 따르다. 低 : 이르다. 恥 : 부끄럽다.

■ 한 가지 정사가 조금 까다로우면 비방이 무더기로 일어나고, 한 가지 명령이 조금 편리하면 목비(木碑)가 여기저기에 서니, 이것이 좋지 않은 백성이라는 것이다. 목비는 수령이 마땅히 금하여야 할 것이니, 비록 만민이 모두 기뻐하더라도 반드시 원망을 품은 자가 한 사람은 있어서 오늘 새 비가 깨끗하다가 명일이 지나면서 더럽히는 자가 있다.

감당나무의 유품

이미 수령이 떠나간 뒤에도 백성들이 그를 사모하여 심은 나무조차 사람들의 사랑을 아끼는 바가 되는 것은 감당(甘棠)의 유풍(遺風)이다.

> 旣去而思 樹木猶爲人愛惜者 甘棠之遺也
> 기 거 이 사　수 목 유 위 인 애 석 자　감 당 지 유 야

주해 爲人愛惜 : 사람들의 사랑과 아낌을 받음. 甘棠 : 시경(詩經), 소남(召南)의 편명(篇名). 주(周)나라 소공(召公)이 남쪽지방을 순행할 때에 감당나무 밑에서 선정을 베풀었는데, 그가 떠난 뒤에 백성들이 그의 덕을 사모하여 그 나무를 사랑하였다고 한다. 감당은 팥배나무.

해설 당나라 이석(李錫)이 우성령(虞城令)이 되었는데, 관사에 버드나무 세 그루가 있어, 공이 왕래하며 쉬었다. 뒷사람이 버들을 베지 않고 감당(甘棠)에 견주었다.

사랑하기에 잊지 못하여

사랑하기에 잊지 못하여 수령의 성(姓)을 따서 자기 아들의 이름을 짓는 것에서 백성들의 애정이 크다는 것을 볼 수 있다.

> 愛之不諼 爰取侯姓 以名其子者 所謂民情 大可見也
> 애 지 불 훤　원 취 후 성　이 명 기 자 자　소 위 민 정　대 가 견 야

주해 諼 : 잊지 못함. 爰 : 이에. 侯 : 수령.

해설 당나라 한유(韓愈)가 양산령(陽山令)이 되었는데, 백성들이 아들을 낳으면 한(韓)으로 자(字)를 지은 자가 많았다.

옛 백성들이 반갑게 맞아 주고

이미 떠난 지 오래된 뒤에 다시 그 고을을 지날 때, 옛 백성들이 반갑게 맞아 주고 술병과 도시락이 앞에 가득하다면, 또한 하인들까지도 빛날 것이다.

既去之久 再過玆邦 遺黎歡迎 壺簞滿前 亦僕御有光
기 거 지 구 재 과 자 방 유 려 환 영 호 단 만 전 역 복 어 유 광

주해 黎 : 백성. 歡 : 기쁘다. 迎 : 맞이하다. 壺 : 술병. 簞 : 도시락.
滿 : 가득하다. 僕 : 종. 御 : 말몰이꾼.

해설 유정원(柳正源)이 통천군수(通川郡守)가 되어 은혜스러운 정사가 많았다. 갈려 간 두어 해 만에 감시(監試)를 보이기 위해서 회양(淮陽)에 이르렀다. 통천 백성 50여 명이 수백 리를 멀리 여기지 않고, 서로 거느리고 와서 뵙고 눈물을 흘리는 자까지 있었다.

뭇 사람의 칭송함이

뭇 사람의 칭송함이 오래도록 그치지 않으면 그가 정사한 것을 알 수 있을 것이다.

輿人之誦 久而不已 其爲政 可知已
여 인 지 송 구 이 불 이 기 위 정 가 지 이

주해 輿 : 여론. 誦 : 외우다. 久 : 오래다. 已 : 그치다.

해설 고려(高麗) 하윤원(河允源)이 원주목사가 되었는데, 인자한 정사가 있었다. 만기가 되어 소환되니, 치악산(雉岳山)의 중 운감이 시를 지어 부쳐왔다.
아이가 어머니 옆에 있을 때에는

은혜와 사랑을 알지 못하지만
어미가 가면 아이가 울부짖는 것은
춥고 배고픔이 닥쳐와서 그러네.

백성들이 사모하는 것은

수령으로 있을 때에는 그다지 혁혁한 명예가 없으나 떠난 후에
백성들이 사모하는 것은, 그가 자기 공적을 자랑하지 아니하고
남모르게 선정을 베풀었기 때문일 것이다.

居無赫譽 去而後思 其唯不伐而陰善之乎
거 무 혁 예　거 이 후 사　기 유 불 벌 이 음 선 지 호

주해 赫譽 : 혁혁한 명예. 빛나는 명예. 不伐 : 자랑하지 않음.
陰善 : 남모를 선행.

해설 한(漢)나라 하무(何武)가 여러 번 군수가 되었는데, 있을 적에는
혁혁한 이름이 없고 간 뒤에야 항상 사모하게 되었다.
진(晉)나라 사안(謝安)이 오희태수가 되었는데, 관에 있을 적에는
당시의 명예가 없고, 간 뒤에 사람들이 사모하였다.

어진 사람이 가는 곳에

어진 사람이 가는 곳에 따르는 자가 저잣거리 같고, 돌아와도
따르는 자가 있으면 덕이 있다는 증거이다.

仁人所適 從者如市 歸而有隨 德之驗也
인 인 소 적　종 자 여 시　귀 이 유 수　덕 지 험 야

適 : 가다. 從者 : 따르는 사람. 驗 : 시험. 증거.

『오대사(五代史)』에 이렇게 되어 있다.

"오월(吳越) 때 현(儇) 영가수(永嘉守)가 되어 정치의 교화가 두루 미치니 백성들이 사랑하였다. 다른 고을로 옮기게 되자, 온(溫) 땅 사람이 집을 거느리고 따르는 자가 있어서 그를 수사호(隨使戶, 호구를 따르게 한 수령)라 하였다."

비방과 칭찬의 진실

비방과 칭찬의 진실, 선과 악의 판단 같은 것은 반드시 군자(君子)의 말을 기다려서 이로써 공안(公案)으로 삼아야 할 것이다.

若夫毀譽之眞 善惡之判 必待君子之言 以爲公案
약 부 훼 예 지 진　선 악 지 판　필 대 군 자 지 언　이 위 공 안

毀 : 헐뜯다. 譽 : 기리다. 칭찬하다. 眞 : 참되다. 判 : 가르다.
待 : 기다리다. 案 : 서류. 계획. 公案 : 공론(公論)에 의거하여 결정한 안건(案件). 공공적인 의론.

원결(元結)이 「도주자사청벽기(道州刺史廳壁記)」를 지었는데 다음과 같다.

"천하가 태평하면 사방 천 리 안의 일체의 백성들을 자사가 살릴 수도 있고 죽일 수도 있으며, 기쁘게 할 수도 있고 슬프게 할 수도 있으며, 천하에 전쟁이 일어나면 민생을 보호하고, 환란을 제거하는 것이 자사에게 달려 있는 것이다.

무릇 자사가 만약 문무(文武)의 재주와 도량이 없거나, 청렴하지도 못하고 아랫사람에게 밝지도 은혜스럽지도 공평하지도 정직하지도 못하면, 한 고을의 생령이 모두 그 해를 입을 것이다."

목민할 마음은 있었지만
몸소 실천할 수 없었기에

『목민심서(牧民心書)』는 목민관, 즉 수령이 지켜야 할 지침(指針)을 밝히면서 관리들의 폭정을 비판한, 조선 후기 실학자인 다산 정약용(丁若鏞)의 저술이다.

이 책의 전편에 흐르는 저자의 지방행정의 원리는 관(官)의 입장에서 논한 것이 아니라, 백성들 민(民)의 편에서 관의 횡포와 부정부패를 폭로하고 고발, 탄핵·경계하고 있다. 특히 부패의 극에 달한 조선 후기 지방의 사회 상태와 정치의 실제를 민생 문제 및 수령의 본 업무와 결부시켜 소상히 밝히고 있다.

『목민심서』는 정약용이 57세 되던 해에 저술한 책으로 그가 '신유사옥'으로 전라도 강진에서 19년간 귀양살이를 하고 있던 중 해배(解配)되던 해인 1818년(순조18년)에 완성된 것으로, 이는 저자가 학문적으로 가장 원숙해가던 때에 이루어진 저술로 민생과 관련된 그의 많은 저서 중 대표적인 작품이라 하겠다.

그의 저작 연표(著作年表)에 의하면, 그가 현실적인 문제에 마지막 정열을 기울인 것은 강진 유배생활 19년간의 거의 전부를 경전연구에 몰두하고 있다가 연만(年晩)한 때에 얻은 학문적 이해와 경험을 토대로 유배에서 풀려나기 전에 『경세유표(經世遺表)』, 유배에서 풀려나던 해에 『목민심서』, 유배에서 풀려난 다음 해에 『흠흠신서(欽欽新書)』를 계속 펴낸 것만 보아도 잘 알 수 있다.

그러나 정약용의 목민에 대한 구상과 계획은 오래전부터 싹트고 있었다. 그는 16세 때부터 31세까지 부친이 현감·군수·부사·목사 등 여러 고을의 수령을 역임하고 있을 때 임지에 따라가서 견문을 넓힌 일이 있었다. 또한 자신도 33세 때 경기도에 암행어사로 나아가 지방 행정의 문란과 부패로 인한 민생의 궁핍상을 생생히 목도한 데다가 직접 찰방(察訪)·부사 등의 목민관을 지내면서 지방행정에 대한 산 체험을 경험하였다.

수령은 모름지기 『대학(大學)』에서 이르는 바 '수기치인지학(修己治人之學)'을 배우는 데 힘써 수령의 본분이 무엇인가를 직시하고 치민(治民)하는 것이 곧 목민하는 것이라는, 간단한 것 같지만 여기에 심오한 의미를 내포하고 있는 점을 잘 인식할 적에 근민관(近民官)으로서의 수령의 임무가 얼마나 어려운가를 알리기 위하여 이 책을 저술하는 것이라 하였다.

그리고 특히 이 책에서 '심서(心書)'라고 한 뜻은 목민할 마음은 있었지만 몸소 실천할 수 없었기 때문이라고 풀이하였다.

그는 이 책의 서문에서 "오늘날 백성을 다스리는 자들은 오직 거두어들이는 데만 급급하고 백성을 부양할 바는 알지 못한다. 이 때문에 하민(下民)들은 여위고 곤궁하고 병까지 들어 진구렁 속에 줄을 이어 그득한데도, 그들을 다스리는 자는 바야흐로 고운 옷과 맛있는 음식에 자기만 살찌고 있으니 슬프지 아니한가?"라고 개탄하였다.

특히 수령칠사(守令七事)의 하나인 간활식(奸猾息)에서 수령과 아전의 간악하고 교활함을 배제하고자 노력하고 있다.

『목민심서』 12장은 부임(赴任)·율기(律己)·봉공(奉公)·애민(愛民)·이전(吏典)·호전(戶典)·예전(禮典)·병전(兵典)·형전(刑典)·공전(工典)·진황(賑荒)·해관(解官)인데, 매 장을 다시 6조씩 나누어 설명하고 있다.

각 장의 내용은 다음과 같다.

- 제1장 부임(赴任)은 수령이 임명을 받고 고을에 부임하는 데까지의 절차로 수령의 제수, 부임 때의 행장, 조정에서의 하직인사, 부임길에 지켜야 할 일, 부임하여 실무를 보는 일 등이다.

- 제2장 율기(律己)는 자신을 가다듬는 것으로 몸가짐, 청렴한 마음, 집안 다스림, 청탁 배제, 절약, 은혜 베풀기 등이다.

- 제3장 봉공(奉公)은 충성으로 임금을 섬기고, 공경으로 웃사람을 받드는 등 공무를 봉행하는 데 필요한 사항으로, 임금의 교화(敎化)를 펴는 일, 법을 지킴, 좌우 상하 관원의 예의, 공문서 처리, 공납(貢納), 수령으로서 특수 임무에 차출되는 경우를 들고 있다.

- 제4장 애민(愛民)은 백성을 사랑하는 것으로 노인 존경, 어린이 양육, 환과고독(鰥寡孤獨)의 구제, 상가(喪家)에 대한 보살핌, 불구자나 중환자에 대한 신역(身役) 감면, 재난 구제 등이다.

- 제5장 이전(吏典)은 지방 관아의 인사 관리 등으로 아전 단속, 부하 통솔 방법, 향청(鄕廳) 등의 인물 등용, 어진 이의 추천, 관내 사실의 파악, 아전들의 고과(考課)를 들고 있다.

- 제6장 호전(戶典)은 토지 관리 및 조세 규정 등으로 전정(田政) · 세법 · 환곡(還穀) · 호적 · 부역 균등 · 권농에 관한 내용이다.

- 제7장 예전(禮典)은 수령들이 지내야 할 공적인 제사, 손님 접대, 백성의 교육, 학교 설립, 신분 질서의 확립, 과예(課藝)를 권장하여 학업을 성취하도록 하는 방법 등이다.

- 제8장 병전(兵典)에는 병역 대상자를 파악하는 첨정(簽丁)에서부터 군사 훈련, 병기 관리, 무예 단련, 변란에 대처하는 방법, 외적의 침입을 막는 방법 등이다.

- 제9장 형전(刑典)은 소송, 형옥(刑獄) 등의 처리에 관한 내용으로 송사 처

리, 옥사(獄事)의 판결, 형벌을 신중히 할 것, 죄수를 따뜻이 보살필 것, 포악한 자들로부터 백성의 보호, 제해(除害) 등이다.

- 제10장 공전(工典)에는 산림(山林), 천택(川澤), 공공 시설물의 관리, 성루(城壘)의 설치와 관리, 도로, 공작물의 제작, 활용, 관리 등이다.
- 제11장 진황(賑荒)은 흉년의 기민(飢民) 구호에 대한 정책으로 양곡과 자금의 비축, 부자에 대한 전곡(錢穀)의 의연(義捐) 권유, 기민 구호 계획과 실시, 백성의 생계 보고, 기민 구호의 결과 점검 등이다.
- 제12장 해관(解官)은 수령이 해임, 또는 전직으로 임지를 떠날 때 지켜야 할 일과 떠난 뒤의 뒤처리에 관한 내용들이다.

2012년 여름
엮은이 씀

다산(茶山) 정약용 연보(年譜)

1세(1762년) 6월 16일 사시(巳時) 경기도 광주군(廣州郡) 초부면(草阜面) 마재(馬峴), 지금의 남양주시 조안면 능내리(陵內里)에서 아버지 나주정씨 재원(載遠), 어머니 해남 윤씨〔海南尹氏, 고산(孤山) 윤선도(尹善道)의 후손〕의 넷째아들로 태어남. 어릴 때 이름은 귀농(歸農). 관명(冠名)은 약용(若鏞), 당호(堂號)는 여유당(與猶堂). 이 해에 사도세자(思悼世子)의 변(變)으로 아버지 진주공(晉州公)이 시골로 돌아가기를 결심하였는데, 그때 마침 아들이 태어나 귀농이라 이름지음.

6세(1767년) 아버지 임소(任所)인 연천(漣川)으로 따라감.

9세(1770년) 어머니 숙인(淑人) 해남윤씨(海南尹氏) 돌아가심.

10세(1771년) 벼슬에서 물러난 아버지에게서 경서(經書)와 사서(史書)를 배웠다.

15세(1776년) 무승지(武承旨) 홍화보(洪和輔)의 딸 풍산홍씨(豊山洪氏)와 결혼함. 아버지가 복직되어 서울로 이사함.

16세(1777년) 처음으로 성호(星湖) 이익(李瀷)의 유고(遺稿)를 봄. 가을에 아버지의 임소인 화순(和順)으로 따라감.

20세(1781년) 서울에서 과시(科試)를 익힘. 7월에 딸을 낳았으나 닷새
만에 죽음.

22세(1783년) 2월 세자 책봉 경축 증광감시(增廣監試)의 경의초시(經義
初試)에 합격. 4월 회시(會試)에서 생원(生員)으로 합격함. 선정전
(宣政殿)에 들어 최초로 정조와 만남. 9월 장남 학연(學淵) 출생
함.

23세(1784년) 여름에 정조(正祖)에게 중용강의(中庸講義)를 바침. 율곡
(栗谷)의 기발설(氣發說)을 찬양하여 임금으로부터 공변된 의논
임을 인정받았다. 첫째형 약현(若鉉)의 처남인 이벽(李蘗)에게서
서교(西敎)에 대한 설명을 듣고 책 한 권을 봄.

25세(1786년) 7월에 2남 학유(學游)가 출생함.

28세(1789년) 문과에 급제. 부사정(副司正), 가서주(假注書)를 역임함.

29세(1790년) 2월 예문관(藝文官) 검열(檢閱)이 됨. 3월 서산 해미현(海
美縣)으로 유배되었으나 10일만에 풀려남. 용양위(龍驤衛) 부사
과(副司果)로 승진되었으며 사간원(司諫院) 정언(正言), 잡과감(雜
科監) 대진(臺進)을 거쳐 사헌부(司憲府) 지평(持平), 무과감(武科
監) 대진을 제수받음.

30세(1791년) 사간원 정언, 사헌부 지평에 제수됨.

31세(1792년) 홍문관(弘文館) 수찬(修撰)을 제수받음. 아버지가 진주(晋州)
임소에서 별세함. 왕명을 받들어 수원성제(水原城制)를 지어 올림.

33세(1794년) 성균관 직강(直講), 홍문관 수찬을 거쳐 경기 암행어사
가 되고, 어사의 임무를 마친 뒤 홍문관 부교리(副校理)를 제수
받음.

34세(1795년) 1월에 동부승지(同副承旨), 2월에 병조참의(兵曹參議)를

거쳐 3월에 우부승지(右副承旨)를 제수받음. 주문모 사건으로 둘째형 약전(若銓)의 연좌로 금정(金井) 찰방(察訪)으로 강등 좌천됨. 이때 천주교인 금정주민들을 회유하여 개종시킨 허물 때문에 배교자로 낙인 찍힘. 성호유고(星湖遺稿)를 정리함. 용양위 부사직(副司直)에 체임됨.

35세(1796년) 규영부(奎瀛府) 교서(校書), 병조참지(兵曹參知), 우부승지(右副承旨)를 거쳐 좌부승지(左副承旨)를 제수받음.

36세(1797년) 곡산(谷山) 도호부사(都護府使)에 제수됨. 『마과회통(麻科會通)』 12권을 편찬함.

38세(1799년) 황주 영위사(黃州迎慰使)가 됨. 병조참지, 동부승지, 부호군(富護軍)을 거쳐 형조참의(刑曹參議)를 제수받았으나 반대파의 모함이 심해 소(疏)를 올리고 사직하려 함.

39세(1800년) 봄에 가족을 데리고 낙향하였으나 왕명으로 다시 상경함. 정조 갑자기 사망함.

40세(1801년) 신유옥사(辛酉獄事)로 3월 장기(長鬐, 경상도)에 유배됨. 이때 둘째형 약전(若銓)은 신지도(薪智島)에 유배, 셋째형 약종(若鍾)은 옥사함. 『이아술(爾雅術)』 6권, 기해방례변(己亥邦禮辨)을 지음. 10월 황사영(黃嗣永)의 백서사건(帛書事件)으로 다시 투옥되고, 11월 강진(康津, 전라도)으로 유배됨.

41세(1802년) 강진읍 주막, 보은산방에 거처하면서 저술작업에 몰두함.

47세(1808년) 봄에 강진 도암면(道岩面) 만덕동(萬德洞) 다산(茶山) 기슭에 있는 윤박(尹博)의 산정(山亭)으로 옮겨 『다산문답(茶山問答)』한 권을 지었음. 유배에서 풀려날 때까지 이곳에서 거처함.

49세(1810년) 가계(家誡)를 씀.

50세(1811년) 『아방강역고(我邦疆域考)』 10권을 저술함.

51세(1812년) 가정공〔稼亭公, 공의 계부(季父)〕의 행장(行狀)을 지음.

55세(1816년) 둘째형 약전(若銓) 흑산도에서 사망.

56세(1817년) 『경세유표(經世遺表)』 40권이 이루어짐.

57세(1818년) 『목민심서(牧民心書)』 48권이 완성됨. 8월에 귀양이 풀려
서 강진을 떠나 마재〔馬峴〕시골집으로 돌아옴.

58세(1819년) 『흠흠신서(欽欽新書)』 30권과 『아언각비(雅言覺非)』 3권을
저술함.

61세(1822년) 회갑을 맞아 스스로 광명(壙銘)을 지음.

69년(1830년) 5월 5일에 약원(藥院)에서 탕서(湯叙)할 것을 아뢰어 부
호군 단부(單付)가 되었으나 약을 쓰기 전에 효명세자(孝明世子)
가 죽어 6일 마재로 돌아옴.

75세(1836년) 2월 22일 마재 시골집에서 서거함. 자태인 여유당(與猶
堂) 뒷산에 안장됨.

1883년 『여유당전서(與猶堂全書)』가 초록(抄錄)되어 내각(內閣)에 보관
됨.

1910년 정이품(正二品) 정헌대부(正憲大夫) 규장각 제학(奎章閣提學)을
추증하고 시호(諡號)를 문도공(文度公)이라 함.

1911년 『목민심서』 3권과 『경세유표』가 일본어로 번역됨.

1934~38년 정인보(鄭寅普), 안재홍(安在鴻), 김춘동(金春東) 교정(校
訂)으로 『여유당전서』 76책이 간행됨.